吉 林 师 范 大 学
国际中文教育教学研究丛书

吉林师范大学专著出版基金资助

国际中文教师信念类型

周天甲 ／ 著

中国大百科全书出版社

图书在版编目（CIP）数据

国际中文教师信念类型 / 周天甲著. -- 北京：中国大百科全书出版社，2024.12. -- ISBN 978-7-5202-1787-3

Ⅰ. H195.3

中国国家版本馆 CIP 数据核字第 202477378A 号

出 版 人	刘祚臣
策 划 人	程广媛
责任编辑	孙冬梅
责任校对	康丽利
封面设计	博越创想・夏翠燕
版式设计	博越创想
责任印制	李宝丰
出版发行	中国大百科全书出版社
地　　址	北京市西城区阜成门北大街 17 号
邮　　编	100037
电　　话	010-88390703
网　　址	http://www.ecph.com.cn
印　　刷	北京九天鸿程印刷有限责任公司
开　　本	710 毫米 ×1000 毫米　1/16
印　　张	27
字　　数	350 千字
版　　次	2024 年 12 月第 1 版
印　　次	2024 年 12 月第 1 次印刷
书　　号	ISBN 978-7-5202-1787-3
定　　价	98.00 元

目　录

第一章　绪　论

随着全球人类命运共同体的加速融通交汇，国际中文教育的文化价值和实用价值均在不断提升。在新时代背景下，国际中文教师质量问题凸显，成为制约国际中文教育发展的瓶颈之一。但这只不过是露出的冰山的一角，根源往往深藏在冰山的下部。为什么相同教育背景下培养出的教师质量有所差异？教师在成长为"教师"的过程中经历了什么？要回答这些问题，可以从信念角度理解教学活动，这能让教师不仅知其然，而且知其所以然。否则，教师就会像漂浮在知识海洋上的一叶叶浮萍，永远找不到自己的安身立命所在。[①] 本书将聚焦教师信念，以期解开教师信念与教学行为之间的神秘面纱，为国际中文教师专业发展提供依据。

第一节　研究背景

一、应然之源：时代诉求与国际中文教师质量之间存在矛盾

在中国成为全球第二大消费市场、第一贸易大国的时代背景下，国际中文教育迎来了更广阔的发展前景。截至 2023 年 8 月，全球 180 个国家和地区在

[①]　石中英.论教育学的文化性格 [J].教育研究，2002（3）：19-23.

开展中文教学活动，81 个国家将中文纳入国民教育体系。此外，随着中国教育质量和国际影响力的提升，许多"一带一路"沿线国家的年轻人选择来中国深造，国际中文教育在"走出去"与"引进来"上均取得了显著的成绩。

在新时代背景下，国际中文教育需要一支有战斗力、持续稳定的职业教师队伍。正如 G. 贝雷迪（G. Bereday）所说："一个教育系统之优劣，必然在很大程度上依赖于在这个系统中服务的教师。"师资问题一直是制约国际中文教育发展的瓶颈之一。为了加强国际中文教师队伍建设，高校逐年扩大招生数量，这虽然在一定程度上缓解了国际中文教师短缺的问题，但高校招生数量的迅速扩展，可能伴随入学标准相对宽松、师生比率增大等问题，进而影响国际中文领域的师资水平，同时导致国际中文教师质量参差不齐的问题。此外，由于国际中文教育学科创建较晚、定位不明确等原因，国际中文教师的专业背景多以语言类和文学类为主，因此能够将语言学与教育学相结合的高层次人才严重缺乏。教师质量成为国际中文教育发展亟待解决的问题之一。

二、实然之惑：师资培训难以解决教师发展过程中遇到的困难

国际中文教师问题受到了国际中文教育领域的重视，国家相关部门先后发布了一系列旨在提升国际中文教师知识水平、能力和素养的规范性文件。这些规范性文件为一线教师的发展、技能评估和认定提供了标准，但同时也存在操作性不强的问题。任何教育改革最终都要依赖于教师的理解与执行，正如吴康宁所言，对于一种教育系统来说，无论被要求承担的责任多么"重要"，所构建的制度多么"合理"，所确立的目标多么"和谐"，所编制的课程多么"科学"，都需依赖于教师的教学实施。[①] 每个教师都有其固有的认知结构和实践经验，在接受新理念时，并不会因为这一理念是专家或社会所倡导的而全盘接受。经过多年的师资建设，目前国际中文课

---

① 吴康宁 . 课堂教学社会学 [M]. 南京：南京师范大学出版社，1999：2-3.

堂仍存在理论与实践"两张皮"的现象，这势必会影响教师职业发展。

基于以上背景分析，笔者认为，如何解释、弥合国际中文教学中存在的理论与实践脱节现象，是国际中文教育领域理应关注但尚缺少系统研究的问题。在国际中文教育发展中，提高教师质量多以自上而下的方式进行，这种方式虽然能解决国际中文教师存在的一些痼疾，但难以诠释国际中文教师作为鲜活的个体在专业发展过程中遇到的困难。笔者认为，自下而上疏通影响国际中文教师专业发展的堵点十分必要。

三、必然之解：教师的专业发展需要信念的导航

教育领域对教师的研究经历了三次范式转变。最初对教师的研究以寻找优秀教师的人格特质、个性特征为主，即通过分析优秀教师的特征以区分不同层级的教师效能。后来，受行为主义影响，教育领域对教师的研究开始逐渐转向探索教师的教学行为与学生学习成果之间的关系，即对有效教学行为的探究。随着认知领域的发展，教育领域对教师的研究从有效教学行为转向教师的实践性知识和信念。其中，"教师信念"作为理解教师思维和为教学行为溯源的重要概念，逐渐成为既传统又经典的研究方向。

信念作为教师相对稳定的认知变量，对教学行为有直接指导作用，信念的发展与完善可以改进教师的教学实践。国际中文教师对教学本质的理解、对学生学习中文的预期等，会潜移默化地影响教学行为，进而影响教师专业技能提升。可见，信念是教师专业发展的原动力。

基于以上背景分析，笔者认为，探究国际中文教师信念样态，以及揭示国际中文教师信念的发展过程与机制，能够为国际中文教师质量提升及专业发展提供依据。

第二节　研究问题

一、研究问题表述

依据研究背景，本研究将关注点逐步聚焦，将最初的"实然之惑"落实为具体的研究问题——教学理论与实践脱节的根源是什么？这个问题是基于现实情景提出的一般性问题（gencral research question），也是本研究的逻辑起点，但它仅代表笔者的研究意向，并非指向资料收集。本研究的一般性问题可以分为两个层面：第一个层面是信念层面，即新理论是否被教师所接受，进而转化为信念。该层面的信念尚未转化成行为，属于宣称信念。第二个层面是行为层面，即哪些信念能转化成行为，进而影响实践。该层面是基于教学行为的讨论，属于使用信念。以此为基础，本研究结合国际中文教师群体具有差异性的假设，将国际中文教师信念类型作为研究核心。

以前，对国际中文教师的研究多是基于教师是同类群体的思维展开。境遇、环境等因素都会使教师形成特有的信念，"均码式"解决方案难以适用于所有的国际中文教师。因此，本研究以行动科学为理论基础，聚焦教师群体内部的差异性，按照教师宣称信念与使用信念之间的张力对国际中文教师信念进行分类。本研究按照由表及里逐步深入的思维模式展开：首先，对教师信念进行分类；然后，深入每一种信念类型的内部，揭示信念向行为转化的路径；最后，凝练出国际中文教师分化成不同类型的生成机制及影响因素。并且，以期通过以上三个层次的研究揭示理论与实践脱节这一现象背后的深层机制。

根据研究的核心内容，具体开展以下三个问题的研究：

（一）国际中文教师信念可以分为哪些类型？

（二）不同类型的信念是如何向教学行为转化的？

（三）如何解释不同信念类型的生成过程与机制？

二、概念界定

在知与行之间隔着一条河，信念虽然是踏过这条河的船，但同时也是摸不着、看不见的黑箱，属于意识范畴。因此，想要对教师信念进行探析，必须在展开研究之前提供一个明确的概念与思路。

（一）教师信念

教师信念虽然是一个常见的概念，但到目前为止，学界对这一概念的解释尚未达成一致。受研究目的的影响，研究者对教师信念关注的角度不同，不可避免地出现概念表述差异。有学者认为教师信念不仅指教师关于教学方面的信念，还包括教师关于教育整体活动的信念，即教师信念从学生时期就已经开始积存和发展，是教师个体信以为真的、以个人逻辑和心理重要性为原则组织起来的"信息库"，是教师教育实践活动的参考框架。[①]虽然笔者认同教师信念是关于教学方面的"大信念观"，但如果想要对教师信念的研究和讨论提供一个明确的概念与思路，必须对核心概念进行必要的界定。为了加强对国际中文教师信念研究的分析力度，本研究将教师信念的概念狭义化，界定为：教师信念是教师个体所确信的、较为稳定不易改变的、对教学行为起直接和间接支配作用的一系列观念。

（二）教师信念系统

英国学者卡尔（Carr）认为，人们所持有的信念或多或少应该是连贯的和系统的。[②]信念作为一种复杂而内隐的人类认识活动结果，其所包含的内容并不能自然呈现出清晰的脉络与相互关系。教师信念系统是一个庞大且繁杂的综合体，其范围覆盖了教师的教学实践经验、教学情境、个人生

---

① 谢翌.教师信念：学校教育中的"幽灵"——一所普通中学的个案研究 [D]：［博士学位论文］.长春：东北师范大学教育学部，2006：39-40.

② Carr W. Theories of theory and practice[J]. Journal of Philosophy of Education，1988，12(2)：45-58.

活经历、教育背景等。本研究旨在探究教师所持有的关于教学层面的信念，因此将教师信念系统的概念界定狭义化为有关教学的信念系统。

想要研究教师信念系统，需要先厘清其构成要素。本研究对国际中文教师信念系统构成要素的划分，主要结合四种认可度较高的第二语言教师信念系统构成研究成果归纳得出，代表人物分别为伯恩斯（Burns）、理查森（Richardson）、卡尔德海德（Calderhead）、威廉姆斯（Williams）。通过对四种第二语言教师信念系统构成要素的研究进行整理，本研究发现，伯恩斯提到的信念系统构成要素可以归纳为：学科观、教学观、学习观、学生角色观、教师角色观；[①] 理查森提出的教师信念系统构成要素可以归纳为：学科观、学习观、教学观、课程观、教师职业发展观；[②] 卡尔德海德提出的教师信念系统构成要素可以归纳为：学习观、教学观、学科观、职业发展观；[③] 威廉姆斯提出的教师信念系统构成要素可以归纳为：学习观和教学观。[④]

以上四种观点具有共性，基本上包括学科观、教学观、学习观。

在参考以上四种观点的基础上，本研究将国际中文教师信念系统构成要素分为：学科观、教学观、学习观，认为教师信念系统是教师所持有的信念之间相互联系、相互作用而形成的一个复杂的整体。

（三）学科观

每个人对于语言都有自己的看法，有人将语言看作自然的产物，有人将语言视为交流的工具，有人则认为语言是思想的载体。教师所持的对语言的看法决定了其对语言学科本质的认知，本研究将教师信念的学科观界定为：个人所持有的对语言本质属性较为稳定的看法。随着语言理论的发

---

① Burns A. Teacher beliefs and their influence on classroom practice[J]. Prospect，1992，7(3)：56–66.

② Richardson V. The role of attitudes and beliefs in learning to teach[M]//Sikula. Handbook of research on tea cher education. London：Prentice Hall，1996：102–119.

③ Calderhead J. Teachers：Beliefs and knowledge[M]//Berliner D，Calfee R. Handbook of educational psychology. New York：Macmillan Publishers Limited，1996：709–720.

④ Williams P，Burden R. Psychology for language teachers[M]. 北京：外语教学与研究出版社，2000：49–68.

展，不同学派对语言的看法不尽相同，本研究通过对国际中文领域的文献进行整理，归纳出三种比较具有代表性的观点：语言本体观、语言意义功能观、语言传播观。

语言本体观以陆俭明、刘珣为代表，他们认为，国际中文教育的核心内容是汉语教学，学科的出发点和目标是让愿意学习汉语的外国学生掌握好汉语，培养他们综合运用汉语的能力。①②③

语言意义功能观是系统功能语言学的核心观点。系统功能语言学实则是以社会语言学为基点对语言展开的研究。语言意义功能观认为语言的本质是一个语义系统网络，通过三大元功能，即概念功能、人际功能、语篇功能提供意义潜式。④主要观点是"语言教育的核心是情感沟通"⑤，在具体教学层面强调关注语言意义的习得和语言意义在社会交际中的功能。

随着孔子学院的兴起，学界出现了以强调"事业"属性的国际中文传播观，该观点认为国际中文教育已走向新阶段，为培养中华文化传播人才和推进中外人文交流作出了重要贡献，在推动世界多元文明互鉴方面发挥了积极作用。⑥因此，传播中国文化是国际中文教师的责任。

以上三种学科观念仅作为本研究的基准和研究预设，如果个案教师呈现出不同的学科观，本研究将秉承开放的态度，进一步对国际中文教师所持有的学科观进行补充。

（四）教学观

学界对于教学观的定义有许多，其中拉尔森（Larsson）的界定得到了

---

① 陆俭明 . 增强学科意识，发展对外汉语教学 [J]. 世界汉语教学，2004（3）：5–10.
② 刘珣 . 也论对外汉语教学的学科体系及其科学定位 [J]. 语言教学与研究，1999（1）：17–29.
③ 陆俭明 . 汉语国际教育专业的定位问题 [J]. 语言教学与研究，2004（2）：11–16.
④ 徐泉 . 高校英语教师信念影响因素研究 [D].［博士学位论文］. 武汉：华中师范大学英语语言文学，2011：25.
⑤ 胡范铸，刘毓民，胡玉华 . 汉语国际教育的根本目标与核心理念——基于"情感地缘政治"和"国际理解教育"的重新分析 [J]. 华东师范大学学报（哲学社会科学版），2014（2）：145–156.
⑥ 宁继鸣 . 汉语国际教育："事业"与"学科"双重属性的反思 [J]. 语言战略研究，2018（6）：7–16.

广泛的认同。他认为教学观是教师在教学实践中逐渐形成的对教学本质和过程的基本看法。① 本研究在参考拉尔森的定义基础上，将教学观定义为教师所持有的、稳定的、关于国际中文教学应该"教什么"和"怎样教"的看法，并在教学观的组成内容方面借鉴了理查兹（Richards）的观点，即以教师为中心、以课程为中心、以学生为中心进行三种分类，只是把其中的以课程为中心去掉，保留以教师为中心、以学生为中心。② 原因是教学的主体只能是教师或者学生，以课程为中心仍然涉及在教学中教师和学生谁是控制力量的问题。因此，本研究将国际中文教师教学观的组成内容划分以教师为中心和以学生为中心。

（五）学习观

本研究将学习观界定为：教师所持的、稳定的、关于学生应该怎样学习汉语的看法。简单来说就是汉语作为第二语言，学生应该"学什么"和"如何学"。本研究在借鉴学习理论的基础上，将国际中文教师学习观划分为行为主义学习观和建构主义学习观。

（六）实践性知识

本研究将实践性知识界定为：教师在个人实践的基础上，自我确信或者使用的统整性知识。这些知识可能是显性的，也可能是隐性的，会随着教师与教学活动交互作用的动态过程而不断变化。这也可以看出，"实践性知识"与"教师信念"的定义较为相似，本研究对"实践性知识"与"信念"的划分遵循了后现代认识论的观点，即信念是个体的知识，知识要通过个体的建构才对认识主体产生意义。③

---

① Larsson S. Describing teachers' conceptions of their professional world[R]//Halkes，Olson J K. Teacher thinking：A new perspective on persisting problems in education. Proceed in the first symposium of international study association on teacher，1987.

② Richards J，Ho B K，Giblin. Learning how to teach in the RSA Cert[C]//Teacher Learning in Language Teaching. New York：Cambridge University Press，1996：242–259.

③ 张立忠，熊梅.论教师实践性知识的内涵与结构[J].课程·教材·教法，2010，30（4）：89–95.

第三节 研究意义

本研究之所以选择国际中文教师信念类型作为研究内容，并非是想实现教师信念的同质化，而是期望如费孝通所言："各美其美，美人之美，美美与共，天下大同。""各美其美"就是持有不同信念的教师都能实现其专业发展；"美人之美"就是要求我们了解每一种信念类型的优势和不足；"美美与共"就是通过对不同类型信念的增强，实现提升国际中文教师质量的目标。本节将从理论和实践两个层面简要概述研究意义。

一、理论意义

（一）为提升国际中文教师质量提供理论依据

目前，教育学领域对国际中文教师的研究多从教学层面展开。随着认知主义的兴起，这一研究已从有效教学行为转向教师的思维和决策过程。大量研究表明，教师信念是影响教学行为的主要因素，不同的经历、文化、专业背景都会对信念产生影响。本研究以行动科学作为理论基础，突破将教师作为同质体的思维假设，通过对比信念系统中各要素之间的关联，将国际中文教师信念系统归纳为四种类型，并将教师信念向行为转化的机制外显化，为提高国际中文教师质量提供理论依据。

（二）扩展了国际中文教师信念的研究领域

多数对国际中文教师信念的研究都是从理论、技能提升的角度出发的，但这并不能解释为什么相似学习背景的国际中文教师有不同的教学方式。本研究从宣称信念和使用信念两个层面及学科观、教学观、学习观三个维度对国际中文教师信念进行类型分析，借助社会文化活动理论，建构国际中文教师信念类型生成模型。该生成模型以直观的方式呈现出各因素对信念类型生成过程的影响，能够解释教师信念呈现差异的缘由，为"教师何以成为教师"提供立论，进一步丰富国际中文教师信念研究领域。

二、实践意义

（一）架构起教师理论与实践之间的桥梁

一直以来，国际中文教育领域对教师应具备的能力标准都较为关注，但对教师如何实现理论与实践的转化关注较少。纲领性研究难以引发教师理念和教学方式的深层次变革，教师在学习、理解先进教学理论的过程中，不会因为这些理论及其蕴含的新理念是社会倡导的、权威专家解读的而不加思考地全盘接受。[①] 本研究聚焦教师信奉理论与实践理论之间的关系，通过厘清不同教师从"言"到"行"的过程，从根本上为教师行为溯源，架构理论与实践之间的桥梁，使我们更清晰地理解教学行为的生成过程。

（二）为改进教师信念提供指导

本研究详尽地描述了十名个案教师的基本信息、宣称信念和使用信念，在行文中展示了大量的在不同信念影响下的教学行为实录资料，读者在阅读中可以清晰地找到每种信念所对应的和与之矛盾的教学行为，为教师察觉自身信念、对信念溯源、归纳所持有的信念类型等提供参考依据。此外，根据不同信念类型特征，本研究提出了差异化的教师培训方案及信念改进路径，为改进教学行为提供参考性指导。

（三）促进国际中文教师专业发展

教师信念具有隐蔽性，因此教师专业发展只能将其作为潜在目标，很少有具体的提升方案。本研究在探析教师信念实然样态的过程中，将信念系统中的核心要素及各要素之间的关系显现化，并归纳信念类型的生成因

---

① 段作章.教学理念向教学行为转化的内隐机制 [J].教育研究，2013（8）：103–111.

素，为教师信念发展找到切入点和具体路径，以提高教师专业发展的实效性。

第四节　文献综述

本研究的核心内容是探究国际中文教师信念类型，为了对当下国际中文教师信念领域的研究现状形成较为清晰的图像，进一步明确研究的逻辑起点，文献综述部分将从三个方面进行。

第一部分：了解信念的理论脉络，包括信念的基本内涵、信念与其相近概念的区别、信念系统及其特征。这部分的主要目的是为概念的选用进行解释性说明。

第二部分：对教师信念研究的梳理，包括教师信念内涵、教师信念与教学行为的关系、教师信念向教学行为的转化。这部分的主要目的是为研究的后续探究提供依据。

第三部分：对第二语言教师信念研究的梳理，包括第二语言教师研究范畴和国际中文教师信念研究现状。这部分的主要目的是为进一步提出研究问题、选择研究方法提供借鉴。

一、信念

（一）信念的内涵

信念是一个常用但很难定义的概念。帕亚斯（Pajares）认为，"信念是一个混乱的结构，是一个很难达成共识的概念。经常被伪装成其他概念，如态度、价值观、判断、观点、思想意识、假设、观念等"[①]。信念属于人的

---

① Pajares M F. Teachers' beliefs and educational research：Cleaning up a messy construct[J]. Review of Educational Research，1992，62(3)：307–332.

意识层面，想要准确表达有一定的困难。本研究的核心问题是：国际中文教师信念可以分为哪些类型？在展开研究之前，有必要将不同学者对信念的界定进行梳理，以明确本研究的内涵与外延。信念与许多概念相近，学界至今仍对信念的定义未达成共识。本研究将从心理学、教育学两大领域对信念的界定进行分析。

1. 心理学的解释

笔者对几本具有代表性的心理学工具书进行了整理，结果如下：

《中国大百科全书·心理学》定义为：信念是人们对待某人、某事或某种思想的态度倾向，它对客观现实的反映可能是正确的，也可能是错误的。《心理学词典》定义为：信念是主体对于自然和社会的某种理论、思想坚定无疑的看法，它是人们从事实践活动的精神支柱，是人们自觉行动的激励力量。信念一旦确定之后，就会给主体心理活动以深远的影响，决定着一个人行为的原则性、坚韧性。《心理学名词辞典》认为"信念是人对于在自己生活中所应遵循的原则和理想的信仰，这种信仰是深刻而稳固的。信念以理想为中心，由于人对现实采取积极的态度，对知识进行有根据的独立思考，对自己的职责有强烈的责任感，就逐步形成信念。信念通常跟情感和意志融合在一起，表现为人的生活立场，支配着人的行动"。《简明心理学百科全书》界定为：信念指人对自己和外界的主观认识。信念是通过三种方式产生的：直接经验、间接经验、以直接经验和间接经验为依据所作的种种推论。第一种信念是可靠的，第二种和第三种信念是否可靠取决于许多复杂条件。综上可见，尽管信念的界定较为复杂，但心理学界对信念的表述具有共性，均认为信念是人们关于某些命题稳定的主观看法，能够作用于人的行为，具有引导思想和行为的功能。

2. 教育学界的定义

《教育大辞典》[①]界定为：教育者坚定信奉的教育观念或主张。有学者认为信念是个人的心理过滤器，影响人们对信息的接受与解释，并根据信念

---

① 教育大辞典编纂委员会. 教育大辞典（增订合编本）[M]. 上海：上海教育出版社，1998：785.

做出选择、采取行动。① 陈向明和邬志辉认为，教育信念是积淀于教师心智结构的价值观念，常作为一种无意识或先验假设支配着教师的教育行为。②③ 翟卫星认为，教育信念是对教育观念、教育思想、教育理论的确认和坚信。④ 教育学界对信念的界定多是基于信念的课堂行为影响，并将信念归纳为用以指导教师自身思维和行动的内隐理论。

（二）信念与相近概念的区别

随着认知领域的不断发展，西方国家对教师研究的范式从关注教师行为转向教师的思维和决策过程。由于教师信念研究具有内隐性，所以研究发展较为缓慢。汤普森（Thompson）对信念研究发展较慢的原因进行了分析，他认为"信念研究发展缓慢的关键原因在于信念与知识之间具有相似性，研究中很难将两者区分开"。⑤

1. 信念与知识的区别

信念与知识的关系曾一度受到了学界的关注。对于信念与知识的区别，学者多从两者的来源、客观性、成分、影响力、储存方式及结构差异这六个方面予以探析，下面逐一进行说明。

（1）信念和知识的来源不同

克拉尔特（Lacorte）的分析比较具有代表性，他认为知识来自学习、研究、观察和经验，信念来自个人对于某个人或原则的信任或信心。⑥ 康奈利（Connelly）、科兰迪宁（Clandinin）、何（He）认为，教师的知识来源于

① 吕国光. 教师信念及其影响因素研究 [D]：[博士学位论文]. 兰州：西北师范大学教育科学学院，2004.
② 陈向明. 实践性知识：教师专业发展的知识基础 [J]. 北京大学教育评论，2003（1）：104–112.
③ 邬志辉. 教师教育理念的现代化及其转化中介 [J]. 东北师大学报（哲学社会科学版），2000（3）：80–86.
④ 翟卫星. 试论教师的教育信念 [J]. 江西教育科研，1998（5）：22–24.
⑤ Thompson A G. Teachers' beliefs and conceptions：A synthesis of the research[M]//Grouws D A. Handbook of research on mathematics learning and teaching. New York：Macmillan Publishers Limited，1992：127–146.
⑥ Lacorte M. Teachers' knowledge and experience in the discourse of foreign-language classrooms [J]. Language Teaching Research，2005，3(6)：67–80.

教师的经历，如个人经历、教学经历和正式的教学法知识训练经历，教师信念来源于教师所持有的教学价值观及教师所处的社会、文化等环境因素。①

（2）信念和知识的客观性不同

多数学者认为信念是一种选择，而知识必须尊重事实。帕亚斯指出，在传统的知识观中，知识的特征表现为对评价或判断的总体共识，知识必须符合一定的标准，有一定的证据，个人信念并不一定符合某种标准。② 这一观点得到了辛纳特拉（Sinatra）等人的肯定，他们在研究中提到，经过人们推敲和检测，最终经受了自然法则检验的才能被称为知识，信念则不需要这种检验。③

（3）信念和知识的成分不同

欧内斯特（Ernest）认为，知识是思维的认知结果，而信念是思维的情感结果。④ 帕亚斯则认为，知识也含有情感和评价成分，只不过与信念比较起来，知识更纯粹，所含的情感和评价成分少，因而更接近真实的情况，情感会影响个人信念，知识却不具备这样的特征。⑤

（4）信念和知识对行为的影响力不同

在信念与知识的辨析中，大多数学者认同信念和知识都会对个人行为产生影响，但对二者中谁对行为更具影响力尚未达成共识。欧内斯特认为信念比知识更能解释和预测教师的行为。⑥ 布朗（Brown）、库尼（Cooney）

---

① Connelly F M，Clandinin D J，He M. Teacher's personal practical knowledge on the professional knowledge landscape[J]. Teaching and Teacher Education，1997，23(2)：95-107.
② Pajares M F. Teachers' beliefs and educational research：Cleaning up a messy construct[J]. Review of Educational Research，1992，62(3)：307-332.
③ Southerland S A，Sinatra G M，Matthews M R. Belief，knowledge and science edcation[J]. Educational Psychology Review，2001，25(4)：325-351.
④ Ernest P. The knowledge，beliefs and attitudes of mathematics：A model[J]. Journal of Education for Teachers，1989，15(1)：13-33.
⑤ Pajares M F. Teachers' beliefs and educational research：Cleaning up a messy construct[J]. Review of Educational Research，1992，62(3)：307-322.
⑥ Ernest P. The knowledge，beliefs and attitudes of mathematics：A model[J]. Journal of Education for Teachers，1989，15(1)：13-33.

在研究中提到，在教学过程中，教师不会将自己所接触到的知识全部呈现在课堂上，决定哪些知识可以转化为教学行为的主要依据是信念。[①] 帕亚斯认为教师的知识是影响教学实践的重要因素，信念扮演着筛选过滤、重新定义、重组信息的角色。简单来说就是，知识和信念同样会改变人，但信念是通过改变人们对知识的观念来改变人的。[②]

（5）信念和知识的储存方式不同

内什波尔（Nespor）认为，信念具有片段式的结构特征，这些片段主要来源于个体过去的经历。[③] 卡尔德海德、罗布森（Robson）通过研究证实，信念来源于零散的记忆片段，知识则以图式的形式存储，具有系统性特点。他们进一步分析认为，信念是从个体零散记忆片段之中提取出来的、整体结构较为松散的结论。[④] 格林（Green）认为信念并不是按照逻辑法则的前提和结论组成的，而是按照主体的看法进行排列的。因为信念系统缺乏逻辑，所以一个人可能会同时持有互相矛盾的信念。[⑤]

（6）信念和知识的构成要素存在差异

持有这一观点的人主要在信念与知识构成要素的类型和强度上予以区别。格林在文章中提到，信念由基本的信念和外推的信念组成。[⑥] 罗克奇（Rokeach）进一步将其概括为：信念是由核心信念和边缘信念共同组成的系统。他还提出了信念系统的三条假设：信念系统呈现了"中心—边缘"的组织结构；居于中心地位的信念难以改变；中心地位的信念改变将会对整个信念系统带来深刻的影响。[⑦] 卡根（Kagan）指出，信念的类型可以分

① Brown C T，Cooney T. Research on teacher education：A philosophical orientation[J]. Journal of Research and Development in Education，1982，10(6)：56–75.

② Pajares M F. Teachers' beliefs and educational research：Cleaning up a messy construct[J]. Review of Educational Research，1992，62(3)：307–322.

③ Nespor J. The role of beliefs in the practice of teaching[J]. Journal of Curriculum Studies，1987，19(4)：317–328.

④ Calderhead J M，Robson. Images of teaching：Student teacher' early conceptions of classroom practice[J]. Teaching and Teacher Education，1991，20(3)：53–65.

⑤ Green T. The activities of teaching[M]. New York：McGraw-Hill，1971：65–80.

⑥ Green T. The activities of teaching[M]. New York：McGraw-Hill，1971：65–80.

⑦ Rokeach M. Beliefs，attitudes and values[M]. San Francisco：Jossey-Bass，1968：46–50.

为深层信念和表层信念，相对应的实践分为深入的实践和表层的实践。信念在强度上存在差异，而知识并不具备这一特征。①

下面用表 1-4-1 直观呈现信念和知识的区别。

表 1-4-1　信念与知识的比较

区别要素	信念	知识
来源	信念来源于社会、文化等环境因素。	知识来源于教学经历、系统的训练。
客观性	以个人主观为标准，不需要接受标准的检验。	知识必须尊重事实，只有经过一定标准的检验才能成为知识。
成分	信念具有情感和评价成分。	知识是思维认知的结果，没有情感和评价成分。
对行为的影响	信念通过改变观念的方式影响行为。	知识直接影响教学实践。
储存方式	信念以片段式、情景式的方式储存，呈现出松散性特征。	知识以图式的形式储存，具有系统性。
构成要素差异	构成信念的各元素间存在强度和类型的差异。信念于个人而言，分为核心信念和边缘信念。	构成知识的各元素间不存在强度和类型的差异。

2. 信念与情感

多数学者认为信念与情感存在某种联系，但其具体的联系则说法不一，具有代表性的观点如下：内什波尔认为，信念中含有情感的成分，并且情感会加强信念的稳定性。② 莱德（Lede）等人在研究中将个人情感分为：情绪、态度、信念、价值伦理、道德，其中情绪是快速变化的感觉状态，通常在某些情境中出现；态度是对各种处境中的感觉方式所持有的稳定倾向，牵涉平衡的情感成分和认知成分；信念是人们对于事物较为稳定的看法，具有较高的认知成分；价值、伦理与道德是根深蒂固的取向，可能被视为个人真理，有较强的情感成分和认知成分。可见，以莱德等人为代表的学者

---

① 王恭志. 教师教学信念与教学实务之探析 [J]. 教育研究咨询，2000（2）：84-98.

② Nespor J. The role of beliefs in the practice of teaching[J]. Journal of Curriculum Studies，1987，19(4): 317-328.

认为，信念属于情感的下位概念。①

3. 信念与态度

有些学者认为，信念与态度都是从经验中抽象出来的心理表征，没有必要进行区分，如贝姆（Bem）在（《信念、态度与人类》《*Beliefs, Attitudes, and Human Affairs*》）一书中将信念与态度两个词连在一起使用，并未加以区分。② 罗克奇则认为态度从属于信念，是信念的一部分。③ 有学者持相反的观点，如菲什拜因（Fishbein）和艾森（Ajzen）在研究中提到，态度指的是个体对某一客体所持的赞成或反对的评价，信念是个体对客体的了解，信念将客体与某种属性联系起来。④ 罗克奇认为信念通常与主观相关联，不仅影响着行动的倾向，也影响着态度的形成，可以总结为信念是态度的成因。张春兴把态度界定为：个体对人、对事、对周围的世界所持有的一种具有持久性与一致性的倾向；态度必有其对象，态度的对象可以为具体的人、事、物，也可以为抽象的观念或思想；态度有类化倾向，对某一单独对象持正面态度者，对同类对象也倾向持正面态度；态度的形成与文化传统、家庭环境、学校教育等因素有关。⑤

本研究通过文献整理发现，信念和态度具有密切的关联，信念比态度更具有稳定性，只有在各种信念相互冲突的情景下，信念才有可能发生变化。

4. 信念与观念

汤普森认为观念是信念的上位概念，但他觉得区分信念与观念的关系并不是很重要。⑥ 庞特（Ponte）认为信念是个人所持有的真理，来源于经验

① Leder G C，Pehkonen E，Torner G. Measuring mathematical beliefs and their impact on the learning of mathematics：A new approach beliefs：A hidden variable in mathematics education [M]. Norwell：Kluwer Academic Publishers，2002：95–113.

② Bem D J. Beliefs，attitudes and human affairs[M]. Belmont：Brooks Cole，1970：37–40.

③ Rokeach M. Beliefs，attitudes and values[M]. San Francisco：Jossey-Bass，1968：23–43.

④ Fishbein M，Ajzen I. Belief，attitude，intention and behavior：An introduction to theory and research [M]. Massachusetts：Addison-Wesley，1975：97–120.

⑤ 张春兴. 张氏心理学辞典 [Z]. 台北：东华书局，1989：145.

⑥ Thompson A G. Teachers' beliefs and conceptions：A synthesis of the research[M]//Grouws D A. Handbook of re search on mathematics learning and teaching. New York：Macmillan Publishers Limited，1992：127–146.

或者幻想，具有强烈的情感色彩和价值判断的成分；观念则是指所有概念所形成的基本框架，具有认知属性。信念不需要具备一致性，有时会出现相互矛盾和相互调和的情况，观念更偏向于一种概念，具有一致性。①

由于"teachers' beliefs"这一概念源于西方，中国学者在翻译的过程中出现了信念与观念两种译法。高潇怡、庞丽娟将"belief"翻译成"观念"，认为"教师观念是教师在教育教学过程中，基于自身经验、专业背景、教学能力、教学情境等，对教学工作、课程、学生、学习、教师角色等相关因素所持有的并信以为真的个人化观点，教师教育观念对其教育行为具有影响和指引作用"。②辛涛和申继亮的研究也将"belief"界定为观念，并将教育观念定义为：教师在教育教学中所形成的对相关教育现象，特别是自身的教学能力和所教学生的主体性认识。③张凤娟、刘永兵在相关研究中将"teachers' beliefs"译为教师信念，并将其定义为：教师对课程、教学、评价、师生关系等教学相关问题的看法。

本研究通过对信念与相关概念的整理发现，信念与知识、情感、态度等有着密切的关系，而且相关概念之间易于混淆。信念的界定相当复杂，因此在研究开展前需要对信念进行界定。多数学者认为信念具有如下特点：（1）信念具有情感、认知的成分；（2）信念是相对稳定的，其形成受所处环境的影响，从长远来看，信念会随着经验、外界环境的变化而变化；（3）信念以片段储存，并对人的行为具有一定的指导作用。

（三）信念系统及其特征

罗克奇提出了信念系统的概念，他将信念系统定义为由个人所持有，关于物质、社会现实的无数信念所构成的体系。④信念系统中各信念之间不一定有严密的逻辑关系，它们以心理的形式组织在一起。他在研究中提到

---

① Ponte J P. Mathematics teachers' professional knowledge[C]//Proceedings of 18th conference of PME. Lisbon，Portugal：PME. 1994.

② 高潇怡，庞丽娟. 论教师教育观念的本质与结构 [J]. 社会科学战线，2009（3）：250–253.

③ 辛涛，申继亮. 论教师的教育观念 [J]. 北京师范大学学报（社会科学版），1999（1）：14–19.

④ Rokeach M. Beliefs，attitudes and values[M]. San Francisco：Jossey-Bass，1968：49–61.

了关于信念系统的三个假设：（1）系统内各信念在强度上存在差异；（2）系统内有核心信念与边缘信念之分；（3）越是靠近核心位置的信念就越难以改变。罗克奇的研究奠定了信念系统研究的基础。格林在研究中进一步指出，信念并非独立的存在，信念之间具有关联性，每个人都有一套属于自己的信念系统。他认为，信念是以"信念簇"的形式存在的，由基本的信念和外推的信念组成。根据重要性，又有核心信念和边缘信念之分，在信念系统中有些信念是核心信念，有些是从核心信念中衍生出来的信念。[①]这一观点在菲什拜因和艾森的研究中也有所体现，他们认为信念系统是不同强度的信念所形成的层级系统。[②]富林盖蒂（Furinghetti）等人指出，核心信念是根深蒂固的，边缘信念可以被改变。中国学者王恭志在此基础上，将教师观念（他将 Belief 译为观念）系统分为核心观念、中间观念、边缘观念三大类。他提出，越是靠近中心的观念，越可能趋近于核心观念，是最不容易改变的，如果核心观念发生改变，整个观念系统也会发生改变；中间观念会因不同的环境而趋近核心观念，影响观念系统；边缘观念可随时因不同的环境而产生变化，边缘观念对整个观念系统的影响较小。[③]

庞丽娟、易凌云等人以王恭志的观念系统模型为基础，提出每一类观念根据个体理解、内化、运用的程度不同呈现出水平差异。庞丽娟、易凌云以核心观念（他们将 Belief 译为观念）在一定程度上决定并制约着中间和边缘的教育观念为逻辑起点，研究出教师对教育信念的理解、内化和有效运行的程度。根据这三个程度进一步将教师个人教育信念划分为不同的层次：一是听说水平的教育观念，即教师听说过某一观念，能够说出它的名称，知道这种观念是正确的，但并未从根本上理解这一观念；二是初步理解的内化水平教育观念，即教师不仅知道某一教育观念的概念，而且对其所包含的内容有初步的理解和内化；三是深入理解、内化水平的教育观念，

① Green T F. The activities of teaching[M]. New York：McGraw-Hill，1971：398–426.

② Fishbein M，Ajzen I. Belief，attitude，intention，and behavior：An introduction to theory and research[M]. Reading，MA：Addison-Wesley，1975：135–157.

③ 王恭志 . 教师教学信念与教学实务之探析 [J]. 教育研究信息，2000（2）：84–98.

即在初步理解与内化的基础上，教师对教育观念有了深刻的理解，能够在实践中经常运用。

通过对信念内涵、与信念相似概念的辨析、信念系统及其特征的文献梳理，本研究证实了国际中文教师信念非同质性的假设，并获得如下启示：

（1）大量文献指出，信念是一个相互关联的系统。各种信念之间存在强度差异，有核心信念和边缘信念的区别，有些信念甚至会自相矛盾。因此，在研究中需要特别注意信念之间的关联性和层次性。

（2）在信念系统中，有些信念是核心信念，有些信念是衍生信念。核心信念对人的思维和行为影响较大，并且难以改变。因此，本研究先整合与概念（学科观、教学观、学习观）相关的信念，然后找出这些信念与其他有关联的信念，并整合成主要信念，再找出主要信念之间的关联，通过信念层级使教师信念系统可视化。

二、教师信念

随着认知领域的不断发展，西方国家对教师的关注从对教师行为的研究转向了对教师思维和决策过程的研究，学者很快意识到教师决策的概念太过狭窄，不能反映教师全部的内心世界，所以将教师研究的重点集中在实践背后的知识和信念上。当前，西方对教师信念的研究主要集中在教师信念与教学行为的关系和教师教育对教师信念改变的研究上，其中探讨教师的教育信念与教师行为关系的研究最多。虽然教育学界对教师信念的研究成果颇丰，但对教师信念内涵的界定尚未达成一致。帕亚斯认为教师信念作为教育探究的焦点，需要具备清晰的概念、验证重要的假设、对关键的字词有一致的理解，因此，对教师信念的研究需从厘清定义入手。[①]

---

① Pajares M F. Teachers' beliefs and educational research：Cleaning up a messy construct[J]. Review of Educational Research，1992，62(3)：307–332.

（一）教师信念内涵

目前，学界对教师信念的界定有以下几个视角：

1. 教师信念是知识或个人理论的一部分

一部分学者试图从寻找信念归属的角度对教师信念进行界定。卡根将信念归为个体知识，他认为教师信念是一种特殊的、具有煽动性的个体知识，是职前和职后教师关于学生、学习、课堂和教学内容内隐的、不为主体意识到的假定；[①] 理查森则将教师信念看作教师个人理论的组成部分，通过与个人知识相互作用共同影响教学行为，两者皆属于行动中的知识；[②] 彼得森（Peterson）、克拉克（Clark）认为，教师信念属于知识，是会影响教学计划、互动思维和决策的丰富知识储备。[③] 俞国良，辛自强指出，教师信念是指教师对有关教与学现象的某种理论、观点和见解的判断，它影响着教育实践和学生的身心发展。[④]

2. 教师信念是教学活动的向导

一些学者从教学信念对教学行为的影响出发，将教师信念定义为教学行为的向导。帕亚斯认为教师信念是指教师在教学情境与教学历程中，对教学工作、教师角色、课程、学生、学习等方面的观点，其范围涵盖教师的教学实践经验与生活经验，是教师思维和行为的向导；波特（Porter）和费里曼（Freeman）在研究中将教师信念定义为教师对教学的取向，其中包含了教师对学生、学习过程、学校在社会中的角色、教师自身、课程和教学的信念。[⑤] 赵昌木将教师信念总结为：教师自己确认并信奉的有关人、自然、社会、教育科学等方面的思想、观点和假设，是教师内在的精神状态

---

① Kagan D M. Implications of research on teacher belies[J]. Educational Psychologist，1992，27(1)：65–90.

② Richardson V. The role of attitudes and beliefs in learning to teach[M]//Sikula J，Buttery T，Guyton E. Handbook of research on teacher education. London：Prentice Hall，1996：102–119.

③ Clark C M，Peterson P L. Teachers' thought processes[M]//Wittrock M. Handbook of research on teaching. New York：Macmillan Publishers Limited，1986：255–296.

④ 俞国良，辛自强. 教师信念及其对教师培养的意义 [J]. 教育研究，2000（5）：16–20.

⑤ Porter A D，Freeman D J. Professional orientations：An essential domain for teacher testing[J]. Journal of Negro Education，1986，55(5)：284–292.

和开展教学活动的内心向导。①

3. 教师信念是对某种事物的态度、看法

泰勒（Taylor）等人认为，教师信念是指教师关于教什么与学什么坚定不移的认识或看法。②彼得森认为教学信念是教师的教学指导思想和言行的内在基础，包括学科内容的呈现方式及学生对学习内容掌握的难易程度等，教师经过有目的的教学，传递一些对课程及师生关系的看法。③博格（Borg）认为教师信念是指教师在长期的教学实践中积累起来的教学态度、价值观、期望、设想等。④

通过整理不同学者对教师信念的界定可以发现，多数学者将教师信念特征归纳为：（1）教师信念具有过滤器的作用，会自动地对教学活动进行筛选；（2）从教学实践来看，教师所持有的信念在很大程度上影响教师对教学的认知和选择。"只有教师信念发生了变化，才能引起教师真正的变革，进而引发课堂教学的变革。"⑤通过对教师信念的文献梳理，笔者坚定了对本研究的信心，并以期通过对教师信念的考察，为国际中文教师专业发展提供有意义的信息。

（二）教师信念与教学行为的关系

20世纪80年代以后，教师信念与教学行为的关系逐渐成为研究焦点。大量研究成果表明，教师信念与教学行为之间相互影响，通常的看法是，教师信念决定教师行为。但研究结果显示，两者的关系并非那么简单，该问题的核心为教师信念与教学行为是否一致。对于这一问题，大致可以分

---

① 赵昌木.论教师信念[J].当代教育科学，2004（9）：11-14.

② Taylor E W. Personal pedagogical systems：Core beliefs，foundational knowledge，formal theories of teaching[C]. Paper presented at the 42nd Annual Adult Education Research Conference，East Lansing，Michigan，2001.

③ Peterson P L，Fennema E，Carpenter T P，Loef M. Teachers' pedagogical content beliefs in Mathematics[J]. Cognition and Instruction，1989，21(6)：1-40.

④ Borg M. Teachers' Beliefs[J]. ELT Journals，2001，19(3)：36-42.

⑤ 林一钢.教师信念研究述评[J].浙江师范大学学报（社会科学版），2008，33（3）：79-84.

为三类观点：一致观、绝对差异观、动态差异观。①

　　持有一致观的学者认为，教师信念会通过行为表现出来，信念是教学行为的内在依据。内什波尔、理查森、约翰逊（Johnson）、格罗斯曼（Grossman）等人的研究均支持了这一观点。其中，格罗斯曼对两位英语教师所持信念与教学行为的研究表明，教学行为基本上与教师信念保持一致；②约翰逊借助教案、信念量表等辅助工具，结合教师对课堂的描述与课堂观察的对比，发现大多数教师所使用的教学方法与教学信念一致；③萨欣（Sahin）运用访谈和课堂观察对这一问题展开了研究，结果表明，教师的信念具有引导教师采用与其相一致行为的作用。他在研究中提到，这些行为可能存在教师没有意识到的部分。④努克森（Knudson）的研究也提到，可能存在教师意识不到的信念。⑤

　　持有绝对差异观的学者认为，教师信念与教学行为是脱节的，甚至有时是矛盾的。如汤普森在研究中发现，教师认为教学应该鼓励学生多提问，尽量引发学生之间的讨论，但在实际的授课过程中又以讲授为主，存在教师信念与教学行为明显不一致的现象；⑥雷蒙德（Raymond）发现教师在访谈中认同建构主义的教学观，但在授课的过程中采用的是传统教学法。⑦达菲（Dufy）、安德森（Anderson）等人的研究也对教师信念与教学行为的不

---

① 赵燕刚. 教育观念与教学行为差异的心理源分析与对策 [J]. 教学研究，2004，27（5）：213-217.

② Grossman P L. What are we talking about anyway? Subject-matter knowledge of secondary English teachers[M]//Brophy J. Advances in research on teaching：teachers' subject matter knowledge and classroom instruction. Greenwich：JAI Press，1991：39-52.

③ Johnson K E. The relationship between teachers' beliefs and practices during instruction for non-native speakers of English[J]. Journal of Literacy Research，1992，23(24)：83-108.

④ Sahin C，Bullock K，Stables A. Teachers' beliefs and practices in relation to their beliefs about questioning at key stage 2[J]. Educational Studies，2002，45(4)：59-67.

⑤ Knudson R. The relationship between pre-service teachers' beliefs and practices during literacy instruction for non-native speakers of English[R]. Long Beach：California State University，1998.

⑥ Thompson A G. The relationship of teachers' conceptions of mathematics and mathematics teaching to instructional practice[J]. Educational Studies in Mathematics，1984，32(15)：105-127.

⑦ Raymond A. Inconsistencies between a beginning elementary teacher's mathematics beliefs and teaching practice[J]. Journal for Research in Mathematics Education，1997，14(6)：142-173.

一致进行了佐证。[1]

持有动态观的学者认为，教师信念与教学行为之间既不是单纯的一一对应关系，也并非绝对不一致。其中，富林盖蒂的研究较为具有代表性，他将教师信念分为意识到的信念和没有意识到的信念，他认为这种没有意识到的信念就是隐蔽行动信念，这种深层的信念对教师的行为影响较大。[2]中国学者庞丽娟、易凌云也提出，在教师信念系统中存在着未被察觉却影响教师行为的信念。庞丽娟在另一项研究中指出，教师持有教学信念的水平和层次影响了教学行为，她认为当教师知道某一信念是正确的时候，这一信念对教师而言属于"倡导的理论"或"社会的观念"，处于"显概念"的水平，对教学行为不会有太大的影响，即使引发了教学行为也是偶发的。当外在观念逐渐被教师所接受后，在不断实践中会成为"自我概念"，对教学行为起到指导的作用。这种外在观念不易被教师意识到，处于"隐概念"水平。因此，想要提高教师深层次教学信念，必须通过教育行为实践来完成。[3]

通过对教师信念与教学行为关系的回溯，笔者在探究教师信念和教学行为的关系时，避免了以简单逻辑为基础进行研究，而是以理解信念与行动之间非线性关系为基础进行研究。另外，本研究是对教师信念的类型分析，需找出不同类型信念的特征，以进一步诠释不同类型的信念是如何转化为教学行为的。因此，在文献整理时需重点关注教师信念向教学行为转化的研究成果。

（三）教师信念向教学行为的转化

众多研究表明，教师信念本身较难改变，信念向行为的转化更难改变，

---

[1] Dufy G L，Anderson. Teachers' theoretical orientations and the classrooM[J]. Reading Psychology，1984，2(1)：51–70.

[2] Furingghetti F. On teachers' conceptions：From a theoretical framework to school practice[R]// Makrides G A. Proceedings of the first mediterranean conference on mathematics. Cyprus：Latsia，Nicosia，1997：227–287.

[3] 庞丽娟，叶子 . 论教师教育观念与教育行为的关系 [J]. 教育研究，2000（7）：47–50.

但并非无法改变，而是需要一个漫长的过程。从相关文献来看，以往研究对教师信念向教学行为转化的影响因素大致可以分为三类。

第一类：环境影响，其中包括社会文化、教学环境等外部因素。斯托夫莱（Stofflett）、哈尼（Haney）、莫斯（Moss）和考夫曼（Kaufman）的研究均表明，通过教育类课程可以帮助教师接受先进的教学理念，但教学信念是否可以转化为教学行为与教学环境有关。[1][2][3] 针对这一问题，西格尔（Sigel）提出了"信念—行为基本模式"，他认为教师信念受个人因素和所处社会文化的影响，信念可以通过教育、媒体及与重要的人互动加以改变。[4] 斯迈利（Smylie）在研究中也提到，教学内部人员的人际互动、教学环境等都会对信念向教学实践的转化产生影响。中国学者陈颖通过调查发现：教学信念水平高的教师通常也具有较高的教学行为水平，但影响教学行为的因素只有 14.7% 与教学信念相关，在教学信念转化成教学行为的过程中，非观念层面的因素占了主导作用，这些因素包括外部的条件，如课时量、教学设备、领导支持度等。[5] 虽然这些研究对教师信念转化成教学行为的影响因素说法不一，但均认为环境在转变的过程中起到了关键的作用。

第二类：教师内在因素影响，其中包括教师对事物本质的认识、教学策略、反思能力等。克拉克和彼得森提出的教师思考与行为模式颇受关注，主要表现了教师行为和教学效果之间的关系，即教师的计划、行动中的思考与决定影响着教学行为[6]。沙弗森（Shavelson）和斯泰恩（Stern）也提出

① Stofflett R T. The accommodation of science pedagogical knowledge：The application of conceptual change constructs to teacher education[J]. Journal of Research in Science Teachering，1994，26(31)：787–810.

② Haney J，McArthur J. Four case studies of prospecive science teachers' beliefs concerning constructivist teaching practices[J]. Science Education，2002，52(86)：783–802.

③ Moss D M，Kaufman D. Examining preservice science teachers' conception of classroom management[M]//Sandra K，Abell，Lederman G. Handbook of research on science education. London：Routledge，2007：181.

④ 王恭志 . 教师教学信念与教学实务之探析 [J]. 教育研究咨询，2000（2）：84–98.

⑤ 陈颖 . 新课程背景下高中化学老师教学观念向教学行为转化的机制及策略研究 [D]：[博士学位论文]. 北京：北京师范大学教育学部，2009：89–93.

⑥ Clark C M，Peterson P L. Teachers' thought processes[M]//Wittrock M C. Handbook of research on teaching. New York：Macmillan Publishers Limited，1986：255–296.

了类似的观点，他们认为教师对学生、教材及教学任务本质的认识，会影响教师对学生行为的归因和对学生能力与动机的判断，还会影响教师教学策略的应用，影响教学行为。[1] 田良辰、刘电芝在分析影响教学信念向教学行为转变的因素时，提到教学信念是教师主体的内部建构，具有内隐性。而教学行为是一种外显行为，教学策略恰好具备内隐性与可操作性的特点，能够将教学信念与教学行为链接起来，因此教学决策是影响教师信念向教学行为转变的主要因素。

第三类：实践影响，这一观点的核心内容为：行动影响思想。古斯克（Guskey）先后发表了三篇实证研究文章，证明了很多经验丰富的专家型教师在实践中并非遵循已有的理论，而会采用"试误"的方法，即教师首先改变自己的教学实践，当改变效果良好，再逐步改变自己的教育信念。[2] 庞丽娟和叶子也发表过相似的观点，他们认为教师深层教学信念的改变必须要有教学实践的促进。[3]

通过对教师信念相关研究的梳理，笔者对以下问题进行了思考：

（1）如何探寻教师信念？信念具有情境性，以片段的方式储存，因此在对教师信念进行研究时，需要把教师信念放置在具体的教学情境中，立足于实践行为进行实证研究，而不是脱离真实情景进行思辨研究。

（2）如何探寻教师信念结构？信念系统是一个矛盾统一体，系统中有些因素呈现一致性，有些因素呈现非一致性，教师信念与教学行为之间也并非简单的线性关系。想要探究教师信念，不仅要关注教师意识到的信念，更要留意教师无意识的缄默性信念。笔者在研究时，同时关注了教师的宣称信念与实际使用的信念，以避免陷入"讲半个故事"的境地。

（3）如何寻找核心信念？信念系统以"簇"的方式存在，各层级的信

① Shavelson R J, Stem P. Research on teachers' pedagogical thoughts, judgements, decisions, and behavior[J]. Review of Educational Research, 1981, 51(4): 455–498.

② Guskey T R. Staff development and teacher change[J]. Educational Leadership, 1985, 42(1): 57–60.

③ 庞丽娟, 叶子. 论教师教育观念与教育行为的关系 [J]. 教育研究, 2000（7）: 47–50.

念对教师影响的强度不同，核心信念具有与其他信念互动频繁的特征，因此可通过宣称信念和使用信念两个维度的互动关系，使教师信念系统的结构显现化，从而发现信念系统中互动最频繁的核心信念。

三、语言教师信念

20 世纪 90 年代初，受教育研究领域的影响，国外学者开始对语言教师信念进行研究。目前，教师信念研究已经发展成语言教师教育研究体系中活跃的领域之一。[1]第二语言教师的信念研究主要集中在四个方面。

（一）教师信念的来源及影响因素

多数学者认为教师信念的生成是各种因素多元化、相互交互的结果。洛尔蒂（Lortie）认为学习经历对教师的认知结构会产生影响。[2]理查森和罗克哈特（Lockhart）总结了语言教师信念的六个来源：一是教师作为语言学习者的经历；二是教学过程中的成功经验；三是广为接受的教学惯例；四是个性和喜好；五是教育和科研原则；六是信奉教学法的具体原则。[3]博格也提出过类似的观点，他认为语言学习经历、教师教育、教学实践和教学环境是教师信念形成的重要影响因素。[4]

由于信念成因的不确定性及研究方法的复杂性，第二语言教师信念的影响因素研究相对较少，主要以外部环境影响论为主。外国学者奥拉费（Orafi）、博格和中国学者张凤娟等人的研究表明，影响教师信念和教学行为的因素有许多，包括教育政策、考试制度、教育文化等宏观环境因素，

---

[1] 项茂英，郑新民，邹易平. 国外语言教师信念研究回顾与反思——基于对 6 种应用语言学期刊的统计分析 (1990—2014)[J]. 外语界，2016（1）：79-95.

[2] Lortie D C. Schoolteacher：A sociological study[M]. Chicago：University of Chicago Press，1975：45-60.

[3] Richards J C，Lockhart C. Reflective teaching in second language classroom[M]. Cambridge：Cambridge University Press，1996：102-119.

[4] Borg S. Teacher cognition and language education：Research and practice[M]. London：Continuum，2006：56-76.

以及学校文化、学生特点、教师工作量、教学资源、教师工作考核指标等微观环境因素。①②

（二）教师信念的构成要素

第二语言教师信念构成要素一直是教师信念领域研究的热点，研究成果也最为丰富。具有代表性的有：伯恩斯将英语教师信念构成要素总结为关于与语言学习相关的语言本质的信念，关于口语和书面语关系的信念，关于语言学习及学习策略本质的信念，关于学习者、学习者的能力、学习者英语学习能力的信念，关于语言课堂及教师角色的信念。③理查森提出了在第二语言教学框架下教师信念体系的基本要素，包括语言本质观、语言学习观、语言教学观、语言课程设计观、语言教师职业观五个方面。④卡尔德海德将教师信念划分为五个方面，分别是关于学习的信念、关于教学的信念、关于课程科目的信念、关于学习教学的信念、关于教学角色的信念。⑤威廉姆斯和伯登（Burden）将教师信念归为三大类：关于学习者的信念、关于学习的信念、关于教师自身的信念。⑥

在国内关于语言教师信念的研究中，刘桦将英语教师信念体系分为八类，分别为：教师专业化信念、教师信念、教学信念、课堂信念、语言信念、教学计划和课程信念、学习者信念和学习信念。⑦郑新民展开的关于大学英语教师信念的调查涵盖了语言理论、语言教学本质、课程设置、教学

① Orafi S M，Borg S. Intensions and realities in implementing communicative curriculumreform[J]. System，2009，37(2)：243–253.

② Zhang F，Liu Y. A study of secondary school English teachers' beliefs in the context of curriculum reform in China[J]. Language Teaching Research，2014，18(2)：187–204.

③ Burns A. Teacher beliefs and their influence on classroom practice[J]. Prospect，1992，7(3)：56–66.

④ RichardsonV. The role of attitudes and beliefs in learning to teach[M]//Sikula. Handbook of research on tea cher education. London：Prentice Hall，1996：102–119.

⑤ Calderhead J. Teachers：Beliefs and knowledge[C]//Berliner D，Calfee R. Handbook of educational psychology. New York：Macmillan Publishers Limited，1996：709–720.

⑥ Williams P，Burden R. Psychology for language teachers[M]. 北京：外语教学与研究出版社，2000：49–68.

⑦ 刘桦 . 论英语教师信念体系 [J]. 西南交通大学学报（社会科学版），2004，5（3）：93–98.

内容、师生角色、课堂活动、教学资源七个方面。[①] 郭晓娜对教师信念的界定包含教师本身、学生、教学目标、教学方法、教材使用、教学环境和教学评价七个方面。[②]

在教师信念构成要素的研究中，研究目的之一是为了建构教师信念结构维度，如伯恩斯、理查森等人的研究。[③][④] 另外，此研究目的并不是为了建构教师信念维度，而是要对教师信念构成要素进行分类，如郭晓娜等人的研究，这类研究中并没有对教师信念构成要素进行各个维度的详细描述，而是以概括为主。通过对文献整理我们发现，虽然学者对第二语言教师信念构成要素的观点有所不同，但均建立在教师"教"和"学"的基础之上。

（三）教师信念与教学行为的一致性

在第二语言教师信念研究领域，对教师信念与教学行为之间的关系的研究较少，笔者搜索到的文献多以教学行为是否与教师信念相一致的实证研究为主。史密斯（Smith）、威廉（William）、伯登等人的研究均证明，教师的指导性决策和其持有的信念具有高度的一致性。[⑤][⑥] 然而，霍夫曼（Hoffman）、达菲、伊姆（Yim）等人的研究持相反的观点，他们认为教师行为与表现出的信念之间存在某种差异，但在研究中并未对造成差异的原因做出解

---

① 郑新民，蒋群英.大学英语教学改革中"教师信念"问题的研究 [J].外语界，2005（6）：16-22.

② 郭晓娜.教师教学信念研究的现状、意义及趋势 [J].外国教育研究，2008，35（10）：92-96.

③ Burns A. Teacher beliefs and their influence on classroom practice[J]. Prospect，1992，7(3)：56-66.

④ Richards J，Lockhart C. Reflective teaching in second language classrooms[M]. 北京：人民教育出版社，2000：56-58.

⑤ Smith D. Teacher decision-making in the adult ESL classroom[M]//Freeman D，Richards J. Teacher learning in language teaching. New York：Cambridge University Press，1996.

⑥ Williams M，Burden L R. Psychology for language teachers：A social constructivist approach[M]. Cambridge Univ ersity Press. 1997：98-101.

释。①②③ 理查森和彭宁顿（Pennington）试图对这一现象进行解释，他们通过对中国香港新手英语教师第一年的教学进行研究发现，教学环境对教师有制约的作用。④ 新手教师虽然在教师教育阶段系统学习了交际教学法，但在教学之初，由于大班教学、考试压力等各种原因，在教学中完全背离了交际教学法的原则。菲普斯（Phipps）和博格也认为外部环境会造成教师信念与教学行为的脱节现象。他们在研究中提到，学生英语水平、教学期望等个体因素及教材练习的设计等外部因素是造成脱节现象的主要原因。由此可见，在早期的相关研究中，多将教师信念与课堂行为看成单一的因果关系，即教师信念影响并指导教师行为。如今，研究者则普遍反对这一观点，他们认为两者是相互作用的关系。

（四）教师信念与教师专业发展

卡根指出，教师信念是教师职业成长最好的测量器⑤。尽管前期研究证明，教师信念具有稳定性，很难通过培训的办法加以提升，但很多学者对这一结论提出了质疑。如罗伯兹、卡瓦罗格鲁（Cabaroglu）、博格等人均通过实证研究证明，多数教师信念是可以通过培训改变的。⑥⑦

① Hoffman J V，Kugle C L. A study of the theoretical orientation to reading and its relationship to teacher verbal feedback during reading instruction[J]. Journal of Classroom Interaction，1982，51(2)：317–321.

② Duffy G，Anderson L. Teachers' theoretical orientations and the real classroom[J]. Reading Psychology，1986(5)：163–180.

③ Yim L W. Relating teachers' perceptions of the place of grammar to their teaching practices[C]. Master's thesis，National University of Singapore. 1993.

④ Richards J，Pennington M. The first year of teaching[C]//Richards J. Beyond training. Cambridge：Cambridge University Press. 1998.

⑤ Kagan D M. Professional growth among preservice and beginning teachers[J]. Review of Educational Research，1992，62(2)：129–169.

⑥ Cabaroglu N，Roberts J. Development in student teachers' pre-existing beliefs during a 1–year PGCE programme[J]. System，2000，28(3)：387–402.

⑦ Borg S. The impact of in-service teacher education on language teachers' beliefs[J]. System，2011，39(3)：370–380.

四、国际中文教师信念

笔者对搜索到的相关资料进行整理后发现，对国际中文教师的研究可以大致分为三个阶段：第一个阶段是 2003 年以前的初级阶段，在这一阶段对国际中文教师的研究成果相对较少；第二个阶段是 2003～2015 年的快速发展阶段，2003 年后对国际中文教师的研究成果明显增多，并且研究视角较为多元；第三个阶段是从 2016 年至今的后发展阶段，这一阶段的研究紧跟国家方针，具有鲜明的时代特色和指向性。从这三个发展阶段的研究内容来看，研究热点多集中在以下五个方面：一是提高教师质量的研究，这部分研究主要以提出教师培养模式与策略的可行性建议为主；二是教师跨文化交际研究，主要以帮助教师提高跨文化意识为目的；三是教师标准及专业化发展研究，以提升教师专业发展水平为主；四是非教学因素研究，如教师心理素质、应变能力等方面的研究；五是特定时代背景下的具体研究，以提出解决方案为主，如后疫情时代国际中文教育转型的研究。

对国际中文教师的研究热点多集中在具体的教学问题、跨文化交际、教师发展等方面。这些研究虽以实际问题为导向，但多"就事论事"，以解决问题为主，缺少对问题本质的深入研究。教师发展的关键不只是"知"和"术"的层面，还需关注教师的"灵魂"层面。[1] 随着认知领域的发展，教育学领域开始意识到，针对教师行为的研究难以触及问题的本质，因此逐渐将教师研究的关注点转向教师内部特征。目前，国际中文教育学界尚缺少对教师信念的研究，但从笔者搜索到的资料来看，国际中文教育学界对教师信念的关注较早，崔永华于 1990 年对国际中文教师的教学意识进行了讨论[2]，赵金铭从教学目的等方面讨论了语言教学的理念[3]。

前期研究教师信念的文章多是从"先验—结果"的范式出发，即在优质课堂中寻找教师所具备的特征，仍停留在将教学结果看作教师特质影响

---

① 贾群生.教师行为研究的新视野——教学观念实在论 [M].上海：华东师范大学出版社 .2016：2.
② 崔永华.语言课的课堂教学意识略说 [J].世界汉语教学，1990（3）：173-177.
③ 赵金铭.对外汉语教学理念管见 [J].语言文字应用，2007（3）：13-18.

的阶段。2008 年，孙德坤发表了《教师认知研究与教师发展》一文，这篇文章虽然拉开了探究理论与实践关系的帷幕，但并未得到国际中文教育学界的重视。目前，国际中文教师信念研究成果较少，且研究视角较为单一，主要集中在以下几个方面：（1）信念的维度研究。赵秀菊将国际中文教师信念分为汉语语言观、汉语教学观、汉语学习观、中华文化传播观、师生角色观五个维度；[①]朱世芳将国际中文教师信念划分为语言本体信念、语言教学信念、语言学习信念、语言环境信念、语言教师职业信念五个维度，并按上述五个大类及十二个小类编制了教师信念系统量表，力求为国际中文教师的信念发展提供可参考的研究理论框架和量化研究工具。[②]（2）不同教师的信念对比研究。刘弘比较了职前教师与在职教师教学观念的差异；[③]黄越对中国教师与匈牙利学习者在语言学习观念上的差异进行了对比研究；易平对中国和波兰的教师信念进行了对比分析。（3）各语言要素教学信念的研究。吴勇毅比较了教师和学生对语法教学的观念差异；施瑞婷运用了问卷加访谈的方式，对语法教学观念及影响因素进行了调查研究；[④]水易对新手教师的词汇教学信念进行了研究。[⑤]（4）信念与行为的研究。江新、郭胜春等人对国际中文教师的信念与教学行为进行了个案研究。[⑥⑦]

综而观之，对国际中文教师信念的研究以学位论文居多，刊发在期刊上的文章数量较少，研究成果缺乏连续性，国际中文教师信念的研究有待丰富。

---

① 赵秀菊. 国际汉语教师信念维度研究 [C]. 第十三届国际汉语教学研讨会论文选，2018（11）：137–142.

② 朱世芳. 对外汉语教师信念系统的模型构建及量表编制 [J]. 国际汉语教学研究，2019（3）：89–96.

③ 刘弘. 国际汉语教师信念研究现状及展望 [C]. 第十一届国际汉语教学研讨会论文选，2012（8）：181–185.

④ 施瑞婷. 卢旺达孔子学院汉语教师语法教学信念及形成因素调查与研究 [D]：[硕士学位论文]. 锦州：渤海大学文学院，2019：6–33.

⑤ 水易. 新手汉语教师词汇教学信念研究 [D]：[硕士学位论文]. 上海：华东师范大学国际汉语文化学院，2016：19–60.

⑥ 江新，张海威. 汉语教师教学观念与教学行为关系初探 [C]. "国际汉语教学理念与模式创新"国际学术研讨会，2010.

⑦ 郭胜春. 高校对外汉语教师教学信念与教学行为个案研究 [J]. 高等函授学报（哲学社会科学版），2012，25（11）：58–61.

五、简要述评

在教育发展史上，对教师的研究大体经历了三个阶段：第一阶段是寻找优秀教师特质，即人们试图把优秀教师所具备的特质作为先验条件，通过调查分析优秀教师的不同特征，以区分不同层级的教师效能。第二阶段是实验研究模式，即关注教师教学行为，受行为主义理论影响，对教师的研究从寻找优秀教师特质逐渐转向探索教师的教学行为与学生学习成果之间的关系。第三阶段是多元化研究模式，随着认知主义的兴起，将关注点转向教师知识及教师信念研究上。在教育学界，教师信念作为一个独立的研究领域，已有较长的研究历史。国际中文教师信念的研究可以借鉴教育学领域成果，避免重复研究。通过对文献进行梳理，笔者整理出一些国际中文教师信念研究存在的问题。

（1）学界对"belief"的翻译存在着不一致的情况。有研究译成"信念"，也有研究译成"观念"。但"观念"在英语中的对应词是"conception"，与"belief"的概念并不相同。名称使用混乱不仅对研究内容的界定和外延的确定存在一定的影响，还会影响研究的连续性。

（2）已有对国际中文教师信念的研究范围较窄，多集中在教学法、信念与行为的关系方面，尚缺乏对信念的整体性研究。教师信念作为一个系统，单一角度的研究无法全面阐释教师信念的真实样态。

（3）缺少对国际中文教师群体特征的解释性研究，目前对比性研究居多，如职前、在职教师的信念对比研究，新、老教师信念的对比研究，对国际中文教师群体的信念独特性研究有待丰富。

（4）缺少深入学科内部的研究，已有研究多采用的是问卷、课堂观察、访谈等方法，这些方法虽然已被学界证实适合于教师信念研究，但目前尚缺少能够体现语言学科特色的研究方法。

通过文献梳理与分析，本研究获得了如下启示：

（1）模式化和表面化的研究无法呈现出信念与实践之间复杂的关系。本文认为深化教师信念的研究需要从教师信念系统的真实样态和结构方式出发，通过对各要素之间关系的剖析，使教师信念可视化。

（2）本研究的目的是探析教师信念类型，结合信念内隐性、情境性、复杂性的特征，仅靠思辨性研究很难获得丰富的信息，需采用听其言、观其行的方式，在真实的教学场景中进行。在研究对象的选取上，可以采用小样本进行深入的探索性研究。

（3）上文提到目前国际中文教师信念多为普遍式研究，缺乏深入学科内部的研究。本研究在课堂观察中，选用了当前研究第二语言课堂话语比较成熟的观察量表——COLT 量表，结合语言特征对教师话语进行分析。

第五节　理论基础

一、行动科学理论

（一）理论介绍

行动科学（Action Science）是一门探究人类行为如何被设计并付诸行动的理论。行动科学理论起源于这样一个概念：人们是自己行动的设计者，从行动层面看待人类行为时，这些行为是由行动的意义及行动者的意图所构建的。行动者通过行动以达成他所希望的结果，并进行自我监控，以了解行动是否有效。[①] 阿基里斯认为，每个人都储存了许多概念、图式及基本模型，并在面临不同情景时，从经验库中取出一套程式来设计出自己对环境的行动方案。

行动科学理论有两种形式：信奉理论和使用理论。信奉理论是指个体宣称的所遵循的理论；使用理论是指行动者在行动中真正使用的理论。在现实中信奉理论与使用理论可能一致，也可能不一致。例如，某位教师在

---

① ［美］克里斯·阿基里斯，罗伯特·帕特南，戴安娜·麦克莱恩·史密斯.行动科学探究与介入的概念、方法与技能 [M].夏林清，译.北京：教育科学出版社，2012：59–60.

论文中提到，"教师应是学生知识建构的引导者"，但课堂教学可能采用的是讲解法并让学生抄写背诵的方式。阿吉里斯认为这不是简单的"言行不一"或"说一套做一套"，人的行为并非偶然，他们不会恰好就这么做。行动者在实际行动中改变了行动理论，使得信奉理论与使用理论不一致，其背后一定有着复杂的心理背景。

行动科学理论认为，行动者能意识到自己的信奉理论，因为那是行动者宣称的所信奉的理论，但使用理论多数是受隐性认识和规则主导的，行动者可能意识不到。人类的行为总是遵循着无法言说的规则，使用理论是人类设计行动方案的隐含的认知图式，即便是下意识这样做，也是一种习惯性认知的表现。

（二）行动科学理论与本研究的内在联系

信念具有隐蔽性，属于"黑箱研究"。对于教师信念的研究，只能根据教师的自我报告和外部观察进行推论。那么通过教师的自我报告和观察者的外部观察，推论出的教师信念能在多大程度上反映真实的情况呢？在教师信念研究中，"真实性"是绕不开的话题。

以"行动中反思"著称的行动科学认为，"当被问及在特定情境下会如何行动时，当事人给出的答案往往是'口头理论'。这种'口头理论'也会得到当事人的'效忠'，会在特定场合被当作答案，但真正控制行动的因素是'应用理论'"。[①] 这一概念的提出同样适合于对信念"真实性"的解读。笔者受到行动科学理论的启发，认为想要获取"真信念"不能仅仅依靠教师的"口头理论"，还需对真正控制其行动的"应用理论"进行研究。

行动科学理论认为，人会根据自己的意图建构行为，期望通过行动达成预期的结果，并在行动过程中进行自我监控，行动的结果也会进一步指导他们的行动。这与很多学者提出的教师信念与教学实践存在不一致性的观点相吻合，人们对行为的态度取决于信念，信念直接影响着行为的意图，

---

① ［美］克里斯·阿基里斯，罗伯特·帕特南，戴安娜·麦克莱恩·史密斯.行动科学探究与介入的概念、方法与技能 [M].夏林清，译.北京：教育科学出版社，2012：35-39.

人在判断行为的过程中，会受到社会普遍认知的制约。本研究将行动科学理论作为探寻隐藏在行动之下的信念是如何影响行动的理论基础，为进一步探究教学行为建构及信念与实践之间的关系提供指导。

行动科学理论中的信奉理论和使用理论为教师信念系统构成要素的来源提供了理论基础。学界普遍认可教师信念与教学行为之间存在着某种联系，但对信念与行为关系的看法存在分歧。行动科学理论认为，行为的产生有着复杂的心理背景，人们不会恰好这么做。因此，对于教师信念的研究如果只探寻宣称的信念或观察到的使用的信念，很容易陷入"讲半个故事"的片面认识。欧内斯特提出，教师信念的系统中存在"宣称的信念"（espoused belief）和"行动中的信念"（enacted belief）。[1] 本研究借鉴了他的观点，同时受到行动理论的启发，将国际中文教师信念放置于教师所处的社会背景下，以宣称信念和使用信念作为切入点，将两者在教师信念系统中的关系作为国际中文教师信念类型划分的依据。

二、社会文化活动理论

（一）理论介绍

社会文化活动理论（Social cultural and Activtiy Theory）是维果茨基（Vygotsky）的社会文化理论（Social cultural Theory）和活动理论（Activity Theory）的合称。两者同根同源，皆为社会文化历史学派的分支理论，在传播和发展的过程中经常出现将两者合在一起使用的情况，如牛津大学的社会文化活动理论研究中心（Oxford Centre for Socio cultural and Activity Theory Research）、伯明翰大学社会文化活动理论研究中心（Birmingham Centre for Socio cultural and Activity Theory Research）等都将两种理论融合在一起。社会文化理论和活动理论在使用过程中相辅相成，其共同的观点是：人类认知活动最重要的形式是通过社会、文化、精神、物质资料等互动而得到发

---

① Ernest P. The philosophy of mathematics education[M]. London：Falmer Press，1991：127–128.

展的。

　　社会文化活动理论近些年在欧美国家得到了发展与广泛应用，特别是在教学与心理学领域。目前，国内基于案例的实证研究较少，处于理论介绍阶段。社会文化理论源自德国古典哲学（从康德到黑格尔）及马克思主义的辩证唯物主义，由维果茨基正式提出，后经恩格斯托姆（Engestöm）等人发展，现已成为社会学、教育学等领域一个非常重要的理论流派。[①] 社会文化理论认为人类认知能力的发展不仅是内心世界的内化过程，也是个人与社会文化、历史环境等因素相互作用的结果，是个体世界和外部世界不断互动的产物。社会文化理论强调社会文化环境对人类认知发展过程的作用，该理论认为个体通过中介来认知外部世界，在认知的过程中个体也在改造中介。

　　活动理论是社会文化理论的组成部分，迄今为止经过了三代的演变。第一代活动理论代表人物是维果茨基，他在行为主义刺激（S）—反应（R）的基础上，增加了中介工具。他认为活动的本质并非简单的线性连接，在刺激和反应之间有着复杂的中介反应。

　　第二代活动理论以列昂捷夫（Leont'ev）为代表，他修正了第一代活动理论的分析单位，将关注点从个人层面转向个体与个体所处的共同体之间的关系。恩格斯托姆在此基础上建构了人类活动系统模型，并提出了影响活动的六大要素，即中介工具、主体、客体、共同体、规则、分工。

　　第二代活动理论模型描述了不同活动之间相互交织的关系。在这个活动系统中，主体是活动的实施者；客体是活动的目的；中介工具包括物质工具和心理文化制品；共同体是由多个成员构成且有着共同目标的群体；规则是活动系统内部行动或互动关系的准则，可以是隐形的，也可以是显性的；分工是共同体成员之间的任务分配和权利地位分配。第二代活动理论的主要贡献在于可以找出活动系统中每个要素如何通过直接或间接的方式影响活动结果。

---

① 魏戈.教师实践性知识的生成 [M].北京：教育科学出版社，2021：18–19.

第三代活动理论的代表人物是恩格斯托姆，他在第二代活动理论模型的基础上，引入了两个活动系统之间的交互关系，将单一活动系统扩展到具有互动性的多个活动系统，使最初的理论模型更具扩展性和包容性。

（二）社会文化活动理论与本研究的内在联系

学界普遍认为，信念生成受到个人经历、学校教育等因素的影响。目前，对信念影响因素的分析多为概括性研究，即通过观察教师信念的变化来判断影响因素。教师信念作为一种高级的心理机能，虽然以整体的方式呈现，但意识与行为之间有着内隐的、复杂的关系，如果单从信念表层的变化判断其影响因素，难免会导致研究结果的表层化。

社会文化活动理论将社会文化历史环境看作影响人类心理机能产生的活动系统。社会文化活动理论与国际中文教师信念研究的适切性与启发性体现在四个方面。第一是注重分析过程。无论是思维发展还是行为，都是不断变化的过程，对此社会文化活动理论强调动态地展示心理技能的构成过程。对于教师信念来说，信念虽然具有稳定性的特征，但并非一成不变，因此要深入探究教师信念的本质，不能只局限于对客观结果的分析，还需对教师信念生成过程进行分析，揭示出"他何以成为他"的路径。第二是注重客体与主体之间的关系，揭示现象背后的因果关系。社会文化活动理论认为人类高级心理机能的发展是"中介"所产生的结果，维果茨基将人类心理机能发展放置在社会文化背景中，关注"中介"背后蕴含的社会文化意蕴。因此，将教师信念研究的关注点从结果转化为影响教师生成的"中介"，以教师活动系统的"中介"为切入点，探究教师信念的发展逻辑。这一变化除了可以帮助我们解释教师信念的生成机制外，还可以借助这些中介工具将教师信念放在一个可供讨论、可供批评改进的层面，有助于进一步提出解决方案。第三是采用历史研究的视角，寻找固化行为的根源。在事物发展的过程中，有些行为通过不断地重复形成了自动化的行为方式，因此仅通过行为难以准确地判断其内在逻辑。社会文化活动理论认为，想要弄清行为的根源，需揭示其发展过程，而不是只关注结果。社会文化活动理论启发笔者在揭示教师行为背后的内在逻辑时，可从教师的"化石化"行为入手。"化石化"行为是在教师信念历史的发展过程中形成的自动化行为方式，是影响因素作用于信念最直接的表现，因此在课堂观察中应关注教师重复出现的行为。第四是关注"矛盾"的激活作用。社会文化活动理论将矛盾看作活动系统变革和发展的驱动力，恩格斯托姆提出了四个层次的矛盾，并指出矛盾在活动系统中处于中心地位，是某种历史积累下的结构性张力。[①] 教师在日常教学中经常要面临决策，倘若可以回答"教师在矛盾、冲突的环境中是如何进行决策的"这一问题，将有助于揭示教师信念的生成路径。

　　社会历史活动理论认为人类高级心理机制既涉及内心活动，也涉及外部世界，是个人观念和群体经验及公共知识等因素共同作用的结果。该理论通过模型解释潜藏在行为内部的因果关系，为研究国际中文教师信念的生成机制提供了理论基础，也启发笔者在得出国际中文教师信念类型的基础上，不再陷入对影响因素的概括性研究，而是进一步揭示教师信念的生成机制。在具体实施方面，笔者借助社会文化活动理论，以"中介"为切入点，通过研究不同个案教师在规则、共同体等因素之间的取舍，判断各因素在教师活动系统中是如何嵌套和互动的，以揭示不同类型的信念形成路径。

① 魏戈.文化—历史活动理论视角下的教师实践性知识研究 [J].教师发展研究，2018，1（2）：90–96.

第二章　研究方法与研究过程

通过第一章对已有研究和相关理论的梳理，本研究初步回答了"从哪里来"的问题。本章将进一步厘清研究问题，探讨将要"到哪里去"的问题。社会科学研究的价值在很大程度上依赖于研究设计的科学性，本章将从研究思路与方法、研究设计、研究过程、研究质量与伦理四个维度呈现研究的完整图景。

第一节　研究思路与方法

一、研究的基本思路

本研究的核心是国际中文教师信念类型。教师信念是一个混乱的结构，既包括教师意识到的信念，也包括教师没有意识到的信念。[1] 因此，本研究将透过现象探究本质。

信念具有隐蔽性，被视为"黑箱研究"。在教师信念研究中，"真实性"是绕不开的话题。要对教师信念进行分类，需勾勒出教师信念的实然样态。

---

[1] Pajares M F. Teachers' beliefs and educational research：Cleaning up a messy construct[J]. Review of Educational Research，1992，62(3)：307–332.

教学行为是研究教师信念最直观的切入点，既有研究已证实教师信念与行
为之间存在联系，但对信念与行为的关系存在分歧。本研究受到行动科学
理论中"信奉理论"和"使用理论"的启发，从宣称信念和使用信念两个
维度对教师信念系统实然样态进行探析。在梳理以往研究的基础上，将国
际中文教师信念构成要素分为学科信念、教学信念、学习信念三个维度。
在收集相关资料时，分别从宣称信念与使用信念两个来源对上述三个维度
的资料进行分类。本研究拟从信念来源和构成要素两个层级对教师信念进
行可视化探析：一是对教师信念构成要素（学科观、教学观、学习观）在
宣称和使用两个层面进行一致性分析；二是对同一来源的不同信念进行关
联性分析。具体如图 2-1-1 所示。

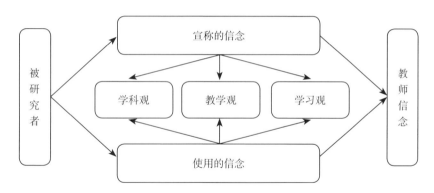

图 2-1-1　教师信念实然样态探析路径

在获得教师信念实然样态后，本研究按照教师"言"与"行"之间的
关系，对国际中文教师信念进行类型划分；分类完成后，深入每一种信念
类型的内部，通过分析教师信念向教学行为的转化路径，归纳出不同信念
类型的运行特征；再通过探究不同因素在教师信念生成过程中所发挥的作
用，勾勒出不同信念类型的生成逻辑和模型，最终凝练出国际中文教师何
以分化成不同类型的内隐机制。整体研究思路如图 2-1-2 所示：

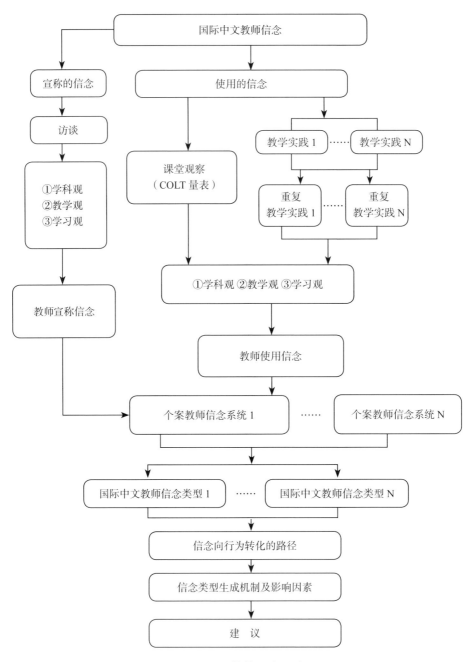

图 2-1-2　整体研究思路

二、研究方法

通过对教师信念相关文献的梳理，结合研究问题，笔者认为教师信念的研究更适合采用能够对"被研究者的个人经验和意义建构作解释性理解或领会"[①] 的质性研究方法。信念具有复杂性和内隐性，当事人说出某些信念时，并不代表他真的有这种想法，而是受个人意识或无意识的社会因素影响，他有可能不会或者不能说出真正的信念。[②] 为了避免获取到的是浮于表面的教师信念，在研究中需要将当事人放置在真实的情景中进行观察、描述和深入分析，从当事人内在角度深入他们的概念世界，通过言语了解他们的看法，通过观察了解他们的真实状态，以获得听其言、观其行的双向佐证。为了深入探析教师信念的实然样态，本研究以行动科学为理论基础，从宣称信念和使用信念两个维度对教师信念进行探析。上述信息难以通过量化研究获取，并且教师身上所具有的学科信念、教学信念、学习信念不是截然分开的，它们往往在具体的教学情景下产生相互作用，处于融合状态，所以本研究采用基于解释主义范式的质性研究方法。

在具体的研究策略上，本研究采用个案研究方法。任何研究策略的价值都和选择的基本原则有着内在的关系，选择的基本原则就是某种研究策略可以最恰当地对研究问题进行探索。殷（Yin）认为，当研究问题属于"怎么样"和"为什么"，即研究问题的性质偏向解释性多于探讨性，并且需要通过真实情景中的现象进行判断时，选择个案研究最为适合。[③] 本研究的基本问题是国际中文教师信念可以分为哪些类型，其性质属于解释性探究。根据教师信念的特征，在建构教师信念实然样态时需听其言、观其行。教学行为与所处的教学情景联系紧密，难以分割，需要从真实教学情景中观其行为。个案研究的基本理念是通过各种渠道收集资料，并对一个或者

---

① 陈向明.质的研究方法与社会科学研究 [M].北京：教育科学出版社，2000：7.
② 苏子.香港幼儿教师的教学信念：个案研究 [D]：[博士学位论文].香港：香港中文大学课程与教学系，2004：56-57.
③ ［美］罗伯特·K.殷.案例研究方法的应用 [M].周海涛，夏欢欢，译.重庆：重庆大学出版社，2014：4-5.

多个案例进行深入分析，以达到对案例本身的充分理解。① 本研究在建构
教师信念结构上，从教师信念的不同来源及内容构成出发设计了多个变量，
这些变量之间相互联系且复杂多变，需从多种来源获得资料，进行深入、
整体的分析。因此，从研究问题的需要来看，个案研究是较为可取的策略。

　　任何一种研究方法都有其优势和局限，个案研究的优势在于研究较为
深入，便于了解事物的复杂性；能通过自下而上的途径建立理论，了解事
件发展的动态过程等。但个案研究因样本较小，容易引起对样本代表性的
质疑，即研究所选择的个案能否推论整体。西方社会科学界对个案研究的
意义和限制早有争议，个案的代表性之争至今尚无定论，但笔者认同麦瑞
尔姆（Merriam）的看法，即"研究方法的选择主要依据研究问题的性质，
如果个案研究对于回答研究问题来说是最好的选择，它的优势大于局限，
那么就应该选择它。"② 本研究是对国际中文教师信念的研究，信念具有内隐
性和复杂性，各信念之间存在强度差异，并且教师信念与教学行为之间并
非简单的一一对应的线性关系。因此，想要探究教师信念背后所隐藏的理
论，适用于采用小样本进行深入的探索性研究。不可否认，个案研究具有
局限性，但对于探究教师信念生成及隐藏在信念背后的理论有着其他研究
方法无法比拟的优势。

① Strauss A，Corbin J. Basics of qualitative research：Grounded theory procedures and techniques [M].
　　Newbury Park，Calif：Sage Publications，1990：86–90.
② ［美］莎兰 . B. 麦瑞尔姆著 . 质化方法在教育研究中的应用：个案研究的扩展 [M]. 丁泽元，译 .
　　重庆：重庆大学出版社，2008：29.

第二节　研究设计

一、研究对象的选择

（一）学校的选取

个案研究中样本的代表性是最容易引起争议的问题。质性研究和量化研究的指导思想和操作手法存在差异，因而对样本的要求有所区别。量化研究中样本的特征与总体特征需具有一致性，样本特征与总体特征越是一致，依据样本分析所得出的结论就越客观，越能推广到总体，因而量化研究的样本需具有代表性。质性研究是通过研究者和被研究者之间的互动对事物进行的深入、详细的探究性研究，因此质性研究样本的代表性并不要求具有"总体代表性"，而是要求样本能够最大限度地为研究问题提供信息。

本研究选择 X 大学为研究场域，具体原因如下：（1）X 大学是培养国际中文教师的重要基地，也是国际中文教师的摇篮。其职能为培养国际中文教师、与海外孔子学院合作、负责招募公派教师及志愿者等，有着社会机构、中小学无法比拟的优势，是国内、国际中文教育的主阵营。（2）虽然一所国内高校无法穷尽国际中文教师群体，但质性研究并非以得出广泛性的结论为主要目的，而是从关系社会学出发，将整体看作一个有边界的网络。个案是网络中的节点，网络与节点之间的连线是它们之间的关系，敲动节点，就会震动网络，并不追求量化研究中从样本到整体的推广。[①]因此，结合研究问题，笔者关注了样本的典型性，按照研究目的选取能够为本研究提供最大信息量的研究对象，选择 X 大学作为研究场域。

X 大学已有 70 多年建校历史，是一所教育部直属的师范类院校。本研究之所以选择 X 大学，一方面是基于个案的易接近性原则。笔者在 X 大学

---

① 王富伟 . 个案研究的意义和限度—基于知识的增长 [J]. 社会学研究，2012（5）：161–187.

国际汉学院就读近四年，对 X 大学的国际中文课堂较为熟悉；另一方面，从高校自身特点来看，X 大学在国际中文教育方面有着多元化的资源，可以为研究提供丰富的信息。

当然，X 大学也具有多方面的独特优势。首先，X 大学是中国最早接受和培养留学生的师范类高校之一，也是中国首批汉语国际教育硕士专业培养高校之一，全国首批招收汉语国际教育博士生的试点单位，学院多名教师具有国际汉语教师资格考试命题员或面试官的资质。其次，X 大学与海外高校合作开办了多家孔子学院，大多数教师具有海外教学经验。再次，X 大学设有外国留学生预科部，培养了 121 个国家的来华留学预科生，办学规模一度为全国预科基地院校之首。最后，教育部中外语言交流合作中心与国务院侨办分别在 X 大学设立了"国际汉语教师培训基地""华文教育基地"，X 大学的配套资源不仅使自有教师获得了多国的海外教学经验，而且在国际中文教师培训方面积累了丰富的经验。基于以上分析，根据学校背景、个案丰富性等，笔者确认 X 大学可以为研究提供丰富的信息，可以作为开展本研究较为理想的"田野"。

（二）教师的选取

研究者想要发现、理解问题，以及获得洞见，需要一个能获取丰富信息的样本。正如斯塔克（Stake）所说，个案选择的首要标准是研究者可以从个案中获知最多的信息。[①] 既有研究表明，教师所处的职业发展阶段、经历等因素均会影响其信念。为了获取最充分的信息样本，本研究在选择教师方面，一是关注了教师的职业发展阶段：依据恩瑞（Unrun）和特纳（Turner）的研究，教师专业发展阶段的划分按照教龄分为三个阶段。[②] 教龄 1～6 年为适应期，教龄 6～15 年为成熟期，教龄 15 年以上为精专期。二是关注了教师的教龄、职称、学历、年龄等因素，尽可能做到从每个专业发展阶

---

① Stake R E. The art of case study research[M]. Thousand Oaks：SAGE Publications，1995：4.

② Untun A，Turner H E. Supervision for change and innovation[M]. Boston：Houghton Mifflolin，1970：56.

段中选取的案例在职称、专业背景方面具有异质性。

本研究共选取了十一名教师，其中处于适应期的教师三名：在教育背景方面，两名为汉语国际教育研究生代课教师（跨专业读研），一名博士（汉语国际教育专业）；处于成熟期的教师四名，职称方面包含助教、讲师、副教授，教育背景方面包含三名硕士（汉语国际教育专业）、一名博士（跨专业教学）；处于精专期的教师四名，职称包含讲师、副教授、教授，教育背景方面包含一名本科生（跨专业教学）、一名硕士（跨专业教学）、两名博士（相关专业）。在研究过程中一名教师中途退出，最后研究对象确定为十名（详见表2-1-1）。

在个案教师选择方面，本研究之所以在 X 大学选取了十一名教师出于两点考虑：一是研究的便利性。质性研究需要与研究对象建立良好的关系，如果在多所学校选取教师，在相同的精力下，难以有充分的时间与教师建立信任关系，让对方放下戒备，收集到真实的教师信念。二是虽然本研究是在国内一所高校中选择的十一名个案教师，但为了保证选择样本的典型性，这十一名教师类型多样，阶段各异，可以为研究提供丰富的信息。

表 2-1-1　个案教师基本信息表 [①]

教师	性别	年龄	教龄	学历/学位	专业	职称	专业发展阶段
教师 G	男	21	1	硕士在读	本科：汉语言文学 硕士：汉语国际教育	无	适应期
教师 Q	女	21	1	硕士在读	本科：管理学 硕士：汉语国际教育	无	适应期
教师 A	女	32	8	硕士	本科：应用英语 硕士：汉语国际教育	助教	成熟期
教师 H	女	40	13	硕士	本科：应用英语 硕士：汉语国际教育	讲师	成熟期
教师 J	女	38	10	博士	本科：日语语言文学 硕士：日语语言文学 博士：日语作为第二语言教育	讲师	成熟期

---

① 本研究教师年龄计算时间为 2022 年。

（续表）

教师	性别	年龄	教龄	学历/学位	专业	职称	专业发展阶段
教师 F	女	45	12	硕士	本科：汉语言文学 硕士：课程与教学论	副教授	成熟期
教师 B	女	41	16	硕士	本科：汉语言文学 硕士：现当代文学	讲师	精专期
教师 C	女	44	16	博士	本科：汉语言文学 硕士：古典文献学 博士：语言学及应用语言学	教授	精专期
教师 D	女	39	17	博士	本科：汉语言文学 硕士：课程与教学论 博士：语言学及应用语言学	副教授	精专期
教师 E	男	56	30	本科	应用英语	副教授	精专期

（三）课型的选取

国际中文课型丰富多样，大体可以分为听力课、口语课、阅读课、写作课和综合课。不同课型有独特的教学原则和范式。听力课、口语课、阅读课、写作课属于专项技能课，是针对第二语言学习中某个专项训练的课型。综合课是国际中文教学中的主干课，包括语言要素教学、语言技能训练、语言运用能力培养。综合指的是语言要素的综合和语言能力培养的综合，即听、说、读、写技能的全面提升，以培养学生的语言综合运用能力。

在研究初期，笔者对 X 大学国际汉学院开设的课程进行了观察，并在观课过程中发现，专项训练课难以全面反映出教师信念。如口语课以培养学生的交际能力为目的，通常教材内容与日常生活紧密相关，课堂会频繁地进行交际性训练，以提高学生的语言交际能力。因此，常规意义上口语课的学生开口率高于综合课，易造成课堂以学生为中心的假象。此外，综合课是国际中文教育中最具代表性和典型性的课型，《国际汉语教学通用课程大纲》指出，汉语教学的总目标是使学生最终具备语言综合运用的能力，学生的汉语综合运用能力训练主要依托于综合课。[①]综合课可以体现出教师在语言知识与技能、教学策略、文化意识等方面的使用信念，因此，本研究选择具有普适性的综合课作为观察课型。

二、资料收集方法

根据问题，本研究主要采取了访谈、课堂观察、实物分析三种方式，以形成资料的"三角互证"，保证资料的客观性，提高研究的信度。

（一）访谈法

本研究旨在从宣称信念和使用信念两个层面探究国际中文教师信念系统的实然样态，因此需要对十名个案教师（其中一名教师中途退出）进行访谈，以了解教师宣称的信念。访谈分为三个阶段进行。第一阶段是课前访谈，采用了以研究问题为主线、给予被访谈者一定自由空间进行拓展和延伸的半结构式访谈，访谈的主要目的是了解被研究者的宣称信念，包括两个方面：一是了解教师个人信息，主要包括教师职业经历、教学生涯中的关键事件、职业发展前景等；二是了解教师宣称的学科观、教学观、学习观。第二阶段是课后访谈。在课堂观察后对教师进行回忆性访谈，以解释课堂中的教学行为，访谈以开放式问题为主，旨在了解教师对教学实践的认识。第三个阶段是在整理资料的过程中，发现问题时及时与被研究者约定时间，进行简短的访谈。这一阶段的访谈主要以补充为主，因此要尽量使访谈在第一阶段和第二阶段完成，以免对教师造成不必要的麻烦。

为了使访谈能够围绕具体的研究问题展开，笔者预先设计了访谈提纲，并对访谈提纲进行了前期试用，结果发现个别问题表述可理解性不足，如访谈提纲中的"请问您在执教生涯中有哪些关键事件"。被访者表示，"关键事

[①] 刘巍、张冬秀、孙熙春.对外汉语教学理论与实务 [M]. 北京：清华大学出版社，2017：142-145.

件"这一表述很难与他们记忆中影响较为深刻的事件和人物进行联系。因此，改为"在您的执教生涯中，哪些事件或哪个人对您的影响较大"。另外，关于"您认为怎么样才能有效学习汉语"这一问题，在试用中笔者发现，不同个体对"有效"的理解存在差异，这是一个很难达成共识和界定的词语，往往需要二次解说，因此该问题改为"您认为学生应该怎么样学习汉语"。

此外，访谈提纲较为粗略，在正式访谈中会根据研究对象的具体情况苗出一些新的访谈问题，笔者会根据苗出的问题丰富访谈提纲。笔者对访谈问题保持着开放的态度，以期弥补理论预设可能带来的不足。访谈会根据被访谈者的状态对访谈问题的顺序进行调整，并且在被访者允许的前提下进行全程录音。访谈提纲与研究问题的对应详见表 2-1-2。

表 2-1-2　访谈提纲

问题维度	访谈问题	访谈问题设计缘由
个人基本信息	①请问您是哪一年入职的？ ②请介绍一下您的学历和专业情况。 ③您是否有海外教学经历？ ④是否获得过荣誉？有哪些？ ⑤请描述一下您的教学风格和特点。 ⑥在教学生涯中，哪些事或者哪个人对您的影响较大？ ⑦您认为目前自己处于职业生涯的什么阶段？ ⑧您认为自己在学校中的定位是什么？	通过前四个问题旨在了解被访者的个人信息及专业发展情况；问题 5、问题 7、问题 8 旨在了解被访者对自身教学风格、职业发展的认知；问题 6 中的关键事件是了解教师发展重要经历的信息，是研究教师信念的有效切入点。
宣称的学科观	①您认为语言是什么？ ②您认为国际中文教育的学科本质是什么？ ③您认为国际中文教育学科的价值是什么？ ④国际中文教育学科要实现学生哪些发展？ ⑤您认为国际中文教育应该怎么教？	前四个问题旨在通过了解被访者的对语言本质及学科的观点，以考察其学科观；不同的学科观使教学侧重点有所不同，问题 5 通过了解被访者在教学中的侧重，以考察其学科观。

（续表）

问题维度	访谈问题	访谈问题设计缘由
宣称的教学观	①您认为教师在教学过程中扮演着什么样的角色？ ②您认为什么是好的语言课？ ③您希望学生在课堂中学到什么？ ④常用的教学方法中，您最喜欢哪一种？为什么？ ⑤您是否给学生布置课后作业？布置作业的原则是什么？	本研究将学科观定位为：教师所持有的稳定的、关于国际中文教学应该"教什么"和"怎么教"的看法。借鉴 Richards（1996）对学科观的分类，通过问题1考察被访者所持有的教学观是以教师为中心，还是以学生为中心；问题2和问题3通过了解被访者对教学的认知，考察被访者对国际中文教学应该"教什么"和"怎么教"的观点；不同的教学法代表了不同的教育理念，问题4通过教师对教学法的观点，了解被访者对国际中文教学应该关注语言意义或语言形式的看法，得出国际中文教育应"怎么教"的观点；问题5通过了解被访者布置作业的情况，以判断其教学观，如被访者布置的作业多为背诵、抄写等机械性练习，作业难以调动学生主观能动性，教学观偏向于以教师为中心，反之亦然。
宣称的学习观	①您认为学生在课堂教学中扮演着什么样的角色？ ②您认为学生应该怎么样学习语言？ ③您认为能够促使学生学好汉语最重要的因素是什么？ ④您认为应该如何评价学生的语言学习？您都是怎么做的？ ⑤您是如何看待教材的？	问题1通过考察教学中学生的角色，以了解被访者的课堂是以教师为中心还是以学生为中心，如以学生为中心的课堂则偏向于建构主义学习观；问题2、问题3、问题4是考察教师对国际中文课堂中学生应该"学什么"和"怎样学"的观点；问题4通过了解被访者对教材的依赖性，以判断被访者的学习观是按照教材照本宣科，还是教学中注重学生对真实信息的主动建构，考察被访者所持有的关于国际中文教育应该"学什么"和"怎么学"的观点。如课堂中使用课外材料，学生有机会对课本内的知识进行拓展，教学偏向于建构主义。

　　课前半结构式访谈的主要目的是希望在研究初期获取教师的基本情况及教师宣称信念。为了尽可能不打扰个案教师，在每次访谈前，笔者会提前整理好访谈资料，力求在一小时的正式访谈中，了解被访者信念的基本情况。在整理资料的过程中，为了保证访谈资料的"鲜活性"，访谈结束后立即开始访谈资料的整理工作，如发现教师的访谈信息不充分，或存在当

时没有及时追问的情况，会进行第二次访谈以补充相应资料。访谈地点通常会选择教室、办公室或学院一楼的咖啡厅。第二部分的课后访谈在课堂观察后进行，根据课堂中教师的具体行为，进行十五分钟左右的开放式访谈。个案教师参与访谈的具体信息详见表 2-1-3。

表 2-1-3　个案教师访谈信息统计表

访谈对象	课前访谈		课后访谈	
	次数	共计时长（小时）	次数	共计时长（小时）
教师 A	2	1.15	4	1.2
教师 B	2	2.1	5	1.3
教师 C	1	1.4	3	1.15
教师 D	1	0.54	4	0.58
教师 E	3	1.25	3	1.5
教师 F	1	1.1	4	1.2
教师 G	1	0.48	3	0.46
教师 H	2	1.27	3	0.43
教师 Q	1	0.52	3	0.59
教师 J	2	1.55	3	1.1

（二）课堂观察

信念具有隐蔽性特征，教师宣称的信念不一定是真正信奉的信念，但教学行为是教师使用信念的真实写照，通过课堂观察可以推断出教学行为背后所隐含的使用信念，本研究将课堂观察作为捕捉教师使用信念的主要方式，依据如下：

第一，课堂观察可以让笔者对教师的整体教学情况有所掌握，并根据这些信息补充、修正访谈内容，以保证资料的全面性。

第二，在课堂中会出现偶然性事件，往往教师对于偶然性事件的处理更能体现其真实的信念。[①]

第三，在课堂中可以直接观察到教师的表情变化，以及教师在不同教学情景下的反应，这些微观的课堂元素可以为研究提供丰富的信息。

在具体的课堂观察策略上，本研究采用语言学的话语分析理论作为研究范式。语言是信念最直接的表达方式，同时也是教师的职业工具。国际中文教育属语言类学科，对课堂话语分析符合其学科特征，同时使教师信念从语言的角度得到深入的阐释。将教师信念与语言学的话语分析相结合是本研究收集与分析数据的特色手段。为避免数据分析过程陷入主观，本研究选用了当前课堂话语互动比较成熟的 COLT 量表（Communicative Orientation of Language Teaching），以对个案教师常规课堂进行观察。

在明确了研究问题以后，根据十一名（中途退出一名）教师的课程表进行了两个学期的课堂观察，对每名教师观课十次左右。鉴于录像受客观条件制约，并非每节课都方便录像，但对每名教师进行了至少三节课的正式录像，如果三节课在 COLT 量表上的数据较为相近，说明录像的数据趋于饱和，则不会继续录像。如果三节课的数据有所差异，根据实际需求，继续进行课堂录像。

此外，X 大学的留学生分为语言生、学历生、预科生。本研究将观察课型锁定为综合课，如果只选择某一类留学生的综合课为课堂观察对象，数量较小，无法满足类型学研究。因此，在确定学生类型不会影响研究客观性的基础上，将语言生、学历生、预科生的综合课列入课堂观察范围。学生类型不会影响研究客观性的具体原因如下：课堂观察时通过 COLT 量表对课堂中的教师行为进行记录，再对量表中的每项时长与整个课堂时长进行比较，得出教师在课堂中的行为倾向。课堂观察的主要目的是通过教师的教学行为判断其信念，因此对学生的类型没有明确的要求。反而，多元化的学生类型可能会丰富研究资料。

本研究对每名教师进行约十次的课堂观察，三次以上的正式录像，由

---

① 林进材 . 教师教学思考：理论、研究与应用 [M]. 高雄：高雄复文图书出版社，1997：63.

于课堂观察数据较多，且在 COLT 量表上的数据具有同质性，因此在实证研究部分并未将全部课堂观察的内容加以呈现，仅呈现了正式录像的课堂，其余课堂观察资料作为数据佐证。具体课堂观察次数见表 2–1–4。

表 2–1–4　课堂观察统计表

课堂观察教师	课堂观察总节数	录像节数
教师 A	10	4
教师 B	9	5
教师 C	8	3
教师 D	11	4
教师 E	7	3
教师 F	9	3
教师 G	9	3
教师 H	8	3
教师 Q	9	4
教师 J	9	3

在课堂观察时，除了要对课堂话语进行记录外，还需对课堂中教师重复出现的教学行为进行探析，从而与教师话语分析数据进行互证，以提高课堂观察的客观性。此外，在征得被研究者同意的情况下，对课堂进行录像或录音。虽然教师在镜头下的行为可能与日常不同，会形成"效度威胁"，但录像、录音可以为研究提供丰富的信息资料，通过反复看录像或听录音可以捕捉到在一闪而过的课堂情景中产生的重要信息，从而对课堂观察的过程中可能忽略的信息进行补充。陈向明认为，如果研究者对课堂效应有所意识，有意观察被研究者的行为变化，就可以从行为变化中了解到更多的信息。因此，为避免录像、录音带来的"效度威胁"，笔者在每天结束课堂观察后，会对课堂教学录像、录音进行整理与转写，如果发现被研

究者的行为与日常授课有所不同，会进行进一步分析。[①]

（三）实物分析

在本研究中，实物分析主要作为辅助性的资料。麦瑞尔姆指出，质性研究的实物分析可以分为公共记录类、个人文件类、物理材料类、视听文件类及对流行文化的记录。[②]本研究中实物分析主要用到了公共记录类、个人文件类、物理材料类和视听文件类。

公共记录类主要是指正式的官方文件，如学校官网、招生简章、学院教学质量评估表、教材等，公共记录类材料的主要作用是提供个案教师所处的校园文化。个人文件类主要关注的是教师上课使用的教案、PPT、教具，以及教师提供的教学进度表、教学反思等，这些资料的主要作用是帮助笔者更全面地掌握教师的教学计划、教学安排及教学的重点和难点等。视听文件类主要指的是课堂录像、录音，主要作用是通过反复观看，确保能捕捉到课堂的主要信息。此外，因为研究对象多为大学教师（其中两名为研究生代课），具备教学和科研双重身份，网络上也可以找到他们发表的学术论文，这些与研究问题有关的学术论文也会作为资料来源。物理材料类主要关注的是课堂桌椅摆放、教室布置等，用于间接获取教师信念。

三、研究工具的设计与编制

本研究的课堂观察工具是 COLT 量表。

（一）选择 COLT 量表的原因

COLT 量表是交际性教学观察量表，以第二语言教学中"交际性"作为

---

① 陈向明.质的研究方法与社会科学研究[M].北京：教育科学出版社.2000：399.

② Merriam S B，Merriam S B. Qualitative research：A guide to design and implementation[M]. Calif：Jossey-Bass，2009：117–139.

评价指标，该量表被认为是目前设计最为成熟的课堂观察工具。[1] 该量表的设计原理是通过考察第二语言课堂的话语特征，衡量课堂教学是否具有交际性，进而评判课堂教学是否达到了促进学生话语交际能力的教学目标。

COLT 量表对课堂中所观察的项目有明确的量化记录方式，可避免观课者的主观性，与其他课堂观察工具相比更客观。并且该量表操作方便、简单易学，使用该量表不需要进行额外培训，只需要在表格中的各类观察项目中依次记录课堂活动，就可以得到一个完整的观察体系。COLT 量表为第二语言课堂观察提供了一种基本的量化手段。

研究者需客观认识所使用的工具。总体而言，COLT 量表是目前第二语言课堂最为有效的观察工具之一[2]，但 COLT 量自身也存在不足，主要表现在以下几个方面：（1）缺少对观察对象情况的设置项目，如班级设置、班级规模大小、学生数量、学生水平及课型等。（2）该量表中的目的语（target language）项目存在使用局限，仅适用于在学习者的母语国进行的第二语言教学课堂。（3）各个观察项之间的联系较少。（4）该量表没有触及质的问题，如量表只能显示课堂进行了小组活动，但不能表现小组活动的质量如何。笔者认同 COLT 量表的局限性，并且通过对 COLT 量表的分析与试用，确认其局限性不会对研究的客观性造成影响。首先，量表中缺乏班级规模、学生数量、课型等对比项目，但这些并不在本研究的课堂观察范围内，本研究是对固定课型的观察，并且所观察班级的规模相似，不涉及对比班级规模和学生数量的情况。其次，本研究没有讨论各项之间联系的意图，因此并未使用量表中的所有项目，而是选择了能为研究提供信息的项目，具有局限性的目的语项目并不在选择范围内。最后，量表缺乏质的描述这一问题与本研究的问题并不契合，本研究旨在运用 COLT 量表观察教师在实践教学中所具有的某种信念，教师某些教学行为的质量并不在考察范围内。

---

[1] 孙慧莉 . 作为第二语言教学课堂观察工具的 COLT 量表研究 [J]. 现代语文（语言研究版），2008（10）：133–135.

[2] David Nunan，Kathleen M Bailey. Exploring second language classroom research：A comprehensive guide[M]. Beijing：Foreign Language Teaching and Research Press，2009：270.

（二）COLT 量表的记录方法

COLT 量表使用方便，课堂观察者可持该表直接进入现场，首先在"时间"一栏中标注上课时间，然后在"活动类型"一栏中写下具体的活动内容，如语法讲解、语言点操练等，然后找到涉及的各项目活动，在相应的项目下划"√"。比如，课程开始时间为上午 8：00，观察者就在时间栏中写上"8：00 am"。因为该活动内容涉及全班活动中的师生活动项目，记录的时候要在相应的项目下划"√"，这样就完成了对一个活动内容的记录，然后再记录下一个活动内容，具体操作如表 2-1-5。

表 2-1-5　COLT 量表

时间	活动类型	参与者的组织形式						话语内容								
		全班活动		小组活动		个体活动		课堂管理		教学语言				其他话题		
		师生活动	生生活动	不同任务	相同任务	不同	相同	课堂陈述性指示	课堂纪律性陈述	社会语言学	语言形式	功能语	话语篇章	社会话题	窄话题	宽话题
1	2	3	4	5	6	7	8	9	10	11	12	13	14	15	16	17
8:00am	语法讲解	√								√						
9:15am	课堂练习	√								√						

（三）COLT 量表的具体内容

COLT 量表分 A 和 B 两个部分，A 部分主要用于观察和描写课堂话语互动的事件特征，B 部分则是研究教师和学生的具体话语特征。

A 部分共有六个观察维度：活动类型（activity/episode）、参与者的组织形式（participant organization）、话语内容（content）、话语内容控制（content control）、学生语言模态（student modality）和教学材料（materials）。

B 部分由两个量表构成，分别是教师交际互动量表（teacher verbal

interaction）和学生交际互动量表（student verbal interaction）。观察维度基本相同，由目的语使用（target language）、信息差（information gap）、话语持续（sustained speech）、对形式或者语篇的反应（reaction to code or message）、与前一话语的合并（incorporation of preceding utterance）、话语引发（discourse initiation）和对语言形式的相关限制（relative restriction of linguistic form）七个方面组成。

一些学者并未使用量表中的全部项目。尼娜·斯帕达（Nina Spada）运用量表中A部分对加拿大成人学习英语进行了研究。[①]拉里·范德格里夫（Larry Vandergrift）运用量表中 A 部分对法语高中项目进行了听力策略的分析。[②]本研究也未使用COLT量表的全部项目，舍去了 B 部分中与本研究关联度不高的项目。

（四）COLT 量表在本研究中的具体应用

在 COLT 量表的具体使用中，本研究将项目进行了重新排序，剔除了多余的项目。观察教师的学科观所采用的是量表中的活动类型、话语内容和学生语言模态。量表中活动类型可统计出教师在教学中进行不同活动的比例，如语法讲解所占的时间、小组活动所占的时间，这一项可以分析出教师在教学设计上的偏重。话语内容主要观察在课堂上教师和学生说了什么，这一项目可以分析出课堂语言内容是以形式为主还是以功能为主，以及课堂话语内容；学生话语模态是考察课堂的各种技能训练的情况，即听、说、读、写所占的比例。通过上述三个课堂观察项目，便于探析教师在教学过程中是倾向于以语言规则为主的语言本体观，还是以交际为主的语言意义功能观，或是重视中国文化传播的语言传播观。

教学观的观察采用的是量表中的参与者组织形式、话语内容控制、话

---

① 　Nina，Spada. Relationships between instructional differences and learning outcomes：A process-product study of communicative language teaching[J]. Applied Linguistics，1987，8(2)：137–161.

② 　Larry Vandergrift. The comprehension strategies of second language (French) listeners：A descriptive study [J]. Foreign Language Annals，1997，19(3)：387–409.

语引发。参与者组织形式项目分为全班活动、小组活动和个人活动，主要是通过考察课堂中学生是否有足够的协商机会。在传统的以教师为中心的课堂中，学生被动地回答教师提问，以学生为中心的课堂多以小组、个人活动为主，学生有更多的机会可以运用所学的语言。内容控制项目指话题控制权问题，分为教师控制话题、教师学生共同控制话题和学生控制话题。话语引发项目用于考察课堂中学生引发话语的情况，在真实的话语互动中，话语发起者通常也是话语回应者，如果课堂上都是以教师引发话题为主，那么很可能导致学生在真实交际中表达不流畅。通过 COLT 量表中上述三个课堂观察项目，便于探析教师在课堂中呈现的是以学生为中心还是以教师为中心的教学观。

　　学习观的观察采用的是量表中的信息差，话语内容中的宽、窄话题和教学材料。在 COLT 量表中，信息差项目主要考察教学过程中的展示性问题和参考性问题。在信息交流的过程中，人们一般不会问已经知道答案的问题，建构主义所倡导的第二语言教学应多向学生提供不可预测的信息和具有信息差的真实问题，而不是让学生回答已经知道答案的问题。在内容控制项目中的宽话题、窄话题项目中，与课堂内容和学生有关的话题是窄话题，课堂以外的话题如时政、社会新闻等为宽话题。授课过程中宽话题越多，更倾向于建构主义学习观。教学材料项目主要考察教师在授课的过程中使用教材、课外材料的情况，如果课堂较多地使用课外材料，使学生有机会对课本的知识进行拓展，这样的教学更偏向建构主义。通过 COLT 量表中上述三个课堂观察项目，便于探析教师倾向于建构主义学习观还是行为主义学习观。

第三节　研究过程

一、进入现场

明确了研究问题和研究对象后，就要开始思考如何进入研究现场的问题。由于本研究需要对课堂进行录像、录音，并且研究对象多为大学教师（其中两名教师为研究生代课），属于学术群体，对访谈和课堂观察已司空见惯，所以进入研究现场的方式为公开进入。

为了顺利进入现场，笔者向联合导师 Z 说明了研究思路，导师 Z 为笔者联系了研究所需的十一名教师，在得到十一名教师的应允下，导师 Z 向笔者提供了他们的联系方式和课程表，这为笔者与个案教师的沟通奠定了良好的基础。笔者通过电话沟通的方式，介绍了本研究的内容和目的、访谈和课堂观察的具体次数和保密原则，约定了访谈及观课时间。

质性研究不仅受到研究者个人因素的影响，在很大程度上还受到研究者与被研究者之间关系的影响。[1] 笔者在 X 大学的国际汉学院学习了近四年，对于受访中的多数教师并不陌生，其中还有笔者的任课教师，这样的身份更易获得被研究者的认可，但笔者并不是严格意义上的同事，与研究对象不属于一个文化群体，即享有共同价值观念、生活习惯、行为习惯或生活经历的真实"局内人"。笔者的身份更像是汉莫斯里（Hammersley）和阿特肯森（Atkinson）谈到的具有"局内人"和"局外人"双重身份的"可以被接受的边缘人"。[2]

这种研究身份时刻提醒笔者，要尽可能借助这种熟悉又陌生的特性，在处理信息上既要发挥近距离的优势，又要保持远距离的敏感，需谨记任

---

① 陈向明. 质的研究方法与社会学科研究 [M]. 北京：教育科学学出版社，2000：133.

② Hammersley M，Atkinson P. Ethnography：Principle in practivce[M]. London&New York：Routledge，1983：85–86.

何一种研究身份都有其优势，也必然有其弊端。由于之前已经听过大部分教师的课，为了避免课堂观察过于主观，因此在课堂观察时本研究运用COLT量表对教师话语进行量化统计，用数据说明问题。此外，为了保证研究资料的"鲜活性"，对教师的访谈尽可能当天整理和转写完成，对于课堂观察录像每隔一段时间观看一次，反复对比量表数值。

二、收集资料路径

资料收集工作于2020年3月初开始，2021年4月末完成，为期13个月。收集的资料主要有三个类型：访谈资料、课堂观察、实物收集。

资料收集一是通过访谈资料获得教师的宣称信念，二是通过课堂观察和实物分析获得教师的使用信念。对于十名个案教师的资料收集呈现出两种不同的范式：第一种是殷提到的从"个案独立分析"到"跨个案综合分析"的路径①，如果遵循殷的资料收集路径，就意味着要先对教师A进行访谈，再进行课堂观察；在完成教师A访谈资料分析后，再对教师B进行访谈和课堂观察及资料分析，直至第十位个案教师的资料分析完成后最后；进行跨个案综合分析。如图2-1-3所示。

笔者刚进入现场时，遵循了殷的从"个案独立分析"到"跨个案综合分析"的资料收集路径。在资料收集的过程中发生了一件事情，让笔者决定改变资料收集路径。一次与某位个案教师的访谈约在其课前进行，访谈后直接进入课堂进行观课。笔者在课堂观察的过程中发现，教师的课堂表现与之前有所差异，具体表现为师生互动及对中国文化的讲解明显增多，教学行为更符合在访谈中宣称的语言传播观和以学生为中心的教学观。通过这次事件，笔者察觉到，如果访谈与课堂观察间距较短的话，教师授课内容易受到宣称内容的影响。如果访谈时间与观课时间相隔时间较长的话，按照殷的资料收集路径，很难在两个学期内完成十名个案教师的资料收集

---

① ［美］罗伯特·K. 殷 . 案例研究：设计与方法 [M]：周海涛，石少杰，译 . 重庆：重庆大学出版社，2010：75.

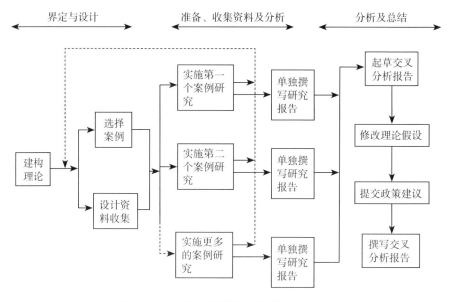

图 2-1-3　殷的案例研究步骤（2017）

工作。因此，在资料收集的路径上，笔者选择集中收集个案教师的宣称信念，即在 2020 年 3 月至 2020 年 6 月对十名个案教师进行访谈。收集访谈资料遵循逐个完成的原则，即先对教师 A 进行访谈，访谈后马上对资料进行整理和分析，如有遗漏的问题会进行下一次访谈，直到将教师 A 的访谈资料整理、分析完成后，再对教师 B 进行访谈、分析和整理访谈资料，直到全部个案教师访谈完成。

这样集中收集教师宣称信念资料，除了能降低访谈对课堂的干扰外，同时也留给笔者一些时间，可以从教师宣称信念的资料中脱离出来，以保证在下一阶段的课堂观察中不受先前资料的影响。不可否认，这样收集资料的路径也有其弊端，即在全部资料收集完成后，由于距离访谈时间较久，会失去对访谈资料的敏感性。对于这一弊端，笔者能想到的办法有两个：第一，在受访教师允许的情况下进行录像、录音，以备日后使用时能够复现当时的真实情景；第二，在访谈过程中将随时获得的真切感受记录在备忘录上，并在访谈完成后内心感受并未消失时，对资料及时进行转写、分析，在对资料进行分析时，及时增补备忘录，尽可能做到资料分析的完备、深入。

对于教师使用信念的资料收集，采用两个学期集中收集的原则。COLT量表中的每一项观测目标都非常清晰，降低了资料整理的难度。在资料整理过程中，主要是计算课堂中每个项目的时长，并反复观看录像以确保资料的完整度。每天课堂观察结束后，笔者会对当天的资料进行整理，并对每位教师听课五次后进行一次资料整合。如果COLT量表中显示五次课堂数据基本一致，则认定为该个案教师课堂观察资料趋于饱和。如果五次课堂观察数据有所不同，继续进行资料收集，直到资料饱和。资料收集进程详见图2-1-4。

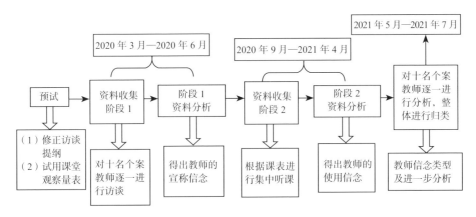

图 2-1-4　资料收集进程图

三、整理与分析资料

资料的整理与分析实际上要解决的是资料浓缩和资料检索两个问题。[①]本研究对于这两个问题主要通过以下两种操作完成。

一是对原始资料进行浓缩、归类。笔者在收集资料的同时，对资料进行分析与整理。首先对收集到的资料进行转写，转写的内容不仅包括教师的语言行为，非语言行为如叹气、笑、停顿、迟疑等也是资料转写的重点。

① 陈向明.质的研究方法与社会学科研究[M].北京：教育科学出版社，2000：286.

在转写的过程中，随时对想到的问题进行补充，标记在观察笔记中。然后通过反复地阅读原始资料，仔细琢磨其中的意义及相互的关系，直到对原始资料非常熟悉后，再通过补充和合并资料的方式进行归类。

在质性研究中，归类的标准主要受到研究理论假设的影响。在对以往研究梳理的基础上，本研究将国际中文教师的信念内容构成分为学科观、教学观、学习观。因此，在对资料进行类属分析时，先将原始资料划分为教学观、教学观、学习观三大类，然后进一步展开类属分析，下面以教师 J 的学习观类属分析为例。

第一步：将相同编码的资料进行归类，通过分析其含义，整理成类属。

访谈片段	类属
问：您是如何看待教材的？ 教师 J：我会对教材进行取舍，因为每位教师都有自己的授课特点，对于教材内容的呈现比例也会不同。没有特别完美的教材，我会根据实际的教学情况和学生接受程度来选择教材中的一些练习题和材料。	尊重学情
问：您认为学生在课堂中的角色是什么？ 教师 J：应该是一个副导演，即要听导演的话，但是呢，他又要主动去做、去融合课堂。尤其是在他与其他学生互动时，要发挥自己的主动性。	发挥主观能动性
问：您都是如何评价学生学习的？ 教师 J：我觉得成绩并不是最重要的，还要看到他努力的过程。我觉得学习态度是非常重要的。	重视过程
问：您认为学生应该如何学习语言？ 教师 J：一定是肯吃苦，多读、多背、多记，然后就是多看一些目的语的书籍和电影。	反复练习

第二步：整合相关联的类属，发展高层次的概念类属。

学习观的相关联类属	概念类属
尊重学情 发挥主观能动性 重视过程	建构主义学习观
反复练习	行为主义学习观

　　第二步：资料检索。资料检索主要是通过编码来完成资料的提取。本研究的编码主要包括资料来源、资料提供教师、资料顺序等内容。资料来源分为三大类，其中 FT 表示访谈资料、GK 表示课堂观察资料、W 表示实物资料。资料提供教师分别以 A、B、C、D 等代替姓名。资料顺序则用 1、2、3、4 等代表，课前访谈用 L0，课后访谈用 LN。对课堂观察资料的编码以学科观、教学观、学习观三大类别进行编码，L 代表学科观，T 代表教学观、S 代表学习观。实物资料中的公共记录用 P 表示，视听文件用 V 表示，个人文件用 R 表示，物理材料用 Z 表示。编码的具体含义见表 2-1-6。

表 2-1-6　编码含义对照表

编码	具体对应内容	具体含义
FT-A-1-L0	访谈资料—教师 A—第一次—课前访谈	教师 A 的第一次课前访谈资料
FT-B-2-LN	访谈资料—教师 B—第二次—课后访谈	教师 B 的第二次课后访谈资料
GK-A-1-L	课堂观察—教师 A—第一次观课—学科观	第一次对教师 A 进行课堂观察时呈现出的学科观
GK-B-2-T	课堂观察—教师 B—第二次观课—教学观	第二次对教师 B 进行课堂观察时呈现出的教学观
GK-C-1-S	课堂观察—教师 C—第三次观课—学习观	第一次对教师 C 进行课堂观察时呈现出的学习观
V-A-20201219	视听文件—教师 A—于 2020 年 12 月 19 日收集	教师 A 的视听资料，收集于 2020 年 12 月 19 日
Z-C-20210318	物理材料—教师 C—于 2021 年 3 月 18 日收集	教师 C 的物理材料，收集于 2021 年 3 月 18 日

第四节　研究的质量与伦理

一、研究的效度

在质性研究中，"效度"这一概念主要用来评价研究结果与实际研究内容的契合程度，即不仅研究使用方法的有效性，而且该结果的表述再现了研究过程中的所有部分、方面、层次和环节之间的协调性、一致性和契合性。[①]本研究的目的是探究国际中文教师信念类型，因此，研究效度体现在研究者是否理解和正确地表达出被研究教师的信念，以及研究问题、研究方法、研究对象的选择是否具有一致性。

根据探究国际中文教师信念类型这一目的，本研究采用访谈和课堂观察及实物分析方法，对 X 大学十名教师进行研究。研究问题、采用的方法、研究对象符合一致性原则。为提高研究效度，笔者采用了四个具体措施。

（一）采用多角度的研究方法

本研究从教师的语言和行为两个维度探寻国际中文教师信念。在研究设计上，采用访谈、课堂观察、实物分析相结合的方法，从多角度收集资料，进行三角互证，避免了单纯地通过访谈了解教师信念或者通过观察推断教师信念的片面性，提高了研究结果的丰富性和可靠性。此外，在研究过程中，笔者时刻提醒自己要避免个人偏见，收集、整理、分析资料及写作的过程中始终保持客观性和价值中立，以提高研究的效度。

（二）收集丰富的原始资料

质性研究因样本量较小存在着"代表性"问题，本研究在研究对象的

---

① 陈向明. 教师如何作质的研究 [M]. 北京：教育科学出版社，2000：134–142.

选择上，为了保证资料的丰富性与多样性，按照分层目的抽样方法，根据教师教龄、职称、专业背景、发展阶段等方面选取了十一名教师（中途一名教师退出），尽可能收集丰富的原始资料，为研究结论提供充分的论证依据。在研究过程中，笔者通过写研究日志的方式提醒自己时刻反思，及时对下一步的资料收集、整理进行修正，并对收集到的全部资料一字不漏地进行转写、整理，尽可能将观察到的细节、非言语行为进行详细的记录，以确保在得出初步研究结论后，再回到这些原始资料，对初步结论进行检验的同时呈现当时的场景，以提高研究的效度。

（三）采用成熟的课堂观察工具

本研究采用的课堂观察工具 COLT 量表被认为是目前设计最为成熟的课堂观察工具。[①] 该量表对课堂中所观察的项目有明确的量化记录方式，可避免观课者的主观性带入，与其他课堂观察工具相比更具客观性。该量表操作方便，只需要对量表中的观察项目依次记录就可以得到一个完整的观察体系。该量表的运用保证了课堂观察资料的客观性。

（四）采用横向对比观察法

横向对比观察法，即同时由两个以上的观察者对同样的被研究人群进行观察，然后观察者对结果进行比对。本研究共涉及十名教师，笔者邀请辅助人员对所有的访谈转写资料和课堂观察数据进行随机抽样检测，而访谈资料检测的重点在于转写的准确率。本研究需要通过对转写文字进行反复阅读，在充分理解的基础上进行分析，因此转写的准确率是准确分析资料的前提。对课堂观察数据的检测主要通过辅助人员观看录像，并在 COLT 量表上进行记录，然后与笔者之前得出的数据进行对比，以检测课堂观察数据的准确性。经过随机抽样检测，准确率超过 96%。

---

① 孙慧莉. 作为第二语言教学课堂观察工具的 COLT 量表研究 [J]. 现代语文（语言研究版），2008（10）：133–135.

二、推广度问题

研究中选择的十名国际中文教师具有代表性吗？能代表国际中文教师整个群体吗？每个个案研究都会涉及推广性问题。有学者将推广性分为内在推广性和外在推广性，内在推广性指的是研究结论在研究所处的情景或群体内推广。质性研究的目的是为了揭示样本本身，通过对这一特定对象深入研究而获得比较深刻的理解。[①] 质性研究不追求量化研究由样本到整体的外推性。因此，质性研究指的推广为内在推广。本研究是在 X 大学内进行的分析，研究结论的描述和结论在 X 大学具有推广性。外部推广是指结论的推广性超过了特别的情景和群体。质性研究的外部推论可以通过对研究结果的认同来达到。[②] 在外部推广方面，首先，本研究展开研究的场域 X 大学在全国汉语国际教育方面具有代表性，是具有典型性的样本。其次，本研究虽是个案研究，但尽可能增加了研究对象的差异性，按照教师不同的发展阶段、教育背景、职称等因素选取研究对象。此外，国内高校的国际中文教师存在共性，对 X 大学国际中文教师的研究可以加深对其他院校国际中文教师大体特征的认识，也就是维特根斯坦所说的"家族相似性"[③]。最后，如果读者在阅读本研究时被个案教师的思想和情感所触动，这就说明研究具备了质性研究意义上的推广性。

虽然我和每位质性研究者一样，都期待自己的研究可以突破样本，具有推广性，但目前对于质性研究的推广性尚未形成统一的定论。有持量化思维的学者提出，如果研究的结果不能推论到总体，那么这种研究便没有意义。世界因多元而精彩，教育研究的探究是一个开放、持续和沟通的过程，每种研究方法都有其独特的范式和善于解决的问题。走进田野的人以自下而上的方式为我们对事物的认知提供了解释性理解，而量化研究通过

---

① 陈向明. 教师如何作质的研究 [M]. 北京：教育科学出版社，2000：410.

② ［美］罗伯特·K. 殷. 案例研究：设计与方法 [M]：周海涛，石少杰，译. 重庆：重庆大学出版社，2010：59.

③ Battin M P, Fisher J, Amoore R, Silvers A. Puzzles about art：An aexthetics casebook[M]. New York：St. Martin's Press, 1989：7.

完备的操作技术以自上而下的方式为我们预测、证实普遍真理的存在。正因为不同研究范式纵向生辉，才有了色彩斑斓的学术世界。

三、研究的伦理

任何一项社会研究都会涉及伦理问题，笔者在研究的过程中时刻提醒自己对这一问题保持警醒。在开展研究之初，笔者首先找到了 X 大学国际汉学院的领导，说明研究的目的和资料获取方式。得到同意后，逐一与被研究者取得联系，并向其说明研究目的和需要得到的帮助，并承诺一定遵循自愿和保密原则，被研究者可以在研究的任何环节退出。十一名教师皆同意参与本项研究，最后有一名教师中途退出。

正式进入课堂后，在录像、录音前，笔者会郑重地向师生承诺音视频资料仅用于研究，论文中涉及的相关人员会采取匿名处理。绝不会泄露任何个人信息，在征得教师和学生的同意后，才会对其进行录像、录音。为提升研究效度，笔者邀请了辅助人员对访谈资料和课堂音视频进行抽样检测，在抽检之前，笔者会向被研究者说明这一计划，对于不同意录像、录音被他人观看的被研究者，笔者会对录像、录音进行自查，不将其资料列入抽检范围。

第三章　实践的捍卫者——整体互动型

在明确研究问题和研究思路的基础上，本研究进入实证阶段。本章以 A、J 两名教师为例，采用"听其言"的方式获取宣称信念，"观其行"的方式获取使用信念，按照宣称信念与使用信念的互动关系，将其归纳为第一个类型：整体互动。整体互动型的主要特征为宣称信念与使用信念呈现一一对应的关系，该类型教师具体表现为：言行高度一致，坚定地信奉个人使用信念，并形成了使用信念反向修正宣称信念的特点。

第一节　教师 A：言教与身教的统一

一、教师 A 的基本情况

（一）教师 A 的职前经历

教师 A 三十多岁，是 X 大学国际汉学院最年轻的专职教师之一，本科毕业于一所省属高校的英语专业，硕士毕业于 X 大学的汉语国际教育专业，就读期间曾在西班牙某孔子学院授课一年，并获得"优秀汉语教师志愿者"荣誉称号，回国后留在 X 大学任教，至今已有八年。

（二）执教经历中的关键事件

在教师 A 的执教经历中有两件事情对她影响较大，其中事件一打击了她的从教信心，而事件二恰恰相反，坚定了她的从教信心。事件一发生在海外教学期间，教师 A 在没出国前对海外教学充满了幻想，但在孔子学院上完第一节课后，她发现和想象中的完全不同，她没想到海外学生的学习积极性并不高，而且她还被学生投诉了，投诉的原因并不是她课讲得不好，而是她不会说西班牙语。"这件事对我来说真的打击很大！那是我第一次收到学生的投诉，之前在国内积累的一点点优越感瞬间土崩瓦解。那一段时间我就比较（停顿了一下），比较压抑吧（眼神不自觉看向远方，又停顿了两三秒后继续说），甚至在上课的时候我会很胆怯，感觉自己不会讲他们国家的语言，像会遭到他们的鄙视一样。但是，嗯，这个也没有办法。我只能改变自己，不能改变学生啊。我们几个老师都面临这个问题，后来国家汉办给我们几个老师提供了学习西班牙语的机会，那个时候我每天除了上课外，基本都在学习西班牙语。现在回忆起来还能感受到那种忙碌（说到这里微笑了一下）。大概经过三个月左右的时间吧，我的语言问题就基本解决了。"（FT-A-1-L0）

事件二发生在教师 A 执教的第三年，学院领导将公认的"麻烦生"分到了她的班级，此前几乎全院的老师都被这位学生投诉过，但让教师 A 没想到的是，这位"麻烦生"毕业前说，在整个学校里他最喜欢的就是教师 A。"我当时听到这个消息的时候，真的觉得特别感动，因为这个是我完全没想到的。其实他在我的课堂上并没有表现出对我的喜欢或者讨厌，我也没有特别关照他。这个事情也是对我教学能力的一个肯定吧，其实不一定是别的老师做得不好或者怎么样，但是呢，能从他那里听到对我的肯定还是很开心的。"（FT-A-1-L0）

在教师 A 的关键事件中，海外学生的学情改变了她原有的"学生都差不多"的认知，加深了她对学情的理解。教师 A 在海外教学期间，基本上都是白天上课，下课后马上去学习西班牙语；晚上回到宿舍继续准备第二天的课。在这种高强度的工作下，教师 A 不仅解决了语言问题，还获得了

"优秀汉语教师志愿者"的荣誉称号。从起初的被投诉到后来通过努力获得荣誉称号，这样的经历无疑是对一名年轻教师最好的肯定。

（三）教师专业发展现状

恩瑞和特纳将教师专业发展分为适应期、成熟期和精专期。[1]一般具有六年及以上教学经验的教师便进入成熟期，能有效管理课堂，认真组织教学，但由于缺乏专家引领和指导，通常会进行大量的重复性劳动，授课缺乏创新性，如不能获得及时帮助，可能停滞不前。从时间来看，教师 A 已经进入成熟期，形成了比较稳定的教学风格。谈及在学校中自我定位时，教师 A 认为自己是学院上课方面的主力。"我一个星期大概要上二十课时，以前我上的只有综合课，因为综合课是最重要的课型嘛，主任对我信任，会把综合课分配给我。后来只要是别的老师不愿意上的课型，我都愿意上。因为我觉得所有的课型我都上过以后，再拿出什么课我都能上得好了。年轻嘛，没有什么可挑的，我觉得这是经验积累，对自己将来的发展会有好处。"（FT-A-1-L0）

教师 A 认为目前自己处于爬坡期，虽然授课经验丰富，但"硬件"不足。"我有很多年的教学经验，但是现在想要留在像 X 大学这样的高校，基本都需要是师资博士后，我只是硕士研究生学历，我们几个年轻教师是合同制的，所以我对职业发展也有一些想法，比如继续深造啊，一边工作一边读博啊……"（FT-A-2-L0）

在教师 A 看来，领导把重要的课型交给她，是对她教学能力的肯定。"优秀汉语教师志愿者"荣誉称号、公认"麻烦生"对她的评价、领导对她的信任，均在无形中增加了教师 A 教学的自信心。教师 A 虽然没有更多外在的光环和荣誉，但从课时量、课型的安排上来看，属于国际汉学院的教学主力。

---

[1] Untun A，Turner H E. Supervision for change and innovation[M]. Boston：Houghton Mifflolin，1970：56.

二、教师 A 宣称的信念

（一）关于国际中文教育的学科信念

1. 语言是文化传播的载体

"语言承载了大量的文化信息，一个国家的文化背景、思维模式都会在语言中有所体现，你在学习一门语言的时候，也是在了解这种语言背后的文化。像英国、法国这些国家在完成工业革命以后，都采用了语言带动文化传播的方法。语言在某种程度上来说是文化传播的载体。"（FT-A-1-L0）教师 A 认为语言与文化有着紧密的内在联系，在学习语言的时候也习得了这门语言背后的文化。语言是文化传播的载体，这种观点体现了教师 A 的语言传播观。

2. 国际中文教学要回归语言本体

教师 A 对国际中文教育学科本质的理解源于对学生的观察。"我了解过很多留学生学习汉语的原因，多是因为爸妈在中国做生意。我刚入职的时候觉得我只是教他们说话，但是后来就不这样觉得了。因为我发现很多留学生学习汉语的目的是为了留在中国工作，或者是跟中国有各方面的往来需求，比如经济上。有时候我也会想，作为国际中文教师，到底教给学生什么才是最重要的？是语言知识？交际？我认为这些都对，但是想要达到学生在中国工作的目的，那一定得是语言过关，这就需要让教学回归到语言本体知识上来。"（FT-A-1-L0）教师 A 对学科本质的看法随着教龄增长发生了变化，从最初认为汉语课只是教学生用汉语说话，到后来开始思考什么样的汉语课才能实现学生的学习目的。她认为，想要语言过关，语言本体知识是关键，这种观点体现了语言本体观。笔者从教学主任处了解到，教师 A 教的学生基本功比较扎实，在考试中很少出现语法错误。可见教师 A 的语言本体观源于对学生的观察，她将观察的结果落实于教学实践，学生的考试成绩进一步强化了她的学科观。

（二）关于国际中文教育的教学信念

1. 能让学生记住才是一节好课

教师 A 认为一节好的语言课需要满足三个条件。"首先要让学生对这个课感兴趣，不能给学生太多负担；其次是教师在授课的过程中要避免出现语言知识的错误，这也是最重要的；最后是无论这节课你讲得多还是少，一定要让学生能够记住！就算这节课我只讲了两个词，但是课后你再问他，他能记住，这就是一节好的语言课。"（FT-A-2-L0）教师 A 在表述中多次强调课堂中不能出现语言知识的错误，她认为课堂成功的标准是学生能够记住老师授课的内容。由此可见，教师 A 宣称的信念是强调知识点教学的语言本体观和强调学习结果的行为主义学习观。

2. 汉语知识是课堂的核心

教师 A 认为在国际中文教学中最重要的是让学生掌握语言知识，其次是中国文化传播。"在汉语学习中，语言本体知识是语言课最重要的部分，它也是语言课的"根"，不可能离开语法、生词去谈文化、谈交际。还有就是我们在上课的时候还应该注意中国文化的传播，这也是我们与中小学语文老师最重要的区别。我在教学过程中发现，有的学生对中国有一些误解，课本上出现一些关于中国的历史，或者是关于他们国家的历史啊，可能有的学生就会比较激进，引发课堂的一些讨论。这个时候我会深刻地体会到，我们是有跨文化交际障碍的。我觉得教留学生语言知识只是一方面，解决两国之间的一些跨文化障碍，或者传播一些中国文化的正能量也是国际中文教师比较重要的责任。"（FT-A-1-L0）在教师 A 看来，语言本体知识是语言教学的"根"，文化传播需建立在语言本体教学的基础上。这种观点体现了教师 A 的语言本体观和语言传播观。但教师 A 在回答如何进行中华文化传播时表示，她在教学中涉及的文化部分并不多，主要体现在课下对学生潜移默化的影响。可见，教师 A 宣称的语言传播观是一种观念和使命感，并非指导教学的主要信念。

3. 学情决定教师在课堂中的角色

"我觉得在每个阶段教师扮演的角色都不一样。在汉语教学初级阶段，教师就是主导地位，整个课堂我就是主人，学生是客人。等到汉语教学中高级阶段，我会给学生提供更多发言和表述的机会，比如读课文啊、做题啊、念作者介绍啊，全部都由他们来做。"（FT-A-1-L0）教师 A 认为学情决定了教师在课堂中的角色。在初级阶段的教学中教师是课堂中的主导；在中高级阶段的教学中，教师应尽量为学生提供发言机会。但从教师 A 的具体描述中可以看出，所谓的发言机会指的是多读课文、多做题，以及念作者介绍等机械性或半机械性活动，仍未脱离以教师为中心的教学模式。

（三）关于国际中文教育的学习信念

1. 预习和复习非常重要

教师 A 认为想要学好汉语，预习和复习是必不可少的。"预习很重要，但很少有留学生能够做到，所以学生在课堂上要认真听讲，跟上老师的思路。还有就是复习，这个太重要了！甚至比预习还要重要，但是能做到这一点的留学生也比较少，所以还是需要教师带领学生一起复习。只要时间允许的话，我都会带着学生一起复习。"（FT-A-1-L0）教师 A 肯定了预习和复习在语言学习中的重要性，但她认为很少有留学生能够做到主动预习和复习，所以学生的学习需要在教师的带领下完成。教师 A 提倡的是通过练习加强学习效果的行为主义学习观，以及课堂要跟上老师思路的以教师为中心的教学观。

2. 学得好，考试成绩就高

教师 A 认为考试能够客观体现出学生的学习情况，成绩是评价学生汉语水平的客观指标，学得好，考试成绩就高。"我认为评价学生学习最直接的办法就是通过考试。你学得好，自然考试成绩就高；你学得不好，考试成绩就低。对于成绩进步比较大的学生我会单独表扬，如果在课堂上当众表扬他的话，可能其他学生会有压力。我们的文化是不一样的，有些学生喜欢老师在课堂上直接点出名字表扬，有的学生比较含蓄，不喜欢老师在课堂上直接表扬。如果有学生成绩进步很大的话，我会给他发条信息，表扬他，用这种方式鼓励他。"（FT-A-1-L0）教师 A 对考试的态度比较积极，她认为成绩是衡量学生进步的重要手段，并且会以表扬的方式鼓励成绩进步较大的学生。行为主义学习理论将学习看作是个体外显行为改变的过程，并可以通过外显行为的改变判断学习的成效。在学生取得进步时，教师通过表扬来强化这种行为，以增加行为出现的频次。教师 A 对考试的观点，以及通过正强化鼓励学生的方式，属于行为主义学习观。

3. 布置作业需结合所学的语法或词汇

"我布置作业的原则是一定要结合这节课所学习的语法或者词汇，作业不能太难，因为学生做不出来。我布置的作业一般都是用本节课所学的语法或词汇进行造句。虽然造句看起来会比较枯燥，但它是最有效检测出这个词学生到底有没有学明白的方式。基本上每节课我都会布置作业，如果没什么可留的情况下，会选择课后习题。"（FT-A-1-L0）教师 A 认为课堂中学习到的内容需要通过作业的方式及时复习。她布置的作业多是围绕课堂中所学的词汇、语法进行造句。造句虽能直观体现出学生对词汇、语法的掌握情况，但造句往往缺乏连贯的情景，属于半机械性操练。第二语言习得强调，要在自然的语言环境中理解语言的含义，而造句更倾向于词汇和语法规则的考察。教师 A 强调练习的观点属于行为主义学习观，布置作业以语法、词汇教学为主的观点属于语言本体观。

从访谈中可以看出，教师 A 能够充分考虑到不同文化背景的学生感受，用学生可以接受的方式鼓励学生，说明她比较注重用正向强化的方式引导学生学习。这与其宣称的学习需要通过反复练习及成绩能直观反映学情等观点呈现正相关，均属于行为主义学习观。在教学信念方面，教师 A 认为学生记得住才是一节好课。当被问及任务型教学和传统教学哪一种更利于汉语学习的时候，她表示传统教学知识输出量更多一些，学习效果应该更好。可见，在教师 A 的认知中，讲授是最有效的学习方法，体现了以教师为中心的教学观。在学科信念方面，虽然谈及了中华文化的传播，但她认为教学应以语言形式教学为主，文化传播非主要信念。下面用表 3-1-1 呈现出教师 A 宣称信念的基本内容。

表 3-1-1　教师 A 宣称的信念及取向

信念维度	宣称的信念	取向
关于学科信念	①想要语言过关，语言本体知识一定要掌握牢。 ②教师在授课过程中要避免出现语言知识错误。 ③语言本体知识是语言教学的"根"。 ④传播中国文化是国际中文教师的职责。	语言本体观 语言传播观
关于教学信念	①讲授是最有效的授课方法。 ②课堂中学生要跟上老师的思路。 ③留学生很难做到主动复习，教师需要带领学生一起复习。	以教师为中心的教学观
关于学习信念	①考试是评价学生汉语水平最直接的办法。 ②预习和复习非常重要。 ③布置作业以语法和词汇进行造句为主。	行为主义学习观

三、教师 A 使用的信念

　　教师使用的信念主要通过课堂观察的方式获得。语言是信念最直接的表达方式，同时也是第二语言教学中必不可少的要素。为了增强观察数据的客观性，本研究借助 COLT 量表对课堂进行记录，采用话语分析理论对课堂话语进行分析，辅以课后访谈，通过分析教师自然状态下的教学行为，推断出背后所蕴含的使用信念。

　　由于信念是以"簇"的形式存在，所以在考察教师使用信念时，并不限于单项考察教师学科观、教学观和学习观，而是在具体的教学情景中收集教师信念的簇集。对教师 A 的使用信念收集通过十节常规课获得，在教学设计上教师 A 将教材中的一篇课文分成四节课讲解，因此通过表 3-1-2 中的四节课可以呈现出教师 A 完整的授课过程，其余六节课作为佐证数据。

表 3-1-2　教师 A 的课堂观察内容

教学内容	课程类型	教学时间
《康熙皇帝》（第一节）	新授课	90 分钟
《康熙皇帝》（第二节）	新授课	90 分钟
《康熙皇帝》（第三节）	新授课	90 分钟
《康熙皇帝》（第四节）	新授课	90 分钟

（一）关于国际中文教育的学科信念

教师学科信念的获取主要是通过对教师的课堂活动时间分配表、课堂话语内容时间分配表、课堂语言模态时间分配表的分析获得。

1. 课堂活动项目

课堂活动时间分配表主要用以记录课堂中各项活动所占用的时间，如点名、听写、句型操练、角色扮演等。课堂活动量表是整个观察量表的基础，其他项目都是围绕课堂活动展开的。活动时间分配量表通过统计课堂中不同活动的时间比重，分析出教师在教学设计上的偏重。每位教师的教学环节不同，经常出现词汇、语法等语言形式的讲授时间不集中在同一时段的情况，如教师 A 的教学会先对部分词汇进行讲解，然后讲授含有已学词汇的课文，采用"词汇—课文—词汇—课文"的教学顺序。针对这一现象，在记录时按照教学顺序分别在表 3-1-3 中标注出每段内容占用的时间。

表 3-1-3　教师 A 课堂活动时间分配表

课堂项目 ＼ 日期	11 月 20 日	11 月 23 日	11 月 25 日	11 月 30 日
课前汇报 ①角色扮演 ②口头报告 ③个人展示	0	0	0	0

（续表）

日期　　課堂项目	11月20日	11月23日	11月25日	11月30日
复习 ①做教材中的练习 ②读生词、语法及其他相关句子 ③按照课文进行复习 ④通过讲解作业进行复习	0	③37分6秒	0	④7分23秒
导入 ①用图片（视频）或者问题引导学生说出相关话题 ②用动作引导学生说出课文相关词汇 ③用任务引导学生说和课文相关的话题 ④直接向学生介绍课文内容	④2分12秒	①46分23秒	0	0
生词、语法和句型、课文讲练 ①生词讲练 ②语法和句型讲练 ③课文讲练	①57分25秒 ③22分50秒	0	①33分27秒 ③28分45秒 ①23分37秒	③36分46秒 ①24分15秒 ③17分24秒
①课堂表达练习 ②课堂任务活动 ③教材课后习题	0	③3分45秒	0	③7分
课堂游戏	0	0	0	0
其他（点名、总结等）	0	0	0	0

　　教师 A 课堂按照"复习—新课（生词、语法、课文）—习题练习—习题讲解"的顺序展开教学。从表 3-1-3 的记录数据来看，生词、语法、课文等语言形式占时最多，其次是复习和习题讲解，课堂上基本没有交际活动。在语言形式讲解部分，教师 A 将语法和句型相关部分的讲练融入生词和课文讲练的过程。因此，表 3-1-3 中记录词汇、语法和课文的操练时间只是

一种相对的划分。除了语言形式讲解外，复习和习题讲解也是课堂占时较长的项目。这与其宣称的"教师需要带着学生一起复习"形成了正相关。

在第三次课堂上，教师通过播放《康熙皇帝》中智擒鳌拜的片段，加深学生对课文的理解。看完电影后，师生们进行话题讨论，但在讨论过程中，依旧是以教师语言输出为主。

课堂片段 1

师：好了，我们就看到这，最后啊，康熙成功地抓到了鳌拜。鳌拜被抓首先是由于他太自信了，他觉得康熙根本对付不了他。那你们猜一猜，康熙抓住鳌拜后，会怎么做呢？生1，你认为康熙会怎么样？

生1：嗯嗯，我看过了，所以我知道答案。

师：那如果你是康熙呢？你会怎么做？

生1：处死他。

师：生2呢？

生2：应该不是马上吧，因为要知道有谁帮助他。所以，嗯，我觉得马上处死他肯定不是一个好办法。

师：生2觉得应该调查出都有谁帮助鳌拜。其实当时啊，康熙都已经知道是谁帮助鳌拜了，因为这些人认为鳌拜是一定会赢的，所以他们平时在朝堂上很明显拥护鳌拜，谁和鳌拜是一伙的很明显。那你们觉得这些人如果知道鳌拜被抓了后，他们会不会害怕？

生：害怕。

师：当然害怕了，如果是我的话，当初我支持鳌拜除掉康熙，现在鳌拜被抓了，我肯定心里很害怕的。有人说，如果我是皇帝的话，最后我也会杀掉鳌拜，因为他对康熙造成了很大威胁，就像生2说的，不仅要杀掉鳌拜，还要找到帮助鳌拜的人。但是康熙并没有杀掉鳌拜，也是考虑到鳌拜对大清的功劳。而且鳌拜在战场上救过顺治帝，也就是康熙爸爸的命，所以康熙并没有处死鳌拜，最后鳌拜老死在大牢里。（GK-A-3-L）

在课后访谈中，教师 A 表示播放智擒鳌拜的过程主要出于两点考虑：第一是由于本节课中涉及的动词较多，如"擒""按"。想通过电影呈现智擒鳌拜的动态过程，加深学生对动词的理解；第二个原因是想加深学生对中国历史的了解。"看完电影后，我通过问学生，如果你是康熙你会怎么处理鳌拜，这一问题，来加深他们对'仁'的理解。因为鳌拜救过顺治帝的命，而且对大清的贡献较大，所以康熙并没有将其处死，他最后老死在监狱中。学生可以通过这些多了解一些中国的历史。"（FT-A-3-LN）

从课堂片段 1 可以看出，讨论环节中学生发言的机会较少，多是以回答教师的提问为主，并且回答较为简短。这与教师 A 宣称的很少采用任务型教学法、讲授是最有效的方法相一致。笔者在访谈中了解到，X 大学规定在保证完成学时的情况下，教师可以选择对教材中的哪节课进行精讲。教师 A 在设计教学进度时，选择对《康熙皇帝》进行精讲，在教学中以话题讨论的方式向学生介绍这段历史和加深学生对"仁"的理解，这与其宣称的传播中国文化的正能量是国际中文教师的职责相吻合。

2. 课堂话语内容

课堂话语内容时间分配量表主要是通过对课堂中管理内容和语言内容进行考察，分析出课堂话语内容是以语言形式为主还是以功能为主。管理内容项目分为程序性话语和纪律性话语两个方面。程序性话语指的是用于引导课堂的语言；纪律性话语指的是用于维持课堂纪律的语言。语言内容项目中分为形式、功能、语篇和社会语言学。语言形式包括语法、词汇、发音等；语言功能包括道歉、请求、感谢等；语篇指的是话语篇章方面的内容，如句子之间的衔接与连贯。在第二语言教学中，以教师为中心的课堂往往以讲授为主，缺少交际活动，因此课堂语言形式的比例较高，以学生为中心的课堂往往会产生大量的话题及进行讨论，语言功能比例相对较高。

表 3-1-4　教师 A 课堂话语内容时间分配表

日期	管理内容		语言内容			其他
	程序性	纪律性	形式	功能	语篇	话题
11 月 20 日	2 分 19 秒	0	71 分 27 秒	0	0	16 分 14 秒
11 月 23 日	1 分 42 秒	0	44 分 6 秒	0	0	7 分 39 秒
11 月 25 日	1 分 22 秒	0	0	0	0	25 分 44 秒
11 月 30 日	1 分 3 秒	0	83 分 44 秒	0	0	2 分 5 秒

　　根据表 3-1-4，教师 A 在课堂管理方面花费的时间并不多，没有明显的纪律性语言，只有一分钟左右的引导课堂的程序性语言，主要是用以组织课堂活动、解释活动规则、回答学生问题等。课堂中的语言形式讲授占整个课堂的一半以上，说明课堂以教师讲解生词、语法等语言形式为主，可见教师 A 在实践中激发出的是语言本体观和以教师为中心的教学观。

　　3. 课堂语言模态分配

　　课堂语言模态时间分配表是用来考察课堂中学生各种技能训练的情况，即听、说、读、写在课堂中所占据的比例。量表的设计原理为：通过学生在课堂上主要运用的语言技能，分析教师在教学设计上的偏重。

表 3-1-5　教师 A 课堂语言模态时间分配表

日期	听	说	读	写
11 月 20 日	86 分 28 秒	1 分 18 秒	2 分 14 秒	0
11 月 23 日	86 分 53 秒（电影＋教师讲解）	3 分 7 秒	0	0
11 月 25 日	85 分 17 秒	2 分 23 秒	2 分 33 秒	0
11 月 30 日	83 分 22 秒	2 分 34 秒	4 分 4 秒	0

　　表 3-1-5 中显示，学生在课堂上获得语言输出的机会较少，以听教师讲授为主。学生"说"的语言模态多产生于回答老师问题，或者学生对教

师的讲解有疑问而产生的主动发言；"读"的语言模态主要产生于学生朗读课文或者句子、复述课后习题等；"听"的语言模态主要产生于教师讲解生词、介绍课文背景、学生观看电影等过程；整个课堂没有出现任何与"写"相关的技能。教师 A 的课堂注重语言知识讲授，课堂上缺乏人际交流环境，学生在课堂中以被动听讲为主。

（二）关于国际中文教育的教学信念

教学信念收集主要通过 COLT 量表中课堂组织形式时间分配表、课堂话语控制时间分配表、课堂话语引发统计表获取。课堂组织形式时间分配表是通过对比教学中全班活动、小组活动和个人活动的时长，考察课堂是以教师为中心展开的教学，还是以学生为中心展开的教学。小组、个人活动可以为学生创造更多意义协商的机会，更有利于学生运用学习到的语言。如果小组活动、个人活动在课堂中所占比例较高，说明课堂更倾向于以学生为中心。课堂话语控制时间分配表主要考察课堂话语的控制权问题，该项目分为教师控制话题、教师学生共同控制话题和学生控制话题。教师控制话题包括教师的课堂管理、没有学生参与的课堂讲授、教师领读生词、句子和课文及教师课后的总结、布置作业等。师生共同控制话题是指教师和学生就所学内容进行问答和互动，包括教师引导学生思考和练习新的生词、句型或者语法等内容。学生控制话语是指课堂中学生自己准备或者在全班学生面前的表达活动。课堂话语引发统计表是用于考察课堂中学生引发话题的情况，在真实的话语互动中，话语发起者通常也是话语回应者，如果课堂以教师引发话题为主，那么很可能导致学生在真实的交际中表达不顺畅。因此，通过 COLT 量表中这三个项目对教师 A 进行课堂观察，以期获得教学中使用的教学观。

1. 课堂组织形式

这一观察维度主要是从全班活动、小组活动和个人活动这三个方面对课堂活动进行观察。全班活动包括师生活动，即教师和学生共同进行的学习活动；生生活动，即学生之间通过讨论或由学生领导完成的学习活动。

全班活动即全班或者一个小组一起重复教材或者教师提供材料的学习活动；小组活动是指全班分小组进行的学习活动；个人活动是指学生个人单独完成的学习活动。

课堂组织形式时间分配表设计的目的是考察课堂中学生是否有足够意义协商的机会。在以教师为中心的传统授课模式中，学生多被动回答教师的问题，没有足够的机会运用学习到的语言。以学生为中心的课堂，多以小组活动和个人活动的形式进行课堂活动，学生运用语言交际的机会较多。从三个分类项的时间分配上可以判断出课堂属于哪一种类型。

表 3-1-6　教师 A 课堂组织形式时间分配表

日期	全班活动时间			小组活动时间		个人活动时间	
	师生活动	生生活动	全班活动	相同任务	不同任务	相同任务	不同任务
11 月 20 日	87 分 46 秒	0	0	0	0	2 分 14 秒	0
11 月 23 日	53 分 37 秒	0	36 分 23 秒（电影）	0	0	0	0
11 月 25 日	85 分 4 秒	0	0	0	0	4 分 56 秒	0
11 月 30 日	83 分 22 秒	0	0	0	0	6 分 38 秒	0

第二语言教学中生生互动、小组互动、个人活动较多的课堂常被认为是交际性较强的课堂，因为这些活动可以为学生提供较多的自由表达和意义协商的机会。表 3-1-6 显示，教师 A 的课堂占时比例最高的是师生活动，只有少量的个人活动，这说明教师 A 的课堂以教师为主导，学生在课堂中获得自由表达和进行意义协商的机会不多。课堂中产生了少量相同任务的个人活动，活动形式主要是具有标准答案的师生问答。这种教学活动的主要目的并非向学生提供意义协商的机会，或者锻炼学生的语言能力，而是为了检查学生对所学内容的掌握程度，属于典型的以教师为中心的课堂。

2. 课堂话语内容控制

课堂话语控制时间分配表的设计原理是通过考察课堂话题的控制权，

以判断学生在课堂中的自主性。在第二语言教学中，如果学生能够参与课堂学习内容的共建，会对学生语言能力的提高有所帮助。课堂话语内容控制时间表分为教师控制、学生控制和师生共同控制三个项目。教师控制课堂话语内容包括：教师的课堂管理、没有学生参与的课堂讲授、教师领读生词、句子和课文，以及教师课后的总结、布置作业等活动；师生共同控制是指教师和学生就所学内容进行问答和互动，包括教师引导学生思考和练习生词、句型、语法等内容；学生控制的话语内容是指课堂中学生自己准备的或者在全班学生面前的表达活动。

表 3-1-7　教师 A 课堂话语控制时间分配表

日期	教师控制	学生控制	师生共同控制
11 月 20 日	50 分 35 秒	3 分 14 秒	25 分 11 秒
11 月 23 日	38 分 10 秒	3 分 7 秒	28 分 43 秒
11 月 25 日	50 分 48 秒	4 分 46 秒	14 分 26 秒
11 月 30 日	57 分 40 秒	6 分 38 秒	6 分 42 秒

课堂片段 2

师（指着 PPT）：我们在学习课文之前，先看一下生词部分。第一个"平"，教材中这个"平"呢，给我们分得很细，第一个意思是说物体表面没有凹凸的地方，就像我们平时的马路啊，是很平坦的，但是下雪以后，就变得凹凸不平了。第一个意思是最简单的，就是表面没有高低凹凸，不倾斜。第二个意思是使整个物体变平了，这个物体原来可能不平。第三个意思呢，有"安定"的意思，常和形容词一起使用。比如我们说，和平的生活，太平的日子，指我们的生活非常安定、平稳。第四个"平"表示用武力镇压，一般都是出现一些暴动啊，叛乱啊，用部队、用武力镇压。还有第五个就是平常的、普通的，比如说平日啊、平常啊。第一个和第五个意思是我们经常用的。

生 1：老师，我不懂"凹凸"的意思。

师："凹凸"就是物体表面不光滑，你看这两个字，一个凹进去了，一个凸出来了，说明并不光滑、平坦，我们通过句子来看一下这个"平"的用法。下面我们做一下这道题。

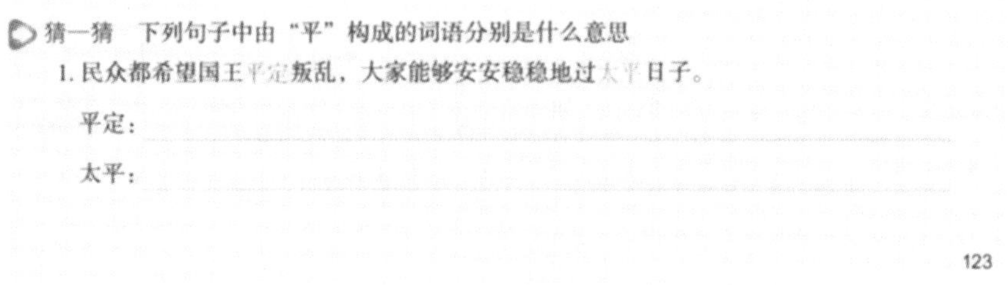

> 猜一猜　下列句子中由"平"构成的词语分别是什么意思
> 1.民众都希望国王平定叛乱，大家能够安安稳稳地过太平日子。
> 平定：_____
> 太平：_____

123

图 3-1-1　教师 A 课件截图

师：我们看第一个句子。首先我们看"平定叛乱"，"平定"是什么词性呢？

生：第三个吧。

师：老师刚才说了，表示"安定"的意思是和其他词在一起，组成一个形容词。"平定"是什么词性？

生：第四个？

师：对，第四个，用武力镇压。为什么是第四个？后边有"叛乱啊"，因为出现了叛乱，所以民众都希望国王能够平定叛乱。一般平定叛乱都需要出动军队，用武力去镇压的。所以"平定"就是指用武力镇压，使情况变得稳定。我们接着看后面，大家能够安安稳稳地过太平日子。"太平日子"是第几个意思啊？

生：第三个。

师：对，第三个，"太平日子"就是很安定、很平稳的日子，没有战争，所以是第三个，它是一个形容词用法……（GK-A-1-T）

教师 A 的课堂以教师控制话语为主，师生共同控制话语为辅。在课堂片段 2 中教师控制话语主要产生于对生词、语法的讲解，在讲解生词"平"

的环节中，基本都是以教师控制课堂话语为主，很少与学生进行互动。师生共同控制主要产生于教师讲授语言形式和做题环节，无论是语言形式讲解还是做题，教师始终控制着教学节奏，学生处于被动状态，这与教师 A 宣称的"学生在课堂上需要跟着教师的思路走"相一致。表 3-1-7 显示的少量学生控制时间，主要产生方式为学生回答教师的提问或没有听懂教师的讲解，如课堂片段 2 中学生不懂"凹凸"一词的含义而引发的主动提问。教师 A 的教学以教师控制话语为主，学生的语言输出多是被动回答问题，可见她在教学中激发出的是以教师为中心的教学观。

3. 课堂话语引发

课堂话语引发主要是指师生在课堂话语互动中由谁引发会话。话语引发统计表主要考察在课堂中学习者是否有机会引发话语，学生话语引发量是考察第二语言课堂交际性特征的重要指标之一。在真实的话语互动中，说话者通常具有话语的回应者和引发者双重身份，如果课堂教学中学生引发话语的机会少，意味着学习者无法了解目的语中引发话语的相关功能，从而无法在真实的话语互动中顺畅自如地表达。

在课堂话语引发统计的过程中，该统计表并未将教师主导的机械性操练活动计算在教师引发话题之中，如教师领读。在计算话语引发数量的时候，如果教师用同一个问题问不同的学生，会被算作一个话语引发。学生的话语引发分为主动和被动两种，主动的话语引发是指学生自主发话、主动表达的情况；被动的话语引发是学生为了完成教师的课堂任务而引起的话语。

表 3-1-8　教师 A 课堂话语引发统计表

日期	教师引发（次）	学生引发（次）	
		主动	被动
11 月 20 日	78	6	35
11 月 23 日	75	1	37
11 月 25 日	92	6	37
11 月 30 日	87	2	17

表 3-1-8 显示，教师 A 的课堂中教师话语引发数量明显高于学生话语引发数量，学生引发数量以被动话语引发为主。这说明课堂中学生的话语产生以回答教师的提问为主，学生获得主动语言输出的机会较少，课堂以教师控制为主，属于以教师为中心的传统教学。

（三）关于国际中文教育的学习信念

教师学习信念主要通过 COLT 量表中课堂信息差统计表、课堂话题时间分配表、教学材料使用时间分配表进行课堂观察，辅之以课后访谈获得。课堂信息差统计表主要通过师生话语来衡量课堂是否具有交际性。课堂话题时间分配表主要通过话题范围来判断学生是否获得课本以外的信息，包括窄话题和宽话题。窄话题是指与教学内容有关的话题，宽话题是指课堂以外的话题，如政治、经济、社会新闻等话题。课堂中的宽话题越多，越能调动学生原有的认知结构，教学更倾向于建构主义学习理论。教学材料使用时间分配表主要考察教师在授课过程中使用教材和扩展课外材料等情况，如果课堂使用课外教材较多，将有助于学生进行知识扩展。

1. 课堂话语互动信息差

课堂信息差统计表主要用于教师提问，分为给出信息和请求信息。给出信息是指教师在学生回答问题时提供的信息；请求信息是指教师提出问题时需要的信息。给出信息分为可预测信息和不可预测信息，可预测信息是指提问者已经知道的信息，不可预测信息是指提问者不知道的信息。请求信息分为虚假信息和真实信息。虚假信息是指提问者明知故问的信息，如这道题的答案是什么？教师提出这类问题不一定通过明确的问句，还会通过拉长音以期得到学生的答案，这些都被看作教师请求信息中的虚假信息。真实信息是提问者不知道答案的信息，如"你对这本小说的看法是什么""你怎么看待这件事"等。

建构主义所提倡的第二语言课堂鼓励教师多提供不可预测的信息和具有信息差的真实问题，而不是问学生已经知道答案的问题。研究者认为，语言的学习需要在真实的情景下进行，课堂话语越接近真实生活，越具有交际性。在真实交际的过程中，人们基本上不会问已经知道答案的问题，并且现实中的互动常常是不可预测的。因此，不可预测的问题和信息差较多的课堂更加接近人们真实的交际互动方式。

表 3-1-9　教师 A 课堂信息差统计表

日期	给出信息		请求信息	
	可预测信息（次）	不可预测信息（次）	虚假信息（次）	真实信息（次）
11 月 20 日	8	6	36	4
11 月 23 日	13	0	37	4
11 月 25 日	7	6	42	9
11 月 30 日	7	2	40	1

表 3-1-9 显示，在教师 A 的课堂中请求信息多于给出信息。在请求信息中，虚假信息多于真实信息，也就是说教师 A 提出的参考性问题多于展示性问题。通过课堂观察发现，课堂中的虚假信息多产生于语言知识的讲解。下面用课堂片段 3 呈现。

课堂片段 3（教师带领学生做课后习题）

师（指着 PPT）：我们在学习课文之前，先看一下生词部分。第一个"同"，这个很简单，只有两个意思：第一个意思是"一样的、相同的"，还有一个意思是"共同、一起"。这两个意思有相像的地方，都是指相同、共同。但是第二个意思"共同、一起"是表示两个人或者多个人一起做某件事情，或者两个部门联合做一件事情。所以，在用第二个意思的时候呢，都是动词用法，而在用第一个意思的时候，跟它组成的词可以是名词，可以是形容词，也可以是动词。来，我们看一下具体的句子，哪个是表示"相同"，哪个是表示"一起做"。

师：我们看第一个句子，我们先看这个"同伙"是名词还是动词？

生：名词吧？

师：名词，"伙"是"伙伴"，那"同伙"是第几个意思？

生：第二个。

师：刚才老师说过，第二个意思常用做什么词？

生：动词。

师：所以我刚才先问你们它是什么词。"伙"是"伙伴"，"同伙"是指他们所做的事情是相同的、一样的。所以这个"同"是表示一样、相同的，它并不是第二个。它是名词，第二个是要用在动词上，那"同伙"是褒义词还是贬义词？

全体学生沉默……

师：是指一起做好事还是一起做坏事？

生：坏事，贬义吧。

师：对，贬义的，所以如果我说他是我的同伙，那一般就是指坏人，如果你们两个是合作或者同事关系，是不能说是同伙的。（GK-A-1-T）

在课堂片段 3 中，教师 A 提出的问题主要以课文中的语言知识点、课后习题展开，借助虚假信息来考查学生对生词"同"的掌握情况。教师 A 给出的可预测信息多是通过自问自答的形式产生，主要目的是为了进行知识讲解。课堂中的真实信息往往来源于正式讲课前的师生聊天，如 11 月 25 日长春下了很大的雪，教师 A 在正式讲课前和学生们分享了路上的见闻，产生了真实信息。在课堂中真实信息和虚假信息针对的对象有所不同，虚假信息常常只针对某一个或者某几个学生，而真实信息常常是针对所有的学生。这说明教师 A 用真实信息与学生进行交流，即一个学生的答案不能代表所有学生的答案。而虚假信息的交流作用比较弱，其主要用于教师核实学生是否理解了所讲内容，某一个或者某几个学生回答对了，就可以表示大部分学生都明白了。教师 A 提出的问题以虚假信息为主，主要目的是为了加强学生对知识点的掌握，并非通过提问引发学生对语言意义的建构，体现了行为主义学习观。

2. 课堂话题分配

课堂话题时间分配表中包括宽话题和窄话题，与课堂内容和学生有关的话题是窄话题，课堂以外的话题为宽话题，如谈论政治、社会新闻、身边发生的真实事件等。宽话题往往具有信息差，更接近真实的语言交际。近些年，以词汇、语法讲授为主的传统教学法饱受诟病，很多学者根据儿童习得母语的经验提出应注重第二语言学习中的意义教学。[①] 课堂话题时间分配表的设计原理是根据课堂中宽、窄话题的比例，判断出学生是否获得意义协商的机会，以及课堂中语言交流的情景创设情况。

表 3-1-10　教师 A 课堂话题时间分配表

日期	宽话题	窄话题
11 月 20 日	6 分 10 秒	10 分 4 秒
11 月 23 日	0	7 分 39 秒
11 月 25 日	3 分 55 秒	21 分 49 秒
11 月 30 日	0	2 分 5 秒

表 3-1-10 显示，每节课都会产生不同时长的窄话题，偶尔会有宽话题的产生。课堂中的宽话题主要产生于未正式讲课前的师生谈话，如教师 A 将遇到的新鲜事与学生一起分享。窄话题主要产生于教学过程中，以教师语言输出为主，学生的发言较为简短，主要以回答为主，下面用课堂片段 4 呈现。

课堂片段 4（讲完"涌现"词语后）

师：近几年在网络上涌现了什么？不是明星，他们称之为什么呢？

生：网红！

师：对！网红，就是在短短的一年或者两年的时间里，一下子出

---

① 刘正光. 认知语言学的语言习得观 [J]. 外语教学与研究，2009（1）：46-54.

现，并且是大量的涌现。在一些 APP 里全都是网红，唱歌的、跳舞的、卖东西的，这就是"涌现出来"，并不是一点点，每年都出现，而是大量地出现。这个网红就是"涌现出来"的，没准过几年网红就消失了，涌现出来的东西往往很快就消失了，它可能就一段时间。（GK–A–2–S）

课堂中窄话题的产生多是以如课堂片段 4 的形式展开。教师 A 常在讲授完生词或课文后引发话题。在话题讨论的过程中，教师常以提问的方式控制话题讨论进度，学生参与话题的方式多为简单的回答为主，缺少成段表述。由此可见，教师设计话题的目的并非为了实现真正意义上的交流，更多的是教师借助话题引导学生回答，以达到教学或内容拓展的目的。

3. 教学材料的使用

教学材料使用时间分配表主要通过统计课堂上教师使用教学材料的类型和来源，以判断教师对教学内容的拓展情况，以及学生在课堂上是否有机会接触到教材以外的教学材料。

表 3–1–11　教师 A 教学材料使用时间分配表

日期	纸质材料	PPT	板书	实物	挂图
11 月 20 日	17 分 46 秒	52 分 14 秒	0	0	0
11 月 23 日	27 分 6 秒	26 分 23 秒（电影）	0	0	0
11 月 25 日	11 分 38 秒	32 分 22 秒	0	0	0
11 月 30 日	21 分 32 秒	27 分 20 秒	12 分 40 秒	0	0

表 3-1-11 显示，教师 A 在课堂中使用的学习材料类型单一，主要以课本和 PPT 为主，只有一节课使用视频材料。教师 A 的课堂几乎没有使用挂图、实物，只是偶尔会将较难的生词或者习题的正确答案写在黑板上。表 3-1-11 中所显示的课本与 PPT 使用时间较长的原因有两点：一是 PPT 与教材基本同步，不同的是 PPT 上除了教材内容外，还增加了例句展示，课堂

上教师会按照 PPT 进行讲解，课堂中的大多数学生在听讲时看着 PPT，只有需要记录时才会低头看向教材。二是教师 A 的教学以教授教材内容为主，学生自由表达时间较少，所以使用教材和 PPT 的时间较长。教师 A 的教学材料主要来源于教材，学生在课堂上难以获得课本以外的知识。

综上可知，通过对教师 A 的课堂观察，可以从课堂活动的特征推断出其背后所隐含的使用信念。

表 3-1-12　教师 A 使用的信念及取向

信念维度	使用信念的表征	取向
关于学科信念	·重视生词、语法等语言本体知识教学（1.1） ·课堂中没有任何交际活动（1.2） ·注重中国文化传播（1.3）	语言本体观 语言传播观
关于教学信念	·课堂以教师讲授为主，学生获得发言的机会较少（2.1） ·课堂以师生活动为主，缺少小组活动（2.2） ·课堂以教师引发话语为主，学生话语多为回答教师提问（2.3）	以教师为中心的教学观
关于学习信念	·重视复习和预习（3.1） ·课堂学习以语言输入为主，学生在课堂中难以获得自由表达的机会（3.2） ·学习内容以教材为主，学习材料单一（3.3）	行为主义学习观

教师 A 的宣称信念与使用信念基本一致，整个信念系统显出整体互动的特征。教师 A 的宣称信念在不同的教学情景中得以体现，她在教学中所呈现的使用信念是宣称信念在具体教学情景下的整体转化。此外，教师 A 的宣称信念和使用信念内部也具有一致性，如宣称的以教师为中心的教学观、行为主义学习观和语言本体观三者具有较强的关联性。总体来说，教师 A 信念系统的整体互动体现在两个方面：第一个方面是宣称信念与使用信念的整体互动性，第二个方面是宣称信念和使用信念内部元素呈现出一致性。下面用图 3-1-2 呈现出教师 A 的信念系统。

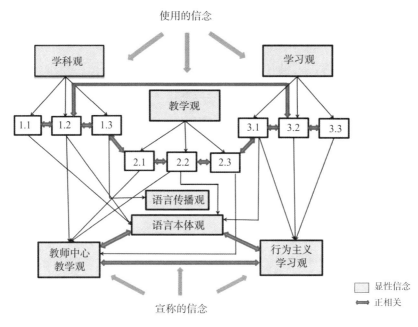

图 3-1-2　教师 A 的信念系统图

第二节　教师 J：认知与实践的交融

一、教师 J 的基本情况

（一）教师 J 的学习工作经历

　　教师 J 38 岁，讲师。2008 年硕士毕业后进入 X 大学任职，开启了国际中文教师的职业生涯。教师 J 本科和硕士均为日语语言文学专业，在工作的第五年，以公派教师身份至日本孔子学院任教，在此期间申请到了在日本某大学攻读博士学位的机会。读博期间，教师 J 的大女儿出生了，她一边教学，一边攻读博士学位，一边照顾孩子，用她的话来说就是"那段时间过得异常充实"。教师 J 在读博期间，接触了很多日本的教育理念和第二语言教学法。

（二）执教经历中的关键事件

第一次走上讲台的经历让教师 J 记忆深刻。"当时我特别紧张，偏偏这个时候有个学生问了我一个关于词语辨析的问题，我的专业背景并不是国际中文教育或是汉语言啊！再加上当时没有任何教学经验，那一刻我真的是紧张到说不出话，大脑一片空白……到现在我还记得那天学生问我的问题是'忽然'和'突然'的区别。"（FT-J-1-L0）面对学生突如其来的问题，教师 J 在讲台上停顿了约两分钟，不知道怎么办。看到老师紧张的状态，有些学生已经开始窃窃私语，后来教师 J 冷静下来跟学生说，老师回去查一下资料，明天再告诉你。经过这件事后，教师 J 对词语辨析产生了恐惧，特别害怕学生问自己词语辨析类问题。直到几年后，教师 J 逐渐积累了一些教学经验，加上有意识强化了汉语本体知识，再遇到词语辨析才没有那么紧张。"现在遇到词语辨析，我会从几个维度来进行分析，可能不太全面，但是会把一些明显的特征先告诉学生，然后回头自己去翻书，如果有不对或者是不全面的地方，第二天再对学生进行补充。我觉得自己入职到现在最大的转变就是对词语辨析不那么紧张了。"（FT-J-1-L0）

教师 J 将这段尴尬的经历归结为自己非科班出身，专业背景不对口。专业不对口的认知对教师 J 造成了很大的困扰，关键事件助推了她的这种认知，让她产生了自身专业功底不强、本体知识薄弱的信念，并且这种信念已经影响了她的专业发展。

（三）教师专业发展现状

教师 J 入职后的很长一段时间是在国际汉学院教授汉语国际教育硕士选修课——日本语，但是随着课时量的减少，学院领导考虑到教师 J 博士期间进修了第二语言教学法、第二语言习得等课程，便给她安排了留学生的汉语课。"我现在遇到了专业发展瓶颈吧，我的专业是日语，在国际汉学院又是以教中文为主，在初级教学阶段我还是比较游刃有余的，但是随着中高级的词汇辨析和本体知识的增多，感觉有点不行了。"（FT-J-1-L0）除此之外，国际汉学院的年度科研考核任务是以汉语作为第二语言教学的课题或论文为主，这让教师 J 感到力不从心。当谈及职业发展阶段时，教师 J 说："虽然我从教龄上来看算是熟手，但我感觉自己距离专家还有很大的距离。你再往上走的话，需要很多的理论来支撑，我并没有那么多东西啊，这个是我发展的瓶颈。我的专业是教研究生（汉语国际教育硕士）二外的，但咱们学院以教留学生汉语为主，我感觉自己有点边缘吧。"（FT-J-2-L0）

教师 J 硕士研究生毕业时，同时面试了 X 大学和一所省级师范类院校 F 大学，她马上要和 F 大学签订合同了，这时接到了 X 大学的录用通知。"我觉得来到 X 大学是'塞翁失马，焉知非福'吧，我同学当时签的 F 大学，现在她都当上主任了，而我现在还处在边缘。"（FT-J-2-L0）教师 J 认为自己的专业基础扎实，如果专业对口的话，入职这么多年至少也能成为教学骨干。日常的教学任务和年度科研考核让教师 J 有些疲惫，并称自己的职业目标是希望退休前能够晋升到副教授。

教师 J 经常听其他教师的课，以及报名参加培训班，以期提升专业素养。在没有孩子以前，教师 J 将所有空闲时间用来观摩同事的课，现在作为两个孩子的母亲，虽然没有那么多空闲的时间，但她会购买网课，如北京大学的论文写作类课程或汉语本体类课程。

二、教师 J 宣称的信念

（一）关于国际中文教育的学科信念

1. 语言需要反复练习

"语言是一种需要通过反复练习来提高的沟通媒介。"（FT-J-1-L0）在教师 J 看来，沟通媒介是语言的本质属性，语言的提高需要通过反复练习。这种观点体现了教师 J 的行为主义学习观，即桑代克提出的三条学习原则中的练习律，指的是刺激和反应之间的联结受到练习和使用频次的影响，频次越高，联结越强，学习效果越好。

2. 语言点是语言教学的"地基"

"我认为语言教学就是要让学生了解你教的这个语言点，句法、句式的构成是第二语言教学最本质、最基础的。如果语言本体掌握不牢固的话，根本不用谈上层建筑。"（FT-J-1-L0）教师 J 充分肯定了语法在汉语教学中的地位，强调语言规则结构对教学的重要性，她将语言教学比作建筑，语言点相当于语言教学中的地基，这种观点体现了教师 J 的语言本体观。

3.国际中文教育学科本质是语言本体教学

"有人觉得国际中文教育就是把汉语介绍给外国人，或者传播中国优秀文化，这些我都认同。但是，我认为国际中文教育这个学科最本质的东西还是汉语本体的教学。所谓的传播一定是建立在语言本体教学的基础上，所以语言本体是整个学科最本质、最基础的部分。"（FT-J-1-L0）教师 J 对语言是什么、学科本质、语言教学应该教什么等问题的观点具有较强的一致性。她认为语言文化传播观和语言意义功能观均是建立在语言本体教学的基础上，第二语言教学应该以语言本体教学为主，教师 J 的观点体现了语言本体观。

（二）关于国际中文教育的教学信念

1.教师的讲解必不可少

"语言教学就是要让学生了解语言点，通常语言教学我会分成四个步骤让学生掌握语言点。首先就是让学生了解这个语言点有什么样的特点；其次是让学生知道语言点的使用环境；再次是句子结构分析，想要让学生很清晰地了解这个句子的结构，教师的讲解必不可少；最后让学生通过练习来巩固。"（FT-J-1-L0）教师 J 将语言点的教学等同于语言教学，从她描述的四个步骤可以看出，教师 J 提倡的是以教师讲授为主、语言点教学为基础、通过反复练习巩固学习效果的观点，体现了行为主义学习观和语言本体观。

2.我希望学生能在轻松的环境中学习

教师 J 认为好的语言课离不开轻松的课堂氛围，太严肃的环境是无法学好语言的，语言教学要在学生没有心理负担的、轻松的状态下进行。"我比较倡导让学生在轻松、幽默的环境中学习，所以我都会在课堂上尽量为学生营造比较轻松的氛围。我不只是局限于让他们坐着学习汉语，我还会让他们动起来，走到朋友身边进行互动。如果语言课氛围特别紧张的话，学生会非常累，即便是学生学到了东西，也并非一节好课……所以需要教师调节课堂气氛，课堂太活跃或者太沉闷都会影响教学效果。"（FT-J-1-L0）在教师 J 看来，课堂气氛主要由教师调节，并非师生共同营造，体现了教师 J 以教师为中心的教学观。

3. 教师是课堂的导演

教师 J 认为，教师要发挥控制课堂节奏的作用，在为学生提供轻松的学习环境同时，引导学生去做、去思考。教师 J 将教师在课堂中的角色比喻成导演。"课堂绝对不是整堂课都是教师在说，你要引导学生自己去挖掘、去思考这节课的知识点，或者是课文内容所体现的意义。这些都是需要教师引导学生去做的，但是课堂的节奏还得是教师来控制的。"（FT-J-1-L0）教师 J 宣称学生在课堂中具有自主权，教师应该为学生营造自由、轻松的学习环境，但她宣称的学生自主权，如在课堂中走动行为等，是建立在以教师为中心的基础上。教师犹如幕后导演，控制着课堂节奏、氛围，引导学生去挖掘、去思考，学生需要根据"剧本"互动起来，参与其中。教师 J 的观点属于以教师为中心的教学观。

4. 低年级教学更合适讲授法

教师 J 认为，任务型教学法主要用于生生互动和师生互动环节，因此高年级的口语课使用任务型教学法可能效果会好一些。"如果从初级班就开始使用任务型教学法，学生可能听不懂，低年级的教学要以传统教学为主，更适合讲授法。"（FT-J-1-L0）学院给教师 J 安排的任务多为初级班汉语教学，在实践教学中教师 J 多采用传统的教学法。

（三）关于国际中文教育的学习信念

1. 没有教材是完美的

教师 J 认为教材在课堂中起到了重要的作用，但它并不是课堂的全部，授课要以教材为基础，但又不能只讲教材中的内容。"我会对教材进行取舍，因为每位教师都有自己的授课特点，对于教材内容的呈现比例也会不同。没有特别完美的教材，我会根据学生的实际生活选择教材中的练习题和材料。"（FT-J-1-L0）教师 J 提倡以学生实际生活为依托选择使用教材。建构主义学习观认为，学习是学习者根据以往认知主动建构的过程，学习不能脱离具体的情景。教师 J 根据学生生活情景选择教学内容的观点属于建构主义学习观。

2. 学生是课堂的副导演

"刚才我说教师是导演，但是我觉得学生并不是演员。他应该是一个副导演，既要听导演的话，但是呢，他又要主动去做，去融入课堂。尤其是在他与学生之间互动时，他要发挥自己的主动性。"（FT-J-1-L0）教师 J 将教师和学生的课堂角色比喻成导演和副导演，她认为学生要在听从教师安排的基础上，发挥主观能动性。在课堂活动等环节，学生要主动地进行语言输出。可见，教师 J 对教材使用的观点和师生在课堂中角色的观点，都指向了以教师为中心、以教材为基础，强调学生主动参与的学习信念。

3. 要看到学生努力的过程

教师 J 较为看重学生的学习态度，她认为学生的努力过程比成绩更重要。"我们评价学生的学习主要就是看学生的成绩嘛，但是我个人也会看学生平时的学习态度，比如完成的作业啊、出勤啊。除了期中成绩、期末成绩、出勤，还有平时成绩。平时成绩有的时候占比是不一样的，我会根据学生的出勤率、上课积极参与度、学习态度这些方面，相应给他的分多一些。"（FT-J-1-L0）虽然教师 J 看重学习过程，认为教学需调动学生的主观能动性，但这并不意味着她否定成绩的评价作用，在其认知中，成绩可以反映出学生的汉语水平。"你努力学习了，不可能成绩太差的。虽然每个人对于语言的学习是有差距的，付出同样的努力，可能有些人成绩会比较好，有些人成绩偏低一些。但只要认真学习了，成绩都不会太差。"（FT-J-1-L0）教师 J 给学生打分的标准是在考试成绩的基础上，根据学生的学习态度适当地调整分数。因此，在她的认知中，考试仍然是评价学生学习最主要的方式。

4.学习语言要多读、多背、多记

"想要学好外语一定是肯吃苦，多读、多背、多记，还有就是多看一些目的语书籍和电影。"（FT-J-1-L0）在教师 J 的信念中，存在着两种相悖的学习观。她宣称的外语学习需通过反复练习以巩固学习效果，反映了行为主义学习观；宣称的重视激发学生主观能动性和关注学习过程，体现了建构主义学习观。下面用表 3-2-1 呈现教师 J 宣称信念的基本内容。

表 3-2-1　教师 J 宣称的信念及取向

信念维度	宣称的信念	取向
关于学科信念	①国际中文教育的学科本质是语言本体教学。 ②语言点是语言教学的基础。 ③文化传播和语言交际要建立在语言本体教学的基础上。	语言本体观
关于教学信念	①讲授法是最有效的教学方法。 ②教师在课堂中的角色是导演，起到控制教学内容和节奏的作用。 ③好的课堂离不开教师对课堂气氛的调节。	以教师为中心的教学观
关于学习信念	①学生在课堂中的角色是副导演，要主动去做，去融入课堂，发挥主观能动性。 ②学习内容要以教材为基础，根据学情选择性的使用教材。 ③想要学好汉语需要多读、多背、多记。 ④成绩是评价学习的有效方式。	建构主义学习观 行为主义学习观

三、教师 J 使用的信念

教师 J 本学期教授的课程为初级综合课，教师 J 的使用信念呈现主要是运用 COLT 量表进行课堂观察，辅以实物分析。在资料收集时，笔者对教师 J 进行了九次课堂观察，其中有些课的数据具有同质性，且受篇幅所限，教师 J 的使用信念呈现资料为正式录像的三节常态课（表 3-2-2），其余六节课堂观察数据作为佐证材料。

表 3-2-2　教师 J 的课堂观察内容

教学内容	课程类型	教学时间
《快乐其实很简单》	新授课	90 分钟
《书本里的蚂蚁》	新授课	90 分钟
《是"针头"不是"枕头"》	新授课	90 分钟

（一）关于国际中文教育的学科信念

1. 课堂活动项目

教师 J 的课堂教学主要由生词讲解、语法讲解、课文讲解和习题讲解四个部分组成，几乎没有交际性练习和小组活动。在知识点讲授后，教师会通过带领学生一起做课后习题检验学生对语言点的掌握程度。教师 J 将习题呈现在 PPT 上，让学生做指定的习题，然后随机点名让学生说出答案，对于错误的答案，教师 J 会进一步讲解。

表 3-2-3　教师 J 课堂活动时间分配表

课堂项目　　　日期	6 月 2 日	6 月 7 日	6 月 16 日
课前汇报 ①角色扮演 ②口头报告 ③个人展示	0	0	0
复习 ①做教材中的练习 ②读生词、语法以及其他相关句子 ③按照课文进行复习 ④通过讲解作业进行复习	0	0	0
导入 ①用图片（视频）或者问题引导学生说出相关话题 ②用动作引导学生说出课文相关词汇 ③用任务引导学生说和课文相关的话题 ④直接向学生介绍课文内容	0	0	0

（续表）

日期	6月2日	6月7日	6月16日
生词、语法和句型、课文讲练 ①生词讲练 ②语法和句型讲练 ③课文讲练	① 28分17秒 ② 24分51秒 ③ 12分	① 46分30秒 ③ 18分23秒 ② 17分	② 29分19秒 ① 37分56秒
①课堂表达练习 ②课堂任务活动 ③教材课后题练习	③ 30分	③ 8分55秒	③ 16分50秒
课堂游戏	0	0	0
其他（点名、总结等）	0	0	0

通过课堂观察发现，教师 J 对生词、语法、课文、习题四个部分的教学过渡较为生硬，在讲完生词后，直接开始课文部分的讲解，没有任何过渡环节。教师 J 的教学已经形成了固定讲授范式，对知识点的讲解有着明确的顺序。对生词的讲解分为四个步骤：第一步由教师按照 PPT 上的内容将每个生词读三遍；第二步在教师将全部生词读完后，去掉生词上标注的拼音，然后随机点名由学生读；第三步在学生读完后，教师以自问自答的方式讲解生词，中途没有任何师生互动；第四步教师讲解完生词含义后，随机叫学生读例句。

教师 J 的课文处理手段较为单一，首先由学生读一个自然段的课文，然后问学生课文右侧的问题①。学生回答完后，采用相同的方式让其他学生继续读课文，回答问题。以此循环直至课文结束。

在语法讲练部分，教师 J 会将这节课全部语法点呈现在 PPT 上（如图 3-2-1），再对语法逐一讲解。讲解后通过教材上的习题，考查学生对语法的掌握程度。

课堂片段 5（语法教学）

教师在 PPT 上呈现语法知识点。

---

① 使用教材为《发展汉语》，课文中每个自然段的右侧都会有对应的问题。

语法

- **1.** 不定指疑问词
- 我不认识这个汉字，找谁问问吧。
- **2.** 前后两个疑问词
- 谁做完了，谁先回答。
- **3.** V+出来
- 我听出来了，这是杨老师的声音。

图 3-2-1　教师 J 语法课件截图（R-J-20210607）

师：第一个语法是不定指的疑问代词，比如说，我不认识这个汉字，找谁问问吧，这个"谁"指的是谁呢？说的人也不知道，因为不一定指的是谁。我们来看 PPT 中的第一个句子，生 1，你来读一下。

生 1：我不饿，就想吃点儿什么。

师：大家是不是也有这样的时候呢，明明吃过饭了，不太饿，就是想吃点东西。所以在这里边，"什么"虽然是疑问词，但他指的东西并不确定。我们看第二个，生 2，读一下。

生 2：我也不知道图书馆在哪儿，找谁问问吧。

师：找一个人问问吧，找谁都行。第三个，生 3，读一下。

生 3：我们去哪儿坐一会吧，太累了。

师：嗯，非常好。我们去哪坐一会吧，这个"哪"是哪里呢，这我也不知道，不确定的地方。第四个例句，生 4，读一下。

生 4：不着急，你哪一天有时间再给我吧。

师：这里的"哪一天"具体是什么时候，不确定，也不知道。（GK-J-1-L）

课堂片段 5 中教师 J 的教学倾向于加深学生的语用理解。在具体的教学顺序上，首先由教师简单介绍含义，然后让学生阅读大量的例句，以加深对语言点的理解。这与教师 J 在访谈中谈到的"在语言点教学时需要让学生了解到使用的情景"形成了正相关。课堂中学生通过例句加深对语言点使用情景的理解。读完例句后，教师 J 会带领学生一起做课后习题，她认为习题练习环节是课堂中非常重要的组成部分，不仅可以通过练习加强学生对知识点的掌握，还可以通过学生提供的答案，洞悉他们对语言点的掌握情况。整个练习环节以教材中的半机械性练习为主，没有任何的分组活动或交际性练习。

2. 课堂话语内容

教师 J 课堂以语言形式教学为主，表 3-2-4 显示每节课的语言形式教学均在 80 分钟以上，占课堂总时长的 92% 以上。这说明教师 J 的课堂以语言本体教学为主，缺少交际性活动。

表 3-2-4　教师 J 课堂话语内容时间分配表

日期	管理内容		语言内容			其他
	程序性	纪律性	形式	功能	语篇	话题
6 月 2 日	1 分 34 秒	0	83 分 41 秒	0	0	4 分 45 秒
6 月 7 日	2 分 9 秒	0	85 分 54 秒	1 分 57 秒	0	4 分 52 秒
6 月 16 日	1 分 42 秒	0	84 分 59 秒	1 分 23 秒	0	1 分 56 秒

教师 J 课堂中的程序性话语内容主要产生于教师布置作业，或者指定让学生做某道习题。课堂话语内容以语言形式讲解为主，语言功能产生具有随机性，主要在做题环节中教师为学生讲解答案时进行纠正。此外，教师经常让学生运用学习的词汇造句，并对学生的句子进行反馈，产生了课堂话题。如学生用"对……来说"造句时说："这件事对我来说很难，但对老师来说并不难"。教师 J 随口问："你说的是学习汉语吗？"得到学生肯定的回答后，话题结束。很显然，课堂中与教学内容相关的话题产生并非教师提前设计，课堂中的话题常以"教师引发话语—学生回答—话轮结束"的顺序进行，很少引发师生、生生之间的讨论。

课堂片段 6

教师 J 在 PPT 上呈现习题，采用点名的方式让学生口头回答。

题1：A：十几年不见了，你还认识我吗？

B：李明！_____。（认　出来　一下子）

师：生1，说一下。

生1：我认不出来一下子。

师：我们看这个句子啊，"一下子"它是副词，副词要放在谓语的前面，所以我们可以说，我一下子，然后是谓语动词部分，是认出来了还是没认出来？

生1：没认出来。

师：认出来了！你看他一下子都叫出了他的名字，所以我认出来了，我怎么认出来的，我"很快地"认出来了，所以这个句子我们可以说"我一下子就认出来"。当然了，这个句子，"认出来"加上宾语的话呢，我们可以放在"出"和"来"的中间，我们可以说"我一下子就认出你来了"。所以"一下子""突然""很快"这些副词，一定要放在谓语动词的前面。

题2：今天上午，我用一个小时写作业。（写　个小时）

_____

生1：今天上午，我把作业写一个小时。

师：在这里边呢，我们不用"把"字句。今天上午，我用了一个小时写作业。生1，你试着不用"把"字句。

生1：我写一个小时作业。

师：非常好。今天上午，我用了一个小时写作业。它是两个联动的句子，用一个小时写作业是联动句。我们把时间放在"作业"的前面，做"作业"的定语。我写作业，写了多少时间，写了一个小时的作业。"把"字句呢，一般是移动的时候，这种情况我们不用"把"字句。（GK–J–2–L）

在课堂片段 6 中，学生出现表达错误时，教师并没有选择重铸或重复等纠错的方式，而是从语法结构上对学生进行元语言提示。当学生答案正确时，教师也会回顾句子中包含的语法结构，以起到强化巩固的作用。教学中教师 J 激发了重视语法规则和例句展示的行为，体现了语言本体观。

3. 学生语言模态分配

在第二语言教学中，学生"听"的语言模态时间较长，说明课堂的大部分时间以教师语言输出为主。"说"和"读"的语言模态则代表学生在课堂的开口率，"说"的语言模态代表学生在课堂中具有表达的机会，而"读"的语言模态往往属于机械性练习。

根据表 3-2-5，课堂中学生语言模态较为全面，其中"听"的语言模态占时最多，占整个课堂时长的 66% 以上。"说"的语言模态和"读"的语言模态用时接近，课堂中还产生了少量"写"的语言模态。

表 3-2-5　教师 J 课堂语言模态时间分配表

日期	听	说	读	写
6 月 2 日	59 分 41 秒	15 分 24 秒	8 分 49 秒	6 分 3 秒
6 月 7 日	61 分 49 秒	6 分 1 秒	15 分 49 秒	6 分 21 秒
6 月 16 日	68 分 50 秒	9 分 50 秒	3 分 19 秒	8 分 1 秒

教师 J 在每个教学环节中，都设计了"读"的语言模态，如让学生读课文、读生词、读语法中的例句。第二语言课堂中"说"的语言模态分为学生自主表达和半机械性的表达练习。所谓的自由表达类似于演讲、发表言论等，学习者可以就自己的观点进行讨论。半机械性的表达练习往往是教师让学生现场做题，并说出答案；或者教师给出上半句，让学生补全下半句等。教师 J 的课堂中"说"的语言模态产生以第二种情况为主，即学生的发言多是在教师的要求下产生，以回答问题或说出习题答案为主，缺少自主的交际性练习。

"写"的语言模态主要产生在做题环节，虽然教师 J 并没有设计单独的写作环节，但教师 J 具有汉字教学的意识，在生词讲解环节中，遇到复杂、容易混淆的汉字会进行简单的讲解，以加深学生的印象。

课堂片段 7

师：下面这个生词是"醒来"，我们看这个词是怎么写的。它的左边是"西"里边多了一个横，右边是星星的"星"，放在一起读成 xǐng，三声。

师：我们接着往下看，这个字是"准"，看到这个字我们可能会想到一些相似的字，比如说"难""谁"（在黑板上写出），这三个字的左边是不一样的，一定要记住，不要弄混了。（GK–J–3–L）

教师 J 的课堂以语言本体教学为主，其中语言点的讲解占时最长，教师每节课都会带领学生做题，以巩固知识点。教学内容的设计体现了教师 J 的语言本体观和以教师为中心的教学观。此外，教师 J 在教学中经常有让学生通过"读"和通过"做题"巩固语言点的教学行为，反映出教师 J 通过练习巩固学习效果的行为主义学习观。

（二）关于国际中文教育的教学信念

1.课堂组织形式

在第二语言课堂中，同伴之间的互动比教师带领的课堂活动更能引发意义协商。[①]因此，小组活动是第二语言课堂较为提倡的活动组织形式之一。教师 J 课堂组织形式较为单一，仅有师生活动和个人活动，并未产生小组活动。师生活动以语言形式教学为主，个人活动产生于学生回答教师的问题。

---

① 李云霞.对外汉语口语课堂话语互动研究 [D]：［博士学位论文］.长春：东北师范大学教育学部，2017：71.

表 3-2-6　教师 J 课堂组织形式时间分配表

日期	全班活动时间			小组活动时间		个人活动时间	
	师生活动	生生活动	全班活动	相同任务	不同任务	相同任务	不同任务
6 月 2 日	65 分 44 秒	0	0	0	0	0	24 分 16 秒
6 月 7 日	56 分 52 秒	0	0	0	0	0	21 分 50 秒
6 月 16 日	53 分 7 秒	0	0	0	0	0	13 分 9 秒

　　语言交际需要通过互动实现，表 3-2-6 显示教师 J 的课堂没有产生任何小组活动，说明学生在课堂中获得意义协商的机会不多，学生难以在课堂中运用学到的语言进行交际性操练。教师 J 课堂中的个人活动主要产生于生词、语法、课文讲解环节，从内容来看，个人活动设计的目的是为了更好地推进教学，而非为学生提供交际的机会。因此，个人活动主要是学生回答问题。下面用课堂片段 8、9、10 分别呈现学生个人活动在生词部分、语法部分、课文部分的产生方式。

课堂片段 8（生词部分）

　　教师在讲完生词"够"以后，在 PPT 上呈现了以下习题，采取点名的方式让学生口头回答。

　　用"够"补全句子：

　　我一个月两千块的生活费＿＿＿＿＿＿＿＿。

　　五个人，两个梨，＿＿＿＿＿＿＿＿！

　　这本书我都看了三遍了，已经＿＿＿＿＿＿＿＿。

　　昨晚我只睡了三小时，还＿＿＿＿＿＿＿＿！

　　假期快结束了，可是我还＿＿＿＿＿＿＿＿。

　　师：生 1。

　　生 1：我一个月两千块的生活费够花了。

　　师：很好，下一个。生 2。

　　生 2：五个人，两个梨，不够分！

师：非常好，不够分，下一个。生 3……（GK–J–3–T）

课堂片段 9（语法部分）

教师在讲完语法后，在 PPT 上呈现习题和图片，并给学生两分钟的时间准备，采取点名的方式由学生组织语言进行回答。

　　• 上车的时候有点儿挤，你怎么告诉大家别
　　　挤？（一个一个地）

图 3-2-2　教师 J 课件截图（V–J–20210607）

师：好，我们一起看啊，上车的时候有点挤，人特别多，你怎么告诉人家别挤？生 1，说一下。

生 1：大家别挤，一个一个地上车。

师：很好，这个图大家就在一个一个地上车。生 2，说一下。

生 2：大家不要着急，一个一个地上车。

师：很好。（GK–J–3–T）

课堂片段 10（课文部分）

师：生 1，读一下。

生 1：从前人们打招呼的时候说"吃了吗"，后来人们打招呼改成了"你好"……（读完第一自然段）

师：我们一起看一下，中国人打招呼有什么变化？（问题是教材上的）生 2，回答一下。

生 2：嗯，嗯，从前人们，见面，打招呼，嗯，吃了吗。后来，嗯，打招呼改成你好。现在，嗯，人们见面打招呼，你快乐吗。

师：很好，生 2，用自己的语言又组织了一下，非常好！（GK–J–3–T）

从学生个人活动的方式来看，生词、语法点、课文这三个部分产生的个人活动具有共性特征，均是通过让学生回答习题产生。从内容来看，均属于半机械性练习。课堂片段 8 中学生的回答基本都是照读前半句，后半句的答案为"够吃""不够吃""够分""不够分"等，学生真正需要组织语言的部分只有几个字，活动目的主要是让学生掌握"够"的用法，而非语用能力。课堂片段 9 设计目的是让学生根据图中的真实情景掌握语法的应用，这道题看似为学生提供了语用情景，学生可以根据情景进行语言组织和发挥，但从学生的答案中可以看出，学生仅能回答"一个一个地上车"，答案重复率极高，学生可发挥空间较小。课堂片段 10 设计目的是为考察学生的课文理解能力和概括能力，但问题过于简单，在课文中可以直接找出答案，学生在回答问题时，基本上是参考课文进行回答，缺少自主探索的机会。可见，教师 J 为学生提供的个人活动多为半机械性练习，虽然课堂中学生开口率高，但缺乏自由表达的机会，属于以教师为中心的课堂。

2. 课堂话语内容控制

心理语言学认为，话语互动涉及话语理解和话语产生。[1] 话语理解需要根据声音建立话语意义，从而了解说话人所传递的信息。话语产生则是一个相反的过程，首先需要说话者有表达意愿，然后将想法组织成语言，最后发出声音。在教师控制下的课堂，学生需要根据教师的话语来了解教师所传递的内容，学生更多地获得的是话语理解。

---

① ［英］威多逊 . 心理语言学 [M]. 上海：上海外语教育出版社，2002：10–12.

表 3-2-7 教师 J 课堂话语控制时间分配表

日期	内容控制		
	教师控制	学生控制	师生共同控制
6月2日	55分5秒	24分16秒	10分39秒
6月7日	46分1秒	21分50秒	22分51秒
6月16日	56分59秒	13分9秒	19分52秒

表 3-2-7 显示，教师控制课堂话语用时较长，这意味着学生在课堂中主要通过教师的语言输入获得话语理解。学生控制的话语内容多在教师的主导下产生，以学生回答问题为主。

课堂片段 11

教师在讲语法"可 +V/adj"后提问。

师：老师如果一天讲一课，你们接受吗？

生 1：同意，老师。

师：那生 2 和生 3 呢？你们同意吗？你们受得了吗？

生 2：受不了，老师。

师：那你可以用刚学的"可"来回答。

生 2：老师，我可受不了。

师：生 3 呢，老师如果一天讲一课，你同意吗？

生 3：我可受不了。

师：你可以加上受不了的原因。

生 3：如果老师一天讲一课，我可受不了，因为那样实在太累了！

（GK-J-2-T）

课堂片段 11 中教师有意引导学生说出完整的句子，但学生说话意愿并未被充分调动起来，学生的话语输出仍以短句为主。课堂观察发现，教师 J 控制着课堂节奏，引导学生发言。如果教师 J 不提出问题，学生只有在产生疑问时，才会主动发言。这与教师 J 宣称的教师是课堂的导演一致。

　　课堂中师生共同控制主要产生于教师引导学生思考和练习生词、句型、语法等内容时。如在学习"吓一跳"前，教师带领学生一起观看女孩打开机关弹跳盒礼物时吓了一跳的搞笑视频，以加深学生对"吓一跳"的理解，随后教师问学生："你们都有哪些被吓一跳的经历？"在教师 J 的课件中，几乎每页都配有图片，在课后访谈中教师 J 说："我想通过音、形、色让学生感受语言，比如设计'可爱'这个词的 PPT 时，我旁边配的图片是一些可爱的卡通形象。还有今天讲的'吓一跳'也是通过这种视觉效果来加深学生对于语言的感知能力。我在设计课件的时候，很大一部分精力都在处理这些图片，想找到能反映出词语含义、可以调动学生积极性的图片其实并不容易。"（FT-J-2-LN）教师 J 试图通过精心挑选的图片提高学生对所学内容的兴趣，以激发他们的主观能动性。教师 J 在习题环节也会选择一些可以展现情景的题目，这与其宣称的"课堂要引导学生主动参与"具有一致性，但课堂中教师 J 控制话语的时间较长，学生主动参与教学的频次较低。

3. 课堂话语引发

　　自然交际中的会话往往由若干个话轮组成，判定话轮的标准一是说话者是否继续，如有沉默则表示一个话轮结束；二是在谈话过程中，是否发生了说话者和听话者的角色互换，如果发生了角色互换，标志着一个话轮结束。[1]在自然交际过程中，说话者既是话语的引发者，又是话语的回应者。因此，在第二语言课堂中，如果学生仅作为话语回应者，缺少话语引发机会的话，必然会影响其语言功能的发展。

表 3-2-8　教师 J 课堂话语引发统计表

日期	教师引发（次）	学生引发（次）	
		主动	被动
6 月 21 日	46	2	45

---

① 刘虹 . 会话结构分析 [M]. 北京：北京大学出版社，2004：120-122.

（续表）

日期	教师引发（次）	学生引发（次）	
		主动	被动
6月7日	41	0	35
6月16日	44	3	46

表 3-2-8 显示，课堂中教师引发和学生引发话语的次数较为相似，但学生主动引发话语的次数较少，主要产生方式是没有听清教师的讲解，而主动提问具有偶然性。每节课中学生被动引发话语约四十次，说明在教师 J 的课堂中学生有机会以语言输出的方式参与教学。但课堂观察发现，课堂中学生缺乏主动表达的意愿，学生引发话语基本上以"教师提问—学生被动引发话语—教师反馈"的形式进行。虽然学生有机会参与教学，但往往只用最少的生词或短语进行回答或引发话语，缺少成段表达的机会。

课堂片段 12

师（指着 PPT 中的图片）：生 1，你觉得和朋友这样喝茶单调吗？

生 1：单调？

师：单调就是没什么意思，没有变化。

生 1：喝茶？单调？

师：喝茶也可以吃点东西。

生 1：哦，不单调。（GK-J-2-T）

课堂片段 13

师：请同学介绍一下学校附近好吃的饭店。生 1，你有没有常去的饭店？

生 1：米线。

师：米线啊，在哪里？

生 1：瑶家。

师：是饭店的名字吗？在哪里？

生1：学校小门。

师：你觉得瑶家米线好吃吗？

生1：嗯。（GK-J-2-T）

在课堂片段12、13中，学生通过重复教师句子引发话语，仅用了几个字来回答教师的问题，教师也没有想让学生进一步表达的意图，在简单的解释后，转入下一个话题。虽然学生被动引发话语的机会较多，但话语输出质量不高，教师没有采用合适的话语合并策略帮助学生进行整句或者成段表达。课堂中无论是教师话语引发还是学生话语引发，均由教师控制着课堂话语节奏。

（三）关于国际中文教育的学习信念

1. 课堂话语互动信息差

信息差往往被看成衡量第二语言课堂交际性的重要指标，这是由于真实信息更符合人们在自然交际中的问答规则，如在正常情况下，说话者一般不会问对方自己已经知道答案的问题。表3-2-9显示，教师J的课堂请求信息高于给出信息，说明课堂中教师提出的疑问多于学生的发问。请求信息中的虚假信息是指教师故意问学生一些自己已知的问题，如"这道题的答案是什么"，课堂中的虚假信息主要用于检查学生对知识点的掌握程度。真实信息往往是教师并不知道答案的问题，这种问题极易产生信息差，为语言学习者提供语言意义协商的机会较多。

表3-2-9　教师J课堂信息差统计表

日期	给出信息		请求信息	
	可预测信息（次）	不可预测信息（次）	虚假信息（次）	真实信息（次）
6月2日	2	1	31	14
6月7日	4	0	24	8

（续表）

日期	给出信息		请求信息	
	可预测信息（次）	不可预测信息（次）	虚假信息（次）	真实信息（次）
6月16日	1	2	32	14

虽然在第二语言教学中，真实信息是信息差的主要产生方式，但这并不意味着真实信息多的课堂，学生的语言输出质量就高。教师J的课堂每节课都产生了大量的真实信息，但多产生于"题做完了吗""还有没有同学不明白的"等问题上，或者一些不需要学生回答的情况下。可想而知，学生提供的答案并不会对语言提高起到太大的作用。

课堂片段14（教师在讲解生词"迷路"）

师："迷路"意思就是找不到路了。在这个图中，小孩子特别喜欢玩，我们管这个叫迷宫。你小时候是不是也经常玩这个呢？

（并未得到学生的回答）

师：好，我们继续看下一个生词。（GK-J-1-S）

真实信息由于具有信息差，往往是针对个人产生的，所以更具真实交际意义，而教师J课堂产生的真实信息，大多数情况下是针对所有人，因此得到的回复也是以学生集体的简短回答为主。此外，课堂中还有一部分的真实信息产生于学生回答习题时。

课堂片段15

教师刚讲完语言点"想不到"，在PPT上呈现出课堂习题。

他穿着很旧的衣服，_____。

师：他穿着很旧的衣服，想不到什么呢？生1。

生1：想不到还挺帅气的。

师：哈哈哈，可以，可以，还有没有别的。生2。

生 2：想不到那件衣服还挺贵。

师：生 3。

生 3：想不到他是一个富翁。

生 4：想不到他很有钱。

师：非常好。（GK-J-3-S）

课堂中的真实信息往往来源于教师提问，课堂片段 15 中教师提供了习题的前半部分，让学生用指定的词语造句。这种练习方式虽然属于半机械性练习，但也产生了信息差，属于真实信息。学生可以通过回答习题的后半部分获得一定的语言发挥空间，但由于答案较为简短，学生很难通过这种练习方式获得语言表达能力的提升。课堂中教师给出的虚假信息多将问题省略，而直接采用"第一道题，生 1""第二道题，生 3"的方式，按顺序叫学生回答问题。课堂中给出信息主要产生于生词讲解环节，可预测信息主要产生于教师的自问自答，不可预测信息主要产生于学生没有听懂教师的话。可见，课堂中的给出信息和请求信息均围绕语言点进行，教师在每个教学环节结束后，都设计了语言点练习环节，以期通过练习的方式巩固学习效果，体现了教师 J 的行为主义学习观。

2.课堂话题分配

教师 J 的每节课都会产生 3～4 个窄话题，并未发现明显的宽话题。课堂话题用时较短，这是由于课堂话题以教师语言输出为主，学生参与度不高，对于教师的提问学生常以简短话语回复，在话题讨论的过程中并未引发学生的讨论。

表 3-2-10　教师 J 课堂话题时间分配表

日期	宽话题	窄话题
6 月 2 日	0	4 分 45 秒
6 月 7 日	0	4 分 52 秒
6 月 16 日	0	1 分 56 秒

课堂片段 16（用"对……来说"完成句子）

师：生 1，做一下这道题。

生 1：学习对学生来说是最重要的事情。

师：很好，那对你来说呢？

生 1：不是最重要的事情，对我来说。

师：那对你来说什么是最重要的事情？

生 1：对我来说健康是最重要的事情。

师：你才多大啊。哈哈，好的好的，下一个题。（GK–J–2–S）

课堂片段 17（在讲解完"有趣"生词后，教师引发话题）

师：因为疫情，很多课程都是在网上进行的，你们觉得在网上学习汉语怎么样？生 1，你来谈一谈。

生 1：在网上学习汉语很有趣。

师：真的吗？

生 1：有趣，但是比，但是比，面对面上课没有趣。

师：这个是"不如"，不如面对面上课有趣。生 2，你觉得呢？

生 2：学习怎么样？

师：你觉得在网上学习汉语好不好？

生 2：好，嘿嘿。

师：你觉得在网上学习汉语挺好的，是么？

生 2：是的。（GK–J–2–S）

教师 J 习惯在生词教学环节对相关话题向学生提问。课堂片段 16 中学生说出"对我来说健康最重要"后，教师并未继续引发话题，而是简单反馈后，直接进入下一道题的讲解。课堂片段 17 是在讲解完生词"有趣"后，教师让学生用"有趣"造句，学生说出了"网上学汉语很有趣"的句子。从对话中可以看出，生 1 说出的句子并非真实想法，是为了造句而产生。教师 J 注重语言形式教学，引发话题的目的是为了巩固和使用语言点，并非为了引导学生进行高质量的语言输出。

3.教学材料的使用

教师 J 的教学材料以教材和 PPT 为主，教学教材类型单一，教学内容均源于教材，教师将教材的内容完整呈现在 PPT 上，并设计了大量的例句和符合情景的图片。学生在课堂有时看着 PPT 听讲，有时看向教材，这也使课堂中教材和 PPT 使用的时间一致。

表 3-2-11　教师 J 教学材料使用时间分配表

日期	纸质材料	PPT	板书	实物	挂图
6 月 2 日	70 分 41 秒	70 分 41 秒	9 分 19 秒	0	0
6 月 7 日	68 分	68 分	2 分	0	0
6 月 16 日	76 分 34 秒	76 分 34 秒	3 分 26 秒	0	0

表 3-2-11 中数据显示，三节课使用板书的时长有所差异，主要原因是教师习惯在习题讲解环节将正确的答案写在黑板上，所以在习题讲解用时较长的课堂，相应的板书用时也较长。虽然教师 J 使用的教学材料较单一，并未采用任何挂图和实物的教学素材，但教师 J 的 PPT 采用了图文相结合的方式，借助视觉思维使教学内容更加直观，能起到提升教学效果的作用。

课堂片段 18

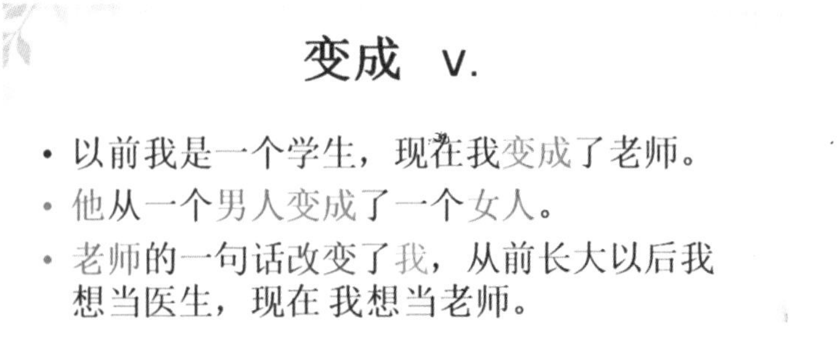

变成　v.

- 以前我是一个学生，现在我变成了老师。
- 他从一个男人变成了一个女人。
- 老师的一句话改变了我，从前长大以后我想当医生，现在我想当老师。

图 3-2-3　教师 J 生词部分课件截图（V-J-20210616）

师："变成"呢，经常是从一个变成另一个，从 A 变成 B。生 1，读一下。

生 1：读……

师：我们注意一下，"变成"和"改变"是不一样的。"改变"后面可以加宾语，我们可以说"谁改变谁"。但是"变成"是不可以的。（GK-J-3-S）

教师 J 的 PPT 内容丰富，除了直观的图片外，还有大量的例句，以帮助学生理解生词的含义和进行生词拓展。PPT 中不仅囊括了教材的全部内容，还有扩展练习。课堂上学生基本上都是看着 PPT 听课，只有需要记录时才会低下头。虽然教师 PPT 表现形式丰富多样，但内容全部源于教材，内容扩展也是围绕教材的生词、语法进行，其目的是让学生更好地掌握教材中的内容，体现了教师 J 的行为主义学习观。

通过对教师 J 的课堂活动特征进行整理，可以用表 3-1-12 呈现出课堂活动特征背后所隐含的使用信念。

表 3-1-12　教师 J 使用的信念及取向

信念维度	使用信念的表征	取向
关于学科信念	·课堂以语言形式教学为主（1.1） ·重视语言知识点练习（1.2） ·课堂话题引发是为了巩固和使用知识点（1.3）	语言本体观
关于教学信念	·课堂以教师讲授为主（2.1） ·课堂话语由教师控制为主（2.2） ·通过声音、图片等形式让学习者感受语言（2.3）	以教师为中心的教学观
关于学习信念	·课堂提问以展示性问题为主，参考性问题较少（3.1） ·学习内容以教材为主（3.2） ·通过例句加深学生对生词的理解（3.3）	建构主义学习观 行为主义学习观

在教师 J 的信念系统中，各信念之间形成了密切的关系网。教学中所呈现的使用信念与其宣称信念具有一致性。此外，使用信念和宣称信念的内部构成要素之间均呈现出较强的互动性。例如，使用信念中教学以语言形式为主、课堂例句多、话题少，三者之间形成了一致性互动；教师控制课堂话语与课堂活动多以机械性和半机械性操练为主也具有一致性。

教师 J 宣称的"课堂中做到让学生主动参与、发挥学生主观能动性"，与使用信念中的通过声音、图片让学生感受语言及调动学生学习语言的兴趣呈现正相关。但这组信念并未与信念系统中其他信念发生联系。笔者通过访谈了解到，学生主动参与课堂的信念源于教师 J 日本留学期间的所见、所闻。后面的第七章会对教师 J 的这一现象进行具体分析。下面用图 3-2-4 呈现教师 J 宣称信念与使用信念的关系。

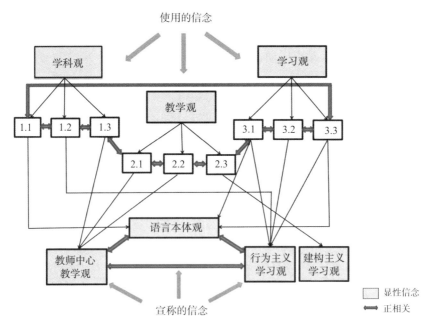

图 3-2-4　教师 J 的信念系统图

本章小结

本章以访谈和课堂观察的方式对 A、J 两名教师的学科观、教学观、学习观进行了详细描述，通过分析宣称信念和使用信念之间的关系，将二者归纳为整体互动型。

教师 A 在访谈中宣称的信念为：语言本体观、语言传播观、以教师为中心的教学观、行为主义学习观。通过课堂观察发现，教师 A 在教学中激发出的使用信念有：以语言本体知识教学为主的语言本体观、语言传播观，以教师为中心的教学观、行为主义学习观。教师 J 在访谈中宣称的信念为：语言本体观、以教师为中心的教学观、行为主义学习观和建构主义学习观。通过课堂观察发现，教师 J 在教学中激发出的使用信念有：语言本体观、以教师为中心的教学观、注重教材中课后练习的行为主义学习观。虽然教师 J 没有建构主义学习观的倾向，但在教学设计上通过声音、图片让学习者感受语言，这与其宣称的建构主义学习观具有相关性。

通过分析发现，两名教师的整体互动型特征具体表现为两个方面：一是宣称的学科信念、教学信念、学习信念三者之间具有高度的一致性；二是宣称信念和使用信念之间形成了一致性，各信念之间组成密切的互动关系。

第四章 矛盾的行动者——矛盾冲突型

前面的章节对整体互动型信念系统进行了描述，本章作为实证的第二个部分，以 E、D、B 三名教师为案例，通过访谈和课堂观察的方式双向佐证，呈现国际中文教师信念系统的第二种类型——矛盾冲突型。矛盾冲突型的主要特征为宣称信念和使用信念存在冲突，以及宣称信念内部或使用信念内部各要素间相互矛盾。该类型教师具体表现为：言行不一致，教师在教学中会摒弃部分宣称信念；同时，受到未被察觉的信念影响，常出现宣称信念与使用信念不符的情况；此外，该类型教师受到两套理念范式的影响，教学行为之间存在矛盾。

第一节 教师 E：多元文化夹缝下的抉择

一、教师 E 的基本情况

（一）经历介绍

教师 E 出生于 1966 年，副教授，本科学历，是 X 大学国际汉学院教龄最长的教师。教师 E 毕业于 X 大学的英语语言文学专业，毕业后留校任教，从事国际中文教学已近四十年。教师 E 有过两次海外教学经历，第一次是

1993 年 8 月到 1995 年 8 月，在非洲的毛里求斯甘地学院任教；另外一次是
2008 年 1 月到 2010 年 8 月，在西班牙某孔子学院担任高层管理人员。教师
E 获得过很多荣誉，如"省级对外汉语教学优秀教师""优秀汉语教师志愿者"
等。教师 E 在西班牙孔子学院担任中方管理者时，所在的孔子学院连续两年
被评选为全球二十所优秀孔子学院之一。教师 E 在 X 大学主要负责美国英
语学会（English Language Institute，简称 ELIC）的教学工作。①

（二）执教中的关键事件

在教师 E 看来，有两件事情对他影响较大。第一件事是从事美国英语
学会的教学工作让他看到了更广阔的世界。教师 E 大学毕业时正赶上美国
英语学会与 X 大学建立合作关系，由于他英语口语能力较强，毕业后便开
始从事美国英语学会的教学工作。"我在跟他们交流的过程中，得到好多东
西，很受启发，比如说教学方法。美国人在课堂上比较灵活，他们特别喜
欢做活动，喜欢表演。这一点我在课堂上做得并不够，他们从对整个课堂
教学活动的设计，到活动的实施，一直到活动结束都做得非常好！"（FT-
E-1-LO）美国教师的教学风格、教学方法对教师 E 的影响较大，到现在他
仍然保留着很多当时课堂活动的录像。"虽然我是他们的老师，但是他们在
课堂上的自主活动啊，他们的表演啊，是很有借鉴意义的。"（FT-E-1-LO）

第二件事是教师 E 刚去西班牙时不会讲西班牙语，外方院长给他安排
了西班牙语老师。但让教师 E 没想到的是，这位西班牙语老师在教学过程
中从不使用中介语，教师 E 完全听不懂他在讲什么，导致学习效率低下。"当
时我就在想，如果老师懂一点学生的母语，或者老师和学生之间有个沟通
媒介是比较好的。根据这件事，我悟出一些道理。虽然我学西班牙语是在
目的语环境中进行的，但由于没有进行有效的沟通，导致学习效率非常低。
所以如果在学习语言时，老师能引领一下，可以与学生进行语言学习的有
效沟通，我觉得在一定程度上会提高（语言学习的）效率。"（FT-E-1-LO）

---

① X 大学与美国英语学会的合作项目主要是负责培训在中国工作的美籍英语教师的汉语水平，培
　训时长为 1～2 年。

教师 E 谈到的两件关键的事情都是源于教学。第一件是美国英语学会带给他的教学上启发；另外一件是通过学习西班牙语的经历，意识到教师与学生之间有效沟通的重要性，他认为如果师生之间缺乏有效沟通，即使身处于目的语环境中也会导致教学效率较低。

（三）教师专业发展现状

"从职业发展上来说，我是咱们学院从事国际中文教学工作时间最长的了。经历了刚开始这个学科不被认可，到后来越来越好。如果学科不受重视，学院在发展上肯定会遇到很多障碍。"（FT-E-1-LO）教师 E 认为职称是一个瓶颈，他还有三年退休，是 X 大学国际汉学院最年长的教师，也是学院中唯一本科学历的教师。对于身处高校的教师 E 来说，提升学历并非难事，但他把大部分时间都用来学习外语，精通法语、英语、西班牙语。"我对语言有一种特殊的喜爱吧。47 岁我开始学习西班牙语。我学语言到什么程度呢，就是走路、睡觉的时候都在学，嘴里一直叨咕，好像魔怔了一样，别人看了以为我有神经病呢。"（FT-E-1-LO）教师 E 从西班牙回国后，建议 X 大学国际汉学院的院长开设西班牙语课程，在西班牙语课堂开设后，这门由教师 E 教授的课程一度被学生们评为"最喜爱的课"。"我就有这个信心把这件事情做好！而且你看，咱们学院开完西班牙语课以后，在南美洲国家及西班牙孔子学院工作的学生越来越多。"（FT-E-1-LO）

教师 E 将自己定位为语言教师。他认为，作为一名语言教师，除了所做的工作要对单位有用外，还要掌握学科的最新进展和研究动态。教师 E 的教龄和自身能力使其成了 X 大学国际汉学院里具有专业地位的教师之一。

二、教师 E 宣称的信念

（一）关于国际中文教育的学科信念

1.语言是交际的工具

"我认为语言是交际的工具，它既是一种载体，也是一种文化传播媒介。"（FT-E-1-LO）教师 E 认为语言是工具，工具本身并不具备意义，不同的教学目的会赋予语言不同的意义。同时教师 E 认为语言是文化传播媒介，语言功能大致可以分为社会功能和思维功能。教师 E 认为语言是文化传播媒介，传播媒介动能是语言社会功能中的基本属性，这体现了教师 E 的语言传播观。

2. 国际中文教育本质是传播中国文化

教师 E 认为语言教学的主要目的是为了传播自己国家的语言，国际中文教育的学科本质是以语言为载体传播中国文化。"无论是英语、法语，任何一门语言教学都是在传播自己的语言。我除了教汉语以外，我还教中国研究生西班牙语。无论教的是西班牙语还是汉语，本质上都是通过语言传播自己国家的文化。所以，国际中文教育的学科本质是使留学生能够认识中国，了解中国，通过语言传播中国文化。"（FT-E-1-LO）教师 E 认为语言与文化之间具有紧密的联系，不同语言背后是不同国家的文化，教师 E 的观点体现了语言传播观。

3. 国际中文教育应加强文化传播

在教师 E 看来，目前国际中文教育的文化传播力度远远不够。"无论是从语言教学的角度，还是从文化教学的角度，都应该强化一下文化。应该定期举行竞赛呀，讲座呀，文化体验这些活动，我认为这是很重要的。"（FT-E-1-LO）教师 E 认为具体的文化传播方法可以将中国文化融入日常的教学，或者以专题讲座的方式进行。还可以让学生通过对比不同文化之间的差别，起到文化传播的作用。

（二）关于国际中文教育的教学信念

1. 教学中教师要起到引领作用

"老师要起到引领的作用，比如上课时我会明确地告诉学生，这节课你要完成什么工作。我们把学习任务交代清楚后，老师要非常明确地安排实现目标的步骤。在课后呢，老师要把学生应该完成的工作交代清楚，下节课老师要检查学生语言学习的完成情况。"（FT-E-1-LO）教师 E 看重教师的课堂组织者身份，认为教师需要帮助学生建构起对课程的整体认知。这与教师 E 学习西班牙语时悟出的学习方法具有关联性，即在学习语言的过程中教师应该充分发挥引领作用，并与学生进行有效沟通。这种观点反映了教师 E 以教师为中心的教学观。

2. 教学要以学生的需求为生长点

在教师 E 看来，第二语言教学需要解决两大问题：一是教什么的问题，二是怎么教的问题。这两个问题的答案的实质是基于学生的需求。教师 E 认为在开展教学前，应该了解学生的需求，根据学生的需求去设计教学内容。"教什么一定是以学生的需求为生长点进行的，所以了解学生学习汉语的需求很重要。此外，语言生和本科生都有自己的课程体系。所以除了关注学生的需求外，还应该按照学校规定的课程去教，但是最重要的是学生应该通过语音、语法、词汇三大要素的学习，将语言知识转化为语言能力。"教师 E 认为语言教学要通过对语言知识的学习，培养学生真实运用语言的能力。在问及如何处理学生需求和学校规定相悖的情况时，他表示，"有些课程是学生必须学的，学生没有选择的余地"。这说明在教师 E 的宣称信念中，存在着两组相互矛盾的观点，在以学生为中心还是以教师为中心的教学观上呈现出不稳定的趋势。

3. 多数课堂是教师主导的

教师 E 认为，在多数情况下课堂是以教师为主导进行的，但根据课型的不同，也会出现学生主导课堂的情况。"按照传统的教学方法来说，教师就是课堂的主导，但是课型不一样对于学生的要求也不一样，所以我认为课堂主导不是绝对的。有时候学生应该是起主导作用的，比如说文化传播课（中国文化概论）是需要学生在一起讨论的，老师把任务给学生之后，学生进行讨论。但是，现在大多数的课堂肯定还是教师主导的。"（FT-E-1-LO）不同的课堂主导力量体现了不同的教学观，教师 E 持有的教学观并非是单一、固定的，而是根据教学情景的变化有所不同。

（三）关于国际中文教育的学习信念

1.语言课要培养学生运用语言的能力

教师 E 认为成功的语言课由语言知识讲授和交际性操练两部分组成。语言知识是基础，交际是语言教学的最终目的。"好的语言课要让学生学到语言知识，但更重要的是培养学生真实运用语言的能力。"（FT-E-1-LO）第二语言教学专家库玛（Kumaravadivelu）认为，运用语言能力的语境包括语言语境和言外语境。语言语境指的是建构语言过程中所需的语言形式内容，如代词、冠词、替换等语码特征；言外语境指的是即时语言环境，如说话人的音高、音长等变化所传递的细微信息，这些是超越语言句法和语义特征所表达的内容。[①] 在众多操练形式中，交际性操练可以为学生提供新信息的交换机会，进行开放式回答，与真实交际情景最相似，可以获得言外语境发展机会。因此，教师 E 宣称的语言课要培养学生运用语言的能力，需要建立在大量交际性操练的基础上，属于建构主义学习观范畴。

2.语言学习是积累的过程

教师 E 认为，评价学生的语言学习需要从两个方面进行：一是语言知识，二是语言能力。"无论哪一方面，都需要积累。语言学习是一个积累的过程，需要不断地内化，不可能很快得到提高，所以我们可以过段时间再看学生语言能力提高了多少。"（FT-E-1-LO）在教师 E 看来，语言学习是通过不断积累、内化得到提高的过程。语言学习是动态的，单次的考试成绩无法反映出学生的语言水平，需要通过不同时间段的对比来评价学生的语言学习。教师 E 对学生的评价以原有知识经验为新的生长点，体现了建构主义学习观。

3.真正有特色的国际中文教材不多

教师 E 认为教材的质量关系到教学效果。目前，国际中文教材虽然种类繁多，但大多数存在内容老化、不能满足学生现实生活需求的问题。因此，教师在使用教材的过程中，要根据实际情况进行取舍。将实用价值低、

---

① ［美］库玛.超越教学法：语言教学的宏观策略[M].陶健敏，译.北京：北京大学出版社，2013：157-166.

距离学生生活较远、不符合学习目的的内容舍弃。"教材是学生学习语言的
载体，是老师与学生沟通的主要媒介。并且教材承载的是教学内容，一本
教材的好坏在某种程度上关系到教学的效果。虽然现在教材种类比较多，
但是真正有特色的教材不是很多……对具体教学内容也需要取舍，比如说
词汇存在使用频率的问题，教学中要选择使用频率比较高的词汇，出现频
率特别低的词汇让学生了解一下就行。如果是高频词，要让学生做到'四
会'①。"（FT-E-1-LO）

教师 E 认为教材具有一定的滞后性，在使用过程中要将不符合学生现
实生活的内容舍弃，这与他提到的"语言教学要培养学生真实运用语言的
能力"形成了正相关。教师 E 以学生需求、现实生活为基点对教材进行取
舍，体现了以学生为中心的教学观和建构主义学习观。

4.我比较喜欢任务型教学法

教师 E 认为传统教学法和任务型教学法各有优势，但任务型教学法更
能激发学生的学习兴趣。"两者各有优势，但是从近些年的教学情况来看，
任务型教学法更值得提倡。因为传统教学法就是教师讲、学生听这样一个
模式，而任务型教学法对学生的要求比较明确，以学生为中心的教学更有
利于调动学生的积极性，所以我更喜欢任务型教学法。"（FT-E-2-LO）

传统教学法指的是"语法翻译法""3P 教学法"等教学方法。以"3P
教学法"为例，3P 教学法将课堂分为三个阶段：第一个阶段由教师讲解语
法规则；第二阶段是学生练习，根据教师所讲授的语法规则，让学生进行
练习；第三阶段是学生运用，学生依照所学到的知识，在教师营造的不同
场景中进行运用。在传统教学法中，教师具有绝对课堂控制权，教学内容
以教材中的语言点为主。任务型教学法强调情景的运用和学习者的主体认
知作用，教师围绕特定语言项目设计出具体的、可操作的任务，学生通过
表达、沟通、交流等各种交际性练习来完成任务，以达到学习和掌握语言
的目的。教师 E 认为两种教学法各具优势，但更认可任务型教学法及以学

---

① "四会"指的是听懂、会说、会读、会写。

生为中心的理念。下面用表 4-1-1 呈现出教师 E 宣称信念的基本内容。

表 4-1-1 教师 E 宣称的信念及取向

信念维度	宣称的信念	取向
关于学科信念	①语言教学离不开文化。 ②语言教学的本质是文化传播。 ③国际中文教育无论在语言教学方面还是在文化教学方面，都需强化文化传播力度。	语言传播观
关于教学信念	①教师要在教学中发挥引领作用，要明确告诉学生需要完成的任务。 ②大多数的教学是以教师为主导进行的。 ③教师在开展教学前，应该了解学生的需求，根据学生的需求展开教学。	以教师为中心的教学观以学生为中心的教学观
关于学习信念	①语言学习的主要目的是培养学生的语言运用能力。 ②学习是不断积累的过程，单次考试成绩不能反映出学生的学习水平。 ③学习内容要符合现实生活，教师要将教材中无法满足学生需求的内容删除。	建构主义学习观

三、教师 E 使用的信念

在第一次访谈中谈到"教材取舍"的问题时，教师 E 推荐笔者听他的高级口语课"都是谐音闹的"，推荐的理由是这节课体现了中国数字文化的发展，可以从中获得更多研究所需的信息。

本研究在课型选取时，为了降低课型对教师行为的影响，课堂观察多是具有普适性的综合课。教师 E 在访谈中多次提到国际中文教育的本质是传播中国文化，因此笔者对教师 E 推荐的"都是谐音闹的"进行了课堂观察。为了解决教师可能受到口语课型影响带来的数据失真这一问题，笔者对教师 E 教授的综合课也进行了课堂观察，并将"都是谐音闹的"与综合课的课堂观察数据进行对比，结果两种课型的数据并无明显差异。

教师 E 在教学处理上将"都是谐音闹的"分为三节课进行精讲，具体内容见表 4-1-2。

表 4-1-2　教师 E 的课堂观察内容

教学内容	课程类型	教学时间
《都是谐音闹的》（第一节）	新授课	90 分钟
《都是谐音闹的》（第二节）	新授课	90 分钟
《都是谐音闹的》（第三节）	新授课	90 分钟

（一）关于国际中文教育的学科信念

1. 课堂活动项目

教师 E 的教学顺序按照生词讲解—学生分角色朗读课文—课文理解性练习—课文注释讲解—课后习题的顺序进行。正式授课前教师会以打招呼的方式进行点名，如金振虎你好、武川子薇薇你好，点完名以后用一分钟左右的时间向学生介绍本节课的教学内容及完成顺序。教师 E 的教学行为与关键事件引发的观点一致，即教师需要明确地告诉学生本节课的教学任务。教师 E 非常重视讲练结合，经常会在生词、课文等内容讲解后设计习题环节，并在课文讲授完成后对课后注释进行讲解。

表 4-1-3　教师 E 课堂活动时间分配表

日期 课堂项目	6 月 17 日	6 月 18 日	6 月 21 日
课前汇报 ①角色扮演 ②口头报告 ③个人展示	0	0	0
复习 ①做教材中的练习 ②读生词、语法及其他相关句子 ③按照课文进行复习 ④通过讲解作业进行复习	0	② 7 分 40 秒	① 6 分 25 秒

（续表）

日期 课堂项目	6月17日	6月18日	6月21日
导入 ①用图片（视频）或者问题引导学生说出相关话题 ②用动作引导学生说出课文相关词汇 ③用任务引导学生说和课文相关的话题 ④直接向学生介绍课文内容	① 51 秒	① 26 秒	④ 12 秒
生词、语法和句型、课文讲练 ①生词讲练 ②语法和句型讲练 ③课文讲练	① 49 分 31 秒 ② 27 分 50 秒	① 51 分 7 秒 ② 26 分 16 秒	② 31 分 59 秒
①课堂表达练习 ②课堂任务活动 ③教材课后题练习	0	③ 3 分 45 秒	③ 42 分 38 秒
课堂游戏	0	0	0
其他（点名、总结等）	1 分 12 秒	26 秒	20 秒

　　教师 E 的课堂教学以生词、语法讲授和习题练习为主，未设计课堂表达练习和任务活动，课堂缺少交际性练习。课堂观察发现，教师 E 会在课堂中带领学生一起复习，复习内容以生词为主，复习方式较为多元。表 4-1-3 的数据显示，生词是整个课堂中用时最长的项目，教师 E 将生词教学分为复习生词和新生词讲授两个部分。生词复习环节由认读和理解两个部分组成，认读环节首先在 PPT 中呈现生词（有拼音注释），给学生两分钟准备时间，然后去掉拼音，随机叫学生进行认读。认读完毕后，由教师对生词的大体含义进行描述，学生猜词。下面分别用课堂片段 1 和课堂片段 2 呈现复习生词环节和新生词讲授环节。

课堂片段 1（复习生词环节）

　　师：现在我们开始复习生词，从第 21 个到第 40 个，一共 20 个，大家准备一下。

（屏幕上呈现 20 个单词）

师：好，下面找同学来读一下，我会把拼音拿走。生 1，读 1～5。

生 1：闹、拿不定主意、尾号、拍卖、外表。

师：好，6～13，生 2。

生 2：茬儿、礼貌、九泉、救济、救灾、倒数、污染。

师：可以了，14～20，生 3。

生 3：治理、寻觅、凄惨、散伙、二更、二话不说。

师：好，现在我来说一个词的解释，你来告诉我这个词是什么，大家来听。"不知道怎么办，现在还不能决定"，生 4，这个词是什么？

生 4：这个词是"拿不定主意"。

师：很好，下一个。"把东西卖给出价最高的人，是一种卖东西的方式，如果成功了，那么这个出价最高的人就可以把东西买走了。"这种卖东西的方式叫什么？我找同学来告诉我，嗯，生 1。

生 1：卖东西的方式？

师：你听我说，"我们把一个东西放在那个地方，然后每个需要买这个东西的人出一个价格，谁出的钱最多，我们就把整个东西卖给谁"，这种买东西的方式是什么？

生 1：嗯……"竞拍"吗？

师：可以叫"竞拍"，没问题。"竞拍"或者"拍卖"都可以，非常好！下一个，注意听，"没有家，没有住的地方，到处走，走到哪个地方就住到哪个地方"，这个词叫什么？

生 5：流浪。

师：好，下一个，"用钱或者东西帮助受灾的人或者生活困难的人"，这种方式叫什么？生 2。

生 2：嗯……

师：我提示一下，这个词的第一个字叫救（拉长音）。那你看一下这里边的哪个词是呢？（指着 PPT 上的所有生词）

生 2：凄惨？

师：No，"救"开头的。

生2：救灾？

师：是"救济"。好了，下一个词，"一个家，或者一个组织，或者一个团体，原来都是在一起的。现在因为某些原因不能在一起了，自己去自己的地方了"，这个词是什么？生3。

生3：散伙。

……（GK–E–3–L）

教师E带领学生复习生词的方法在学生认读方式的基础上增加了猜词环节，既能起到复习生词的作用，又对学生的理解程度进行了检验，同时还能增强学生对生词的理解。在猜"拍卖"这个词的时候，学生的答案是"竞拍"，教师不但没有按照教材中的词纠正他，并且告诉学生，"很好！'竞拍'和'拍卖'都可以"。从这段对话中可以看出，教师E并未拘泥于教材中的固定生词，他更注重学生对生词的理解。教师E对新生词的讲授也很特别，下面用课堂片段2还原新生词讲授环节。

课堂片段2（新生词讲授环节）

师：大家看这个新生词是"低人一等"，这个词的意思很好理解，但是它有一种特殊的用法，我们找一个同学试着解释一下。来，生1。

生1：低人一等的意思是说一个人的身份或者级别比别人要低一些。

师：没问题，低人一等说的是"一个人的身份，一个人的级别，或者一个人的地位比别人低"，你的解释没问题。可是我有一个问题，"低人一等"中，有个字被省略了，你能告诉我是什么字吗？在哪个位置？

生1：嗯…

师：你看"低人一等"是四个字，实际上不是四个字，而是五个字，在身份或者地位上比别人低一等对吧，可是这里边没有"比"这个对应词,"比"的对应词是什么? 它在什么位置?

生 1:啊! 它在"人"的后面。不不不,应该在"低"的后面。是吗?

师:嗯,那应该是什么呢? 怎么读?

生 1:低于人一等。

师:对了,回答完全正确! 应该是"低于人一等",古汉语书面语的用法是低于人一等。所以呢,"低人一等"说的是在身份、地位或者级别上比别人低一个等级,也可以说低于人一等。第二个词是"一团糟",生 3 你认为什么是"一团糟"呢?

生 3:一团糟,嗯……

师:他把这个事情做得一团糟啊!

生 3:应该是把事情搞得不知道怎么办,糟了。

师:乱搞了,或者搞糟了。"一团糟"的意思是非常混乱,到了不能收拾的地步;或者是非常乱,到了收拾不了的地步。好,下一个词"一场空",生 4。

生 4:落空。

师:什么落空?

生 4:沉默……

师:"空"是什么都没有了,所以"一场空"的意思是"希望或者是努力完全落空了,没有了"。好,下一个词"一败涂地",生 2,你猜一猜"一败涂地"是什么意思?

生 2:沉默……

师:这次考试他考得一败涂地啊! 猜一猜"一败涂地"是什么意思。他是成功了还是失败了?

生 2:失败的意思吗?

师:那失败的程度很高还是很低?

生 2:程度很……很高吧?

师:对! "一败涂地"的意思是失败了,并且到了收拾不了的

地步。和我们之前学过的"一团糟"差不多。"一团糟"是乱，这个
是失败，失败的程度特别高。没有办法来挽救这个结果了。下一个词
是……（GK-E-2-L）

教师 E 对生词的处理并没有采用直接讲授的方法，而是叫学生试着猜
生词的含义。对于学生猜不出的情况，教师也没有直接给出答案，而是采
用引导的方式。如学生不理解"一败涂地"的含义，教师首先给了他一个
例句，并问"他是成功了还是失败了"。学生猜到是失败了，教师继续问
"失败的程度高还是低"。通过逐步引导的方式让学生明白生词的含义。

根据美国缅因州国家训练实验室的学习金字塔理论，在第二语言学习
中，学习者通过聆听获取的内容仅能记住 5%，通过图片能记住 20%，参与
讨论、发言等实际演练获取的内容能记住 75%。虽然教师 E 的课堂内容以
语言本体知识教学为主，但并未采用讲授法，而是通过讨论和引导发言的
方式加强学生对生词的理解和记忆。

2. 课堂话语内容

教师 E 课堂话语内容主要以语言教学为主，其中语言形式占课堂的
60% 以上，话题讨论和课堂管理占时较少。这说明教师 E 的课堂倾向以教
师讲授为主，课堂缺少交际性。课堂中教师 E 除了课文本身涉及的数字文
化形式外，并未添加任何与中国文化有关的数字，可见教师 E 根据教学环
境的变化，将海外常用的文化教学改为语言本体教学。

表 4-1-4　教师 E 课堂话语内容时间分配表

日期	管理内容		语言内容			其他
	程序性	纪律性	形式	功能	语篇	话题
6 月 17 日	1 分 33 秒	51 秒	54 分 31 秒	30 分 18 秒	0	3 分 21 秒
6 月 18 日	48 秒	26 秒	76 分 13 秒	2 分 33 秒	0	10 分 7 秒
6 月 21 日	1 分	1 分 21 秒	85 分 6 秒	0	0	2 分 33 秒

表 4-1-4 显示，教师 E 课堂话语内容主要以语言形式教学为主。课堂管理时间较短，主要产生于点名和布置课后作业。课堂语言功能用时跨度较大，第一次课堂中语言功能学习时间较长，主要原因是本节课中涉及了大量谐音用法和语言功能内容。话题多出现在课文讲授环节，教师 E 对课文的讲授采用了以问题推进的方法，在课堂片段 3 中具体呈现。

课堂片段 3

师：生 1 和生 2 读一下。

……

师：好，那我们看，课文中说，人家说尾号可以自己选，"人家"指的是谁？

生 1：营业员。

师：对，去年电话号码拍卖 3 个 8 拍了 1 万元。生 2，为什么李四的老婆要选 8？

生 2：因为 8 是最好的一个数字。

师：为什么是最好的？

生 2：因为每个人都会选 8，他觉得是最好的，最幸福的一个数字。

师：李四的妻子说选 8，那他自己说选 8 的原因是什么？

生 2：因为他姓王。

师（指着课文说）：No，No，No，你看，选 8 啊，去年电话号码 3 个 8 一下子拍了 1 万元。课文中有一句话告诉我们，她选 8 的原因，就在李四妻子说的话里边。

生 2：沉默……

师：你看，这里说："谁不想发财啊？"所以，李四的妻子告诉我们，选 8 会怎么样？

生 2：会发财。

师：对了，非常好。课文中李四对妻子说："别人可以选 8，但是你不能选 8，因为你姓王。"随后妻子说："哎，我怎么把这茬儿给忘了。""这茬儿"指的是什么？生3。

生3："我怎么把这茬儿给忘了。"

师：对，"我怎么把这茬儿给忘了"，你用另外的句子告诉我。

生3：我怎么把这个"王八"忘了。

全班：哈哈哈……

师：我怎么把这个内容给忘了，这个内容是什么呢，是姓王，所以不能选8。（GK-E-2-L）

在课文处理上教师E先是让学生分角色朗读课文，随后提出问题，最后指定学生回答。课堂中教师E会随机点名进行提问，所以学生都精神高度集中，等待教师E提出问题。每位学生在课堂上会被叫到4～5次，课堂开口率较高。课堂观察发现，教师E善于通过提问的方式启发学生，在学生回答不上时，会通过不断提示帮助学生找到答案。下面通过课堂片段4和课堂片段5呈现。

课堂片段4

师："寻"和"找"有什么区别？

生：不知道。

师："寻"和"找"哪个词比较常用？

生：找。

师：对，"找"比"寻"更加常用。"找"是书面语和口语都可以用的词，"寻"是书面语用的词。（GK-E-3-L）

课堂片段5

师："妖怪"和"妖精"有什么区别？

生：嗯……

师：我问你一个问题吧，在中国的什么书中，妖怪或者妖精比较多？

　　生：西游记。

　　师：非常好。那"妖怪"和"妖精"给你什么样的印象呢？

　　生：妖怪不好看，妖精好看。

　　全班：哈哈哈哈……

　　师：我们看一下解释，妖精是"神话或者传说中说的样子比较可怕，能害人的一种精灵"。实际上妖精是不存在的，有时候用来指特别迷人的女人。（GK-E-3-L）

　　教师 E 在课后访谈中提到，以问题为导向推进语言形式的教学，可以增强学生对语言的理解，提高学生课堂参与度，有利于教师客观掌握学生对知识点的理解程度。在课堂片段 4、5 中，教师 E 以问题推进语言形式讲解，虽然学生参与度较高，但教师提出的问题多源于教材，答案较为固定，所以学生获得意义协商的机会并不多。这与教师 E 宣称的"语言教学要以学生对语言点的掌握为主"形成了正相关。教师 E 在教学中激发出的是以语言本体知识教学为主的语言本体观和以学生为中心的教学观。

　　3. 学生语言模态分配

　　在课堂中，学生语言模态以"听"为主，主要产生于教师对语言知识的讲授，说明教学内容以语言本体知识为主。学生"说"和"读"的语言模态主要产生于回答问题和分角色朗读课文，教师引导学生语言输出的目的是为了巩固语言知识。通过表 4-1-5 中的数据可以看出，学生"听"的语言模态占整个课堂的 66% 以上，这说明学生在课堂的大多数时间处于被动听讲的状态，缺少参与课堂话语活动的机会，体现了教师 E 的语言本体观。

表 4-1-5　教师 E 课堂学生语言模态时间分配表

日期	听	说	读	写
6 月 17 日	64 分	22 分 7 秒	5 分 29 秒	0
6 月 18 日	59 分 49 秒	17 分 33 秒	14 分 38 秒	0
6 月 21 日	62 分 18 秒	26 分 30 秒	3 分 12 秒	0

（二）关于国际中文教育的教学信念

1.课堂组织形式

教师 E 的课堂以师生活动为主，个人活动为辅，并设有不同时长的小组活动。课堂中虽产生了较长时间的个人活动，但活动内容主要是学生回答问题和个人朗读课文。小组活动以分角色朗读课文为主，学生在课堂中的发言多以半机械性的练习为主，教师没有为学生提供互动和人际交流的机会。

表 4-1-6　教师 E 课堂组织形式时间分配表

日期	全班活动时间			小组活动时间		个人活动时间	
	师生活动	生生活动	全班活动	相同任务	不同任务	相同任务	不同任务
6 月 17 日	64 分	0	0	1 分 30 秒	0	0	26 分 30 秒
6 月 18 日	53 分 3 秒	0	5 分 52 秒	0	7 分 1 秒		25 分 10 秒
6 月 21 日	62 分 18 秒	0	0	0	1 分 4 秒	0	28 分 38 秒

课堂片段 6

师：好，第三个。生 1，你来读一下。

生（照着书读）：今天我们能从五洲四海来到北京，说明我们有缘分，所以一定要好好珍惜。

师：我有一个问题，"五洲四海"是什么意思？

生：五点四点左右。

师：No，五洲四海，什么亚洲啦，美洲啦，非洲啦，大洋洲，这些洲，现在是七大洲了。四海指的是太平洋、印度洋、北冰洋和大西洋。

生：世界上的……

师：对了，世界上的各个地方。世界各地，不错。下一个词……

（GK-E-1-T）

在教师 E 的课堂中，每位学生都可以通过回答教师的问题获得课堂发言的机会，但学生回答以简短的话语为主，语言输出质量不高。在课堂片段 6 中，教师描述完"五洲四海"的含义后，学生说出了"世界上的"，教师并没有等待学生说出更长的句子，直接打断学生的回答进行讲解，然后进行下一个词的讲解。由此可见，在课堂的个人活动中学生的主观能动性并未得到发挥，个人活动不是为了向学生提供操练或成段表达的机会，而是为了检验学生对所学内容的理解程度，体现了教师 E 的行为主义学习观。

2. 课堂话语内容控制

教师 E 的课堂话语以教师控制为主，教师控制话语的时长占课堂总时长的一半以上。在教师控制话语中主要以课堂组织、知识点讲授、引导学生为主，根据表 4-1-7 中的数据，学生控制话语内容占课堂总时长的 36% 以上，在课堂中可以获得较多的发言机会。

表 4-1-7　教师 E 课堂话语控制时间分配表

日期	教师控制	学生控制	师生共同控制
6 月 17 日	53 分 51 秒	33 分	4 分 9 秒
6 月 18 日	44 分 28 秒	37 分 11 秒	10 分 21 秒
6 月 21 日	30 分 14 秒	34 分 42 秒	17 分 4 秒

虽然教师 E 的教学以教师控制话语为主，但与传统单一式输出的课堂有所不同，主要体现在教师对学生的反馈和纠错上。课堂纠错在第二语言教学中十分重要，美国语言学家塞林可（Seklinker）提出的中介语假说认为，错误从本质来看是由学生中介语体系和目标语体系的差别所导致的，教师指出这种差距，可以促使学生改进自己的语言。

莱斯特（Lyster）和兰塔（Ranta）将语言纠错分为明确纠正、重述、重复、引导、请求澄清、元语言提示六大类。[1] 明确纠正是指教师直接指出学

---

[1]　Lyster R，Ranta L. Corrective feedback and learner uptake：Negotiation of form in communicative classrooms[J]. Studies in Second Language Acquisition，1997，36(19)：37-66.

生的错误所在，并向学生提供正确的答案；重述是指教师用正确的语言重新表述一遍学生要表达的意思，对学生的话语进行修改，但并未明确告知学生错误，属于比较隐晦的纠错方式；重复是指教师通过重复学生的错误语言，让学生意识到语言中的错误；请求澄清是指教师要求学生重新组织语言；引导是指通过特定的语言和技巧引导学生自我修正，如特意停顿或者以提问的形式实现等；元语言提示是指教师不向学生提供正确答案，而是对学生的语言结构提供信息，用元语言提示学生的语言错误。让学生进行自我纠正属于相对明确的纠错方式，通过课堂观察发现，教师 E 使用的纠错方式较为丰富。

课堂片段 7（元语言提示的纠错方式）

师："糊涂"怎么解释？

生 2：笨蛋、很傻的意思。

师：啊，不完全是。"糊涂"是个形容词，"笨蛋"是个名词。我的意思是"糊涂"是形容词，它的反义词应该是什么呢？

生 2：嗯……

师：我糊涂了！我糊涂了！我怎么糊涂了呢！它的反义词是什么？

生 2：啊，"聪明"！

师：是"明白"。"糊涂"的反义词是"明白"，或者"清楚"都可以。（GK–E–3–T）

教师让学生解释"糊涂"的意思，学生给的答案与"糊涂"的词性并不相同。因此，教师 E 选择在元语言上对两个词语的词性进行讲解，待学生了解两者的词性不同后，再进行提问。

课堂片段 8（引导的纠错方式）

师：你知道"夭折"的意思吗？

生：夭折？妖怪的折磨？

师："妖怪"的"妖"是女字旁啊，这个没有女字旁啊！"折"往往指什么呢？

生：没了。

师：那"夭折"你认为说的是什么呢？

生：很年轻而死？

师：对了！"夭折"的意思指的是"年轻人或者是孩子死了"，特别是孩子。"夭折"的意思是"未成年而死"。这是它的原意，如果我们用"夭折"来比喻做一件事情，指的是"这件事情做到一半就失败了"。（GK–E–3–T）

课堂片段8中学生将"夭"与"妖怪"联系在一起，教师E并没有直接告诉学生答案，而是引导学生注意"夭"和"妖"两个汉字并不一样，将学生的注意力从"夭"转到"折"上，让学生通过对"折"的理解，猜出"夭折"的含义。最后再对"夭折"的含义进行讲解。

课堂片段9（请求澄清的纠错方式）

师："倒霉"是什么意思？

生1：倒霉是，一般说人，然后就做什么也不对，这样的人倒霉。

师：嗯，做什么都不对，还有没有别的解释。生2，"倒霉"的意思是做什么都不对吗？

生2：运气不好，倒霉。

师：对了！运气不好，或者是不幸运都可以。（GK–E–1–T）

从课堂片段9中可以看出，生1理解了"倒霉"这个生词的含义，但对词语含义的表达不精准。因此，教师E并没有对生1的发言做任何纠正，而是通过生2提供的答案对"倒霉"的含义进行澄清。

课堂片段 10（重复话语的纠错方式）

师：读一下这个题。

生：第八页倒数第五行（xíng）有一个错字。

师：我的问题是第五行（xíng）吗？第一行（xíng）、第二行（xíng）、第三行（xíng）？

生：啊，啊，啊，第五行（háng）！（GK-E-1-T）

课堂片段 11（明确纠错的方式）

生：买了五百元彩票，本来想能得奖（jì）。

师：得奖（jiǎng），奖（jiǎng）。

生：本来想能得奖（jiǎng），到头来是行（xíng）篮打水。

师：不是行（xíng），是竹（zhú）篮打水，竹子的竹。（GK-E-2-T）

课堂片段 10 和课堂片段 11 均是对学生发音进行纠错，但教师 E 分别采用了重复话语和明确纠错的方式。在课堂片段 10 中，学生的错误是关于多音字"行"的发音。本节课的授课对象是本科三年级学生，属于中高级水平，所以对"行"的用法并不陌生，并且"行"字属于高频率词汇。因此，教师主要是通过不断重复第几行（xíng）的错误读法，让学生通过语感来发现错误。在第二语言课堂中，纠错的有效率并非取决于学生的回应率，而是取决于学生话语的自我修正率。因为学生的回应有可能是出于对权威的一种附和，并非真正理解。如果学生在教师未给出答案的情况下，自己做出了话语修正，这才能说明学生真正理解了，并且这种做法会让学习者的印象更加深刻。外国人在学习中文时，成语是一大难点，并且成语在本节课的教学任务中也并非重点，所以课堂片段 10 中教师 E 对高频词汇采用了重复话语、让学生修改话语的做法；而在课堂片段 11 中教师 E 采用了明确纠错的方式，纠正了学生对成语"竹篮打水"的发音。

教师 E 根据错误的类型给予不同的纠错方式。对于低频率词汇语音的错误，采用明确的纠错方式；对于课堂片段 7、8、9 中的词汇或者语法等错误，采用多种教学策略引导学生自我察觉错误，修正话语。由此可见，课堂中教师话语的质量较高，以引导性话语为主，体现了教师 E 的建构主义学习观。

3. 课堂话语引发

教师 E 的课堂以教师引发话语为主，学生被动引发话语的机会较多，而主动引发话语的机会较少。从表 4-1-8 可以看出只有在 6 月 18 日的课堂中产生了学生主动引发的话语，原因是学生没有听清教师的问题。

表 4-1-8　教师 E 课堂话语引发统计表

日期	教师引发（次）	学生引发（次）	
		主动	被动
6 月 17 日	43 次	0	39 次
6 月 18 日	35 次	2 次	32 次
6 月 21 日	35 次	0 次	42 次

在话语引发方面，教师 E 课堂多以 IRF 话语互动模式为主，即教师发起话语—学生回应—教师反馈。课堂中教师发起的话语往往是针对某个语言点向学生提出具体问题。学生回答后，教师以反馈的形式结束话轮，随后教师发起新一轮的对话。

课堂片段 12

师："拿不定主意"是什么意思？生 1。（I）

生 1：嗯，他还在决定，他还得想想。（R）

师：对，所以"拿不定注意"的意思是不知道怎么办，现在无法决定该怎么办。（F）

师："尾号"是什么意思？我给你举个例子：在 13066981038 这些数字中，1038 是尾号。那什么是"尾号"？生 2。（I）

生 2：尾号是最后的几位数字。（R）

　　师：对，最后的几个数字，或者是最后的几个号码。（F）下一个，"拍卖"是什么意思？生3。（I）

　　生3：就是有很多，嗯，嗯，拍卖，就是竞价。竞价卖东西。（R）

　　师：对，就是"竞价把东西卖给出价最高的人"。（F）下一个词是"话茬儿"，"话茬儿"是什么意思？生4。（I）

　　生4：嗯，就是，就是话题。（R）

　　师：话题，或者是说话、交流的内容。（F）下一个词……（又开始新一轮，GK-E-2-T）

　　教师E在语言形式讲解时，常采用IRF话语互动模式，此模式有利于教师控制课堂节奏，从而保证话题能顺利进行。教师E习惯在不同的话轮中随机向学生进行提问，以确保更多的学生可以参与课堂互动。IRF话语互动模式最大的优势是：可以在有限的课堂时间内，为更多的学生提供发言的机会。IRF话语互动模式也有缺陷，这种模式为学生提供的语言学习和长时间表达的机会特别少，是以教师提问、学生回答的方式进行，学生在课堂上只能用简单的语言回答教师的问题，限制了学生的语言输出，属于典型的以教师为中心的话语互动模式。

（三）关于国际中文教育的学习信念

1. 课堂话语互动信息差

　　教师E的课堂请求信息多于给出信息。给出信息既可以是学生向教师提出问题，也可以是教师自问自答。给出信息是指教师回答问题时向学生提供的信息。教师E的课堂中给出信息较少，其中可预测信息主要以教师自问自答的方式产生。例如，教师问："买了新车之后做什么啊？"没有得到学生的回答，所以教师自己回答道："买了新车以后需要给车上一个牌。"课堂中并未产生任何的不可预测信息，说明学生以听为主，没有向教师提出问题。在请求信息中虚假信息多于真实信息，说明课堂中教师提出的问题多通过"明知故问"的方式检验学生对语言点的掌握，因此学生在回答这类问题时，只需要说出简短的正确答案，难以有高质量的语言输出。

表 4-1-9　教师 E 课堂信息差统计表

日期	给出信息		请求信息	
	可预测信息（次）	不可预测信息（次）	虚假信息（次）	真实信息（次）
6 月 17 日	4	0	43	4
6 月 18 日	0	0	31	4
6 月 21 日	4	0	42	0

教师 E 课堂中虚假信息之所以频繁出现与其教学风格有关，他常以提问的方式进行教学，所以产生的虚假信息较多。例如，问学生："这个词的意思是什么？"下面用课堂片段 13 呈现教师 E 课堂中虚假信息的产生方式。

课堂片段 13

师（指着 PPT 中的"一失足成千古恨"）：我的问题有两个：第一是"失足"在汉语中是什么意思？第二是什么叫"千古恨"？生 1 来回答。

师（继续说）："足"原来是脚，那么"失足"是什么意思？

（教师看生 1 没有反应）

师（继续说）："失足"的意思是"这只脚丢了"，是这个意思吗？

生：嗯，嗯……

师（教师继续提醒）：在汉语里边你知道"失足"的意思吗？"足"是用来走路的，对不对？那么，"失足"的意思是什么呢？我给你举个简单的例子吧，说他失足掉进水里了。那么，"失足"是什么意思呢？

生：走错了路。（GK-E-3-S）

课堂片段 13 产生于生词讲授环节，教师 E 提出问题后，看到学生茫然的表情，认定学生不太理解这个词语，进而通过不断引导的方式，直到学生说出"失足"的含义。这也是造成课堂虚假信息较多的原因，课堂中虚假信息的产生除了教师提问外，还有另一种产生方式，即教师带领学生做课后习题。

课堂片段14

师：现在我们来做题，我们不会有考虑的时间，直接做。生1。

师（指着PPT上的习题）：这事我一个人什么什么，得和家人商量商量。

生1：这事我一个人拿不定主意。

师：没问题。第二个，生2。

生2：都是让这场雨闹的，要不我们早回来了。

师：好的，都是这场雨闹的，要不我们早回来了。第三个，生3。

生3：真是奇闻，一个电话号码能拍卖一万元。（GK-E-2-S）

朗（Long）和萨托（Sato）曾对自然语境和教室环境下产生的真实信息和虚假信息的数量进行对比。研究发现，在自然语境中产生的真实信息较多，而在语言课堂中虚假信息远高于真实信息。[1]从以上两个课堂片段可以看出，教师在生词讲授环节和习题环节的提问都以虚假信息为主。学生学习语言始终处于理解意义阶段，课堂缺少交际性操练。教师E的教学行为倾向于机械性的接受学习观，属于行为主义学习观范畴。

2. 课堂话题分配

教师E的课堂没有出现任何宽话题，以五分钟以内的窄话题为主，课堂话题全部源于教材内容。传统的第二语言教学强调语法和词汇教学，以意义为中心的观点则认为第二语言教学应该借鉴儿童习得母语的经验，开

---

[1] Long M H，Sato C J. Classroom foreigner talk discourse：forms and functions of teachers' questions. [M]//Seligere H，Long M. Classroom oriented research in second language acquistion. Rowley，MA：Newsbury House，1983：268-285.

展更多真实的对话。表 4-1-10 显示，教师 E 的课堂话题时间较少，学生很难通过课堂开展符合现实情景的对话。

表 4-1-10　教师 E 课堂话题时间分配表

日期	宽话题	窄话题
6 月 17 日	0	3 分 21 秒
6 月 18 日	0	5 分 7 秒
6 月 21 日	0	2 分 33 秒

教师 E 课堂中的宽话题以教师语言输出为主，学生的话语输出质量不高，下面用课堂片段 15 和课堂片段 16 呈现学生在话题讨论环节的语言输出情况。

课堂片段 15

师：这个季节韩国热不热？

生：嗯？

师：韩国在这个季节是不是也非常热？

生：热，很热！

师：现在天气越来越热了，对吧。

生：对。

师：昨天长春下了一点雨，下雨后能凉快一点。

生：沉默。（GK-E-1-S）

课堂片段 16

师：书上说"咱们选 6 吧"，为什么选 6 呢，六六大顺嘛。你知道"六六大顺"的意思吗？

生：意思是"琉璃"吗？

师：不，我的意思是，"六六大顺"是什么意思？

生：哦。

师：那你知道在汉语中，"6"这个数字它有什么意思吗？

生：嗯。

师：在韩国"6"有什么样的含义？

生：在韩国"6"有什么样的含义？老师，在韩国"6"没有意思。

师：那在中国"6"有什么样的意思？

生：我没听清楚，我不知道。（GK-E-1-S）

在课堂片段15中，教师给出信息都是选择式问题，如"韩国这个季节热不热""韩国在这个季节是不是也非常热"。选择性问题很难引发学生的进一步讨论，因此学生的回答以简短回复为主，这类问题对学生语言的理解和思维的延展很难起到促进作用。在课堂片段16中，教师想通过讨论数字"6"在不同国家所代表的寓意，加深留学生对"六六大顺"含义的理解，但学生直接回答"在韩国6没有意思"，导致话题提前结束。如果教师的提问改为"你能说一下韩国人最喜欢的数字吗"这种开放式的问题，可能会为学生创造更多的语言输出机会，并给予其他学生有价值的信息，促进留学生之间的多元文化讨论。从课堂话题引发目的来看，教师引发窄话题主要是为了加深学生对语言知识的理解，并非为了创造真实的话题情景，体现了教师E的行为主义学习观。

3.教学材料的使用

教师E课堂的教学内容几乎全部源于教材，教学材料使用类型较为单一，只有一节课用到了板书，其余几节课的教学材料仅用到了教材和PPT。在表4-3-11中，纸质材料与PPT用时相同，原因是教师用PPT呈现出教材的内容，多数学生听讲时看着PPT上的内容，偶尔会在教材中记录教学重点，PPT和教材基本同步，唯一不同是PPT多了例句。

教师E只有在第一节课用到了板书，是讲到"救灾"这个生词的时候。教师E讲到"水灾、火灾、旱灾、虫灾、地震、海啸、台风"时，将这些生词写在黑板上，然后告诉学生"救灾可以是救其中的任何一种灾难"，板书主要是为了加深学生对生词"救灾"的理解。教师 E 对教材处理较为全面，除了讲授生词和课文以外，还对教材的注释、习题进行了讲解。课堂观察期间，并未发现教师 E 对教材内容进行取舍。课堂的教学材料类型和来源较为单一，反映出教师 E 的行为主义学习观。

表 4-1-11　教师 E 教学材料使用时间分配表

日期	纸质材料	PPT	板书	实物	挂图
6 月 17 日	59 分 23 秒	59 分 23 秒	2 分 37 秒	0	0
6 月 18 日	62 分	62 分	0	0	0
6 月 21 日	62 分	62 分	0	0	0

通过对教师 E 课堂活动特征的整理可以看出，他所激发出的使用信念主要有：语言本体观、以教师为中心的教学观、以学生为中心的教学观、行为主义学习观。具体内容见表 4-1-12。

表 4-1-12　教师 E 使用的信念及取向

信念维度	使用信念的表征	取向
关于学科信念	·教学以生词、课文为主（1.1） ·基于学生原认知讲解生词（1.2） ·课堂以语言形式教学为主，缺少交际性活动（1.3）	语言本体观
关于教学信念	·教师控制课堂的话语内容（2.1） ·课堂以教师提问为主，缺少话题讨论（2.2） ·课堂以 IRF 话语互动模式为主（2.3）	以学生为中心的教学观 以教师为中心的教学观
关于学习信念	·教师对学生的错误给予反馈，纠错方式较多（3.1） ·课堂提问以展示性问题为主（3.2） ·学习内容、课堂话题源于教材（3.3）	行为主义学习观

教师 E 的宣称信念与使用信念存在矛盾，主要矛盾的冲突点体现在学习观上。教师 E 宣称的学习观为建构主义学习观，但在实际教学中激发的是行为主义学习观。他宣称语言传播观，在教学中激发出的却是语言本体

观。此外，宣称信念内部也出现以教师为中心和以学生为中心的相矛盾的信念。教师 E 宣称以学生为中心的教学观，虽然在实践教学中存在相应的行为，但这组信念未与信念系统中的其他信念产生任何关联，独立存在于信念系统中。教师 E 信念结构整体呈现出矛盾冲突的特征，具体形式以图 4-1-1 呈现。

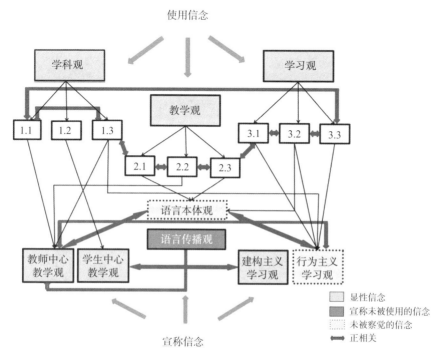

图 4-1-1　教师 E 的信念系统图

第二节　教师 D：理想与现实"共舞"

一、教师 D 的基本情况

（一）经历介绍

教师 D 39 岁，副教授，博士研究生学历，硕士毕业后留校从事国际中文教学工作。教师 D 本科和硕士均毕业于 X 大学，本科专业为语言学及应用语言学，硕士专业为课程与教学论，博士专业为语言学及应用语言学。教师 D 的学习、工作经历较为简单，本科开始对国际中文教育产生兴趣，硕士毕业后一直在国内任教，没有海外工作经历。用教师 D 的话来说就是"无论是学业还是工作都很顺利，没遇到过什么挫折"。

（二）执教中的关键事件

教师 D 在本科期间无意中了解到有教外国人汉语的专业，当时她萌发了想从事这个职业的念头，她认为给外国人讲课是一件有趣的事，从大学开始她便在网络上搜集国际中文教学的资料，想朝着这个方面努力，成为国际中文教师。让教师 D 印象最深的事情发生在她刚入职时，"大概在我刚入职的第三天吧，有一个老师来听我的课，下课以后那位老师告诉我，你上的是口语课，如果你感觉课上得特别累，那一定是错误的，因为口语课对学生的开口率是有要求的。"（FT-D-1-LO）这位老师的话对教师 D 的教学影响较深，从那以后她开始重视学生的开口率，至今上课也遵循着这个原则。在教师 D 看来，现在基本上实现了当初对这个专业的想象，很庆幸自己能从事这个专业。

（三）专业发展现状

教师 D 从事国际中文教育已有 16 年，从教龄来看已经进入精专期，在谈到专业发展现状时，教师 D 说："这十多年教下来，会觉得自己已经形成了固定的教学模式，教学方法比较单一、固定。但是想改进呢，一共教学方法就这些，又不知道怎么改进。"（FT-D-1-LO）根据申继亮提出的教师生涯四阶段论[①]，目前教师 D 处于反思和理论认识期，主要特点是已具备丰富的教学经验，在工作上驾轻就熟，心态平和稳定。但是，在这一时期，教师可能出现职业倦怠。想要在这一时期过渡到专家阶段（expert stage），主要是深刻领会理论，接受新知识和技能，提升反思能力，重新定义假设

---

① 朱旭东. 教师专业发展理论研究 [M]. 北京：北京师范大学出版社，2021：313-317.

和信念，并强化自我价值。

二、教师 D 宣称的信念

（一）关于国际中文教育的学科信念

1. 语言最主要的功能是交流

"语言是人类思维的钥匙，如果没有语言的存在，人们也无法实现沟通，更无法了解其思维。"（FT-D-1-LO）教师 D 认为语言是沟通的媒介和工具，最主要的功能是实现人与人的交流，体现了语言意义功能观。

2. 国际中文教育偏重实用性

教师 D 认为国际中文教育与其他学科最显著的区别有两个：一个是授课对象具有特殊性，另一个是注重实用性。"我认为一定要注重语言的实用性，就是用语言去做事情。培养学生运用汉语进行交际的能力是课程的本质，学习的最终目标是提高学生的交际能力。"（FT-D-1-LO）教师 D 认为教会学生用语言沟通是语言课的本质，她对学科的认知属于注重语言交际功能的语言意义功能观。

3. 国际中文教育的学科本质是交际

教师 D 认为课堂中的语言知识、语言规律是交际的基础，并非学科本质。学习汉语最有效的办法就是交际。"学汉语最快的方式就是你把他一个人扔到陌生的地方，他要活下去，他要吃面包，他要喝水，他自然就会说了。"（FT-D-1-LO）在教师 D 看来，语言是人们表达自身需求的交际手段，在目的语的环境中会习得这种语言，语言教学的最终目的是让学习者运用学到的语言实现交流。教师 D 宣称的是典型的语言意义功能观。

（二）关于国际中文教育的教学信念

1. 好的语言课离不开学生的开口率

教师 D 认为好的语言课要在自然的环境中通过交流来完成，因此第二语言教学离不开学生的开口率。"课堂再怎么模拟这种真实的情景也没有那么真实，所以课堂还是得以学生表达为主，教师要对学生的语言进行修正，以提高他的汉语水平，所以好的语言课产生的前提是学生的开口率。"（FT-D-1-LO）在教师 D 看来，课堂无法创设真实的语言情景，第二语言课堂的主要价值是教师对学生语言输出进行纠正，以帮助学生提高语言水平，而课堂价值产生的保障是学生大量的语言输出。

2. 语言点是教学最重要的部分

在教师 D 看来，语言点是第二语言教学中最重要的部分，语言课程主要是通过语言点来支撑的，思维、文化也需要通过语言形式得以体现。"教学中最重要的肯定是语言点，至于思维啊、文化啊，一定是渗透在语言知识当中的。课文一定是包含了丰富的语言点、词汇，才能去撑起这个课程。"（FT-D-1-LO）传统的第二语言课堂以教师讲授语言点为主，课堂缺乏意义协商，学生被动地获取知识，学生难以在课堂中获得运用语言交际的机会。这与教师 D 宣称的"教师应该尽可能地为学生创造语言输出的机会"相悖，但与其宣称的"语言点是课程的核心"具有相关性。可见以学生为中心和以传统知识教授为中心两种相矛盾的教学观同时存在于教师 D 的宣称信念系统中。

3. 教师在课堂上拥有绝对的决定权和控制权

教师 D 认为，现在倡导的以学生为中心的教育理念难以在教学中实现，师生之间存在着地位上和扮演角色上的差异，所以师生之间不可能实现真正的平等。"教师的角色可能是平等中的首席吧。你再怎么提倡师生平等也不可能是平等的，别说师生之间了，就是一个中国人和一个外国人，由于语言水平上的这种差距就不可能平等啊！首先你掌握的东西就存在着差异，所以我觉得国际中文的课堂上教师是拥有绝对的决定权和控制权的，但这不表示课堂就是教师'一言堂'啊！"（FT-D-1-LO）从访谈中可以看出，以学生为中心的教育理念在一定程度上已经进入教师 D 的信念系统，但仅影响到了认知层面。虽然教师 D 不否定以学生为中心的教育理念，但她认为以学生为中心的教育理念在教学中难以实现。这说明教师 D 的信念系统受到了多种教育理念的影响。

（三）关于国际中文教育的学习信念

1. 语言需要反复练习

教师 D 认为学习语言除了要营造沉浸式的语言环境以外，还需要反复练习。"想要学好外语，多听、多说、多看，反复练习肯定是少不了的。"（FT-D-1-LO）行为主义学习观认为通过反复练习可以引发行为的改变。教师 D "反复练习"的观点体现了行为主义学习观。

2. 评价学生的标准是 HSK 成绩

教师 D 在期末考试中普遍会给学生偏高的分数，希望通过成绩鼓励他们学习汉语的积极性。教师 D 认为学生的汉语水平可以通过与中国人交流和 HSK 成绩来体现。"最直观评价学生汉语水平的办法就是看他 HSK 考了几级，你学得好，考得自然就好。"（FT-D-1-LO）教师 D 通过给学生偏高的成绩激发他们学习的积极性，属于行为主义的正强化，即通过学生取得好成绩的愉快刺激增强其行为出现的概率。这与教师 D 宣称的"考试可以较为客观地衡量学生语言能力"具有相关性，体现了行为主义学习观。

3. 学生是课堂的参与者

教师 D 认为学生不是被动的知识接受者，而是课堂的重要参与者。"在课堂中很多欧美的学生会主动提出问题，所以欧美的学生算是课堂中重要的参与者。"（FT-D-1-LO）欧美学生在课堂中的主动提问行为源于欧美文化下所形成的认知结构，并非由教师为了激发学生的主观能动性而产生。从教师行为角度分析教师 D 宣称的"学生是课堂的参与者"，仍属于以教师为中心的教学观。

4. 作业要有助于完成教学

教师 D 布置作业有三点原则：第一点是通过作业起到复习知识点的作用；第二点是尽量不占用学生过多的时间；第三点是作业要有助于课堂任务的完成。"《发展汉语》这本书课后习题特别多，难度特别大，所以我会留作业，如果不留作业，上课就要讲题，什么也干不了。"（FT-D-2-LO）在教师 D 看来，布置作业的主要目的是对知识点进行复习和预习，以及保障难度较大的学习任务有效完成。下面用表 4-2-1 呈现出教师 D 的主要宣称信念。

表 4-2-1　教师 D 宣称的信念及取向

信念维度	宣称的信念	取向
关于学科信念	①语言是沟通媒介，其功能是实现人与人的交流。②语言的本质是交际。③国际中文教学要注重语言的实用性，即用语言做事情的能力。	语言意义功能观
关于教学信念	①好的语言课离不开课堂开口率和教师纠错。②语言点讲授是课堂中最重要的环节。③教师拥有课堂的决定权和控制权。	以学生为中心的教学观以教师为中心的教学观
关于学习信念	①语言学习要多听、多说、多看，反复练习。② HSK 考试成绩是最直观评价学生的方式。③教师布置的作业要有助于知识点的预习和复习。	行为主义学习观

三、教师 D 使用的信念

教师 D 的使用信念主要是通过课堂观察结合课后访谈的方式获得。在课堂观察中发现，教师 D 没有按照每节课对应讲授一篇或者两篇课文的进度开展，如在录像的四次常态课中，第一次课和第二次课讲授的是《最好的教育》，第三次课和第四次课的前四十分钟讲的是《电梯里的 1 分 27 秒》。因此，表 4-2-2 中的课程名称并非严格地按教学内容划分，课程名称仅包含了教学主要内容。在资料收集时，共对教师 D 进行了十一次课堂观察，正式录像四次。由于受篇幅所限，教师 D 的使用信念呈现资料为正式录像的四节常态课，其余七次常态课作为辅助资料。

表 4-2-2　教师 D 的课堂观察内容

教学内容	课程类型	教学时间
《最好的教育》	新授课	90 分钟
《最好的教育》	新授课	90 分钟
《电梯里的 1 分 27 秒》	新授课	90 分钟
《我在中国学"大方"》	新授课	90 分钟

（一）关于国际中文教育的学科信念

1.课堂活动项目

教师 D 课堂中的教学活动较为丰富，其中复习、课堂表达练习是每节课的必备项目。复习环节分为教师带领学生回顾课文、讲授作业、学生读课文三种形式，这三种复习形式均在教师的带领下进行。课堂表达练习分为两种情况：一种是专门设计的课堂表达环节，另一种是学生说出习题答案，主要以第二种半机械性练习为主，学生自主输出的机会不多。

表 4-2-3　教师 D 课堂活动时间分配表

课堂项目 ＼ 日期	11 月 18 日	11 月 20 日	11 月 25 日	11 月 27 日
课前汇报 ①角色扮演 ②口头报告 ③个人展示	0	0	① 30 分 48 秒	④ 2 分 57 秒
复习 ①做教材中的练习 ②读生词、语法及其他相关句子 ③按照课文进行复习 ④通过讲解作业进行复习	③ 12 分 25 秒	② 33 分 36 秒	0	② 4 分 53 秒
导入 ①用图片（视频）或者问题引导学生说出相关话题 ②用动作引导学生说出课文相关词汇 ③用任务引导学生说和课文相关的话题 ④直接向学生介绍课文内容	0	0	① 2 分 9 秒 ③ 10 分 43 秒	0
生词、语法和句型、课文讲练 ①生词讲练 ②语法和句型讲练 ③课文讲练	① 22 分 42 秒 ② 5 分 29 秒 ③ 14 分 32 秒	0	① 29 分 23 秒 ② 12 分 3 秒 ③ 5 分 5 秒	① 15 分 9 秒 ③ 36 分 53 秒

（续表）

课堂项目　　日期	11月18日	11月20日	11月25日	11月27日
①课堂表达练习 ②课堂任务活动 ③教材课后题练习	① 6分31秒 ③ 33分21秒	③ 39分50秒	③ 3分23秒	① 17分50秒
课堂游戏	0	12分15秒	0	0
其他（点名、总结等）	0	0	0	0

2. 课堂话语内容

教师 D 的课堂没有明显的纪律性语言，而程序性语言主要是通过布置作业和回答学生的问题产生。表 4-2-4 显示，生词、语法、课文在课堂话语内容中占比最高，说明课堂以语言知识讲授为主。教师 D 对生词、语法、课文等语言形式的教学方法较为固定，直接讲授的时间不长，主要是通过学生大量做题、教师进行监控、总结习题中所包含的知识点来完成教学。此外，每节课都会设计话题讨论环节，讨论的内容以教学内容为主。

表 4-2-4　教师 D 课堂话语内容时间分配表

日期	管理内容		语言内容			其他
	程序性	纪律性	形式	功能	语篇	话题
11月18日	2分41秒	0	81分36秒	0	0	8分24秒
11月20日	2分5秒	0	87分55秒	0	0	26秒
11月25日	40秒	0	80分47秒	0	0	9分13秒
11月27日	19秒	0	36分58秒	0	0	23分58秒

在表 4-2-4 中，第四次课的语言形式教学时长低于其他几节课，因为当天是感恩节，班级里的大多数学生来自欧美国家，缺勤的学生较多，教师没有进行太多的语言形式讲授，而是设计了关于节日的话题。

3. 学生语言模态分配

在第二语言教学中，"听"为语言输入，"说""读""写"为语言输出。表 4-2-5 显示，课堂中学生"读"和"写"的语言模态用时较长，说明学生在课堂中获得语言输出的机会较多。

表 4-2-5　教师 D 课堂语言模态时间分配表

日期	听	说	读	写
11 月 18 日	34 分 42 秒	8 分 42 秒	23 分 15 秒	38 分 21 秒（做题也算在内）
11 月 20 日	20 分 46 秒	3 分 9 秒	33 分 15 秒	47 分 50 秒
11 月 25 日	45 分 45 秒	28 分 13 秒	12 分 23 秒	18 分 51 秒
11 月 27 日	32 分 7 秒	28 分 57 秒	18 分 34 秒	25 分 22 秒

在课堂中学生"听"的语言模态主要产生于教师讲授；学生"写"的语言模态主要产生于做题和教师要求学生把 PPT 中的例句记录下来。表 4-2-5 显示，学生"写"的语言模态用时较长，其原因是记录信息时将做题的时长计算在"写"的语言模态中。在第二语言教学中，学生"读"和"说"的语言模态都被看作课堂开口率。不同的是，"读"的语言模态倾向于机械性练习，"说"的语言模态可以获得更多的实际交流的意义。在教师 D 的课堂中，学生"说"的语言模态基本上是为了回答教师所提出的问题，时长约四秒左右，交际作用较弱。虽然课堂中学生开口率较高，但多以半机械性练习为主，并未产生真正意义上的交际。

课堂片段 1

师：什么是"商量"呢，就是讨论一下，然后决定。所以我们可以说，我有一件事情和大家商量一下，那么我们也可以说"商量商量"。所以这里边有两个短语大家可以记下来：一个就是"商量一下"，另外一个就是"商量商量"。我们也可以说"和谁商量"，或者是"跟谁商量"，这个"和"还可以换成"跟"，这四个短语大家可以记下来。

生：这个是"商量商量"，不是"商商量量"，对吗？

师：对，我们说"商量商量"。

生：我不知道有时候是 AABB，有时候是 ABAB。

师：你看，一般情况下你说"商量"，它是个什么词（性）？它是个动词，对不对？

生：嗯。

师：It's a verb。它是个动词，一般动词都遵循 ABAB 原则，所以我们说"商量商量"。比如，我们说"讨论讨论"，但是你想，"干净"是个什么词？

生：啊！是形容词。

师：It's an adjective。形容词往往遵循 AABB 原则，所以我们说干干净净。

生：哦，谢谢。

师：你看"漂漂亮亮""大大方方"，一般情况下是这样的，当然也有特殊情况。这是一般的规律，你可以这样记。（GK–D–2–L）

　　课堂中学生"读"的语言模态高于"说"的语言模态，说明课堂的开口率主要产生于学生回答问题、读课文等，并不是真正意义上的交际性表达。课堂观察发现，教师 D 的课堂中学生的开口率相对高于其他个案教师，这与她宣称的"好语言课一定开口率比较高"的观点一致，但从课堂片段 1 中可以看出，学生的课堂话语较为简短，并且话语输出质量不高。

　　教师 D 将"提高学生开口率"作为教学原则始于刚入职时的关键事件，该事件对教师 D 日后的教学认知有重要的影响。入职初期教师 D 刚脱离学生身份，对"开口率"的理解较为片面，没有考虑到学生输出语言的质量和自主性。教师的教学虽然具有延续性，但关键事件对后期教学行为的影响是难以改变的。因此，刚入职时教师 D 对"开口率"的理解一直影响了后面的教学，这也导致教师 D 宣称的信念中存在着"以教师为中心"和"注重学生开口率"的两种关联性不高的信念。

（二）关于国际中文教育的教学信念

1. 课堂组织形式

生生活动、小组活动、个人活动是第二语言课堂培养学生交际能力的几种常规方法，这类活动会为学生提供更多自由表达和意义协商的机会。教师 D 的课堂组织形式较为多元，产生了不同时长的全班活动、小组活动和个人活动。其中个人活动和师生活动用时较多，小组活动时间较少。

表 4-2-6　教师 D 课堂组织形式时间分配表

日期	全班活动时间			小组活动时间		个人活动时间	
	师生活动	生生活动	全班活动	相同任务	不同任务	相同任务	不同任务
11 月 18 日	73 分 3 秒	0	56 秒	8 分 25 秒	0	0	22 分 36 秒
11 月 20 日	63 分 2 秒	0	0	8 分 20 秒	0	0	33 分 15 秒
11 月 25 日	11 分 5 秒	38 分 48 秒	1 分 23 秒	12 分 43 秒	0	0	39 分 16 秒
11 月 27 日	36 分 5 秒	16 分 6 秒	1 分 46 秒	4 分 10 秒	0	0	45 分 45 秒

表 4-2-6 显示，教师 D 的课堂以师生活动和个人活动为主，师生活动主要产生于教师对知识点的讲解，个人活动多产生于学生读课文、给出习题答案。课堂中的小组活动时间较短，主要产生于分角色读课文，学生很难通过小组活动获得意义协商的机会。课堂中的生生活动质量较高，但产生具有偶然性，属于学生自发的交际性活动。具体活动情况用课堂片段 2 呈现。

课堂片段 2

生 1：在美国，我们的节日是，嗯，圣诞节、感恩节，差不多所有人都知道圣诞节，然后我们也有感恩节和复活节。嗯，复活节是重要的。因为这天，嗯，我们庆贺，嗯，耶稣的复活。

生 2：啊，然后，情人节，我们喜欢情人节。

生 3：为什么呢？

生 2：因为我们会，因为收到礼物。

生 1：我们互送礼物。

生 4：情人节在美国一般做什么呢？

生 1：嗯，跟你的爱人去吃饭，给她一束花。

生 2：或者给她爱情卡，7 月 14 号，不是 2 月，2 月 14 号。日本也有对吗？

生 4：对，我们在日本，嗯，女人，一个女人向喜欢的男人表白，给他巧克力。

生 2：啊！真的，女人给？不是男人？

生 1：是的，女人给男人巧克力？

生 2：啊，我觉得我的老公，想搬家去日本。

生 1：那女人给男人什么呢？

生 4：男人一个月以后，3 月，3 月 14 号的时候，女人给男人，marsh mallow，怎么说，marsh mallow，我查一查，marsh mallow（低下头查手机）。

生 2：marsh mallow？

生 4：对。

生 1：这是什么？

生 2：果汁软糖？

生 4：对。

生 2：为什么送这个？

生 4：我也不知道。（GK-D-4-T）

关于节日的话题引发了学生对多元文化的兴趣，班级里的美国学生对日本文化很好奇，问日本学生"在日本情人节怎么过"，主动引发了生生活动，提供了意义协商的机会。日本学生说到 3 月 14 日送"marsh mallow"时，韩国学生并不明白"marsh mallow"的含义，日本学生也不知道怎么解释"marsh mallow"，这时美国学生听懂了"marsh mallow"，但也不知道用汉语怎么表达，所以通过手机查找答案，并告诉大家叫"果汁软糖"。课堂片段 2 中的生生活动为学生创造了意义协商的机会，但这种自发的生生活动偶然性很强，首先需要学生对讨论的内容感兴趣，其次不同的文化背景、学生性格的差异也会影响生生互动的效果。从课堂片段 2 来看，生 1 和生 2 在话题推进方面起到了很大作用，整个生生活动是在生 1 和生 2 的问题中进行的。生 1 和生 2 是美国学生，比较活泼，愿意表达。如果换作性格较为内敛的学生，此类生生互动可能较难展开。在生生活动环节，教师 D 一直面带微笑地聆听，只有学生向她询问时，她才会进行语言提示。课堂丰富的活动组织形式及教师 D 对生生活动的态度，体现了以学生为中心的教学观。

2. 课堂话语内容控制

教师 D 的课堂以师生共同控制课堂话语为主，学生控制课堂话语为辅。师生共同控制的时间主要产生于教师带领学生学习语言点。学生控制课堂话语是指课堂上学生在全班同学面前表达的活动，以"说"和"读"的语言模态为主。

表 4-2-7　教师 D 课堂话语控制时间分配表

日期	内容控制		
	教师控制	学生控制	师生共同控制
11 月 18 日	20 分 11 秒	31 分 57 秒	52 分 52 秒
11 月 20 日	19 分 19 秒	36 分 24 秒	48 分 57 秒
11 月 25 日	18 分 48 秒	39 分 16 秒	46 分 56 秒
11 月 27 日	28 分 9 秒	45 分 45 秒	31 分 6 秒

虽然在教师 D 的课堂中学生控制课堂话语的时长与其他项目相比并不占优势，但通过课堂观察发现，在有限的课内时间，教师 D 为学生提供了可能会引发生生互动的机会，如课堂片段 3。

课堂片段 3

生 1：元旦，嗯，元旦是最重要的。嗯，我觉得元旦是最重要的节日。

师：新年对不对？

生 1：嗯，对，新年。

生 2：你怎么过？你吃什么？

生 1：嗯，那个时候，我吃，传统的日本菜。嗯，怎么说呢，嗯，不是素食。

生 2：哦。

生 1：那天很漂亮，打扮得。

生 2：你，嗯，不，你晚晚睡觉吗。那天，晚晚地睡觉。

师：几点睡觉？

生 2：元旦的时候，怎么说，哈哈，半夜。嗯，就是欢迎新年，不睡觉直到半夜，午夜！天亮后以后他们可以睡觉，因为是新年。

生 1：Happy New Year 以后？

生 2：对对对对！ Happy New Year 以后。

生 1：（查手机）跨年！

生 2：对对对！跨年！所以，我不开心，因为我最喜欢睡觉，我早早睡觉。（GK–D–4–T）

在课堂片段 3 中，教师把话题内容控制权交给学生，只有在学生感知失配的情况下教师才会简单地提醒一句。如生 2 说"晚晚睡觉"，全班都没听懂时，教师才简短地提醒"几点睡觉"。生 2 想询问日本人是否有零点跨年的习惯，但是并不知道如何表达，而是用了"Happy New Year 以后"才去睡觉。教师听懂了学生想表达的意思，但并未提醒，而是让生 1 查手机，直到生 1 说出"跨年"这个词语，完成了生生之间的意义协商。教师 D 的教学行为体现了"做中学"的理念。

3.课堂话语引发

在教师 D 的课堂中，教师引发话语的数量和学生被动引发话语的数量较多，教师引发话语主要是讲授语言形式、推进教学进度等。学生被动引发的话语多用于回答教师的问题、读生词等。学生主动引发话语分为两种情况：一种是学生向教师主动提问，产生于当学生没有听懂教师讲授内容时；另一种情况是学生之间的提问互动，多是为了解对方的想法或者向对方阐释自己的观点。

表 4-2-8　教师 D 课堂话语引发统计表

日期	教师引发（次）	学生引发（次）	
		主动	被动
11 月 18 日	41	9	45
11 月 20 日	48	10	49
11 月 25 日	40	24	24
11 月 27 日	50	32	34

课堂片段 4

生 1：老师，我不明白最后的句子。

师：就是我们每个人可能都喜欢钱，但是呢，得到钱要用正当的方法，要通过你的辛苦劳动得到钱，这就叫"君子爱财，取之有道"。我们不能偷别人的钱，对吧？明白了吗？

生 1：我还是不明白，对不起，我知道"妻子爱财"（将君子说成了妻子）这个的意思，但是我不知道"取之有道"的意思。

师："道"就是正确的方法，就是通过工作、通过努力得到钱，而不是你去银行抢钱，不是去偷别人的钱。

生 1：偷别人的钱？

师：还是不明白吗？

生 1：偷别人是什么？

师：to steal form sb。

生 1：是"君子"，对吗？君子，妻子？

师：不是"妻子"，是"君子"。（GK–D–3–T）

课堂片段 4 中学生引发话语的初衷是不明白"取之有道"的含义，教师在解释的过程中产生了大量的语言，学生主要以听为主，可见课堂中学生引发话语的数量并不能完全表示获得了高质量的语言输出。课堂中另一种学生引发话语的情况产生于学生对课堂内容产生兴趣，并询问其他学生的看法，以及主动谈及自己的看法。

课堂片段 5

师：你们喜欢外卖吗？

生 1：哈哈哈，谁能不喜欢外卖？

师：为什么呢？

生 1：嗯，因为外卖很方便。又方便，又便宜，又好吃。

生 2：我，我有的时候外卖可以，每天外卖我不喜欢。应该，可能，对我的身体、对我的健康不太好。

生 1：但是对你的心好。

生 1：我的问题是谁能不喜欢外卖呢，回答是，嗯，是中井会不喜欢，哈哈。

生 3：但是嗯，我同意中井。嗯，因为特殊的情况。嗯，我们外卖，但是平时我们不外卖。（GK–D–1–T）

课堂片段 5 中教师引发话语的主要目的是为了让学生加入讨论。第一次话语互动是按照"教师引发—学生回答—话轮结束"的顺序进行。第一个话轮结束后，学生没有主动引发话语，因此教师继续引发话语，这次的内容引发了学生的兴趣，话语互动按照"教师引发—学生回答—学生引发—学生回答—学生引发"的顺序进行。在自然情景下，听者和说者之间的角色是相互转换的，如果不想谈话就此终止的话，听者在回应后，需要继续发起下一个话轮。课堂片段 5 中教师引发话语后，当课堂讨论接近于自然情景下的交际时，教师退出会话，课堂中话语引发由教师转向学生。

课堂中教师针对知识点讲授、做题等语言形式的教学用时较长，学生话语产生多是为了回答教师的问题，这说明课堂大多数时间是由教师控制的。课堂中生生活动虽然用时较短，但活动质量高，教师以聆听为主，说明不同的教学情景会激发出教师 D 不同的教学观，在"以教师为中心"和"以学生为中心"的教学观中呈现出不稳定的状态。

（三）关于国际中文教育的学习信念

1. 课堂话语互动信息差

在教师 D 的课堂中，请求信息的数量高于给出信息的数量。在教师的请求信息中，真实信息高于虚假信息，说明教师提出的参考性问题多于展示性问题。在第二语言教学中展示性问题往往多是围绕语法、句型、课文等进行的提问，问题的答案较为固定、单一，与真实的语言交流差距较大。由于答案不固定，参考性问题更能激发学生多样化的语言输出，接近真实的语言交流。

表 4-2-9 教师 D 课堂信息差统计表

日期	给出信息		请求信息	
	可预测信息（次）	不可预测信息（次）	虚假信息（次）	真实信息（次）
11 月 18 日	16	6	19	25
11 月 20 日	12	9	16	17
11 月 25 日	3	17	7	24
11 月 27 日	1	9	4	14

真实信息往往是针对个人的提问，正如我们几乎不可能同时询问所有人对某件事情的看法，即使想得到更为广泛的答案，也需要逐一进行询问。

但教师 D 的课堂真实信息的产生多是面向所有学生的问题，如"写对了吗""听懂了吗""还有什么问题吗"等，这类问题基本上是不需要回答的，所以并未引发学生的话语。

课堂片段 6

师：下面大家做一下 17 题到 26 题。

（过了十分钟）

师：做完了吗？

（学生沉默）

师：再给大家两分钟的时间，没做完的同学抓紧。

师：做完了吗？生 1 说一下 17 题的答案。

生 1：乒乓球起源于英国，因打击时发出"ping pong"的声音而得名。

师：很好，这里边填写"而"，主要起到连接动词、形容词等作用。这道题有谁做错了吗？

师：好，没有的话，我们继续下一题……（GK-D-1-T）

在课堂片段 6 中教师给出的真实信息确实是为了交流，但并不是针对个人的具体问题，而是面向所有学生的确定性提问。"做完了吗""这道题有问题吗"这类问题虽然属于真实信息范畴，但很难引发学生高质量的语言输出，甚至很难得到回应。

表 4-2-9 中的不可预测信息和可预测信息数量差不多，课堂中不可预测信息的产生主要源于学生询问，可预测信息的产生主要源于教师的自问自答和知识点总结。

课堂片段 7（自问自答）

师：第一个词是"欣赏"。什么是"欣赏"呢？"欣"就是高兴的，"赏"就是观察、看。"欣赏"就是高兴地看，高兴地听。所以第一个句子是"请大家欣赏中国画"。

师：下一个是"绘画"。什么是"绘画"呢？"绘画"就是画画。大家看这是一幅什么画？这是中国江南水乡的风光图，这是一座小桥，然后有流水，这幅画的轮廓是用铅笔勾勒出来的，所以这种画在中国有一个名字叫素描。（GK-D-2-T）

课堂片段 8（教师对学生的回答进行总结）

师：找同学来读一读。生 1，你来读一读。

生 1：这件事你谁也别告诉，一旦老板知道了，我就要丢了，丢工作了。

师：很好，我们看到后面有"就"对吧，所以说前面应该搭配"一旦"。"一旦……就"相当于"如果……就"。下一个，生 2。

生 2：大卫喜欢恐龙，凡是跟恐龙有关的书，他都收巧（"收集"读成了"收巧"）。

师：收集！我们说"凡是……都"，后面有"都"，所以这个应该填"凡是"。下一个，生 3。

生 3：经过，嗯，商量，经过商量公司最终，嗯，正式，申请了计划书。

师：不是申请了计划书，"最终"是最后的意思，所以这个应该填"最终正式签了合作计划书"，而不是"申请"。

师：好的，最后一个题。生 4。

生 4：我们周末都得加班，只有他例外，周末可以在家休息。

师：对了，这二十道题里面有这个搭配，大家记下来就会没问题。

（在黑板上写下：一旦……就，凡是……都）

师：这里边有两个关联搭配，一个是"一旦……就"，一个是"凡是……都"。所以说，我们做这样的题的时候，如果碰到有这种关联词语，你要找后面的关联词是什么，这样可以帮我们快速找到前面的关

联词。（GK–D–2–T）

教师 D 的课堂给出信息和请求信息的交流作用比较弱，在课堂片段 7 中教师一共发起了三次提问，虽然这些问题都属于真实问题，但第一个问题未得到学生的回应，第二个问题和第三个问题不需要学生回答。课堂片段 8 中教师提问的目的是为了以自问自答的方式进行语法讲解，最后教师以归纳元认知的方式重复学生的答案，这说明课堂提供的请求信息和给出信息主要是为了确认学生对语言形式的掌握程度，体现了教师 D 的行为主义学习观。

2. 课堂话题分配

教师 D 的课堂以窄话题为主。课堂窄话题产生分为教师设计引发和学生提问引发。教师设计引发的窄话题虽然用时不多，但学生的话语输出质量较高。学生提问引发的窄话题主要是为了获得信息，交流意义相对较弱。

表 4–2–10　教师 D 课堂话题时间分配表

日期	宽话题	窄话题
11 月 18 日	0	8 分 24 秒
11 月 23 日	0	26 秒
11 月 25 日	0	9 分 13 秒
11 月 27 日	28 分 41 秒	3 分 17 秒

课堂片段 9

生 1：老师，老师，嗯，你常常用"说白了吗"我觉得不礼貌。所以，我不知道中国人，是不是，嗯，是不是常常用"说白了"。

师：我想一想，我好像不常说。好像得是有特定的语境，比如说两个朋友在聊天的时候偶尔会说，但是基本没有说过。

生 1：嗯，好的。

师：但它没有不礼貌的意思。

生1：我觉得老师很礼貌，但是"说白了"不是很礼貌的。嗯，我不知道，我觉得有点让人觉得不是很礼貌的。

师：在特别的语言环境下可能会有这个意思。

生1：嗯，好的。（GK–D–1–T）

课堂片段9中窄话题由学生主动提问引发，虽然完成了信息交互，但并未引发学生高质量的语言输出。课堂中另一种窄话题产生的方式由教师主动引发，其中分为导入话题和话题讨论。导入话题的主要目的是为了引出教学内容，交际性明显低于话题讨论环节的窄话题。

课堂片段10（《我在中国学"大方"》的课前导入）

师：我们有两个问题啊，第一个问题，生1，你来读一读。

生1：你喜欢请客吗？

师：嗯，第二个问题，生2，你来读一读。

生2：你和朋友请客常常怎么付钱？

师：嗯，这样，两个问题，大家两个人一组先来聊一聊，然后说一说。给大家两分钟的时间，然后找大家说一说。

师：怎么样，生3和生4你们来说一说。

生3：生4，你喜欢请客吗？

生4：我喜欢在我的家请客，如果人少我喜欢请客。哈哈哈，你呢，你喜欢请客吗？

生3：我，嗯，一样的，跟你。如果人少，我喜欢请客人，在我的家。如果很多人，不喜欢请客，他们外边，嗯。你和朋友，去吃饭，常常怎么付钱？

生4：嗯，我们，如果我们很好的朋友，嗯，我们自己付钱。但是，但是有很多人，我们一起付钱。

师：啊，我明白了。如果是好朋友的话，人很少的话，就一个人付钱对不对？

生4：对啊！

师：一个人请客对吧？生1和生2说一下。

生1：你和朋友去吃饭常常怎么付钱？

生2：我们常常自己付钱。

师：自己付自己的钱是吗？那自己付自己的钱，我们叫"AA制"。

生2：生1，你喜欢请客吗？

生1：不喜欢，你呢？

生2：我和生3和生4一样。如果很少人，我可以请客，但是我不喜欢很大的组，我觉得很，很着急。很担心，很难。你和朋友去吃饭常常怎么付钱？

生1：如果我、我的好朋友一起吃饭，我们常常，嗯，嗯，AA制。你和你的朋友，常常怎么付钱？

生2：嗯，有时候我和我的朋友AA制，但是如果我的朋友来我的家乡，嗯，我，我常常，怎么说，请客他们吗？

师：可以说"常常请客"。

生2：嗯，常常请客，我是穷人。哈哈哈。

师：生5、生6你们两个呢？

生5：生6，你喜欢请客吗？

生6：我最喜欢请客，在我的家，嗯，少的人也好，多的人也罢。我最喜欢做饭。嗯，对，大家尝一尝。

生5：可以在饭店。你和朋友去吃饭常常怎么付钱。

生6：嗯，平时我们也AA制。嗯，但是，如果我想尊重他们，我可以，我请客。你呢，你喜欢请客吗？

生5：对，我特别喜欢请客。平时我不请客，因为我，我怕花钱。可是我，如果我不怕花钱的时候，那个时候，我喜欢请客。

生6：你和朋友去吃饭常常怎么付钱？

生5：平时我们AA制。可以，嗯，有时候我付钱，然后下次他付钱。

师：所以，AA 制是现在比较流行的一种方式，可能大家都比较能够接受，就是各付各的钱。（GK–D–3–T）

教师在课文导入环节采用了话题导入法，设计了"请客"的话题，以两人为一组的方式，讨论是否喜欢请客及吃饭怎么付钱。课前话题的设计虽然让学生获得了较长的语言输出机会，但教师提出的问题是根据课文内容提前设定好的，所以学生在回答的时候往往会用到相同的词汇，得出相同的答案。在课堂片段 10 中，学生在回答"常常怎么付钱"时，答案基本都是 AA 制。学生通过这类窄话题得到的交际效果并不明显。另一种窄话题产生在话题讨论环节，常常是教师抛出一个问题，询问不同学生的看法，学生展开讨论后教师不再参与讨论，以聆听为主。

课堂片段 11

师：你们知道中国有哪些传统节日吗？能不能说出几个？

学生 1：春节。

学生 2：嗯，中秋节。

（学生集体沉默）

师：还有吗？

学 3：还有，嗯，嗯，端午节？

生 4（查手机）：嗯，国庆节。

师：国庆节是中国的节日，但不是中国传统的节日。

生 1：传统是有，嗯，嗯，家常？

师：传统就是有很长一段历史的。我给大家写一写我能想到的中国传统节日。

生 2：双十一节。

师：啊，哈哈，双十一节肯定不是中国传统的节日啊。

生 2：淘宝有很长时间的历史。

师：有元宵节，还有清明节、端午节、中秋节。

生 1（查手机）：还有节之推。

师：什么？

生 1：我不知道。

生 5：还有清明节。

师（指着黑板）：大概中国有这些节日啊，元宵节、清明节、端午节、中秋节、重阳节、春节。差不多每个传统节日都会有一些传统活动，吃一些传统的食物。比如说呢，元宵节的时候，我们吃元宵、汤圆；然后清明节的时候我们会扫墓，纪念离开的人。端午节吃粽子，中秋节吃月饼，重阳节登高，春节吃饺子。这些是比较典型的中国传统节日，大家感兴趣的话可以把它们记下来。（GK-D-4-S）

在课堂片段 11 中，教师想和学生聊一聊中国传统节日，但由于留学生对中国传统节日了解不多，并未引发学生之间的讨论。教师 D 很快意识到了这一问题，马上改为："你们能不能说一说你们国家都有什么传统的节日呢？"

课堂片段 12

师：你们能不能说一说你们国家都有什么传统的节日呢？

生 1（看向日本籍学生）：生 3，你说一说。

生 3：嗯，我们在日本，2 月 11 号的时候，我们叫，嗯，嗯，建国纪念，怎么说呢。

生 2：生 3，你怎么过？

生 3：只有放假，嗯，没有传统吃的。

生 2：你最喜欢的节日是什么？

生 3：嗯，我最喜欢的是中秋节，我们有和中国一样的中秋节，我们也吃月饼，然后看月亮。

生 2：你会自己做月饼吗？

生 3：哈哈，我不会做，但是我……

生2：你妻子会吗？你太太。

生3：我太太也不会，但是我会，会包饺子。

生2：我听说日本人看，怎么说，你看月亮表面上，你可以看兔子，对吗？

生3：对对对！

生2：在美国我们不看兔子。

生1：我们看圣诞老人。

生2：现在我也可以看兔子。但是，嗯，第一次我听说的时候，我觉得兔子在哪里，我看不到。

生1：在美国，我们的节日是圣诞节，然后还有感恩节和复活节。复活节是很重要的，嗯，因为我们庆贺耶稣的复活。（GK-D-4-S）

教师将话题改为让学生谈自己国家的传统节日时，学生的语言输出和主动参与话题的机会都明显增加。在课堂片段12中，教师设计的话题交流活动为学生建构了一个类似于一对一对话的"安全"沟通环境，学生可以自由展开双向沟通，既能提问，也有回答问题的机会，使学生的社交能力得到提高。在话题讨论环节中，教师D以聆听为主，只有在交流无法进行时才适当地提醒。在导入环节教师D经常参与话题讨论，但在话题讨论环节更多的是倾听。"虽然这两个部分都需要用到话题，但教学设计的目的是不一样的。话题导入的主要作用是引出教学内容，所以我需要起到控制的作用，让每个学生都发言，说出他们对这个事情的看法，从而引导他们参与到下一个教学环节。而话题讨论主要就是为学生提供意义协商的机会，比如说上节课，生1问生2，日本人是否也跨年，但是她不知道跨年这个词，我也没有提醒，因为我知道她通过查手机也可以解决这个问题。如果学生走出教室，老师不可能一直跟在他身后提醒他。还有一个原因就是学生处于语境中，通过自己查询词语并在语境中运用，无论是在记忆层面还是在能力运用上，都优于教师直接告诉学生。"（FT-D-4-LN）虽然教师D对第二语言课堂中话题的作用较为肯定，但课堂中话题讨论并不多。"语言

的实用性确实很重要，但是想要提升学生运用语言的能力，首先需要让他
掌握语言的知识点、规律。所以，在课堂上更多时间是用来练习语言点。"
（FT-D-4-LN）教师D虽然善于为学生创设意义协商的机会，但受到语言
本体观的影响，她并未在教学中设计太多的话题讨论。

3. 教学材料的使用

教师D课堂的教学材料类型较为单一，仅用到教材、PPT、黑板三种教
学材料。课堂中教材使用时间最长，习题、课后作业、话题讨论都源于教材。
PPT和黑板在课堂中使用环节较为固定：在生词讲解环节，教师会将教材中
的生词呈现在PPT上，进行例句扩展；在习题环节，教师会将正确答案记录
在黑板上，以加深学生的记忆，黑板的使用时长与课堂上做题量成正比。

表 4-2-11　教师 D 教学材料使用时间分配表

日期	纸质材料	PPT	板书	实物	挂图
11 月 18 日	75 分 50 秒	22 分 4 秒	7 分 6 秒	0	0
11 月 20 日	77 分 10 秒	17 分 50 秒	9 分 47 秒	0	0
11 月 25 日	68 分 45 秒	22 分 58 秒	13 分 17 秒	0	0
11 月 27 日	82 分 7 秒	17 分 25 秒	5 分 28 秒	0	0

教师D的PPT在每页生词的下方都配有相关问题，例如，在讲授"聚
餐"一词的时候，PPT上配有聚餐的图片和"你和朋友一般在哪里聚餐？"
的问题。但在上课时，教师D只是简单地解释了聚餐就是一起吃饭，并未
提到PPT中的问题。"我在设计课程的时候想着，如果时间够的话，就多一
些话题讨论，但是上节课讲生词的时候还有20分钟就下课了，后面还有很
多生词没讲呢，所以没有进行讨论。"（FT-D-2-LN）教师D在教学实践
中偏重教材中语言点的讲解，这与她宣称的"教学要以语言点为主"形成
了正相关。课堂中教学材料的使用和话题设计均以教材为主，教师每节课
都会带领学生对教材中的习题进行讲练，体现了教师D以语言点讲授为主、
提倡学生通过练习来巩固学习效果的行为主义学习观。下面用表4-2-12呈
现教师D使用信念的基本内容。

表 4-2-12　教师 D 使用的信念及取向

信念维度	使用信念的表征	取向
关于学科信念	·课堂以生词、语法教学为主（1.1） ·注重学生"读"和"写"的能力（1.2） ·课堂以全班活动为主，小组活动较少（1.3）	语言本体观
关于教学信念	·课堂中学生话语以回应为主（2.1） ·课堂中学生的开口率较高（2.2） ·课堂的教学内容、话题均源于教材（2.3）	以教师为中心的教学观 以学生为中心的教学观
关于学习信念	·课堂中的学习材料单一，缺少课外拓展（3.1） ·课堂话题讨论用时较短（3.2） ·通过让学生做题巩固知识点（3.3）	行为主义学习观

　　教师 D 的信念系统呈现出了矛盾与冲突，她宣称的是语言意义功能观、以教师为中心的教学观、以学生为中心的教学观、行为主义学习观。其中，语言意义功能观与以学生为中心的教学观具有正相关，以教师为中心的教学观与行为主义学习观具有正相关。由此可见，教师 D 的宣称信念系统中存在两组矛盾的信念。通过课堂观察发现，教师 D 宣称的语言意义功能观并未激发出相应的教学行为，反而未被宣称的语言本体观在教学实践中反复被激发出来。两种相矛盾的教学观在教学实践中均可以找到相应的教学行为。此外，教师 D 的使用信念也具有矛盾性，其中缺乏小组活动，以教师讲授为主的教学观和引发学生话语的教学观相矛盾。同时，教师 D 在教学中受到了没有被宣称的语言本体观的影响。

　　在教师 D 的信念系统中，存在着两套相悖的信念体系，第一套为宣称的以教师为中心的教学观、行为主义学习观和未被察觉的语言本体观，三者之间形成了稳定的互动关系，在实践教学中可以找到对应的教学行为。第二套是宣称的语言意义功能观与宣称的以学生为中心的教学观，二者形成正向互动，其中只有以学生为中心的教学观在实践中激发出了相对的教学行为，但并未发现与语言意义功能观相应的行为。因此，第一套信念体系呈现出广泛的互动性，属于核心信念；第二套信念体系较为孤立，仅与偶尔激发出的教学行为产生联系。教师 D 的信念系统整体呈现出矛盾冲突的特征，具体关系见图 4-2-1。

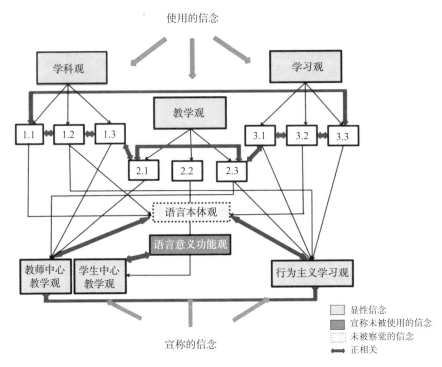

图 4-2-1　教师 D 的信念系统图

第三节　教师 B：海内外教学信念的交织

一、教师 B 的基本情况

（一）教师 B 职前经历

教师 B 四十多岁，讲师，硕士研究生，具有两年海外教学经历。教师 B 本科毕业于 X 大学的汉语言文学专业，硕士毕业于 X 大学的中国现当代文学专业，硕士毕业后留校任教，从事国际中文教学工作。

（二）执教经历中的关键事件

教师 B 认为在从教的十多年里，给她留下深刻印象的人和事很多，其中两件事对她的影响最大。"我刚参加工作的时候二十多岁，那个时候和班里学生的年纪差不多，学生跟我特别亲，我自认为当时在工作上付出了百分之二百的努力，我对自己的教学非常满意，感觉课上得很成功。但是，在期末教学评估时，有学生给我"迟到 / 早退"那一项打了低分，我敢拍着我的胸脯保证，我绝对没有迟到或早退过！"（FT-B-1-LO）这件事对教师 B 的触动很大，她认为自己教学非常认真，和学生的感情很好，完全没有想到学生会给她打低分。知道这件事的那天晚上，教师 B 一夜没睡。"当时对我的触动真的太大了，如果这个学生不是笔误，那是不是我哪里做得不好啊？我就想到人是有非常强的主观性的，你的感觉可能不是客观事实。"（FT-B-1-LO）教师 B 经历了此事件之后，她认为人对自己的认知有很强的主观性，她意识到教师不能自满，要时刻反省。这件事形成了教师 B 时刻反省、关注学生的特质。

第二件事发生在教师 B 入职的第六年，当时教师 B 教的是韩国班级，学生多是韩国的阿姨，她们的老公在本市的中韩合资公司工作，她们结伴来 X 大学学习汉语。其中有一个阿姨汉语说得特别好，但她很喜欢抢话，不管教师 B 向谁提问，她都抢着回答，而且声音很大，已经影响了教学。"当时我采取了一些方法，委婉地和她谈过，也直接和她说过，甚至课上她说话我假装听不到，或者别的同学在回答问题的时候，我也直接告诉过她，要等一下，我在提问别的同学。但是真的没什么效果，她可能安静十五秒左右又开始抢着回答了。"（FT-B-1-LO）对此，教师 B 还请教了其他有经验的同事，都是无功而返。后来，有一天班级里一个年轻的韩国学生和这个阿姨打起来了，因为年轻的学生认为这位阿姨的行为已经影响到课堂了。"这个时候就出现了一个文化问题，韩国是比较注重等级的，年轻的学生不是对阿姨进行了质疑吗？这个时候其他的阿姨就团结在一起，围攻这个年轻人，认为她没有礼貌，不尊重长辈。他们吵得很凶，还告诉我，这个事情不用我管，是他们内部的问题，他们要好好谈一谈。后来这个班的气氛一直都不是很好。"（FT-B-1-LO）教师 B 谈到这里的时候告诉我，至今为止她仍然想不出更好的处理办法，当时她能想到的办法都用了，但是毫无效果。"我现在四十多岁了，至今还记得刚入职时得到过的善意鼓励。在工作的第一年，那个时候很青涩，我带了一个班，还当了他们的班主任，与那些孩子相处得特别融洽。现在回想起来真的很幸运，刚参加工作就遇到这么信任我的学生。现在学生信任我或者对我好，我当然也很感动、很高兴，但是那个时候不一样啊！那个时候我才参加工作，刚走上讲台，他们就那么信任我，甚至经常赞美我，所以我很感谢他们，那是我带的第一个班。有时候我常在想，如果我带的第一个班是韩国阿姨那个班，那我可能更不知道该怎么办了，韩国阿姨的事情是我工作好几年以后遇到的，我都不知道怎么办。"（FT-B-1-LO）

伴随着第一批学生的信任与赞美，教师 B 成功走过了新手期，这给予了她职业认同感和执教的信心，至今她还能回忆起那些学生给予她的善意。教师 B 认为那些学生温暖了她，如果刚工作遇到的是韩国阿姨那个班，可能会打击她从教的信心。由此可见，关键事件对教师的职业认同、学科信念等均会有所影响，是促进教师专业成长的有力支点。

（三）专业发展现状

谈到教学风格时，教师 B 说："我希望能在比较愉快的氛围中和大家一起学习，给学生创造一个轻松的环境。"（FT-B-1-LO）教师 B 每一种课型都上过，近几年固定教授综合课和口语课。在访谈中笔者了解到，教师 B 很小的时候就励志当一名教师，但是当什么教师一直没有清晰的概念，直到成了国际中文教师，她认为这种感觉特别好，实现了从小的梦想很幸福，她自己也会不断地提高，不愧对教师的称号。

教师 B 经常会进行自我反思，包括 PPT 的格式、内容及课堂导入、纠错、反馈等教学行为。"当老师的都会有反思的习惯，不是说下课了马上我要用五分钟反思一下，反思已经成为我的一种习惯了，我经常会想这个方面我是不是还能再提高一下。有的时候下课我会留在教室，因为通过学生的课堂反馈，我可能会发现 PPT 中的某个点可以改善，或者怎么样调整一下教学会更好。"（FT-B-1-LO）从教师 B 的访谈中可以看出，她是一位非常善于反思的教师。教师 B 的反思还体现在提高教学能力上，她认为自己从事了十多年的国际中文教学工作，形成了固定的教学思维，应该多向其他优秀的教师学习。

二、教师 B 宣称的信念

（一）关于国际中文教育的学科信念

1.词汇和语法是语言的基石

在教师 B 的认知中，词汇和语法是语言的基石，因此在汉语学习初级阶段，应以讲授的方式让学生多学习生词和语法。"虽然现在任务型教学法很流行，但是如果你连最基本的生词和语法都不懂，上来就任务型教学法，这是很难实现的。任务型教学法适合有一定语言知识积累的学生……无论采用哪一种教学方法，在语言教学中，都要把词汇、语法先落实了。"（FT-B-1-LO）教师 B 认为，语言教学要以词汇和语法作为教学的基础，体现了教师 B 的语言本体观。

2.国际中文教育本质是汉语教学

教师 B 曾经工作的孔子学院以举办丰富多样的文化活动闻名，在教师 B 看来，她工作的孔子学院活动质量较高，但有些活动有待商榷，如剪纸。"剪纸是很美，我个人也很喜欢，但它能代表中国人的日常吗？很多外国人想了解中国，但他们距离中国太远了，需要通过某些活动来了解中国。但我们的生活场景就是每天剪个纸吗？剪纸对很多中国人来说也很遥远了，我们会觉得剪纸很美，但它不能反映出我们中国人的日常，其实在生活中剪纸还不如麻将普及。"教师 B 认为很多活动投入了大量的人力和物力，但脱离了现代中国的文化环境。国际中文教育的本质是汉语教学，文化传播一定是建立在语言教学的基础上，脱离了语言教学的文化传播都是空谈。"就算举办 100 场活动也不如学生语言水平提高后对中国的那种亲近感。"（FT-B-1-LO）教师 B 认为文化需要依附于语言知识教学，随着学生汉语能力的提高，自然会产生对中国的亲近感。教师 B 的观点体现了语言本体观。

3. 海内外授课差距很大

教师 B 认为海外学生的学习动机和国内学生不一样，很多海外学生学习汉语是出于兴趣，不涉及奖学金的评比，也并非要学到较高的等级，因此对海外学生教学的机动性更强。"海外的学生很多对汉语比较感兴趣，然后过来听一下，一周可能就来一次，一次三个小时……海外课堂更轻松一些，很多人都是轻松学一学就行。国内教学更加系统化，有明确的课时和教学进度的要求。"（FT-B-1-LO）基于海外学生学习汉语的目的，教师 B 对教学进行了调整，在课堂中融入了游戏环节，设计了很多吸引学生注意力的活动。"刚去孔子学院的时候挺不适应的，和国内教学差异很大。海外教学需要设计一些有趣的活动，让学生在游戏中习得语言。在西班牙待了两年后回国时又花了一段时间适应。"（FT-B-1-LO）从访谈中可以看出，教师 B 在海外教学时采取习得语言的理念，但在国内教学更加注重教学任务的完成，采用的是学习语言的理念，两套学习范式交织在教师 B 的信念系统中。

（二）关于国际中文教育的教学信念

1. 教学最低标准是完成教学目标

教师 B 认为教学要按照学期初制定的教学进度进行。"每个学期初，学院都会让我们提交教学进度表，进度表决定了每节课的教学目标。我希望每节课能在大体上完成设定的教学目标，然后在这个基础上，我们可以有一些讨论啊，一些调整啊……如果课堂开展的活动很热烈，但偏离了最开始的目标，那我觉得不算是一堂成功的语言课。"（FT-B-1-LO）在教师 B 看来，教学要按照教学进度表进行，教学目标的设定要以教学进度表为依据，不能出现经常性或者大范围的调整。一节好课的最低标准是教学目标的达成，课堂活动是为了完成教学目标，教学目标的设定要以教学进度表为依托。

2. 课型是教学开展的前提

教师 B 认为课型决定了教学目标，虽然培养学生的交际能力、语言知识很重要，但这不是所有语言课的目标。"现在课型划分得比较细，课型就是教学的前提。如果我今天讲的是阅读课，然后你一直跟学生练习口语，提高交际能力，我觉得这肯定是不对的。如果你是口语课，你花个三十分钟讲语法和生词肯定也是不对的。"（FT-B-1-LO）教师 B 在访谈中多次提到教学目标和课型，通过进一步谈话发现，教师 B 所指的教学目标更倾向于按照学校要求制定的教学进度所设定的目标。课型是指综合课、听力课、口语课等，由于教学目的不同，相应的教学原则和范式也有所不同。可以看出，教师 B 注重教学内容的目标达成。教学目标的达成涉及教学活动中教师和学生谁是控制力量的问题，控制依靠有能动性的人而不是教学目标。教师 B 在访谈中表示，她所谓的教学目标是按照教学进度表对每节课的心理预判，教学目标的生成并非根据学生的实际情况，因此体现了以教师为中心的教学观。

3. 教师在课堂的角色是桥梁

在教师 B 看来，国际中文教师在课堂中的角色更像是一座桥梁，学生可以通过这座桥梁加深对中国的了解。"我希望我在课堂中的角色是一座桥梁，能起到一个沟通的作用，同时学生也可以通过我加深对中国的了解。"（FT-B-1-LO）教师 B 将国际中文教师比喻成桥梁，外国学生可以通过国际中文教师加深对中国的了解，体现了语言传播观。

（三）关于国际中文教育的学习信念

1. 教学不能被教材束缚

教师 B 认为教师的教学要以教材为抓手，要根据学生的适应程度、学校的教学目标对教材内容进行调整，绝不能被教材束缚。"现在我带的这个高级班，他们的汉语水平都挺好的，教材的水平不够用了，那我们就没有必要再花时间拘泥于那本教材了，所以我就马上改了教学计划。每节课我们都以讨论的形式进行，刚开始有点不适应，后来效果挺好的。课堂的讨论也不是让学生随便说啊，教师肯定是要控制课堂节奏的。"（FT-B-1-LO）教师 B 所谓的教师控制课堂节奏主要指两个方面：第一个方面是教师要对课堂的时间有所把控，另一个方面是需要对课堂讨论的内容进行把控。"在讨论环节有的学生会说比较久，别的学生就说不上了，或者有的学生只说几句话，教师在时间上要起到控制的作用。再一个就是讨论的内容，因为我们是混班制，所以有时候会存在跨文化障碍，需要教师对讨论内容进行筛查。"（FT-B-1-LO）教师 B 秉承教师在课堂上需要发挥控制课堂的作用的观点，这体现了以教师为中心的教学观。教师 B 提到要根据学情对教材进行大胆的取舍，如果学生的语言水平已经超过了教材水平，就没必要继续拘泥于这本教材，并且课堂以讨论的形式进行，体现了建构主义学习观。

2. 有效教学的标准是学生学习目标的达成

教师 B 认为有效的语言学习要以学生的需求为生长点。"有的学生就是不想学汉字，想提高说的能力，那他在课堂上达到了这个目标，就是有效学习。如果学生的学习目的是考 HSK 5 级，那他的关注点可能就不一样了，主要还是看学生的学习目标。"（FT-B-1-LO）在教师 B 看来，语言学习并没有统一的成功标准，只要学生达到了学习目的就算是有效教学。

3. 评价学习要看他是否完成了自我超越

在教师 B 看来，考试成绩不能全面评价学生的学习效果。"刚才说到了学汉语要看学生的学习目标，那么评价学生也一定是要看学生是否完成了他的目标。"（FT-B-1-LO）教师 B 认为评价学生的学习效果需要基于学生自身取得的进步，考试相当于把不同的学生放在一起比较，这没有任何意义。评价学生最重要的标准是看他是否完成了自我超越，教师 B 的观点体现了建构主义学习观。

教师 B 宣称的信念有语言本体观、语言意义功能观、语言传播观、以教师为中心的教学观、建构主义学习观。其中，语言本体观与以教师为中心的教学观具有相关性，语言意义功能观与建构主义学习观具有相关性，但两组信念之间存在矛盾。下面用表 4-3-1 呈现教师 B 宣称信念的基本内容。

表 4-3-1　教师 B 宣称的信念及取向

信念维度	宣称的信念	取向
关于学科信念	①语言是沟通的桥梁。 ②国际中文教育的本质是汉语教学，举办 100 场活动也不如学生语言能力提高后对中国产生的亲近感。 ③国际中文教育架起中外交流的桥梁，学生可以通过教师加深对中国的了解。	语言意义功能观 语言本体观 语言传播观
关于教学信念	①教学不能脱离教学目标。 ②课型原则是教学开展的前提。 ③教师要控制课堂的节奏。	以教师为中心的教学观
关于学习信念	①学习内容不要被教材束缚，要根据学习的适用度对教材进行取舍。 ②语言学习要以学生需求为生长点。 ③成绩无法客观评价学生，评价学生主要看他是否完成了自我超越。	建构主义学习观

三、教师 B 使用的信念

教师 B 这学期负责教授的是高年级综合课，她所教授的班级学生语言水平较高，因此在教学设计上并未严格按照教材内容进行，而是将教学内容以学生讨论的形式展开。教师 B 的使用信念主要是通过课堂观察和课后访谈收集，在资料收集时，共计课堂观察九次，其中五节课进行了正式录像。由于受篇幅所限，教师 B 的使用信念呈现资料为五节正式录像课（表 4-3-2），其余四节课作为辅助资料。

表 4-3-2　教师 B 的课堂观察内容

教学内容	课程类型	教学时间
讨论：连续剧、校服	新授课	90 分钟
讨论：社交网络、看书	新授课	90 分钟
讨论：出生率、恐惧症	新授课	90 分钟

（续表）

教学内容	课程类型	教学时间
讨论：音乐、喜欢	新授课	90 分钟
讨论：算命、血型	新授课	90 分钟

（一）关于国际中文教育的学科信念

1. 课堂活动项目

教师 B 课堂的活动类型以知识点讲授和表达练习为主，表达练习包括话题讨论和辩论两种形式。从表 4-3-3 可见，个人展示时间较长，说明学生在课堂中有充分阐述自己观点的机会。

表 4-3-3　教师 B 课堂活动时间分配表

课堂项目＼日期	11 月 18 日	11 月 25 日	12 月 9 日	12 月 16 日	12 月 23 日
课前汇报 ①角色扮演 ②口头报告 ③个人展示	0	0	0	0	0
复习 ①做教材中的练习 ②读生词、语法及其他相关句子 ③按照课文进行复习 ④通过讲解作业进行复习	0	0	0	0	0
导入 ①用图片（视频）或者问题引导学生说出相关话题 ②用动作引导学生说课文相关词汇 ③用任务引导学生说和课文相关的话题 ④直接向学生介绍课文内容	0	0	0	0	0

（续表）

课堂项目＼日期	11 月 18 日	11 月 25 日	12 月 9 日	12 月 16 日	12 月 23 日
生词、语法和句型、课文讲练 ①生词讲练 ②语法和句型讲练 ③课文讲练	② 12 分 2 秒	① 10 分 9 秒	① 15 分 50 秒	② 13 分 4 秒	① 17 分 25 秒
①课堂表达练习 ②课堂任务活动 ③教材课后题练习	① 51 分 33 秒	① 52 分 46 秒	① 45 分 45 秒	① 61 分 6 秒	① 40 分 10 秒
课堂游戏	26 分 54 秒	27 分 5 秒	31 分 11 秒	17 分 40 秒	32 分 25 秒
其他（点名、总结等）	0	0	0	0	0

教师 B 的教学按照"知识点讲授—话题讨论—辩论"的顺序进行。每节课教师会进行十多分钟的知识讲解，随后进入话题讨论环节。话题讨论后，教师会随机将学生分为正、反两方进行话题辩论。在辩论正式开始前，学生需根据辩论中所处的立场进行座位调换，然后学生依次对自己所处的辩论立场进行阐述。

课堂的话题设计、辩论题目都是由学生轮流提供。上课时教师将本节课要讨论的话题呈现在 PPT 上，每位学生依次发表看法。在辩论环节经常会出现学生的辩论立场与真实想法不一致的情况，但辩论的要求就是：无论你持有的真实观点如何，都要根据辩方的立场进行叙述。这种设计不仅使学生语言表达能力得到了锻炼，而且学生需根据被限定的立场进行阐述，增加了交际的真实性和挑战性。

课堂片段 1（是否应该送父母去养老院的辩论环节）

生 1：赞成送父母去养老院。哎呀，哈哈哈。

师：在秘鲁这个是流行的文化吗？

生 1：一般不是吧。因为一般老人有很多孩子，至少有一个孩子负责照顾他，其实我是不赞成的。

师：那你能不能想到送老人去养老院的理由？

生 1：好吧，那我试试。

师：加油！

生 1：我赞成。因为养老院是个很好的选择，让他们比较老的父母跟相同年龄的人住在一起，其实也不是不好的。他们会，因为，养老院，有，有，也有不同的活动，会让我们的父母有一个比较开心的生活。然后我们有时间的话就会去拜访他们。好，谢谢大家。

师：挺好的，这里提到了很多老人去养老院可以和同龄的人在一起，可能他们会有一起的活动，或者有一些他们可以聊的话题。如果你想赞成这个，你还可以从医疗、医护来说。有的老人可能需要照顾，有的养老院可能会有更专业的工作人员和医疗条件，所以这个也可以作为一个理由。那生 2 来说一下不赞成的理由。

师：先问一下在你们国家老人去养老院是流行的吗？

生 2：不流行，但是我个人赞成送父母去养老院，但是我要表达的是不赞成。

生 2：嗯，但是，我不赞成父母去养老院的原因就是，最重要的原因是因为，嗯，我们小的时候父母照顾我们，然后父母已经老了，所以想通过照顾父母来，嗯，然后，嗯，报答父母。

师：这个词用得很好，报答父母。

生 2：然后我们觉得，嗯，养老院不太好。现在，嗯，嗯，老人院已经很好了。嗯，有朋友啊，有什么活动啊。可能以前的养老院不太好，所以这个会影响我们对老人院的看法。因为以前和现在不一样，但现在的老人院和以前不一样了，可能他们不知道现在的老人院已经很好了。

师：养老院。

生 2：嗯，养老院。

师：这里边如果不赞成送呢，可以用生 2 刚才用的词，我们小的时候父母照顾了自己，他们老的时候呢，不想把他们送到条件不好的养老院，也是担心他们。这个也要看社会环境，比如说中国现在老龄化很严重了，养老院也就越来越多了，这个也是跟社会情况有关系的。（GK-B-1-T）

课堂片段 1 中生 1 和生 2 的辩论观点与自己的实际认知并不相符，但是他们根据辩论立场完成了观点阐述。教师 B 的课堂以学生表述为主，教师会根据他们的辩题给出建议，对于学生表达的错误教师会进行纠错。辩论环节对学生非常具有挑战性，在用外语表达与自己实际观点不符的问题时，需要学生具备更加清晰的逻辑能力和表达能力，这对学生的语言交际能力提出了更高的要求，课堂活动的设计体现了教师 B 的语言意义功能观。

2. 课堂话语内容

在教师 B 的课堂中，管理内容的话语不多，没有明显的纪律性语言，教师用于引导课堂的程序性语言在两分钟以内，主要产生方式为教师解释课堂活动规则、回答学生有关问题等。课堂语言形式的产生为词汇和语法的教学，以及纠正学生的语言错误，每节课中的语言形式教学十到十五分钟。对于一节九十分钟的课程，语言内容占时只有十多分钟，说明课堂并非以语言内容教学为主，体现了教师 B 的语言意义功能观。

表 4-3-4 教师 B 课堂话语内容时间分配表

日期	管理内容		语言内容			其他
	程序性	纪律性	形式	功能	语篇	话题
11 月 18 日	1 分	0	12 分 02 秒	0	0	65 分 32 秒
11 月 25 日	2 分	0	10 分 9 秒	0	0	70 分 11 秒
12 月 9 日	1 分	0	15 分 50 秒	0	0	67 分 56 秒
12 月 16 日	1 分	0	13 分 4 秒	0	0	59 分 49 秒
12 月 23 日	2 分	0	11 分 35 秒	0	0	68 分 11 秒

3. 学生语言模态分配

教师 B 的课堂用到了"听""说""读"的语言模态。学生"听"的语言模态主要产生于听其他同学发表看法，或者听教师对知识点的讲解。学生"说"的语言模态主要产生于话题讨论与辩论环节。学生"读"的语言模态并非教师要求，产生于话题讨论前学生习惯性读题目。课堂中并未出现任何学生"写"的语言模态。

表 4-3-5　教师 B 课堂话语模态时间分配表

日期	听	说	读	写
11 月 18 日	26 分 26 秒	63 分 34 秒	0	0
11 月 25 日	22 分 22 秒	65 分 36 秒	2 分 3 秒	0
12 月 9 日	29 分 44 秒	59 分 43 秒	33 秒	0
12 月 16 日	26 分 8 秒	62 分 33 秒	1 分 19 秒	0
12 月 23 日	30 分 24 秒	59 分 36 秒	0	0

虽然课堂中产生了大量学生"听"的语言模态，但这种"听"的语言模态与课堂中的听力训练并不一样，主要是为了让学生更好地表达。

课堂片段 2

生：秘鲁电视剧的特点就是不好。

师：看来大家对自己国家的电视剧都不太满意。

生：我感觉都是一样的。其实我好久都没有看，就是，有时候我和我的，比如说我和家人聊天的时候，他们在看，我觉得太没意思了。我会看电视剧，但是不是秘鲁的。老师，这个词，我刚才查了词典，但是我不知道中国用不用，肥皂剧。

师：用的，刚才说的情景喜剧，口语里我们就说肥皂剧。

生：墨西哥这边的肥皂剧特别特别的火，有段时间我们这边都是墨西哥的肥皂剧，秘鲁也想做的。但是有些演员的演技实在辣眼，就是看不下去了，所以不喜欢。

师：刚才生 1 说了一个词是"辣眼"，这个"辣"在这里是让人觉得受不了。我们有时候会觉得演员太夸张，演得太不好了。（GK-B-1-T）

在教师 B 的课堂中，学生"听"的语言模态多是由教师提问、引导、解释、互动产生。课堂片段 2 学生提到了"辣眼"，教师随后对这个生词进行了讲解。教师解释词语环节虽然在时间统计上归为学生"听"的语言模态，但这种课堂输出以真实信息为主，产生的目的是为了让学生更好地运用词语进行表达。

虽然表 4-3-5 中并未产生学生"写"的语言模态，但是在讨论时，教师会将学生发言中的关键词或难度较高的词写在黑板上。如学生讨论"是否相信一见钟情"时提到了"男朋友"，教师马上将"男朋友"和"男性朋友"写在了黑板上，并且加以讲解，帮助学生进行区分。课堂中教师 B 并没有对所有的词语进行讲解，仅将关键词写在黑板上，对此教师 B 在课后访谈中表示："我认为学生说完一段话是一定要总结的，你可能也注意到了，有的词我进行了二次讲解，有的是直接写在那里让学生看，但是不讲的，课堂上重要的我才会说一下。还有就是班级有的学生发音可能不是特别好，怕别的学生听不懂，所以我也写了出来。写在黑板上的词主要一是让大家知道他说的这个词，二是我觉得学生用得比较好的词我也会写出来，还有就是希望没听懂的同学还可以再看看这些关键词，加深理解。"（FT-B-1-LO）教师将重点写在黑板上，起到强调、说明的作用。教师 B 的课堂中虽然没有出现学生写的行为，但是教师将关键词呈现在黑板上，对学生识读汉字有一定的作用。教师 B 的课堂表达练习较多，课程设置以话题为导向，课堂以学生"听"和"说"的语言模态为主，说明教师 B 在教学中激发的是以交际为主的语言意义功能观。

（二）关于国际中文教育的教学信念

1.课堂组织形式

第二语言课堂中的生生活动、小组活动、个人活动可以为学生提供更多意义协商和自由表达的机会，因此这类活动被认为是课堂交际性的重要指标。表4-3-6显示，教师B的课堂以个人活动时间为主，教师设计了不同任务，说明学生在课堂中有较多的语言输出机会，任务设计符合真实情境中的话语交际，学生可以在课堂中获得意义协商的机会。教师B课堂中的师生活动主要产生于教师对学生的讨论进行点评及纠错等。课堂组织的形式体现了教师B以学生为中心的教学观。

表 4-3-6　教师 B 课堂组织形式时间分配表

日期	全班活动时间			小组活动时间		个人活动时间	
	师生活动	生生活动	全班活动	相同任务	不同任务	相同任务	不同任务
11月18日	36分26秒	0	0	0	0	0	53分34秒
11月25日	32分22秒	0	0	0	0	0	57分38秒
12月9日	39分44秒	0	0	0	0	0	50分16秒
12月16日	36分8秒	0	0	0	0	0	53分52秒
12月23日	40分24秒	0	0	0	0	0	49分36秒

2.课堂话语内容控制

在教师B的课堂中，学生控制课堂话语的时间占一半以上，教师控制课堂话语和师生共同控制课堂话语的时长相近。学生控制课堂话语的时间集中在讨论和辨析环节，教师控制课堂话语的时间主要集中在课堂讲解、组织活动、内容总结等环节，而师生共同控制话语的时间主要产生于教师的引导性话语，如学生发表观点后，教师会通过话语引导、询问其他学生的观点，让更多的学生参与话语讨论。教师B的课堂每位学生都能获得自由表达的机会。

表 4-3-7　教师 B 课堂话语控制时间分配表

日期	教师控制	学生控制	师生共同控制
11 月 18 日	17 分 15 秒	53 分 34 秒	19 分 11 秒
11 月 25 日	13 分 16 秒	57 分 38 秒	19 分 6 秒
12 月 9 日	14 分 25 秒	50 分 16 秒	25 分 19 秒
12 月 16 日	13 分 31 秒	53 分 52 秒	22 分 37 秒
12 月 23 日	21 分 30 秒	49 分 36 秒	18 分 54 秒

3. 课堂话语引发

在第二语言教学中，学生话语引发数量及时长是课堂互动质量的重要指标之一。在表 4-3-8 中，学生的话语引发数量多于教师的话语引发数量，话语引发以学生主动引发为主，说明教师 B 的课堂为学生提供了协商互动的学习机会，学生在课堂中可以获得实际话语交流中应具备的表达技能。

表 4-3-8　教师 B 课堂话语引发统计

日期	教师引发（次）	学生引发（次）	
		主动	被动
11 月 18 日	32	40	7
11 月 25 日	29	33	12
12 月 9 日	22	28	4
12 月 16 日	21	37	4
12 月 23 日	26	26	8

传统的课堂多以"教师引发话语—学生回答—教师总结"的话语互动模式为主，这种互动模式下，学生表达意愿受限，话语以回答问题为主。教师 B 的课堂以"学生引发话题—学生回答—教师总结"的话语互动模式展开，课堂讨论话题由学生提供，讨论环节教师随机叫某个学生发表看法，之后由教师进行简短的总结。笔者从课后访谈了解到，学生会在一个星期前得到讨论话题和辩论题目，但辩论的正、反方由教师在课堂上临时宣布，

所以学生需要准备两方的论述。"讨论的话题和辩论题目是由学生轮流提供，我基本不会对话题进行二次选择，但所有的话题学生需要提前告诉我，我基本上都是同意的。因为我觉得这都是学生感兴趣的话题，我只要想注意别出现敏感话题就可以了。"（FT-B-1-LN）

认知学习理论和第二语言习得理论指出，想达到语言习得的目的，学习者必须在口头上表达自我，用自己的语言表达概念，向他人解释概念，并在新的情景中应用概念。在教师 B 的课堂中学生有机会参与课程内容的设计，教师将学生感兴趣的话题原样呈现在课堂上，这不仅能极大地调动学生积极性，还为学生提供了较多的表达机会，充分体现了课堂中学生的主体地位。

（三）关于国际中文教育的学习信念

1. 课堂话语互动信息差

在教师 B 的课堂中请求信息数量高于给出信息数量，给出信息中的不可预测信息多产生于学生向教师确认词语表达，目的是为了谈话更顺利地进行。可预测信息多产生于教师以自问自答的方式讲述语言知识等，并非学生主动询问教师。例如，在讨论"网络"话题时，教师在总结学生发言后，主动谈到自己对网络的看法。在课堂请求信息中，真实信息数量多于虚假信息，说明教师 B 的课堂创造了较多的交流机会，有助于促进学生之间的协商式互动。

表 4-3-9　教师 B 课堂信息差统计表

日期	给出信息		请求信息	
	可预测信息（次）	不可预测信息（次）	虚假信息（次）	真实信息（次）
11 月 18 日	2	7	1	34
11 月 25 日	1	8	0	26
12 月 9 日	0	0	0	16
12 月 16 日	0	3	0	23
12 月 23 日	0	4	0	18

教师 B 课堂中产生的真实信息较多，说明教师提供给学生的问题多采用自然情景下的语言。埃利斯（Ellis）提到，成功的语言学习在很大程度上需要依赖于附带学习，因为在有意义学习的过程中，学生的学习十分有限，因此要在课堂中通过输入、互动的形式给学生提供更多的机会进行语言输出，为学生创造更多的附带学习机会。[①] 课堂中话题讨论与辩论环节产生了大量的真实信息，可以通过互动为学生创造更多附带学习的机会。

课堂片段 3

生：为什么我对中国电视剧有一些看法，比如说他们的，季节，等一下。

师：情节？电视剧的内容？

生：不是，不是情节。嗯，叫什么，嗯，an episode。

师：集。

生：对，集。（GK–B–1–T）

课堂片段 3 中讨论环节为学生创造了附带性学习的机会。课堂中的真实信息往往是为了交流，虚假信息的作用是为了核实学生的理解程度，交流作用较弱。在教师 B 的课堂中，话题讨论与辩论环节产生的真实信息有助于学习者获得新信息。此外，真实信息还能促使学生积极地运用推理能力，而不是被动地依靠记忆去学习语言。

2. 课堂话题分配

每节课教师 B 都会设计两个左右学生感兴趣的课外话题，以此为中心展开语言形式和语言功能的教学。这种教学设计既为语言形式教学提供了保障，又为学生提供了互动、自由表达的机会。教师 B 课堂中所使用的话题均是学生提供的宽话题，并未出现与教材相关的窄话题。

---

① ［新西兰］罗德·埃利斯.任务型教学法新理念与国际汉语教学[M].北京：外语教学与研究出版社，2016：71–72.

表 4-3-10　教师 B 课堂话题时间分配表

日期	宽话题	窄话题
11 月 18 日	45 分 32 秒	0
11 月 25 日	50 分 11 秒	0
12 月 9 日	47 分 56 秒	0
12 月 16 日	39 分 49 秒	0
12 月 23 日	48 分 11 秒	0

　　留学生在来华前已经形成了自身的知识结构与认知，因此学生提供的话题可以反映其原有的认知特点。课堂中不同国籍的学生阐述的观点会促使其更新原有的认知结构，如教师让学生解释为什么会提供"电视剧"的话题时，学生说："因为我刚刚看完了两部中国电视剧，以前看了很多中国的电视剧，但是一个都没有看完，这次是我第一次全部看完。我觉得中国电视剧有一些问题，他们的集数很长，但是和我们国家的电视剧相比，中国电视剧还是好得多。所以，我想知道各个国家电视剧是怎么样的。"（GK-B-1-T）由此可见，学生提供的课堂话题多是根据自己的生活见闻或是在中国的真实困惑产生的。学生通过话题讨论环节更新原有认知结构，并在与他人讨论的过程中成为其他学生的信息建构者。

3. 教学材料的使用

　　教师 B 课堂的教学材料以 PPT 为主，表 4-3-11 中没有使用教材的时间，但这并不意味着课堂中没有出现教材的内容。教师将教材内容和讨论话题及辩论题目全部呈现在 PPT 上，课堂中学生几乎没有翻开过教材。

表 4-3-11　教师 B 教学材料使用时间分配表

日期	纸质材料	PPT	板书	实物	挂图
11 月 18 日	0	74 分 36 秒	15 分 24 秒	0	0
11 月 25 日	0	79 分 25 秒	10 分 35 秒	0	0
12 月 9 日	0	84 分 42 秒	5 分 18 秒	0	0

（续表）

日期	纸质材料	PPT	板书	实物	挂图
12 月 16 日	0	79 分 57 秒	10 分 3 秒	0	0
12 月 23 日	0	83 分 28 秒	6 月 32 秒		

　　教师 B 的课堂为学生创建了良好的语境，课堂的话题为课堂交际提供信息差的同时，也促进了对不同文化的理解、交流和融合。通过对课堂观察资料进行整理发现，教师 B 在教学中所表现出的信念主要有语言意义功能观、以学生为中心的教学观和建构主义学习观。具体内容见表 4-3-12。

表 4-3-12　教师 B 使用的信念及取向

信念维度	使用信念的表征	取向
关于学科信念	·课堂以话题讨论为主（1.1） ·教师营造环境，促使学生习得语言（1.2） ·课堂中学生自由表达的机会较多（1.3）	语言意义功能观
关于教学信念	·课堂以个人活动为主，意义协商的机会较多（2.1） ·课堂话语以学生语言输出为主（2.2） ·学生在课堂中引发话语的机会较多（2.3）	学生为中心的教学观
关于学习信念	·课堂中参考性问题高于展示性问题（3.1） ·课外话题讨论较多，为不同文化之间的交流与融合提供了机会（3.2） ·学习内容不局限于教材，课堂话题和辩论题目由学生轮流提供（3.3）	建构主义学习观

　　教师 B 的宣称信念与使用信念有所不同，她宣称的学科观是语言传播观和语言本体观，但教学实践中所激发的学科观是未被宣称的语言意义功能观。此外，教师 B 宣称的以教师为中心的教学观也没有激发出相应的教学行为。

　　教师 B 的信念系统主要存在三组矛盾：第一组是宣称的语言观与使用的语言观之间的矛盾；第二组是宣称的以教师为中心的教学观与实践中激发出的以学生为中心的教学观之间的矛盾；第三组是宣称信念的内部要素自相矛盾，即教师 B 宣称的以教师为中心的教学观、建构主义学习观、语言本体观三者之间存在矛盾。从整个信念系统来看，只有宣称的语言本体观和语言传播观与宣称的以教师为中心的教学观具有相关性，宣称的建构主义学习观并未与宣称的其他信念发生关联，而是与未被察觉到的以学生为中心的教学观呈正相关。教师 B 信念系统主要有以下四个特征：（1）受到未被察觉的信念的影响；（2）宣称信念与使用信念不一致；（3）宣称信念内部要素自相矛盾；（4）使用信念内部要素呈现出高度的一致性。图4-3-1 呈现了教师 B 的信念系统。

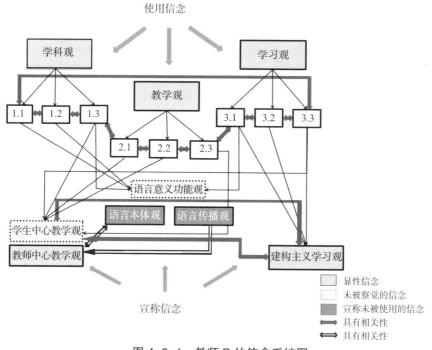

图 4-3-1　教师 B 的信念系统图

本章小结

本章以访谈和课堂观察的方式对 E、D、B 三名教师的学科观、教学观、学习观进行了详细描述，通过分析宣称信念和使用信念之间的关系，将三名教师的信念归为矛盾冲突型信念系统。

教师 E 在访谈中宣称的信念为：语言传播观、以教师为中心的教学观和以学生为中心的教学观及建构主义学习观。通过课堂观察发现，教师 E 在教学中激发的信念为：语言本体观、以学生为中心和以教师为中心两种相矛盾的教学观，以及行为主义学习观。教师 E 信念系统中的矛盾主要体现在两个方面：第一是宣称信念内部的矛盾，其宣称的教学观受到以教师为中心和以学生为中心的相矛盾的观念影响；第二是宣称信念和使用信念之间的矛盾，教师 E 宣称的是建构主义学习观，教学中激发的是行为主义学习观。

　教师 D 在访谈中宣称的信念为：语言意义功能观、以学生为中心的教学观、以教师为中心的教学观、行为主义学习观。通过课堂观察发现，教师 D 在教学中激发的是以生词和语法为主的语言本体观、以学生为中心的教学观、以教师为中心的教学观、重视练习的行为主义学习观。教师 D 信念系统的矛盾体现在宣称的教学观上，她宣称的是以教师为中心的教学观和以学生为中心的教学观。此外，教师 D 的使用信念也具有矛盾性，呈现了重视知识讲授的教学观和引发学生话语的教学观，并且教师 D 在教学中受到了没有被宣称的语言本体观的影响。

　教师 B 的宣称信念为：语言本体观、语言意义功能观、语言传播观、以教师为中心的教学观和行为主义学习观。通过观察发现，教师 B 在教学中激发的是语言意义功能观、以学生为中心的教学观和建构主义学习观。教师 B 信念系统的矛盾主要体现在宣称信念与使用信念之间的矛盾，以及宣称信念内部要素之间的矛盾。

　三名教师的信念系统虽然各具特点，但表现出的宣称信念和使用信念均不一致，并且宣称信念或使用信念内部要素之间存在矛盾。具体表现为教师在教学中会摒弃大部分宣称信念，同时受到未被察觉的信念的影响，常出现言行不一致的情况。此外，教师的信念系统受到两套理念范式影响，导致教学行为之间存在矛盾。

第五章　善于反思的妥协者——无意识操控型

本章为国际中文教师信念类型实证的第三个部分，以 C、H、F 三名教师为案例，按照宣称信念和使用信念的互动关系，将其归纳为国际中文教师信念系统的第三种类型——无意识操控型。无意识操控型的主要特征为宣称信念和使用信念趋于一致，但信念系统中存在未被教师察觉的使用信念，具体表现为教师宣称的信念在实际教学中均有所体现，同时教学活动受到未被察觉的信念的影响，教师在教学中遵循两套行为准则。

第一节　教师 C：教学中的习惯性选择

一、教师 C 的基本情况

（一）教师 C 的职前经历

教师 C 出生于 1978 年，教授，博士研究生。本科专业是汉语言文学，硕士专业是古典文献学，博士专业是语言学及应用语言学。教师 C 2004 年开始从事国际中文教育，2012 年博士毕业后正式入职 X 大学。她从事国际中文教学的过程极具戏剧性，读研期间室友参加了国际中文教师资格考试，教师 C 也跟着稀里糊涂报了名，考试过程中监考老师看她答卷很快，答题思路清晰，就问她有没有意愿做教留学生汉语的兼职教师。"教留学生真的是完全打开了一个新世界的感觉，感觉非常有意思！"（FT-C-1-LO）教师 C 做了一段时间的兼职教师后，萌生了想成为国际中文教师的念头，努力考取了语言学及应用语言学专业的博士，就此正式踏入了这个行业。

（二）执教中的关键事件

兼职初期，教师 C 在教学中遇到问题就会去请教引荐她来 X 大学国际汉学院兼职的教师，久而久之那位监考教师成了教师 C 的师父。"我觉得师父是对我教学影响最大的人，如果没有遇到师父，我可能不会从事国际中文教学，她是真正意义上带我入行的人，也是我遇到的第一位国际中文教师，对我的影响挺大的。"（FT-C-1-LO）师父经常向教师 C 强调国际中文教师要有亲和力，如果教师总是板着脸，学生会觉得你有距离感，不愿意和你交流。教师 C 的师父特别看重板书，她认为国际中文教师的板书一定得漂亮。"师父曾经和我说过，很多外国人觉得汉字难，但是他们也会觉得汉字很美，如果一个老师字写得不好看，笔顺也不对，那么你去跟学生讲汉字多么的重要，多么的美，这是很没有说服力的。"（FT-C-1-LO）教师 C 的教学风格受到师父的影响，她认为语言课要为学生营造轻松、愉快的环境。"我的教学风格是轻松而不严谨的。哈哈，我比较认可那种师生关系处理得平等一些，我不希望营造那种教师高高在上的感觉。"（FT-C-1-LO）教师 C 一直将师父告诉她的"国际中文教师要具有亲和力""板书要漂亮"视为教学基本原则，并将自己轻松、幽默的教学风格视为最引以为傲之处。

（三）专业发展现状

教师 C 是国际汉学院中较为年轻的教授，也是学院优秀的青年教师，博士毕业于北京大学，无论从教学方面还是科研方面，在教师团队中都具有引领作用。

教师 C 将自身定义为喜欢教学的语言教师，她认为通过教学可以在学生身上学到很多东西，感受多元文化，所以无论多忙，她每周都会上十学时左右的课。"现在很多老师只教研究生，不教外国学生了，或者是只教外国学生的某一门课，教学比较久的老师一般会固定所教的课程。我喜欢上课，喜欢教学，所以不管科研任务有多重，我肯定得坚持上课的，而且我也会要求自己尽量上不同级别、不同课型、不同国籍的课，甚至是不同年龄层的课。我觉得上的课越多种，可能会越好。所以，每学期我不光上中国研究生的课，留学生的课我也是必须上的。"（FT-C-1-LO）在常人看来教师 C 非常优秀，但她常常会有一种力不从心的感觉。"我来这里工作的时间比较晚，虽然是 2004 年入行，但是 2012 年才来到这里，差不多十年的时间。肯定不是一个很，嗯，怎么说呢（停顿了一下），就是应该更精进吧，但是有时候我总是感觉，自己已经很大岁数了，为什么还没有做得更好？会有很多遗憾，对于职业生涯发展规划，我就觉得我有很多事情要做，也应该做，也想做。但是呢，感觉好像做不过来，常常是这种感受。"（FT-C-2-LO）教师 C 的这种感觉在其他个案教师的访谈中也有所体现，X 大学作为一所部级直属院校，虽然没有"非升即走"的压力，但同事的教育背景和科研水平较高，无形中会对教师造成压力，而这种压力也激发了教师积极进取的信念。

二、教师 C 宣称的信念

（一）关于国际中文教育的学科信念

1.语言是交流的工具

"人们需要通过语言这种工具去实现彼此间的交流，语言也是世界观的反映。"教师 C 重视语言的社会属性，认为语言是人与人交流的工具，是人们表达思想的手段和方式。这种观点体现了语言意义功能观。

2.国际中文教育是传递媒介

教师 C 认为文化传播需要通过交流得以实现，语言是功能意义的载体。"我们平时常说的就是汉语国际推广和中华文化传播，对吧？其实推广语言就是等于说找到一个途径、一个中介，让我们和不说汉语的人能够交流。

因为一旦要借助第三方（语言），那这种信息可能就会流失。所以，我觉得国际中文教育最根本的还是人和人之间的交流。特别是不同语言背景、不同文化背景之间的交流。"（FT-C-1-LO），教师 C 认为语言的主要作用是帮助我们将信息传递出去，即是为了表达意义而使用的工具，语言使用过程就是交际的过程，这体现了教师 C 的语言意义功能观。

3. 学科的本质是交流

"课堂上最重要的就是要教会学生用汉语去交流、去交际。"（FT-C-1-LO）教师 C 认为第二语言课堂主要是通过语言知识的学习，将想法传递出去，进而实现交际。教师 C 的语言观基于社会语言学立场，认为语言的主要作用是实现人际功能，关注语言意义在社会交际中所起的作用。

（二）关于国际中文教育的教学信念

1. 根据学情进行教学

教师 C 认为一节成功的语言课需要教师掌握足够的理论知识，根据学情进行教学，在教学的过程中要充分调动学生的积极性。"我觉得好的语言课要基于学情。应该是老师知道学生需要什么，也知道怎么传递给学生。学生提出问题，教师能够用专业理论给他提供既科学又容易接受的答案，而不是简单地告诉他，这是我们的语言习惯。教师需要营造一个轻松、愉悦的氛围，这样学生可能就愿意开口。"（FT-C-1-LO）教师 C 从教师的角度阐述了一节成功的语言课的保障条件：第一，教师要为学生营造轻松的学习环境；第二，教师要根据学情进行教学；第三，教师要引导学生多说。教师 C 的观点体现了以学生为中心的教学观。

2. 要教会学生用语言去交际

"刚才我提到语言的本质是交流，在具体的教学中要寻找合适的话题，让学生产生想说的欲望，还得教会学生怎么能把想说的表达出来。这时候就涉及一些技术层面的东西，比如说要有足够的词汇知识、相应的语法知识，然后运用这些知识去交流。"（FT-C-1-LO）教师 C 认为语言知识的教学主要是为实现交流提供保障，访谈中教师 C 反复提到的"交际"指的是在第二语言教学中以语言功能为纲，强调学以致用原则，通过创设接近自然的情景锻炼学生的语言能力。

3. 教师是课堂的引导者

"我们一直在倡导学生是主体，但是不同文化背景的学生有自己的学习习惯，我们推崇的'学生是主体'的教学理念，并不是所有国家的语言课都是这么做的。这样就导致了我用这种理念去教学，至少有很长一段时间他们并不能接受。真实的课堂是我给他们充分的自主权，让他们作为教学活动的主体设计自己的活动，结果往往是活动我给学生了，但学生经常做不到。这个时候不知不觉又变成了我来演示给学生看，教师又变成了课堂主导者，久而久之讲授成了教学习惯。但我觉得，既然语言课必须要让学生多说，那教师在课堂中的作用一定是引导者，而不是主角。"（FT-C-1-LO）卡尔德海德认为，反思是教师职业发展的决定性因素，有助于解决教育实践与理论脱节的问题。① 从访谈中可以看出，教师 C 对理论与实践之间的关系进行了反思。国际中文教育的学生有不同的文化背景，他们来到中国的时候，对师生关系、语言学习已经形成了固有认知。因此，很多学生并不适应以学生为中心的教学，导致课堂中学生作为活动主体完成度并不是很好，课堂经常会在不知不觉中从以学生为中心回归到以教师为中心。由此可以看出，教师 C 用审视的眼光看待自己在教学中的角色，对课堂保持着警醒状态。

从教师宣称的教学观可以看出，教师 C 认为教师在课堂中的作用是引导学生多开口，以实现交流，这与其宣称的"认可师生平等""不希望营造高高在上的感觉""希望给学生营造轻松愉悦的学习氛围"具有正相关性，反映了教师 C 以学生为中心的教学观。

---

① Calderhead J，Gates P. Conceptualizing reflection in teacher development[M]. Bristol：The Falmer Press，1993：21.

（三）关于国际中文教育的学习信念

1.学习语言一定要有足够的付出

在谈到如何学习语言时，教师 C 说："从我自己学外语的经历来讲呢，学语言一定得有足够的付出，不付出肯定是不行的。你需要在语言情景中学习足够的语言知识，还有我觉得很重要的一点就是，至少得敢说、爱说，有一个爱表达的态度和勇气。"（FT-C-1-LO）教师 C 认为学好语言的最低标准是学生敢于表达，课堂中语言知识的教学需建立在实际情景中。教师 C 倡导的是以建构主义学习观为基础，通过创设恰当的语言情景，引发学生主动表达的教学模式。

2.要在真实的情景中考察学生的语言能力

教师 C 认为考试是从考题完成度方面对学生进行的评价，并不能完全真实地反映出学生的语言水平。"我觉得评价学生还是要看他真正实际应用语言的能力，让他用语言去解决一些具体的问题，就像我刚才提到的语言的根本目的是交流，那给他设计一个真实场景下的语言任务，看他完成了多少。比如，我让你完成十个语言任务，那你只完成了六个，那可能就是百分之六十，这样可能相对做到量化。要评价语言学习还得是在真实场景下考察具体的语言交流才能更好。"（FT-C-1-LO）教师 C 不赞成通过传统考试的方式评价学生，她认为通过学习过的词语、句子来考察学生的语言能力是不全面的。"理论上告诉我们说应该是考查学生'can do'的能力，你能用所学到的做什么。但是，其实我们考察的都不是说你能做什么，而是你学过了哪些词、句子，等等。我觉得这些东西并不能真正考察出语言情况。"（FT-C-1-LO）教师 C 重视学生用语言做事情的能力，在她看来语言的根本目标是交流，所以对学生语言能力的考察一定是在真实的情境中进行。传统的考试是通过试题的完成度来评价学习者的语言水平，这并不符合第二语言教学的根本目的。教师 C 宣称的是注重学生真实语言运用能力的建构主义学习观。

3.学生是课堂的主体

"学生肯定是课堂的主体，近些年提倡的任务型教学，其实就是老师把活动要求给学生，所有的东西都让学生去做，但教学中我给学生安排了任务，让他们做生生互动，学生的完成度并不是很好，这样学生的主体作用是不是没发挥出来呢？所以我觉得理论是理论，实践是实践，可能不同时期倡导的实践又不一样了吧。"（FT-C-1-LO）在谈到学生在课堂中的角色时，教师 C 再一次表现出对理论与实践关系的反思，可见在教师 C 的信念中对师生角色这一问题存有疑问。在教学中，教师 C 将课堂自主权交给学生，但效果并不理想，所以引发了学生的主体作用到底有没有发挥出来的疑问。从访谈来看，教师 C 显然对这个问题还没有答案，只是暂时将其总结为"理论是理论，实践是实践，可能不同时期倡导的实践又不一样了吧"。加拿大教育家马克斯·范梅南（Maxvan Manen）根据反思所涉及的对象和性质，将反思性教学划分为三个层次：一是技术合理层次，依据教师的个人经验对事件进行反思，这一层次往往看不到反思目的的存在，属于反思的最低水平；二是实用行动层次，高于第一个层次，能够对系统和理论进行整合，通常认为教学事件中存在问题，对事件的解释以教师主观看法为基础，不只是停留在对问题发现的阶段；三是批判反思层次，指教师以开放的意识，能够整合道德与伦理的标准，不带个人偏见地关注对学生发展有益的知识。[1]根据事件描述，教师C的反思处于层次一和层次二之间，即认识到理论与实践之间的差异，并且对学生的主体地位能否得到充分发挥进行了思考，但该阶段的反思仅停留在主观认识层面。虽然教师 C 意识到了理论与教学实践之间存在矛盾，但无法对矛盾做出解释，依然坚信以学生为中心的观点。这说明教师 C 的这一观点并非通过反思获得的，而是源于主观认知。教师 C 对问题的反思还没有上升到通过理论获得反思目的的层次，只能主观地认为理论在现实面前会降级，甚至出现不一致的现象，但并未找到问题的根结所在。

　　教师 C 宣称的信念是语言意义功能观、以学生为中心的教学观、建构主义学习观，三种宣称信念呈现出一致性，下面用表 5-1-1 展示教师 C 宣称的信念。

---

[1]　Pultorak E. Following the developmental process of reflection in novice teachers：Three years of investigation[J]. Journal of Teacher Education，1996，47(6)：283-298.

表 5-1-1 教师 C 宣称的信念及取向

信念维度	宣称的信念	取向
关于学科信念	①语言是交流的工具。 ②国际中文教育的本质是实现不同语言、不同文化之间的交流。 ③国际中文教学最重要的是教会学生用汉语去交流。	语言意义功能观
关于教学信念	①教学要关注学生的学习需求。 ②教学要借助话题，教会学生表达。 ③教师是课堂的引导者，并非主角。	以学生为中心的教学观
关于学习信念	①语言学习要在情景中进行。 ②考试不能反映出汉语学习者的真实水平。 ③学生是课堂的主体。	建构主义学习观

三、教师 C 使用的信念

教师 C 使用的信念主要通过对常规课的观察，辅之以课后访谈和实物收集而推断得出。在资料收集时，笔者对教师 C 进行了八次课堂观察，其中三节课进行了正式录像。由于受篇幅所限，对教师 C 的使用信念呈现为三节正式录像课（表 5-1-2），其余五节课作为佐证资料。

表 5-1-2 教师 C 的课堂观察内容

教学内容	课程类型	教学时间
《为什么我一个人站着吃》	新授课	90 分钟
《我这里一切都好》	新授课	90 分钟
《我要去埃及》	新授课	90 分钟

（一）关于国际中文教育的学科信念

1. 课堂活动项目

复习、语言点讲授、交际性活动是教师 C 每节课的必备环节，见表

5-1-3。复习环节多以教师领带学生一起回顾课文内容为主；语言点讲授环节教师没有对生词、语法、课文三者进行明显区分，多以其中一个语言形式讲授为主，融合话题将其他语言形式渗透到其中；课堂中交际活动占时最多，课堂以活动为主，形式有课堂游戏等。下面用课堂片段 1 来呈现教师 C 将语言形式与话题讨论相融合的场景。

表 5-1-3　教师 C 课堂活动时间分配表

课堂项目　　日期	11 月 18 日	11 月 25 日	11 月 27 日
课堂项目	0	③ 20 分 12 秒	0
复习 ①做教材中的练习 ②读生词、语法及其他相关句子 ③按照课文进行复习 ④通过讲解作业进行复习	③ 4 分 45 秒	③ 3 分 50 秒	③ 4 分
导入 ①用图片（视频）或者问题引导学生说出相关话题 ②用动作引导学生说出课文相关词汇 ③用任务引导学生说和课文相关的话题 ④直接向学生介绍课文内容	0	① 2 分 40 秒	0
生词、语法和句型、课文讲练 ①生词讲练 ②语法和句型讲练 ③课文讲练	① 25 分 ③ 6 分 27 秒	①② 25 分 20 秒 ③ 5 分 38 秒	①② 37 分 18 秒 ③ 10 分 32 秒
①课堂表达练习 ②课堂任务活动 ③教材课后题练习	③ 20 分 24 秒 ① 20 分 37 秒	① 15 分 17 秒	① 16 分 49 秒 ③ 8 分 2 秒
课堂游戏	0	17 分 3 秒	13 秒 19 秒
其他（点名、总结等）	发音练习： 12 分 47 秒	0	0

课堂片段 1

师：还有一个词是"礼貌"，可以说有礼貌，没有礼貌。问女士的年龄是不礼貌的。我们上次说每个国家都有自己的礼貌，可是什么才是"礼貌"呢？大家的看法都不太一样，有的在这个国家没问题，可是在别的国家却是不礼貌的。那你们知不知道中国和你们国家的"礼貌"有什么不一样？比如说在中国这样可以，在你的国家不可以；或者是在你的国家可以，在中国不可以。有没有同学谈一谈？

生1：嗯，见朋友洗头发是礼貌。

师：那如果不洗头发呢？

生1：不尊重！

师：嗯，和朋友见面要洗头，如果不洗头是不尊重。那在中国呢？

师：在中国要不要洗头发？

（学生沉默）

师：在中国如果和朋友见面，你看上去不好（指着自己的脸）也不行，但不是洗不洗头的问题，他要看你的全部情况。所以说韩国同学如果戴帽子，可能是今天他太忙了，没时间洗头发。觉得不礼貌所以戴帽子，可能这个和中国不一样。

生2：我听了在中国，嗯，在中国不送人，玫瑰熊。

生2：嗯，玫瑰熊，你知道吗？

师：玫瑰？玫瑰熊？

生2（指着手机中的图片）：嗯，你看，这个！

师：啊，不可以送这个吗？为什么？

生2：我听了，如果有人，有人死了，嗯，别人给他的家送一个玫瑰熊。

师：我不知道是不是在中国有的地方是这样，但我没有听说过这个事情。你的意思是说，在中国一定是他们家有人去世了才会送玫瑰熊？所以不能轻易送玫瑰熊，对吗？

生2：对，对。

师：啊，在中国不能送给别人钟，"钟"你知道吗？不是手表，但是也能看时间，挂在墙上，我们能看时间，现在是五点半，现在是七点半。钟！

　　生 2：明白了。

　　师：在中国不能送"钟"，如果给别人礼物送"钟"的话是不礼貌的，"送钟"的意思是他死了，所以不能送钟。玫瑰熊我没听过，我不知道是不是有的地方不能送玫瑰熊，但是"钟"一定是不行的。（GK–C–1–L）

　　课堂片段 1 中教师 C 没有对生词的含义和用法进行讲解，而是通过举例的方式让学生习得语言。如讲"礼貌"时，教师直接告诉学生"问女士的年龄是不礼貌的"，以举例的方式让学生明白"礼貌"的含义。在学生理解词义后，以话题讨论在自己国家和在中国礼貌行为的区别，加深学生对生词的理解和运用。对后面的对话中出现的生词"钟"，教师也并未给出定义，而是通过形容钟的样子让学生明白其含义，可见教师 C 对生词的处理倾向于以儿童获得母语的习得方式进行。根据克拉申（Krashen）的语言习得理论假说，习得是一种下意识掌握语言的过程，语言习得者通常意识不到他在习得一种语言，只知道是为了交际而运用这种语言。课堂片段 1 中生 2 连续两次将"我听说"说成"我听了"，但教师 C 并未对其进行纠错。教师 C 在课后访谈中表示："首先他们是初级学生，对他们来说最重要的是能通过汉语表达出他们的想法，而且如果教师一味地纠错也会影响他们的表达和学习汉语的兴趣。一般在初级阶段，只要是不影响交际的情况下，我很少进行纠错。"（FT–C–1–LN）

　　教师 C 对语言知识的讲授与她宣称的语言知识要在真实语境中获得学习具有一致性。教师 C 认为语言的目的是为了交流，语言教学是为了实现交际的目的，在不影响交际的情况下，教师的纠错会影响学生的表达和学习兴趣。教师 C 在实践中激发出的注重语言信息传递的教学行为，体现了语言意义功能观。

2. 课堂话语内容

教师 C 课堂中的程序性语言主要是用于引导或回答问题，表 5-1-4 显示，前两节课的程序性语言时间较长，这是因为在这两节课中学生提出的问题较多，教师回答学生的问题产生了相对较长的程序性语言。课堂中没有出现明显的纪律性语言，而且虽然产生了较多的语言形式时间，但传统的语言知识讲练不多，语言形式教学以情景对话为主。也没有明显的机械性操练，语言功能的产生主要用以解释汉语中的一语双关，如"脸色不好"分为生病看起来脸色不好和由于生气引起的脸色不好。另外，课堂中的话题多与语言形式相融合，没有出现脱离语言形式讨论话题的情况。

表 5-1-4　教师 C 课堂话语内容时间分配表

日期	管理内容		语言内容			其他
	程序性	纪律性	形式	功能	语篇	话题
12 月 1 日	6 分 57 秒	0	53 分 14 秒	8 分 6 秒	0	18 分 14 秒
12 月 16 日	4 分 23 秒	0	30 分 58 秒	5 分 14 秒	0	25 分 3 秒
12 月 28 日	2 分 49 秒	0	47 分 50 秒	6 分 56 秒	0	20 分 57 秒

教师 C 对语言形式的讲解按照"营造情景—给出例句—在情景中练习语言形式"的顺序展开，如在讲解"V 着 V"语法时，PPT 中出现了坐着、站着、躺着的卡通图案，教师分别用"这是怎么听音乐"等问题，引出"坐着听音乐、站着听音乐、躺着听音乐"三个例句，通过图片直观呈现"V 着 V"的用法。讲完 PPT 的三个动作后，教师继续问"你们喜欢怎么样听音乐"，引发学生基于语法点的对话。随后教师又问"那你们喜欢怎么上课"，加强语言点在实际情景中的应用，体现了教师注重培养学生语言理解和在真实情景中运用的信念。

图 5-1-1　教师 C PPT 截图（R-C-20201228）

3. 学生语言模态分配

教师 C 的课堂中学生主要以"听"和"说"的语言模态为主。"听"的语言模态主要产生于教师引导学生语言输出或知识点讲授；"说"的语言模态主要产生于讲授生词环节所引发的话题讨论；未出现学生"写"的语言模态；"读"的语言模态产生于学生朗读课文或半机械的替换式练习。

表 5-1-5　教师 C 课堂语言模态时间分配表

日期	听	说	读	写
12 月 1 日	64 分 17 秒	20 分 11 秒	5 分 29 秒	0
12 月 16 日	59 分 46 秒	29 分 4 秒	1 分 10 秒	0
12 月 28 日	62 分 7 秒	23 分 49 秒	4 分 4 秒	0

课堂片段 2（课堂话语模态——说）

PPT 上显示功能句：

【后悔】to express regret

（1）真可惜。

（2）要是早点来就好了。

师：你们知道什么是"后悔"吗？

生1：知道。

师：那你最后悔的事是什么？有没有后悔的事？

生1：有。

师：那什么事让你最后悔呢？

生1：后悔花很多钱。

师：哦，所以你怎么说？你可以怎么说？

生1：真可惜，花很多钱。

师：真（拉长音）可惜你花了很多钱。那你要是什么就好了呢？

师（见学生没反应，继续说）：花了很多钱，我很后悔，我就想，如果我什么什么就好了。

（学生沉默）

师：现在我觉得花了很多钱，我后悔了，我就想，要是少花一点钱就好了，是吗？

生1：是啊。

师：生2，你有没有后悔的事？

生2：考试准备的时候。

师：啊，生2后悔的是上次考试准备得不够多，真可惜准备的太少了！那我用这个句型怎么说呢？

生2：要是一点努力。

师：要是努力一点就好了，"努力"是个形容词，后面说"一点"。要是努力一点就好了，或者要是多准备点就好了。（GK-C-2-L）

教师C的每节课都会产生约二十分钟的"说"的语言模态，而且多是结合情景的交际性练习。课堂中"说"的语言模态主要产生于以教材内容为基础结合学生自身认知的开放性话题环节。此外，"说"的语言模态不仅产生于课堂，教师还将作业布置成"说"的任务。如作业为：你来中国之前，别人告诉你中国怎么样？（……告诉我；我听说……；我听……说）

课堂中学生"听"的语言模态用时最多，多产生于教师的讲解、反馈、纠正、引导。在自然的语言环境中，听、说一体，说话者和听说者的角色会随着话轮更迭发生变化。课堂中学生"听"的语言模态除了产生于知识点教学环节，还用于教师引导学生有效语言输出的情况。

课堂片段 3（课堂话语模态——听）

师：起床以后别人和你说的第一句话是什么？

生：起床的时候，我哥哥告诉我，我，我以为，夜猫子。但是，其实你不是夜猫子。

师：你在告诉我们哥哥说了什么。你应该说，"起床以后哥哥告诉我，他觉得我是夜猫子"，对不对？他觉得你是夜猫子，不是说你是夜猫子，所以这个是转述。（配有扭转的手势语）

生：他说，嗯，我以为你是夜猫子，其实你不是夜猫子。

师：嗯，那就是哥哥告诉我，他以为我是夜猫子，其实我不是夜猫子。对吧？

生：对！

师：所以哥哥告诉我什么什么。因为这是转述，相应地把人称代词进行转化，所以要把"你、我、他"换一下。（GK-C-1-L）

课堂片段 3 中教师对学生的语言输出进行了纠错，学生不会"我以为"的用法，导致了交流信息不畅。教师用元语言提示的方式对其进行纠错，使学生可以更明确地表达信息。这与教师 C 课后访谈中谈到的只有在影响交际的情况下才会进行纠错的观点相符合。虽然在教师 C 的课堂中"听"的语言模态占时较多，但"听"的目的是为了让学生有更好的语言输出，体现了教师 C 的语言意义功能观。

（二）关于国际中文教育的教学信念

1.课堂组织形式

表 5-1-6　教师 C 课堂组织形式时间分配表

日期	全班活动时间			小组活动时间		个人活动时间	
	师生活动	生生活动	全班活动	相同任务	不同任务	相同任务	不同任务
12 月 1 日	77 分 33 秒	0	0	0	6 分 6 秒	0	7 分 57 秒
12 月 16 日	62 分 20 秒	0	0	0	7 分 35 秒	0	20 分 5 秒
12 月 28 日	69 分 1 秒	0	0	0	5 分 49 秒	0	15 分 10 秒

教师 C 的课堂以全班活动为主，小组活动和个人活动时间较短，表 5-1-6 显示的小组活动时间和个人活动时间明显少于表 5-1-3 中显示的课堂表达时间，这是因为虽然每节课教师 C 都会设计课堂表达活动，但课堂表达练习往往是面向全体学生，并没有指定某人回答或者分组进行讨论，因此出现了课堂表达活动时间较长，但个人活动和小组活动较少的现象。下面用课堂片段 4 来具体说明这一现象。

课堂片段 4

师：在你们的语言里，如果你的朋友看起来脸色不好，可能昨天很累或者生病了，你会说什么呢？汉语会说："你的脸色不太好，病了吗？不舒服吗？"在你的语言里，你会怎么说呢？

生 1：我觉得和中国一样。

生 2：我说，你的脸怎么了？

师：哦，你的脸怎么了。也是觉得他很累或者生病。

生 3：和中国一样。（GK-C-2-T）

在课堂片段 4 中教师 C 为学生提供了较多自主发言的机会，但话题讨论以"一对多"的方式进行，学生根据自己的意愿进行回答，这充分解释了为什么表5-1-3中课堂表达较长，而表5-1-6中个人活动时间较短。在教师C的课堂中，全班活动除了话题讨论外，还设计了适合全体学生参与的课堂游戏环节。

课堂片段5（课堂游戏环节）

师：我们来玩一个画图的游戏，我来形容我家的位置，你们一边听一边画。我家门前是一条马路，左边有一家中国银行，右侧很近的地方是一家药店。穿过门前的马路继续向前走的话，大概步行6分钟有一家非常好吃的饭店。请同学们根据我的描述画出我家的位置。

图5-1-2　课堂中部分学生作业截图（R-C-20201216）

课堂片段6（课堂游戏环节）

师：还有十几分钟下课，我的电脑里有一首歌，是一首非常欢乐的中文歌曲，歌词里会提到很多身体部位。我们先听一遍，可能有的同学听过，如果你会唱可以跟着一起唱。

（歌词：拍拍你的手，动动你的脚，你的脚；甩甩你的头，你的头；耸耸你肩膀，你肩膀……）

师：你会唱了吗？现在我们要跟着音乐中的指令一起跳舞了！我们上了一节课了，可能很累，现在要跳起来啦！

音乐再次响起……

师：同学们跳得非常好，刚才歌曲中说，拍拍你的手（教师做出

拍手的动作）。耸耸你肩膀，肩膀在哪里？（学生指向自己的肩膀）扭扭你的腰，腰在哪里？……（GK-C-2-T）

课堂中的师生活动并非传统的语言讲授，而是以课堂游戏、交际性话题为主。教师C善于通过全班活动促进学生的语言习得，如在课堂片段4中全班活动以锻炼学生交际能力为主，课堂片段5和课堂片段6是以锻炼学生的听说能力为主。在课堂片段6中采用的活动是中国幼儿园常用到的"跟着指令做动作"游戏，在游戏中学生的关注点主要集中在歌曲传达的信息，而并不是语言结构和词汇。最开始有的学生较为腼腆，未沉浸在活动中，但在教师和其他同学的带动下，都较好地完成了舞蹈。歌曲结束后，教师以提问的方式带领学生对歌词中提到的生词进行了巩固。在教师C的课堂中，全班活动是由教师提前设计的，并非随机产生，教师对活动的设计旨在让学生习得语言。虽然课堂产生的全班活动时间较长，但以发挥学生主观能动性的师生活动为主，体现了教师C的语言意义功能观和以学生为中心的教学观。

2. 课堂话语内容控制

教师C对教学活动内容的设计注重激发学生的主观能动性，但在课堂内容控制上和话语输出上则以教师为主。表5-1-7显示，教师控制课堂话语时间较长，学生控制课堂话语和师生共同控制课堂话语的时间相近，说明在课堂中学生与教师互动的机会虽然较多，但互动内容以教师控制为主。这与教师C在访谈中提到的"很多理论在实际教学中的效果并不是很好，不知不觉中又变成了教师在讲，最后导致教学中习惯性地选择讲授法"相一致。虽然教师C未宣称以教师为中心的教学观，但她已经意识到在目前课堂中存在着理论与实践的矛盾。由于她对矛盾的反思尚停留在主观经验层面，所以并没有通过反思获得有效解决矛盾的路径，从而其教学常在两组相矛盾的教学观中摇摆不定。

表 5-1-7　教师 C 课堂控制时间分配表

日期	教师控制	学生控制	师生共同控制
12 月 1 日	43 分 31 秒	25 分 43 秒	20 分 52 秒
12 月 16 日	39 分 6 秒	23 分 9 秒	27 分 45 秒
12 月 28 日	40 分 11 秒	28 分 3 秒	21 分 46 秒

3. 课堂话语引发

在教师 C 的课堂中教师引发话语的次数和学生引发话语的次数相差不多，但从表 5-1-8 中可以看出，学生被动引发话语的次数明显多于主动引发话语的次数，这说明学生在课堂中的发言多是为了回答教师的问题。

表 5-1-8　教师 C 课堂话语引发统计表

日期	教师引发（次）	学生引发（次）	
		主动	被动
12 月 1 日	124 次	17	90
12 月 16 日	107 次	9 次	88 次
12 月 28 日	115 次	16 次	82 次

教师 C 的课堂话语引发基本上是按照 IRF 话语互动模式展开的，学生在课堂中获得了一定的发言机会，但语言输出量较少，多以生词或短语形式呈现。IRF 话语互动模式虽然可以调动学生的积极性，提高课堂的开口率，但话语内容多局限于课本，学生缺少成段表达的机会。在第二语言课堂中，学生主动引发话语才有可能获得自主的语言交际机会。

课堂片段 7

师：生 1，你都会哪些乐器呢？

生 1：我对乐器不感兴趣！

师：啊，这个说得很好！他说"我对乐器不感兴趣"，以前我们学过"我什么乐器也不会"，所以说我不会弹钢琴，不会弹吉他，什么也不会。生 2，吉他容易学吗？

生 2：我觉得不太难。

师：哦，真的吗？生 3，弹钢琴容易吗？

生 3：容易！

师：生 2 说弹吉他容易，生 3 说弹钢琴容易，可是为什么我什么都不会。生 4，你觉得他们说的是真的吗？

生 4：哈哈，真的。（GK–C–1–T）

课堂产生的话语主要源于教材的内容扩展，课堂片段 7 中教师 C 为了使更多的学生获得语言输出的机会，采取主动引发话语的方式。在这种互动模式下，学生的整体开口率高，但每个学生的话语输出质量较低，以被动回答为主，体现了教师 C 以教师为中心的教学观。

（三）关于国际中文教育的学习信念

1. 课堂话语互动信息差

教师 C 课堂产生的请求信息数量明显高于给出信息数量。给出信息中的可预测信息主要产生于教师在知识点讲解中的自问自答；不可预测信息主要产生于学生不清楚教师的提问。在请求信息中真实信息量略多于虚假信息量，这说明教师的提问以开放式问题为主，在师生问答中完成了对语言形式的意义建构。教师 C 的课堂中真实信息产生的方式有两种：一种是为了加深学生对语言点的理解而展开的话题，如在讲到"特点和特长"时，产生了"你有什么特点"的真实信息。这类真实信息的产生既提升了课堂的开口率，又反馈了学生对语言点的掌握情况。另一种真实信息的产生是基于语言交际，如教师在课堂活动环节询问不同国家的人对于"礼貌"的看法。表5-1-9 中虚假信息出现的次数少于真实信息，这与教师的讲课风格有很大的关系。教师 C 习惯通过提问的方式加深学生对语言形式的理解，如教师 C 在讲授"吃得了，吃不了"的时候，询问学生："每天喝五杯咖啡你喝得了吗？一次吃一碗米饭你吃得了吗？一次吃十碗饭你吃得了吗？"教师 C 善于在情景中建构学生对语言形式的理解，倾向于建构主义教学观。

表 5-1-9　教师 C 课堂信息差统计表

日期	给出信息		请求信息	
	可预测信息（次）	不可预测信息（次）	虚假信息（次）	真实信息（次）
12 月 1 日	14	2	58	62
12 月 16 日	10	4	49	69
12 月 28 日	5	1	47	58

2. 课堂话题分配

教师 C 的课堂话题分布与其他个案教师的情况有所不同，其课堂中宽话题产生于课堂讨论环节，窄话题主要产生于知识点讲解环节。表 5-1-10 中的数据显示，话题时间约占整个课堂的 20% ～ 30%。单从数据上来看，教师 C 课堂话题产生的时间与其他个案教师相比并不突出，但课堂观察发现，教师 C 的课堂话语引发数量明显高于其他个案教师。这是由于教师 C 引发的话语较多，但学生多以简短的回复为主，因此没有产生成段的讨论，从而导致课堂话题占时不多的现象。

表 5-1-10　教师 C 课堂话题时间分配表

日期	宽话题	窄话题
12 月 1 日	10 分 11 秒	8 分 3 秒
12 月 16 日	12 分 3 秒	13 分
12 月 28 日	10 分 55 秒	10 分 2 秒

课堂片段 8（窄话题）

师：生 1，在韩国一万块的裤子是不是太便宜了？

生 1：嗯，我，我不知道。

师：一万块韩币是人民币多少钱？

生 1：一块是多少万？

师：一块钱就是一元钱，人民币一千块可能是韩币十万的样子。所以，你知道人民币一千块是你们国家的多少钱吗？（望向生 2）

生 2：大概是一千九。

师：所以一条裤子一千块人民币在沙特阿拉伯贵吗？

生 2：有点贵。

师：一千块人民币在俄罗斯是多少钱？

生 3：卢布。

师：嗯，是多少卢布呢？

生 3：一万和一千。

师：所以一万卢布在俄罗斯（买一条裤子）贵吗？

生 3：我觉得有点贵。

师：嗯，在中国一千块的裤子，我可以说，太贵了！（GK-C-2-S）

课堂片段 9（宽话题）

师：还有几天就冬至了，冬至的时候会吃饺子。饺子你们吃过吗？很有特色的中国美食。

生：吃过！

师：哪位同学能介绍你们国家的美食吗？

生 1：我们国家最有名的是辣白菜。

师：能介绍一下做法吗？

生 1：有酱，辣椒酱做的。那么完了，真的很好吃。

从课堂片段 8、9 可以看出，教师 C 的课堂中经常会出现基于真实事件产生的多元文化话题，如课堂片段 8 中的"汇率"和课堂片段 9 中"不同国家的美食"，学生可以在跨文化的真实情景中获得语言输出的机会。在课堂片段 9 中，学生介绍完辣白菜的做法后用"那么完了"来结束话题，教师并未进行纠正，说明教师对语言表达类的错误容忍度较高，更注重学生对语言意义本身的理解，体现了教师 C 的建构主义学习观。

3. 教学材料的使用

教师 C 在课堂中准备了丰富的教学材料，如实物、挂图、PPT，其中 PPT 使用的时间最长，几乎没有出现纸质材料。这是因为教师 C 把教材的内容呈现在 PPT 上，并将语言知识点融在对话中进行，因而课堂中需要记录的内容并不多，上课时学生大部分时间都是看着 PPT 听讲。教师 C 课堂中板书的应用率不高，只有讲到发音的时候才用到板书。如讲到"天啊"的发音时，教师 C 在黑板上写"Tiana"，告诉学生要连读，读成"天哪"，板书的应用多是为了具体讲解某个知识点，多以简短的记录为主。

表 5-1-11　教师 C 教学材料使用时间分配表

日期	纸质材料	PPT	板书	实物	挂图
12 月 1 日	0	85 分 47 秒	4 分 13 秒	0	0
12 月 16 日	0	73 分 27 秒	6 分 3 秒	0	10 分 30 秒
12 月 28 日	0	80 分 46 秒	0	9 分 14 秒	0

教师 C 的课堂中 PPT 的应用除了呈现课本知识外，还用于展示视频资源。有一节课的生词是以身体器官为主，教师用 PPT 播放认识身体的中文歌曲，节奏欢快，歌词中"给我你的手，给我你的手，给我你的脚，给我你的脚"对所学的生词不断复现，结合视频中的动作，学生轻松地掌握了生词。教师 C 在教学材料上还借助实物和挂图，对生词进行操练。视觉辅助是理解概念和传达信息的有效工具，能够快速帮助学生弄清楚知识结构，提高课堂学习效率。教师 C 对教学材料的选择并未拘泥于传统的教师单方面提供，她还将学生自制的材料作为教学材料，如有一节课的小组活动是根据对方的描述画出他的家附近的建筑及地图，然后两个人交换所画的地图并进行说明。这类的小组活动让学生自制的材料成了语言学习的材料。

教师 C 的课堂以真实信息为主、为学生提供交流机会、话题多、教学材料丰富、学生有机会自制教学材料，这些都体现了教师 C 的建构主义学习观。

　　通过对教师 C 课堂活动特征进行分析，可以推断出这些活动背后所隐含的使用信念。教师 C 在教学实践中激发的是语言意义功能观、以学生为中心的教学观、以教师为中心的教学观、建构主义学习观，下面用表 5-1-12 呈现教师 C 使用信念的具体内容。

表 5-1-12　教师 C 使用的信念及取向

信念维度	使用信念的表征	取向
关于学科信念	·强调语言习得（1.1） ·课堂交际性活动多（1.2） ·教师引导学生进行表达练习（1.3）	语言意义功能观
关于教学信念	·教学以能发挥学生主观能动性的活动为主（2.1） ·课堂话语以教师控制为主（2.2） ·师生互动以 IRF 话语互动模式为主，学生自主引发话语的机会较少（2.3）	以学生为中心的教学观 以教师为中心的教学观
关于学习信念	·课堂中的参考性问题较多（3.1） ·学习内容多基于现实情景展开（3.2） ·学生的练习有机会成为教学材料（3.3）	建构主义学习观

　　教师 C 的宣称信念分别有语言意义功能观、以学生为中心的教学观和建构主义学习观，三者呈现出一致性。教师 C 在教学实践中激发的是以教师为中心和以学生为中心的两种相矛盾的教学行为。其中，以教师为中心的教学观并未被宣称，在访谈中笔者问及关于学生在课堂中的角色时，教师 C 表示"自己按照以学生为中心的理念设计教学活动，但不知不觉又变成了教师主讲"。由此可见，教师 C 在主观层面意识到了课堂中理论与实践的矛盾，但并未进行深入反思，由此导致教学中受两组相矛盾的教学观的控制。教师 C 信念系统中的主要矛盾出现在教学观上，具体见图 5-1-3。

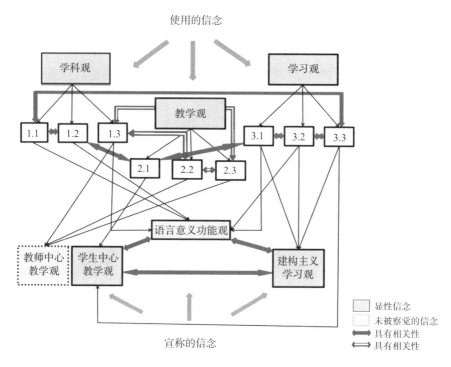

图 5-1-3　教师 C 的信念系统图

第二节　教师 H：考试文化的隐性渗透

一、教师 H 的基本情况

（一）教师 H 的职前经历

　　教师 H 出生于 1982 年，讲师，硕士研究生。硕士毕业于 X 大学的汉语国际教育专业，研二开始在 X 大学任教，经过两年的试用期，于 2012 年正式与 X 大学签订合同，成为国际汉学院预科部的一员。教师 H 研究生毕业时打算去加拿大教学，就在她通过各项外派资格审核时，收到了 X 大学的教师录用通知，教师 H 选择放弃去加拿大，留在 X 大学任教。教师 H 认为，当初选择留在 X 大学教书是对的。"现在找工作这么难，外派需要两年时间，如果当时去加拿大了，可能回来后就没有办法留在 X 大学了。"（FT-H-1-LO）

（二）执教中的关键事件

在教师 H 看来，对她影响最大的事件发生在工作的第二年。"刚来 X 大学任教时，我属于研究生代课教师，所以是和其他代课教师一个办公室，工作第二年签订了合同就搬到了正式老师的办公室。新的办公室同事之间的沟通、交流都变得不一样了。"（FT-H-1-LO）这次办公室调整对她的授课方式及对教师角色的认知都产生了变化。"过去我从学生的角度去看问题，更多的是去体谅学生，去维护他们的利益。但是，当你站在教师的角度，你可能看得更高一些，管理学生的方式也会变得不同。"（FT-H-1-LO）教师 H 认为站在教师的角度，既要考虑到学生，也要考虑到学校的利益。"你要保质保量地完成教学任务的同时，还不能让学生产生反感的情绪。这些都是去了新的办公室以后我学到的东西，对教学管理和课堂的活动组织，确实是和有经验的老师在一起会学习到更多。"（FT-H-1-LO）工作的第二年，教师 H 从"代课教师"转为"正式教师"，随着身份的变化，教师 H 从只考虑学生转变为兼顾学校的利益，办公室的调整促使她从多元的角度去理解教师这个职业。

"在工作的第二年我教的学生也有变化，我教的是庆华奖学金[①]班级，不再是国家留学基金委奖学金的班级。这些学生的语言水平会相对高一点，这也督促我在教学方法上要有所转变，在基础教育之上要进行有效扩展和延伸，那一年我收获挺多的。"（FT-H-1-LO）教师 H 刚工作时，国家留学基金委还没有实施"预科教育结业统考"，因此预科生只需要参加 HSK 考试。教师 H 教授的班级中大多数学生来中国学习前，已经能用汉语进行简单的交流，对这些学生来说 HSK 考试的压力相对较小。"那个时候我们

---

① 庆华奖学金是指 2010 年庆华集团设立的用于资助优秀的莫桑比克青年来华学习的"庆华来华留学奖学金项目"。

除了完成考试相关的内容外，有很多时间进行任务型教学法。我会把某些课程直接布置成任务，可能是让学生拍一段广告或者视频。又或者是学生进行梁山伯和祝英台的话剧表演，我读旁白，然后让学生把结局进行开放式的补充。学生是在情境中带着想法和目的去学习的，所以那一年学生的积极性很高，交际能力得到了很大程度的提高。"（FT-H-1-LO）学情的变化让教师 H 有机会在课堂实施任务型教学法，教学法的改变提高了学生学习汉语的积极性，学生的交际能力也得到了明显提升。教师 H 认为自己活泼的教学风格主要受到了工作第二年实施的任务型教学法的影响。

（三）教师专业发展现状

教师 H 从 2010 年开始从事国际中文教学，在这十多年里，她一直在预科部工作，教授的课程也比较固定。"课程来来回回就那些，变的只有学生，我感觉自己已经进入了瓶颈期。我有想过考博，但是就算博士毕业了，我也没办法留在 X 大学（正式编制）。X 大学现在基本需要本科到博士都是 211、985 的了，我本科是自考的，层次不够。其实我毕业那年研究生就能留在 X 大学，但是我本科是自考的，所以有机会也抓不住。"（FT-H-2-LO）教师 H 在教学上得心应手，早已进入精熟者阶段，近些年她逐渐意识到自己的教学模式十分固定，但又找不到解决的办法。教师 H 曾想过通过攻读博士学位提升教学能力，但她认为自己本科层次不够，博士毕业后也不能成为 X 大学的正式在编教师，因此很快就打消了这个念头。在访谈中她表示，目前仍未找到有效解决瓶颈期的办法，只能停留在原地。

二、教师 H 宣称的信念

（一）关于国际中文教育的学科信念

1. 语言不只是工具

"我常常问学生，你们觉得语言是什么啊？学生可能会说，考试需要嘛，或者交流需要嘛。但是我认为语言并不是让人明白我的意思这么简单，更多的时候是要通过语言来判断这个人的态度，通过语言可以缩小彼此之间的距离。所以我认为语言更多的是要表达我们的情感、态度、社交距离，等等。"（FT-H-1-LO）教师 H 非常重视语言的情感功能，她在访谈中提到，经常会在教学中向学生提供一些浪漫的句子，增加学生的语言理解能力。例如，有一次她在课堂上问学生："你们想去旅游吗？"得到学生肯定的回答后，教师 H 继续说："我拉着你的手，你闭上眼睛。"然后告诉学生"旅游完了"。学生们很诧异，这个时候教师 H 告诉学生："因为你就是我的世界！"在教师 H 来看，她教的学生正处于青春期，所以需要通过一些浪漫的句子让学生感受语言的情感色彩。系统语言功能学认为，语言具有三大功能，即概念功能、人际功能和语篇功能。概念功能体现话语范围，与及物系统相联系；人际功能体现话语基调，与语气系统和情态系统相联系；语篇功能体现话语意义表达的连贯性，与信息结构和主谓结构相联系。① 教师 H 让学生感受语言情感色彩属于语言三大功能中的人际功能，体现了其语言意义功能观。

2. 国际中文教育的本质是交流

教师 H 认为国际中文教育属于语言类教学，语言是交流的工具，所以国际中文教育的学科本质是交流。"国际中文教育更多的是国际间的交流，或者是不同文化共性和差异性的交流吧，让我们的视野更开阔一些。"（FT-H-1-LO）教师 H 虽然提到了国际间的交流，但她认为国际中文教育的学科本质主要是跨文化之间的共性和差异性的交流，并未提到传播。因此，教师 H 宣称的学科观为语言意义功能观。

3. 国际中文教学要结合现实

"国际中文教学首先要有一个比较活泼的气氛，而且教学要结合现实，多用现实的例子，在情景中让他们完成语言的交际。"（FT-H-1-LO）在课堂上如果教师只讲授语言形式，很难促使学生将语言知识转化为语言运用能力。因此，第二语言课堂倡导教师应该为学生提供真实自然的语言输入

---

① 徐泉. 高校英语教师信念影响因素研究 [D]：[博士学位论文]. 武汉：华中师范大学外国语学院，2011：24-25.

环境，从而促使输入转为吸入，最终转为学生的语言输出。教师 H 认为语言教学要多举现实中的例子，让学生在真实的情景中完成语言学习，体现了语言意义功能观。

（二）关于国际中文教育的教学信念

1. 教学是师生互动的过程

"语言课堂需要满足三点：首先不能全部都是老师讲授，教学一定是师生互动的过程；其次是老师所讲授的生词、语法，需要让学生会用，可以进行有效的语言输出和沟通；最后教师在课堂上要有复练意识，不是这节课学完了，下节课就放在那里了，要螺旋式呈现。"（FT-H-1-LO）教师 H 强调语言教学要将语言知识转化为语言应用能力，做到学以致用，体现了强调师生互动的以学生为中心的教学观。在教学方面，教师 H 提到，教师在课堂上要通过复习、操练起到巩固学习效果的作用，这种观点体现了行为主义学习观。

2. 在恰当的语境中运用所学的生词

"我觉得课堂上一定要教给学生，在不同的语境中能够准确地组织语言来表达自己的想法。其实更多的就是选择恰当的生词，因为语法、句法的结构相对来说是固定的，但是你换了一个词，整体的感觉就不一样了。所以，我是希望学生能够在一个情景语境中，把学习到的生词很好地使用出来。"（FT-H-1-LO）教师 H 注重语言形式与语言意义的结合，她认为第二语言教学要培养学生在不同语境下组织语言的能力。在这个过程中，主要是选择恰当的生词。生词的选择直接影响语言的准确性和得体性。由此可以看出，教师 H 重视学生语言的交际能力，这与教师 H 宣称的"语言的本质是交流"具有相关性。

3. 好的课堂一定是根据学情进行的

教师 H 认为教师和学生之间是相互学习的关系，教师可以通过学生的反馈获得启示。"有一件事很有趣，我们在学习'像什么一样'比喻句的时候，我让他们介绍自己国家对于美的理解，然后有一个学生告诉我，她们国家的男人喜欢像马一样的女孩子，因为她们很健康、很活泼。这些学生来自非洲部落，所以他们认为生存是最重要的。我们所谓的肤白啊、腿长啊，对他们来说都不是最重要的，他们认为最重要的是健康。也许他们的词汇量很少，但从这个学生的表述中可以看出，我们认为的语言环境和文化环境并不适用于所有国家，我经常会从学生的反馈里学到很多。"（FT-H-2-LO）教师 H 还会从学生造句、偏误中验证学生对知识点的掌握程度。"我会根据课堂中学生的语言输出对教学进行调整。比如，我认为这节课这个部分是难点，但在真实授课过程中可能另一个是难点，我会根据学生的反馈调整教学进度和内容，一堂好的语言课一定是要根据学情进行的。"（FT-H-1-LO）在她看来，教师与学生是相互学习的关系，教师可以通过学生的反馈丰富认知、调整教学。第二语言学习不仅是个人行为，而且能体现不同国家文化的社会性行为，因此教学内容和进度需要依据学情来定。教师 H 宣称的是以学情为依托的教学观和建构主义学习观。

（三）关于国际中文教育的学习信念

1. 教材是教学的工具

在谈及如何看待教材时，教师 H 表示："教材就是一个教学工具，它的作用是辅助，你要根据学生的情况选择教材中哪些点是你要使用的。"（FT-H-1-LO）教师 H 认为教材是教学的辅助工具，主要作用是提供清晰的生词和语言点顺序，教师不能被教材束缚，需要根据学情对教材进行取舍，体现了教师 H 以学生原有知识为生长点进行教学的建构主义学习观。

2. 在真实的情景中评价学生的语言能力

在提及应该如何评价学生的语言学习时，教师 H 认为评价学生的语言学习分两种情况：第一种是通过学生的考试成绩，第二种是真实情景中学生的交际能力。"如果在所有条件都公平的情况下，考试一定是公平的，是可以衡量出学生真实水平的。但有些学生是考试型选手，有些学生并不善于考试，所以不可能出现所有条件都公平的情况。我更倾向于在真实的情景中，通过看学生的语言应用能力，整体地去衡量学生。"（FT-H-1-LO）

在教师 H 看来，有些学生擅长考试，有些则不擅长，因此考试并非是在所有条件都公平的条件下进行的，评价学生的语言学习需要在真实、复杂的情景中看其语言应用能力，通过交际整体地去评价学生，体现了教师 H 的建构主义学习观。

3. 学生要养成复习和预习的习惯

教师 H 认为想要学好语言，首先要合理安排时间，其次是养成每天复习和预习的习惯，最后要多与中国人交流。"我一直强调学生要有一个合理的时间安排，作息时间要合理，否则下课就睡觉，晚上九十点钟熬夜写作业，这样学习肯定是无效或是打折扣的。还有就是学生要根据老师反馈的信息找到重要的句子、生词、语法，把它们记在笔记上，根据笔记的内容养成每天复习和预习的习惯。再有就是走出房间，多跟中国人交流，这样的话学习肯定差不了。"（FT-H-1-LO）教师 H 提到的学生要根据笔记内容养成每天复习和预习的习惯，属于桑代克三个学习定律中的练习律，指的是一个已经形成的可以改变的联结，若加以应用，就会使整个联结增强，如不应用，就会使这个联结减弱。[①] 即想要学好语言，需要将学到的语言知识反复练习，体现了教师 H 的行为主义学习观。教师 H 提到，学习语言要多与人交流，要将学到的语言在真实情景中运用。教师 H 认为，学好语言离不开情景教学，学生应该在真实情景中尝试发现问题、分析问题、解决问题，她的这一观点属于建构主义学习观。由此可见，教师 H 宣称的学习观中存在行为主义和建构主义两种相矛盾的观点。

教师 H 宣称的信念有：语言意义功能观、以学生为中心的教学观、行为主义学习观和建构主义学习观。其中，语言意义功能观、以学生为中心的教学观、建构主义学习观三者之间具有相关性，共同组成了宣称的核心信念。行为主义学习观并未与其他宣称信念形成联系，较为孤立。下面用表 5-2-1 呈现教师 H 宣称信念的基本内容。

[①] 张大均. 教育心理学 [M]. 第 3 版. 北京：人民教育出版社，2015：71.

表 5-2-1　教师 H 宣称的信念及取向

信念维度	宣称的信念	取向
关于学科信念	①通过情景让学生感受语言的情感色彩。 ②国际中文教育的学科本质是跨文化之间的交流。 ③课堂要以情景式教学为主。	语言意义功能观
关于教学信念	①教学是师生互动的过程，不能以教师讲授为主。 ②课堂中要教会学生在不同的情景中表达自己的想法。 ③教学要以学情为依据，教师要根据学生反馈调整教学内容。	以学生为中心的教学观
关于学习信念	①学习内容不要局限于教材，要根据学情使用教材。 ②考试成绩不能客观地评价学生，评价学生要看他的语言运用能力。 ③学生要将教师反馈的内容记录在笔记本上，并根据笔记的内容养成每天复习和预习的习惯。 ④教师要有复练意识，学习内容以螺旋式呈现。	建构主义学习观 行为主义学习观

三、教师 H 使用的信念

教师 H 的使用信念主要是通过课堂观察，辅之以课后访谈和实物收集获得的。在资料收集时，进行了八次课堂观察，其中三次课堂进行了正式录像。由于受篇幅所限，教师 H 的使用信念呈现资料为三节正式录像课程（表 5-2-2），其余五次课作为辅助资料。

表 5-2-2　教师 H 的课堂观察内容

教学内容	课程类型	教学时间
《饭馆门前挂着大大的红灯笼》	新授课	90 分钟
《你吃过糖醋鱼吗？》	新授课	90 分钟
《谁叫我是"老外"呢？》	新授课	90 分钟

（一）关于国际中文教育的学科信念

1. 课堂活动项目

教师 H 的课堂以复习和讲授生词、语法为主，其中课堂复习用时较多，形式多元，课堂观察期间，教师使用了三种复习方式，分别是以学生作业为依托进行的复习、以听写方式进行的复习、以讲授方式进行的复习。整个课堂以生词和语法讲授为主，没有任何形式的课堂活动。表 5-2-3 显示，教师 H 课堂中语言形式讲解环节占时最多，以教师提问的方式进行，没有明显的机械性操练。

表 5-2-3　教师 H 课堂活动时间分配表

课堂项目 ＼ 日期	9 月 25 日	10 月 20 日	10 月 21 日
课前汇报 ①角色扮演 ②口头报告 ③个人展示	0	0	0
复习 ①做教材中的练习 ②读生词、语法及其他相关句子 ③按照课文进行复习 ④通过讲解作业进行复习	④ 54 分 45 秒	⑤ 35 分 53 秒	④ 29 分 49 秒
导入 ①用图片（视频）或者问题引导学生说出相关话题 ②用动作引导学生说课文相关词汇 ③用任务引导学生说和课文相关的话题 ④直接向学生介绍课文内容	0	0	① 59 秒
生词、语法和句型、课文讲练 ①生词讲练 ②语法和句型讲练 ③课文讲练	① 37 分 15 秒	① 40 分 5 秒 ② 5 分 27 秒	① 54 分 39 秒
①课堂表达练习 ②课堂任务活动 ③教材课后题练习	0	③ 4 分 28 秒	0
课堂游戏	0	0	0
其他（点名、总结等）	0	55 秒	0

教师 H 课堂中的听写环节与其他个案教师有所不同。教师 H 课堂听写的内容为句子而非生词，听写完毕后，教师没有让学生上交也没有检查，而是通过教师描述听写的内容，让学生判断教师说的是否正确，最后让学生将错误的句子记录在笔记本上。下面用课堂片段 1 呈现教师 H 的课堂听写环节。

课堂片段 1

听写内容：

（1）有机会尝尝这家的特色菜，一定让你满意。

（2）关于这次的任务，你还是多听听别人的意见吧！

（3）我好像见过这道题，可是却怎么也想不起来了。

（4）我不会随便请别人客，除了要请别人帮忙。

（5）这趟车的人太多了，我挤了好久都没挤进去。

师：写完了吗？现在我从第一个到第五个再读一遍啊，看看能不能听懂。第一个：有机会尝尝这家的特色菜，一定让你满意。他的意思是说，"你从来没吃过这家的特色菜"，对不对？

生（全体）：对的。对对对。

师：如果是你吃过，我不会说有机会尝尝。第二个：关于这次的任务，你还是多听听别人的意见吧！那么，你的任务完成得非常好，对不对？

生（全体）：不是，不对。

师：如果完成得很好，我会建议你听听别人的意见吗？所以这句话说明任务完成情况有不尽如人意的地方。第三个：我好像见过这道题，可是却怎么也想不起来了。这不是我第一次做这道题，对不对？

生（全体）：对！

师：因为他说我见过，所以不是第一次，可是就是想不起来了。第四个：我不会随便请别人客，除了要请别人帮忙。意思是"我只有请别人帮忙才会请客"，对不对？

生（全体）：对。

师：他说除了嘛，这个时候我会请客。最后一个：这趟车的人太多了，我挤了好久都没挤进去。那么我现在在车上？

生（全体）：不是。

生1：你说，还没挤进去。

师：动词后面加"进、出、来、过、起"，这是我们第十八课学的语法。你们今天的听写怎么样？

生2：还不错。

生1：很好。

师：我刚才看了一下你们每个人的听写（在听写的过程中，教师走动看学生听写情况），每次听写我都不收啊，但是大家应该把写错的内容记录在笔记本上。（GK-H-2-L）

从课堂片段1可以看出，相对于语言表达，教师H更注重学生对句子的理解。课堂中教师H会通过不同的语言组织形式考查学生对句子的理解，但没有设计任何相应的操练环节。教师H在课堂主要以生词、语法讲授为主，课文讲解较少，在课后访谈中教师H表示："课堂上我会用大量的时间来处理生词和语法，课文中的内容基本上都是课堂上讲过的生词和语法，所以并没有对课文进行过多的讲解，学生可以课下自己学习。"（FT-H-1-LN）教师H重视生词和语法的教学，她认为课文主要由生词和语法组成，只要学生掌握了生词和语法，课文就会变得很简单。每节课教师都会叮嘱学生将错题记录在笔记本上，这与她宣称的"学生要根据笔记内容，养成每天复习和预习的习惯"形成了正相关，体现了教师H重视语言形式教学的语言本体观和强调练习的行为主义学习观。

2. 课堂话语内容

教师H的课堂中程序性话语用时较多，主要产生于教师总结作业环节。教师H习惯在上课前对学生的作业进行总结，根据当天作业的问题调整授课内容，这与教师H宣称的"根据学情调整教学进度"具有相关性。表

5-1-4 显示，教师 H 的课堂以语言形式为主，话题用时较少。此外，每节课都会产生纪律性话语，这是因为教师 H 对课堂的管理较为严格，只要有学生溜号，她都会在第一时间以各种方式进行提醒。

表 5-2-4　教师 H 课堂话语内容时间分配表

日期	管理内容		语言内容			其他
	程序性	纪律性	形式	功能	语篇	话题
9 月 25 日	6 分 35 秒	1 分 46 秒	72 分 38 秒	0	0	9 分 1 秒
10 月 20 日	5 分 22 秒	49 秒	68 分 5 秒	0	0	10 分 19 秒
10 月 21 日	4 分 12 秒	1 分 6 秒	77 分 11 秒	0	0	7 分 28 秒

根据表 5-2-4 中的数据，教师 H 课堂中的语言形式占时均在 68 分钟以上，对一节 90 分钟的课程来说，占课程总时长 76% 以上，这说明教师 H 课堂的教学内容以语言知识点为主。教师 H 的课堂中虽然语言知识点的教学时间较长，但知识点教学多与实际生活相结合，下面用课堂片段 2 具体呈现。

课堂片段 2（讲授语法点"一……就"）

师：有没有一种人，平时写作业和课堂回答问题都很好，但是特别害怕考试，只要一考试就特别紧张，有没有这样的人？

生：有。

师：也就是说，他害怕、紧张不是因为别的事情，而是因为有考试。那么这时候，我们也可以说，一……就……（拉长音）。

生：一考试就想去卫生间。

师：有的人一考试就害怕，一考试就紧张，这个想去卫生间并不是肚子不舒服，而是因为害怕考试。这个时候"一……就……"后边是前边的结果。这个是什么啊？（指着教材上的图）

生：害羞了。

师：你觉得他为什么会害羞啊？看到喜欢的人了对不对？我们用"一……就"怎么说啊？

生：一看到喜欢的人就害羞了。

师：一看到喜欢的人就害羞了。他为什么会害羞，因为他看到了喜欢的人，这是有因果关系的。再看看这个句子。（指着书上的句子，用手示意大家一起读）

生：他一害羞就脸红。

师：我们班有没有一害羞就脸红的学生？

生1：有。生3。

生：哈哈哈哈。

师（指着教材中）：那我们看看这句话。

生：一看书就头疼。

师：一看书就头疼，不是说我打开书头疼，而是因为他不喜欢这样的课。你们有这样的课吗？

生1：化学。

生2：物理。

……

师：我们可以看，"一……就……"，前面是发生的原因和条件，后面是发生的结果。我们学过几个"一……就……"了？

生：两个。

师：一个是两件事情间隔得非常短，另一个是前面是后面发生的条件。（GK-H-1-L）

教师H将具体事件融合到句型应用的讲授过程中，通过引出"一考试就去厕所"的现实案例，直观呈现"一……就……"的用法。在课堂片段2中，教师H引出"一考试就紧张"的话题，并非想要引发学生的讨论，而是想让学生在情景中明白"一……就……"的含义，学生明白如何使用该句型后，教师继续通过教材中的图片、例句加深学生对该句型的理解，最后教师带领学生一起总结"一……就……"的两种用法。教师 H 善于通过情景让学生理解生词的含义，但教师对生词的处理仅停留在学生理解层面上，对生词的真实应用关注不足。

3. 学生语言模态分配

教师 H 的课堂分别产生了听、说、读、写的四种学生语言模态，其中"读"的语言模态用时最短，课堂中教师没有采用点名的方式让学生读课文或句子，而是在讲解语法环节通过拉长音的方式和学生一起读例句，因此"读"的语言模态用时较短。表 5-2-5 显示，教师 H 每节课"说"的语言模态基本为 10 ～ 20 分钟。主要产生于学生集体回答问题，学生的答案多以短句、短语为主，没有成段的交际性话语。在课堂上，教师很少点名让学生回答某个问题，一般都是抛出问题后学生集体回答。第二节课"写"的语言模态相对用时较长，其原因是这节课教师进行了听写。另外两节课虽然"写"的语言模态用时相对较短，但并不代表课堂缺乏"写"的语言模态，恰恰相反，每节课教师 H 都会督促学生将例句、错句等记录在笔记本上，但教师只是督促，并未留给学生记录的时间。

表 5-2-5　教师 H 课堂语言模态时间分配表

日期	听	说	读	写
9 月 25 日	70 分 37 秒	17 分 59 秒	59 秒	24 秒
10 月 20 日	61 分 31 秒	10 分 22 秒	17 秒	17 分 50 秒
10 月 21 日	67 分 47 秒	15 分 3 秒	2 分 1 秒	5 分 9 秒

教师 H 课堂具有如下特点：注重情感共鸣、借助手势语加强学生的理解、以实际生活为基础进行举例。

课堂片段 3（手势语）

生：今天早上我床起来。

师：你是说"起床来"吗？

生：起床。

师：起床就已经是这样了（将手部竖起来），就没有起来了。因为起床的"起"它就是向上的（用手指了指上面）。比如说，你睡觉的时候是怎么睡啊？

生：躺起来。

师：怎么躺起来，我们是不是这样躺在床上睡觉（手与地面呈现平行状）？如果有人敲门，你首先要做什么？

生：站起来。

师：首先你躺在床上睡觉，不能一下子站起来啊。先要……（拉长音，同时手微微向后翘与手腕形成角度）

生：啊啊啊，坐起来！

师：有人敲门，你会慢慢从床上坐起来，然后站起来去开门。（GK-H-2-L）

课堂片段 4（注重情感共鸣）

师：我们说味道尝起来有酸、甜、苦、辣、咸，那我们可不可以说生活的味道？

生：可以。

师：可以，比如说我们的爱情是甜甜的，那么伤心难过就可能是苦的。

师：生 1，你写什么呢？这么认真。（走到学生面前）你觉得你这样，老师会高兴吗？你这样做，老师会不会很伤心啊？是不是我的课没意思啊？（GK-H-3-L）

在课堂片段 4 中，有位学生上课画画，教师 H 没收了他的画，并让他下课去办公室。课后访谈中教师 H 表示，在课堂管理中需要让学生通过语言感觉到教师的情感和态度。"在课堂管理中，老师发脾气、批评学生是解决不了问题的。昨天我叫了一个上课画画的学生去办公室，这个学生的性格就是吃软不吃硬，如果你批评他，他可能跟你对着干，这也是这个国家学生的特征。所以我会采用情感共鸣的方式，让他感同身受地知道老师为什么要没收他的东西，还有上课画画这个行为会给老师带来什么样的伤害。首先要让他在情感上先理解，然后你再和他说话，给他的建议也好，批评也好，他都更容易接受了。"（FT-H-2-LN）无论是教学还是课堂管理，教师 H 都会借助语言向学生传递情感，教师在教学中经常会用到能够引发学生情感共鸣的句子，加深学生对语言与情感之间的关系的认识。在教学管理中教师 H 会通过情感共鸣的方式，让学生理解教师的做法后，再进行教育。这与其宣称的"语言不仅是交流工具，还可以表达情感、态度"形成了正相关。

课堂片段 5（以实际生活为基础）

师：一般我们不会问："老师能反对我们吗？"这个句子你用"反对"从语法上来说没有问题，但是没有中国人会这样说，这是一个习惯的问题。

生：为什么？

师：就好像我们不说"你多矮""你多轻"一样，我们会在两个词里边找出习惯说的。

师：下一个问题。我们在吃饭的时候，啤酒也有了，菜也有了，那我们只顾着吃好不好？

生：不好。

师：大部分中国人吃饭的时候喜欢做的是什么啊？

生：一边吃饭，一边聊天。一边喝酒，一边聊天。（GK-H-3-L）

教师 H 在语言点讲解时，常以现实生活为基础进行举例。在课后访谈中教师 H 表示："他们需要在中国生活五年，只是学习书本上的知识对他们来说有点太少了，所以我经常会引用一些带有中国文化特色的生活知识，给学生进行扩展。"（FT-H-2-LN）课堂中教师 H 以提问的方式帮助学生完成生活情景建构，扩展学生对中国文化的认识。从课堂片段 5 可以看出，教师提问的主要目的是为了提高学生对语言形式的理解，并不是为了提供交际性活动。教师 H 在教学中激发出的是重视语言形式教学的语言本体观和以教师控制课堂为主的教学观。

（二）关于国际中文教育的教学信念

1. 课堂组织形式

教师 H 的课堂组织形式较为固定，以师生活动和个人活动为主，偶尔有少量的全班活动。表 5-2-6 显示，全班活动时长均在一分钟以内，这是由于全班活动主要以师生共读例句为主，并非交际性活动。课堂中个人活动以不同任务为主，产生的方式为教师分别叫学生回答 PPT 中的问题。个人不同任务的产生来源于学生主动表达，并非教师组织，如学生主动问教师生词的含义或参加教师引发的话题讨论。教师 H 的课堂以教师讲授知识点为主，学生通过生生互动获得意义协商的机会较少。

表 5-2-6　教师 H 课堂组织形式时间分配表

日期	全班活动时间			小组活动时间		个人活动时间	
	师生活动	生生活动	全班活动	相同任务	不同任务	相同任务	不同任务
9 月 25 日	70 分 3 秒	0	59 秒	0	0	0	18 分 58 秒
10 月 20 日	79 分 4 秒	0	17 秒	0	0	1 分 6 秒	9 分 33 秒
10 月 21 日	72 分 56 秒	0	0	0	0	0	17 分 4 秒

2. 课堂话语内容控制

教师 H 的课堂以教师控制课堂话语为主（表 5-2-7），虽然学生控制课堂话语的时间低于教师控制的时间，但教师为学生营造了轻松、愉悦的语言学习氛围，经常可以在课堂中听到学生的笑声。课堂内容以教师讲授语言知识为主，教师 H 采用了发现式学习方法，以引导学生归纳语言知识点。下面用课堂片段 6 具体呈现。

表 5-2-7　教师 H 课堂话语控制时间分配表

日期	教师控制	学生控制	师生共同控制
9 月 25 日	57 分 34 秒	18 分 58 秒	13 分 28 秒
10 月 20 日	51 分 42 秒	10 分 39 秒	27 分 39 秒
10 月 21 日	54 分 41 秒	17 分 4 秒	18 分 15 秒

课堂片段 6

师：我们想一想常和"上"在一起的词有哪些？

生 1：上课。

生 2：上车。

生 3：上班。

师：非常好，还有吗？

生 4：上飞机。

师：上飞机后面是交通工具对不对。很好，还有什么？

生 1：上山。

师：这节课我们学的是上……（拉长音）

生（全体）：上菜。

师：如果我们跑步时摔倒了，你的腿受伤了，但是并不是很严重，不需要去医院，我们自己去药店买药，买完药，你……（拉长音）

生 3：上，上药！

师：对啊，上药。所以我们可以发现，"上"可以和很多的名词在一起，所以"上"是什么词啊？

生（全体）：离合词。

师：对，因为"上"是一个离合词，所以我们可以说，上了很多道菜，上了一节课，上了一趟山。（GK-H-2-T）

在课堂片段 6 中教师对生词"上"的处理没有采用讲授法，而是通过问题引导学生发现"上"的用法。课堂中学生可以获得参与话题讨论的机会，但发言多是根据教师的提问进行回答，缺少成段的语言输出。

　　3. 课堂话语引发

　　教师 H 课堂中教师引发话语的数量较多，学生主动引发话语的数量较少。表 5-2-8 显示，教师 H 的课堂以教师引发话语和学生被动引发话语为主。学生被动引发话语主要是为了回答教师的提问，而集体引发的话语并非某个学生单独引发的话语。课堂中教师 H 引发的话语可以归纳为四类：引导学生关注语言结构类、引发学生兴趣类、基于现实情景类、考试类。

表 5-2-8　教师 H 课堂话语引发统计表

日期	教师引发（次）	学生引发（次）	
		主动	被动
9 月 25 日	71		
		9	27
10 月 20 日	86	14	15
10 月 21 日	90	15	35

　　课堂片段 7（引导学生关注语言结构类）

　　师：我们听生 1 说。

　　生 1：听到这首熟悉的歌，我唱，唱起来。

　　师：前面的非常好。

　　生 1：我，我唱了起来，歌。

　　师：听到了这首熟悉的歌，我也唱起来这首歌。唱起来歌，"歌"在哪里？

　　生（全体）：中间！

　　师："起来"的中间，那我们应该怎么说？

　　生（全体）：唱起歌来！

　　师：一般"干什么"在"起"和"来"的中间。（GK–H–3–L）

　　课堂中教师 H 没有出现对语法结构进行单独讲解的教学行为，多是根据例句引导学生发现句子的语言结构特征。在课堂片段 7 中，生 1 说出错误的句子，教师通过引导的方式让学生理解语言点"V 起 O 来"的使用方法，并进行总结。说明在教学实践中，教师 H 激发了重视学生主观能动性的以学生为中心的教学观。

课堂片段 8（引发学生兴趣）

师：有很多男孩子觉得没有女朋友会很没面子，这个时候你可以用一个字来回答。

生 1：哈哈哈。

生 2：什么字？

师：我问生 1，你有女朋友吗？生 1 想了想说，我有过。

生 2：啊？

师：我有过女朋友是什么意思啊？我现在有吗？

生 3：没有。

师：没有，但是我以前有，动词后面加"过"。（GK–H–1–L）

课堂片段 9（基于情景）

师：刚才生 1 在擦黑板，但是（拉长音）有的汉字写得很高，而生 1 的个子（拉长音）不够高。所以她擦黑板的时候比较麻烦，那好了，"够"的后面可以是形容词，还可以是什么词啊？

生：动词。

师：如果你一个月有一千块钱去北京生活，你每天都淘宝啊，去外面玩啊，这一千块钱怎么样啊？

生：不够花。

师：不够花，那好了，我们都知道"够"的后面是动词，那我们继续看下面这个句子。（GK–H–1–L）

课堂片段 10（基于真实事件）

师：你们决定来中国的时候，有人反对吗？

生 1：没有。

生 2：男朋友啊！

师：现在他在哪里？还是男朋友吗？

生 2：对。

师：那这个男朋友是真的爱你，虽然他反对，但是如果你一定要这样做，他支持你。"支持"这个词，我们原来学过，什么是支持啊？

生 1：支持是，嗯，嗯。

师（并未等生 1 回答完）：支持是你做了一个决定，你的家人、你的朋友说你去做吧；你有问题的时候我可以帮助你，你去做吧，不要担心。（GK–H–3–L）

教师 H 对知识点的讲解基本上都是以学生身边发生的真实事例创设情景，让学生在情景中理解生词和语法的含义。教师常以问题推动语言点教学，如片段 7 中教师以"是否有人反对你来中国留学"为话题，开展对"反对"的讲解，并带领学生复习生词"支持"。当教师问到什么是"支持"时，虽有学生回答，但由于学生回答较慢，教师并未等学生回答完就开始讲解"支持"的含义。这说明教师 H 在课堂中提出的大部分问题并非是为了让学生回答，主要目的是为了推动语言形式教学。教师 H 的课堂以语言形式教学为主，虽然课堂中学生引发的话语数量不少，但学生实际控制课堂内容的机会不多。

课堂片段 11

师：这个词是 HSK 5 级的生词，我们学一下啊。说一个人小气好不好？

生 1：好。

生 2：不好，哈哈哈哈。

师："小气"是什么意思呢，比如说你和一个人出去吃饭，你每次都说你请客，但是你拿了五分钟钱包还没拿出来，或者你用手机付钱，你却说手机没有网络了。我们都可以说这个人有点小气啊！（GK–H–2–L）

教师引发的话语中很多时候都会提到 HSK 或 YKK 考试的内容或规则。教师引发的关于考试或者语言知识点的话语都会引发课堂集体讨论。教师对课堂中出现的与 HSK、YKK 考试相关的问题，会非常详细地进行解说，可以看出教师 H 对 HSK、YKK 考试的重视。教师控制着课堂话语内容和教学进度，学生多是处于被动回答问题的状态，自由表达的机会较少，只有有和语言形式相关的话语，教师才会默许较长时间的讨论。这说明教师 H 的课堂由教师控制教学进度和内容，以教师为中心展开教学。但从课堂话语的选取来看，课堂话语多是基于学生的生活，教师通过为学生创设问题情景，引导学生发现语言结构规律。发现教学法的使用体现了教师 H 以学生为中心的教学观。可见，教师 H 受到两种相矛盾的教学观影响，在不同的教学情境下会触发相应的教学行为。

（三）关于国际中文教育的学习信念

1.课堂话语互动信息差

教师 H 的课堂中可预测信息和虚假信息产生的次数较多，不可预测信息和真实信息产生的次数较少，说明教师为学生提供意义协商的机会不多。虚假信息是指教师已知信息，通过疑问的方式让学生回答。虚假信息在真实交际中很少用到，教师 H 课堂中产生的虚假信息主要是教师以提问的方式进行的知识点的讲解和复习。课堂可预测信息的产生与教师授课风格有关，教师 H 经常以自问自答的方式进行教学。

表 5-2-9　教师 H 课堂信息差统计表

日期	给出信息		请求信息	
	可预测信息（次）	不可预测信息（次）	虚假信息（次）	真实信息（次）
9 月 25 日	43	1	62	3
10 月 20 日	45	3	55	16
10 月 21 日	57	4	88	16

课堂片段 12（可预测信息的产生——教师自问自答）

师：我们说公交车的量词是"辆"对不对，那为什么我没有说这"辆"车，而是说这"趟"车？

师（直接回答）：因为公交车是要去一个地方，去一个地方以后还会回来，所以量词用"趟"。你去卫生间回不回来？所以我们说去一"趟"卫生间。这里边我们想说的是，方向有了，我们就说这"趟"车。（GK–H–3–S）

课堂片段 13（可预测信息的产生——教师拉长音）

师：最后一个词，我们昨天复习过了，是什么啊？

生：道歉！

师：道歉是……（拉长音）

生：对不起。

师：昨天我在讲对不起的时候，讲了一个非常重要的介词，说你在请教或者道歉的时候，你要说给一个人听啊，这个人要回复你。你要等待别人回答你。这个重要的介词是……（拉长音）

生：向。

师：对，我们说"向……道歉"，或者"跟……道歉"。

课堂片段 14（可预测信息的产生——师生共同回答）

师："不够吃"是什么意思啊？太少了，三个人吃的话太少了。那我怎么说啊？

师＋生：三个人不够吃。

师：最后一个词是"完全"。那"完全"放在句子的哪里啊？

生：后边！

师：它不是说一定要在"人"的后边，而是一定要在"什么事"的前面。因为"完全"是一个副词，副词的后边一般是什么啊？

生：动词！

师：所以是什么啊？

师 + 生：完全不够吃，三个人完全不够吃。

教师 H 课堂中可预测信息主要产生于教师对知识点的讲授，产生形式多元，有课堂片段 12 中教师的自问自答和课堂片段 13 中的拉长音，以及课堂片段 14 中师生的一起回答等。教师 H 对知识点的讲授采用了抛锚式教学，通过多种方式向学生搭建脚手架，以问题引导学生完成语言知识的教学。因此，课堂中教师提出的很多问题并非想让学生回答，而是通过教师自问自答或学生回答的方式创设情景或控制教学进度。教师 H 还通过请求信息控制教学内容，下面用课堂片段 15 来呈现。

课堂片段 15（虚假信息）

师：有机会一定要尝尝这家的特色菜，"尝"是什么啊？就是自己吃一点。

师（指着学生的笔记）：机会的"机"是哪个"机"啊？和公鸡的"鸡"是一个字吗？

生：不是。（GK–H–2–S）

教师 H 课堂中很多虚假信息是根据学情随机产生的，并非教师提前设计的。对于学生的偏误，教师 H 常以虚假信息引导学生自我修正。第二语言教学中的真实信息和小组交际活动被看作衡量语言课堂意义协商的重要指标。虽然教师 H 每节课会产生十多次的真实信息，但并不意味着学生获得了意义协商的机会，教师主要通过真实信息引导学生复习语言知识。

课堂片段 16（真实信息）

师：你们出生到现在有没有从来没做过的事情？

生：有！

师：比如说生 2 喝酒吗？他肯定不喝酒。如果我说生 2 咱们去喝酒啊，生 2 肯定回答老师，我从来不喝酒。"从来不"说的是一个人的习惯，但是"从来没"说的是以前我没有这样的经历，但是以后可能会有。那我听一听你们都有什么"从来没"或者"从来不"的事情。

生 1：老师，我从来没 kiss。

师：真的吗？

生 1：真的！

师：这个你用"没"用得特别好，因为现在没有，但是以后一定会有的。有"没"的话，后面一定要有什么词？

生：过！

师：它是一个离合词，那么怎么说？

生：我从来没接过吻。

师：所以"从来没"说的是经历，但是"从来不"说的是习惯。

（GK–H–3–S）

在课堂片段 16 中，真实信息的作用是作为语法学习的一种形式，虽然教师设计的真实信息将教学内容与学生的实际情况相结合，但并未引发课堂讨论，目的是让学生在情景中理解语言。课堂的教学内容和教学组织形式体现了教师 H 的行为主义学习观；教学方法采用的是以学生原有经验作为新知识生长点，这是建构主义学习观。由此可见，教师 H 的教学受到两种相互矛盾的学习观的影响。

2. 课堂话题分配

教师 H 的课堂没有明显的宽话题，每节课都会产生十分钟左右的窄话题。窄话题多是结合学生实际生活展开，按照"教师引发话题—学生回答—教师总结"的话语互动模式进行。教师引发话题的目的是为了加强学生对生词、语法等知识点的学习，并非想要引发生生讨论。在课堂片段 16 中，教师引发"你们出生到现在有没有从来没做过的事情"的话轮，学生用一句话进行回答，教师再用总结性的话语结束此轮对话。教师 H 课堂窄话题频次较多，但用时较短，说明学生在课堂中虽有机会进行语言输出，但输出的语言质量不高。

表 5-2-10 教师 H 课堂话题时间分配表

日期	宽话题	窄话题
9 月 25 日	0	9 分 1 秒
10 月 20 日	0	10 分 19 秒
10 月 21 日	0	7 分 28 秒

3. 教学材料的使用

教师 H 的教学材料主要以纸质材料和 PPT 为主。教师将教材内容呈现在 PPT 上，课堂上有的学生看着 PPT 听课，有的学生则低头看教材。在教学过程中，教师 H 会将重点语法和生词写在黑板上，并督促学生将黑板上的内容记录在笔记本中。

表 5-2-11 教师 H 教学材料使用时间分配表

日期	纸质材料	PPT	板书	实物	挂图
9 月 25 日	75 分 28 秒	75 分 28 秒	14 分 32 秒	0	0
10 月 20 日	75 分 22 秒	75 分 22 秒	14 分 38 秒	0	0
10 月 21 日	77 分 34 秒	77 分 34 秒	12 分 26 秒	0	0

课堂片段 17

师："够"的后面是动词，那我们看一下这个句子。

（学生自发出声朗读 PPT 中的句子）

师：老师说了，在我们考试的时候一定有这样的题，遇到这样的题先不要着急，先都写出来，一定要先写我们认识的。那这里边我们熟悉的是什么啊？

生：不够！

师："不够"后面是什么啊？

生：吃！

师：什么不够吃啊？

生：这些东西不够吃。

师：三个人完全不够吃，你要记住啊，在考试的时候不可能只给你最简单的句子。比如"完全"这个词，考试的时候会问你"够吃吗""完全不够吃"这么简单的句子吗？

生：不可能。

师：所以我们要一点点地去习惯，现在我们首先要理解，然后才是能用明白。（GK–H–2–L）

教师 H 在教学材料的选择上以教材为主，教学内容以教材中的生词和语言点为基础，课堂中经常会出现"这是 HSK 几级的生词""YKK 考试如何考察这个语言点"的话题。可见教师 H 将学生通过 HSK、YKK 考试作为教学的最终目标，体现了教师 H 注重考试成绩的行为主义学习观。

通过对教师 H 课堂活动特征的整理，可以推断出教师 H 在教学实践中激发出的信念有：语言本体观、以教师为中心的教学观、以学生为中心的教学观、建构主义学习观和行为主义学习观。下面用表 5–2–12 说明教师 H 使用信念的基本内容。

表 5–2–12　教师 H 使用的信念及取向

信念维度	使用信念的表征	取向
关于学科信念	·课堂以复习和讲授生词、语法为主（1.1） ·教师通过语言向学生传递情感（1.2） ·课堂以教师讲授语言形式为主（1.3）	语言意义功能观 语言本体观
关于教学信念	·教师根据学情调整教学进度（2.1） ·教师引导学生发现语言结构特征（2.2） ·课堂活动以师生活动为主，没有出现小组活动（2.3）	以学生为中心的教学观 以教师为中心的教学观
关于学习信念	·课堂话题源于学生生活的真实场景（3.1） ·教师要求学生将错误和教学重点记录在笔记本（3.2） ·学习内容以教材为主（3.3）	建构主义学习观 行为主义学习观

在教师 H 的信念系统中，宣称信念有：语言意义功能观、以学生为中心的教学观、建构主义学习观和行为主义学习观。其中建构主义学习观、以学生为中心的教学观和语言意义功能观三者之间具有相关性，而宣称的行为主义学习观独立存在于其宣称信念系统，并未与其他宣称信念产生联系。此外，教师 H 在教学实践中并未激发出与宣称的语言意义功能观相一致的教学行为，反而受到了未被宣称的语言本体观的影响，并且在教学方面也受到了未被宣称的以教师为中心的教学观影响。可见，教师 H 的宣称信念和使用信念分别存在两套不同价值取向的系统，并且这两套相悖的系统实现了"自给自足"，形成了完整的闭环，具体形式见图 5-1-4。

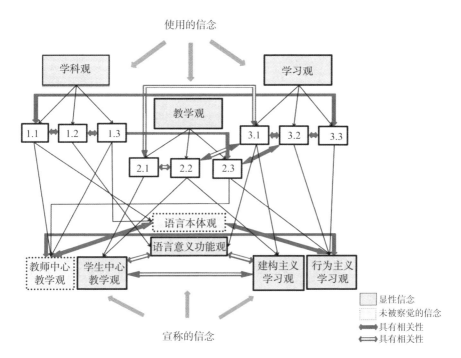

图 5-1-4　教师 H 的信念系统图

第三节 教师 F：受到以学生为中心的理念呼唤

一、教师 F 的基本情况

（一）经历介绍

教师 F 出生于 1977 年，副教授职称，本科毕业于某省属师范院校的汉语言文学专业，毕业后在一所省级教师进修学校担任中文教师，工作的第四年考取了汉语国际教育硕士研究生。2009 年来到 X 大学担任兼职教师，并于 2014 年攻读汉语言文字学博士学位，由于缺少资格论文，博士肄业。教师 F 在教师进修学校主要从事中小学教师培训工作，在 X 大学负责留学生的汉语教学和汉语国际教育研究生的实习培训。虽然两项工作在教学对象和内容上具有差异性，但教师 F 的硕士研究生专业是课程与教学论（对外汉语），因此她在 X 大学的教学也算得上得心应手。

（二）执教中的关键事件

教师 F 认为有三个人对她的影响较深。第一位是她的硕士研究生生导师 N，教师 F 认为导师 N 是她的引路人，带她走进了国际中文教育的大门，让她找到了愿意为之付出一生去追求的事业。第二位是 X 大学的教师 W，教师 W 引荐她担任了 X 大学的兼职教师。最后一位是她的博士生导师 K，教师 K 让她明白放弃也是一种不错的选择。教师 F 在读博的八年里经历过无数次的挣扎，最后她才彻底明白，不适合、不喜欢的事情很难成功。教师 F 对汉语言文字学并不感兴趣，读博期间一度很痛苦、很焦虑。"这件事情让我明白，做事要根据本心，上帝给你关上门的同时也会留给你一扇窗，虽然经历了八年的痛苦、挣扎，最后还是肄业，但现在我依然很快乐，可以从事着自己热爱的国际中文教学工作。和这些留学生在一起很开心，每天教学动力都很足！"（FT-F-2-LO）

教师 F 还谈到了一件让她深有感触的事。刚到 X 大学兼职时，学院安排她教语言班，这个班级里的学生都是四十多岁的女性。"当时我只有二十多岁，我就觉得都这么大岁数了，还漂洋过海来学习一门语言，我真的被这些阿姨的求知欲触动到了，它会激发你更好地投入喜爱的事情。"（FT-F-2-LO）如果说博士肄业让教师 F 做事更加遵从本心，那么这个班级的学生则让教师 F 更加坚定去追求自己热爱的事业。

（三）专业发展现状

近几年，学院安排教师 F 指导研究生论文和负责毕业生的实习培训。教师 F 认为将自己掌握的知识分享给别人是件很有意义的事，在 X 大学，她实现了自身价值。"主要是因为我比较热爱国际中文教学，其实从劳动量和劳动时间来说，也算是个强体力活动了，但是我觉得自己是真的热爱这份工作，其他的一切都可以弱化。所以职业倦怠期在我身上体现得并不明显。"（FT-F-1-LO）经过十多年的教学，教师 F 对日常教学算得上是得心应手，她希望能够学习到更多的教育理论知识，提升教学能力。"语言本体这一块应该已经不是我要去学习的重点了，我希望可以学习到更多关于学生个体差异的教育学、心理学的课程，让自己的教学能力能够更上一个台阶。"（FT-F-1-LO）教师 F 虽然是兼职教师，但在预科部算得上教学主力，在 X 大学的期末教学评测中，教师 F 的考核成绩名列前茅。

二、教师 F 宣称的信念

（一）关于国际中文教育的学科信念

1. 语言是一种科学

"语言是一种科学，是可以用科学的方法去研究、度量的。比如，你说诗歌好，这是件很主观的事情。文学是没有办法作为科学去衡量的，但是语言不一样，语言是可以用科学的方法来衡量的。最简单来说，语言是可以通过你使用的频率、次数来进行统计的。"（FT-F-1-LO）教师 F 将语言定性为科学，注重语言的可计算性与精准化，她认为语言内在结构是可以度量的。教师 F 对语言本质的看法属于结构主义语言学的观点，结构主义语言学所依靠的是符号语言学，所关注的是语言符合系统的音义结合规律、组合与聚类的规律。因此，教师 F 对语言的看法体现了语言本体观。

2. 国际中文教育的本质是传播

在谈及国际中文教育的学科本质时，教师 F 毫不犹豫地说出了"传播汉语"。"学科本质一定是传播汉语！在我看来，国际中文教育最主要的作用就是让世界上更多的人了解中国，同时也可以让中国人走到世界的每个角落去。"（FT-F-1-LO）教师 F 对国际中文教育本质的理解属于语言传播观。

3. 课堂要将语法点落实到位

"语言课气氛一定要好，这样学生才能从情绪上和心理上没有什么压力，学生放松，你给他讲语法啊、生词啊，他也会更容易掌握。有的语言课倒是挺热闹的，但是一堂好的语言课，光热闹是不够的，语言课堂一定要将语法点落实了！一位合格的语言教师是不应该在知识点和语法点的讲解上跑偏的，老师自身也要加强对语言本体的理解。"（FT-F-1-LO）在教师 F 看来，营造课堂轻松的氛围，目的是为了更好地完成语言形式教学，学生在轻松的环境中更容易进入教师设置的语言情景，这时进行知识点的教学会事半功倍。此外，教师 F 认为国际中文教师必须有扎实的语言本体知识，如果教师的语言本体知识基础薄弱，会导致对语言点理解不到位，这体现了教师 F 对语言本体教学的重视。在教师 F 宣称的学科观中，同时受到语言本体观和语言传播观的影响。

（二）关于国际中文教育的教学信念

1. 教学要考虑到学生的学习目的

教师 F 认为教学要考虑到学生的学习目的，如果学生来中国学习汉语是为了实现交流，教师却在课堂上讲授很多汉字的知识，没有任何的交际性活动，即使教师讲得再好，也不是一节好课。"第二语言教学的主要内容要根据学生的学习目的和学情确定的，还有就是相对于语法、生词这些语言形式来说，交给学生学习方法更为重要。"（FT-F-1-LO）教师 F 在谈话中特别强调了掌握学习方法的重要性，并提到"授人以鱼，不如授之以渔"，她认为学生掌握了学习方法后，可以充分发挥主观能动性，进行自主性学习。教师 F 宣称的是以学生为中心的教学观。

2. 教师是指挥家、作曲家

教师 F 认为，教师在教学中扮演着指挥家和作曲家的角色。"指挥家指的是教师是课堂的引领者和组织者。作曲家我觉得更加强调教师的创造性。我们在写教学目标的时候，这个教学目标不是给老师写的，教学目标一定是为学生而写的，那么为学生而写的教学目标一定是具有可生成性的。我们经常说这节课我要解决几个语法点，我要解决几个词。我说啊，你这个东西，你都没有告诉我学生是个什么水平，那我只能认定学生的水平是需要学了，而且生成和实际预设是有差距的，课堂一定要根据学情进行。"（FT-F-1-LO）教师 F 提倡的是生成性教学，她认为课堂中教师要根据学生的状态及时调整教学思路和教学行为。教师 F 强调的是以学生为主体的教学，在她看来，教师是课堂的组织者，只有学生积极参与才能达到有效生成的教学目标。

3. 要教会学生在合适的地方说适合的话

"语言点肯定是语言教学中的重点，但不是唯一重要的地方。还要教会学生在合适的地方说适合的话，这就需要教师在课堂中创设情景，让学生多去说，不能一节课都是教师在说。"（FT-F-1-LO）教师 F 宣称的是强调课堂的情景预设，让学生在真实的情景中提升语言能力，以及教师根据学情进行教学的理念，体现了教师 F 以学生为中心的教学观。

（三）关于国际中文教育的学习信念

1. 学习汉语要多用、多说、多写、多思考

教师 F 认为学习汉语最有效的方法是多用、多说、多写、多思考。"想要学好语言，一定是多用、多说、多写，还有就是多思考学习内容之间的联系。"（FT-F-1-LO）教师 F 提到的多用、多说、多写，属于通过反复练

习来巩固学习效果的行为主义学习观。多思考指的是学生主动地对所学的内容进行意义构建，这种观点肯定了学生主观能动性的作用，属于建构主义学习观的范畴。

2. 作业是学生状态的直观反映

"我评价学生主要是通过作业和课堂中学生的表现。学生的作业最能够直接反映出他们的学习状态，所以每节课我都会布置作业。还有就是我基本上每节课都会听写，因为有时候作业不一定是真实的，但听写的话你在下面来回走，可以看到学生书写的过程，明白他们为什么会出现这样的错误，以及需要给他纠正的地方。还有很重要的一点就是，教师要对学生的作业给予及时反馈，让学生获得成就感。"（FT-F-1-LO）教师F认为预科部学生的课外时间有限，表达类的作业很难实现，因此她布置的作业常以练习题为主。在她看来，练习题类作业和听写可以直观反映出学生的学习状态。这两种考察方式是通过"刺激—反应"的方式进行学习，属于机械性或半机械性的练习，忽略了学生的主观能动性，这种练习方式学生很难获得自由表达的机会。教师F布置作业的原则体现了行为主义学习观。另外，教师F宣称的要让学生获得成就感，也属于行为主义学习理论中的多次愉快或痛苦的后果可以改变个体的行为的观念。

3. 教材是死的，人是活的

在问及如何看待教材时，教师F说："教材是死的，人是活的。我的教育理念一直都是要从我的学生出发，从学习者的学习目的出发去选择教材。还要对教学内容进行情景创设，多和学生的现实生活进行联系。"（FT-F-1-LO）教师F认为，虽然学校规定了固定的教材，但教师要根据学生的学习目的选择性使用教材，这种观点体现了教师F以学生为中心的教学观。此外，教师F强调教学情景的创设，倡导将教材中的内容与现实生活进行联系的观点，属于建构主义学习观。在教师F宣称的学习观中同时存在着行为主义和建构主义两组相互矛盾的信念。

教师F的宣称信念有：语言本体观、语言传播观、以学生为中心的教学观、行为主义学习观和建构主义学习观。教师F宣称的信念之间存在矛盾，其中语言本体观和语言传播观与行为主义学习观具有相关性，以学生为中心的教学观与建构主义学习观具有相关性。但这两组相关联的信念之间存在矛盾，并且这两组信念内部均未形成从学科观到教学观再到学习观的稳定三角结构，这导致教师 F 宣称信念呈现出不稳定的趋势。下面用表5-3-1 呈现教师 F 宣称信念的基本内容。

表 5-3-1　教师 F 宣称的信念及取向

信念维度	宣称的信念	取向
关于学科信念	①语言可以通过科学的方式去研究、度量。 ②国际中文教育的本质是让世界上更多的人了解中国。 ③语言课要将语言点落实到位。	语言本体观 语言传播观
关于教学信念	①教学要考虑到学生的学习目的。 ②根据学情选择性的使用教材。 ③教师要根据学生的状态及时调整教学思路。	以学生为中心的教学观
关于学习信念	①学习汉语要多用、多说、多写、多思考。 ②作业和听写可以直观反映出学生的学习状态。 ③想要学好汉语需要主动思考学习内容之间的联系。 ④授人以鱼，不如授之以渔。要教会学生学习的方法。	行为主义学习观 建构主义学习观

三、教师 F 使用的信念

关于 F 教师的使用信念收集，主要通过课堂观察，辅以课后访谈，推断隐含在背后的信念。在资料收集时，进行了九次课堂观察，其中三节课堂进行了正式录像，由于受篇幅所限，教师 F 的使用信念呈现资料为三节正式录像课（表 5-3-2），其余六节课作为辅助资料。

表 5-3-2　教师 F 的课堂观察内容

教学内容	课程类型	教学时间
《去中国朋友家里做客》	复习课	90 分钟
《我们一边吃饭，一边聊天儿》	新授课	90 分钟
《你喜欢吃饺子吗？》	新授课	90 分钟

（一）关于国际中文教育的学科信念

1. 课堂活动项目

在教师 F 的课堂中，听写、复习、讲解作业、习题练习是每节课的必备项目。教师将知识点的讲授融入每个教学环节，教师授课环节一般为：听写—讲解学生作业中的问题—语言形式讲解—习题练习—布置作业。

表 5-3-3　教师 F 课堂活动时间分配表

课堂项目 ＼ 日期	9 月 28 日	10 月 13 日	10 月 20 日
课前汇报 ①角色扮演 ②口头报告 ③个人展示	0	0	0
复习 ①做教材中的练习 ②读生词、语法及其他相关句子 ③按照课文进行复习 ④通过讲解作业进行复习 ⑤课前听写	④ 14 分 40 秒 ⑤ 9 分 6 秒 ④ 33 分	② 20 秒 ⑤ 10 分 27 秒 ④ 14 分 2 秒	③ 14 分 14 秒 ⑤ 10 分 20 秒
导入 ①用图片（视频）或者问题引导学生说出相关话题 ②用动作引导学生说出课文相关词汇 ③用任务引导学生说和课文相关的话题 ④直接向学生介绍课文内容	0	0	0

（续表）

课堂项目＼日期	9月28日	10月13日	10月20日
生词、语法和句型、课文讲练 ①生词讲练 ②语法和句型讲练 ③课文讲练	0	①27分18秒 ③10分11秒	①57分55秒 ③15分
①课堂表达练习 ②课堂任务活动 ③教材课后题练习	③18分34秒 ①4分59秒	③21分44秒	0
课堂游戏	0	0	0
其他（点名、总结等）	正式授课前，在黑板上讲解易错生字：14分40秒；布置作业：1分14秒	布置作业：56秒	布置作业：2分

在课堂观察期间，教师F在每节课中都设计了听写环节，听写的内容多为前一天学过的生词。预科部规定，教师每节课都要对学生进行听写，教师F自身也认同这一做法。"就算学校没有这样的要求，我自己也会这样做。听写是有很多好处的，听写的时候你可以在下面来回走，可以通过学生的书写过程，了解他们为什么会出现错误，以及我需要给他们纠正的地方在哪里。"（FT-F-1-LN）教师F认为听写可以直观反映出学生在学习过程中遇到的问题，教师可以根据学生反馈的信息调整教学。这与教师F宣称的"教师要根据学情调整教学"形成了正相关。在教师F的课堂，复习是每节课的必备环节。复习的内容以生词为主，教师将生词放置在完整的句子中，通过提问的方式考查学生对生词的理解程度和运用能力。下面用课堂片段1来呈现。

课堂片段1（复习）

师（指着PPT）：看第一个句子。生1，"怎么"是什么意思？

生1：嗯，嗯，嗯，啊，啊。

师：看书！看笔记本！昨天老师已经说过了，而且说过两次。

（学生开始翻阅笔记本）

师："怎么"是什么意思？

生1（看着笔记本）：怎么是……是……

师：在你的笔记本上写上，"怎么"是"为什么"的意思。生2，马克来得早还是来得晚？

生2：晚。

师：你怎么知道他来得晚？

生2（看着PPT）：因为我们能看到"你怎么才来"这句话。

师：对，"才"告诉我们他来得晚。还有啊，如果句子中有"已经"，那么句子的后面常常有什么？

生（全体）：了！

师：好。这个句子生3读一下。

生3：我来的路上还挺顺利的。

师：还挺顺利的。看一看笔记本，昨天老师上课说了，什么的路上是顺利啊？

生3：来的路上。

师：老师还说过，还可以说什么顺利。

生（全体）：考试顺利。

师：很好，看一下黑板上这三个句子。

1.《英汉词典》就是英语汉语词典。（板书）

2. 这套公寓又大又便宜，还很漂亮，就是有点远。（板书）

3. 老师已经告诉他很多遍了，他就是不明白。（板书）

师：看一下，第三个句子和前两个句子中的"就是"是一样的吗？生2。

生2：对不起，我觉得第三个和第二个是一样的。

师：那我们看一下第二个句子，前面是不是应该有个subject，后面应该有个object，那如果它是subject（指着"公寓"两个字），那么谁是 object？是不是有点小问题？

生 2：是啊！

师：所以生 2 用的方法是对的，我要看到句子里边有没有"就是"。看到"就是"的时候我们要想一想，这个"就是"是什么意思。那我们看第三个句子，第三个句子中有没有 object？

生（全体）：有！

师：所以句 3 和句 2 中的"就是"一样不一样？

生：不一样。

师：记在笔记本上吧，如果你平时不记在笔记本上，那么复习的时候就糟糕了。（GK–F–2–L）

图 5-3-1　教师 F 课堂复习（V–F–20201013）

在课堂片段 1 中，教师 F 反复督促学生将重点或者易错的内容记在笔记本上。教师 F 的课堂中听写方式不仅仅限于教师考、学生写，有时候教师还会提供带有相同生词的例句，让学生辨析不同例句中的相同生词的含义，如课堂片段 1 中教师将三个含有"就是"的例句写在黑板上让学生进行辨析。教师通过带领学生划分句子成分的方法，达到理解生词不同含义的目的。这与其宣称的"语言可以用科学的方法进行衡量"形成了正相关，体现了教师 F 的语言本体观。

在实践教学中，教师 F 激发出了注重复习、听写和督促学生将错题记录在笔记本上的行为主义学习观，以及强调语言结构教学的语言本体观。

2. 课堂话语内容

在教师 F 的课堂中，语言形式讲授较多，根据表 5-3-4 中的统计数据，教师对语言形式的讲解占整节课的 80% 以上，说明教师 F 的课堂以语言本体教学为主。表 5-3-4 中 10 月 13 日和 10 月 20 日的课堂产生的程序性语言较多，说明这两节课中教师的指令性语言较多，如"打开笔记本""记在笔记本上""下面我们要开始听写了"。根据课堂观察发现，课堂中产生的纪律性语言并不针对某个学生，如 10 月 13 日的课程是国庆假期后的第一节课，在听写的过程中，教师发现学生对生词掌握得不好，于是产生了纪律性话语："你们最近怎么了啊？怎么感觉休息回来之后状态不好啊？我们学得也不快啊，为什么大家还是没有好好地跟上呢？"课堂中的纪律性语言多产生于对全体学生状态的客观描述。

表 5-3-4　教师 F 课堂话语内容时间分配表

日期	管理内容		语言内容			其他
	程序性	纪律性	形式	功能	语篇	话题
9 月 28 日	1 分 59 秒	7 秒	72 分 26 秒	5 分	0	7 分 41 秒
10 月 13 日	7 分 4 秒	32 秒	79 分 4 秒	0	0	3 分 18 秒
10 月 20 日	6 分 2 秒	28 秒	74 分 29 秒	0	0	9 分 49 秒

表 5-3-4 显示，课堂中语言形式教学占时最高，教师 F 课堂中语言形式的产生主要以教师讲授语言结构和汉字为主。下面分别用课堂片段 2 和课堂片段 3 来呈现。

课堂片段2（语言结构）

《英汉词典》就是英语汉语词典。（板书）

师：这里边没有"就"可不可以？

（大多数学生沉默）

师：《英汉词典》就是英语汉语词典。把"就"字去掉了，可不可以？

生：可以。

师：看这个句子中的，subject 是谁？

生：词典。

师：英汉词典是 subject，那谁是 verb？

生："就是"的"是"是 verb。

师：那这个句子如果没有"就"可不可以？ subject 是词典，verb 是"是"，object 是谁？

生：英汉词典是英语汉语词典。

师：那我没有"就"可不可以？句子的结构有没有问题？

生：没有问题。

课堂片段3（汉字讲解）

师：大家看黑板啊，这个是一个汉字，现在老师心里很吃惊的是，我要怎么办？你看老师的变化。看，这个地方是不是有个点，这个地方也应该有个点（一边说，一边在黑板上写竖心旁），然后它和北京的"京"在一起是什么字？

生：惊。

师：什么惊？

生：吃惊的惊。

师：现在记住了吗？这个是吃惊的"惊"。我们之前学过，左边和右边，一个是拼音，一个是意思。那你们谁能告诉我，哪个是这个字的读音，哪个是这个字的意思？

生：左边是意思，右边是拼音。

师：好，那如果有同学没有完成作业，他会跟老师说，老师，对不起，我没有完成作业。如果有人和你说对不起的时候，你要说什么？

生：原谅你。

师：对，原谅你，那原谅的时候我们说话不说话？

生：说话！

师：对，如果他不说话，你怎么知道有没有原谅你。那我们学过，哪个（偏旁）表示说话？跟说话有关系的。

生：说话的"说"。

师：所以，如果你想要原谅别人，你要说话。那么请大家告诉老师，上面的，下面的，哪个是原谅？（指着"惊"和"谅"）

生：下面的。（GK-F-2-L）

图 5-3-2　教师 F 汉字教学板书（V-F-20200928）

教师 F 倾向于采用语言结构划分的方式加深学生对句子的理解，如课堂片段 2 中教师让学生寻找句子中的主语、谓语、宾语，以确定"就"在句中的成分，以明确它在句中起到强调的作用。此外，教师 F 课堂中的汉字教学明显多于其他个案教师，且采用的是从字根、字源入手，让学生发现汉字的规律。教师 F 在课后访谈中说："很多国际中文教学停留在一个浅层无法进行深入的阶段，主要的原因就是卡在汉字上。好多老外在中国待了一段时间，说得都挺好，甚至语法都很少出现错误。但是你让他去写、去读，马上成为文盲了。所以每节课我都会留有一定的时间，给学生讲解汉字的由来和易错字。"（FT-F-2-LN）教师 F 认为字源是宝贵的中国文化。"我会告诉学生这个字是怎么来的，它为什么这么写。我们汉字讲究所谓的'四体二用'①，你把'四体'介绍给学生的时候，他们特别感兴趣，也能更好地理解汉字了。汉字是我们非常宝贵的财富，为什么我们的'日'字是这样写的，'月'字是那样写的。'上'为什么是点在这，'下'为什么是点在那。上课如果你用这种方式讲的话，一节课讲十多个汉字，学生掌握起来也是没有问题的。我做过实验，这样讲了以后，当堂考学生这些生字，识记率和书写率都会很高。"（FT-F-2-LN）教师 F 认为，学生学习汉语停留在较浅层面的主要原因归为"卡在汉字上"。教师 F 通过向学生介绍汉字的"四体"，既加深了学生对汉字的理解，又展示了中国源远流长的汉字文化。教师 F 的教学将语言传播观念贯穿于整个课堂。下面用课堂片段 4 来呈现教师 F 在教学中融入的常规表达方式。

课堂片段 4

（教师在黑板上写"炒鱿鱼"）

师：这个是一道菜的名字吗？

生 1：不是。

生 2：有西红柿炒鸡蛋。

师：那鱿鱼呢，鱿鱼不可以炒吗？

生 1：炒菜。

师："炒鱿鱼"是不是一道菜的名字啊？

生 2：是。

师：那你们来中国一年了，有没有吃过"炒鱿鱼"这道菜啊？

生 2：没有。

---

① 四体二用是清代语言学家戴震分析汉字"六书"得出的结论，形成于乾嘉时期。"四体"即为象形、指事、会意、形声四种造字法，"二用"则指转注、假借两种用字法。

生 1：老师，我吃过，在学校的食堂二楼。

师：那个鱿鱼是炒的吗？

生 1：嗯，嗯，我也不确定。

（老师继续在黑板上写：A：马克在这里工作吗？ B：他被炒鱿鱼了。）

生 1：啊？这个是什么意思？

师：你们在中国生活需要知道"炒鱿鱼"的意思，不然以后你听到中国人说炒鱿鱼，你会听不懂的。A 这句话的意思是，马克不在这里工作了吗？ B 说他被炒鱿鱼了。所以 B 这句话的意思是，马克现在还在这里工作吗？

生 3：不在，他走了。

师：那为什么我们用？（炒鱿鱼）

生 1：因为他炒鱿鱼好吃，所以他走了。

师：他去饭店炒鱿鱼了，对吗？哈哈哈哈。

生 2：因为他偷吃老板的鱿鱼，被发现了。

师：我给大家举个例子啊。比如说，我是老板，生 1 是给我工作的人，他工作常常出问题，但是他还觉得自己没问题。那老板满不满意啊？

生 1：不满意。

师：那我们说，他不努力工作，老板炒他的鱿鱼。（GK-F-1-L）

教师 F 常在教学中向学生介绍中国人的生活习惯和表达方式，并且在每节课都设计了汉字教学环节，她从字源入手让学生了解中国博大精深的汉字文化，这些教学行为体现了语言传播观。表 5-3-4 显示，课堂中语言形式的教学占时均在 70 分钟以上，说明教师 F 的课堂以生词、语法等语言形式教学为主，她将中国文化融合在语言形式的教学中，体现了教师 F 的语言本体观和语言文化传播观。

3. 学生语言模态分配

教师 F 的课堂中学生"听"和"写"的语言模态用时较多,"说"和"读"的语言模态较少,说明教师 F 的课堂以教师语言输出为主,学生获得语言输出的机会较少。学生"说"的语言模态主要产生于学生被动表达,如回答问题,学生的回答以 6 ～ 7 秒的短句为主,缺少成段的语言输出。表 5-3-5 中"读"的语言模态占时最少,主要产生于教师随机叫学生读例句或教师领读发音较难的生词和短句,"读"的语言模态以全班齐读和单个学生朗读为主。"听"的语言模态主要产生于学生听教师的讲授。"写"的语言模态主要产生于听写环节和教师叮嘱学生将重难点记录在笔记本上。第一次观课时,教师 F 逐一检查学生的作业,并让学生把典型错误写在黑板上,进行统一讲解,因此课堂中产生了大量"写"的语言模态。

表 5-3-5　教师 F 课堂语言模态时间分配表

日期	听	说	读	写
9 月 28 日	47 分 42 秒	19 分 20 秒	44 秒	22 秒 14 秒
10 月 13 日	66 分 1 秒	8 分 20 秒	2 分 6 秒	15 分 44 秒
10 月 20 日	61 分 35 秒	10 分 26 秒	7 分 39 秒	10 分 20 秒

教师 F 的课堂以语言形式教学为主,缺少交际性练习,学生语言输出的机会不多,说明在教学实践中教师 F 激发出的是语言本体观。此外,教师经常在课堂中传授学生语言学习的方法,以及鼓励学生树立学习目标。具体用课堂片段 5 和课堂片段 6 呈现。

课堂片段 5（教授学习方法）

师:孩子们,老师说过,你们不是从 ɑ、o、e 开始的学生。而且我们有一些同学的汉语水平是非常好的!所以你们要有好的学习方法,你们和老师在一起的时候没问题,那么不和老师在一起的时候,你们就不学习了吗?

生：学习！

师：是啊，所以怎么学习？下课的时候没有老师了，你要预习，那你怎么预习？你是不是要查词典？

生：对啊！

师：如果老师留的这三个词，你查了词典发现，这三个词的意思在词典里的解释都差不多。那你就要思考，为什么在你的语言中这三个词的意思是一样的，在汉语中却不一样？这是学习方法，你要经常用反思的方法，才能让自己很快地知道很多。

生：明白了。

师：所以孩子们，掌握学习方法是非常重要的！（GK–F–1–L）

课堂片段6（树立学习目标）

师：孩子们，今天老师准备了好多漂亮的贴纸。（举起来给学生看）

生：好漂亮啊！

师：那你们知道今天老师准备这些贴纸的目的是什么吗？

生：不知道。

师：老师会给你们每个人发一张，你可以在上面写上你的目标，然后把纸条叠起来放在这个盒子里。等你们毕业的时候，我们再一起打开盒子，看看你的目标是不是实现了。（GK–F–2–L）

教师 F 在教学中鼓励学生树立目标，并以目标指引学生学习，在教学中积极传授学生学习方法，鼓励学生积极学习，这与其宣称的"授人以鱼，不如授之以渔"的观点相一致，体现了教师 F 的建构主义学习观。

（二）关于国际中文教育的教学信念

1. 课堂组织形式

教师 F 的课堂以师生活动为主，配有少量的个人活动和全班活动，未出现小组活动。说明教师 F 的课堂以教师讲授和学生个人表达为主，缺乏互动式的课堂活动。课堂中师生活动在 70 分钟左右，几乎占据了整节课。说明教师 F 的课堂以教师控制为主，学生自由表达和意义协商的机会不多。

表 5-3-6　教师 F 课堂组织形式时间分配表

日期	全班活动时间			小组活动时间		个人活动时间	
	师生活动	生生活动	全班活动	相同任务	不同任务	相同任务	不同任务
9 月 28 日	72 分 18 秒	0	59 秒	0	0	6 分 7 秒	13 分 57 秒
10 月 13 日	86 分	0	1 分 30 秒	0	0	4 分 50 秒	0
10 月 20 日	69 分 48 秒	0	11 分 20 秒	0	0	0	16 分 52 秒

教师 F 的课堂语言形式的教学多是基于现实场景，并根据学情进行教学内容的调整。

课堂片段 7

师：这句话是什么意思？知道的同学请举手。生 1，你知道吗？

生 1："学习"的意思。

师：那为什么不举手。生 2 你知道这句话的意思吗？

生 2：不知道。

师：好，孩子们，看老师，你们觉得我多大年纪了？

生 3：五十岁？

生 2：三十岁？

师：哈哈哈，这是个秘密。但是老师说我工作十多年了。所以你们觉得老师知不知道一些学习的方法啊？

生（全体）：知道！

师：所以老师每天上课的时候会教大家不同的学习方法，那现在老师在做什么？

生（全体）：讲课！

师：对，教学。那我知道很多方法，我的方法是多还是少？

生（全体）：多！

师：所以我们学过"丰富"的意思是多还是少？

生（全体）：多！

师：我知道很多教学生的方法，那么我的方法很……（拉长音）

生（全体）：很丰富。

师：好，孩子们你们来中国一年多了，刚来中国的时候你知道学习汉语的方法吗？

生（全体）：不知道。

师：刚来的时候你不知道学习汉语的方法，慢慢地你们知道了好多学习汉语的方法。所以你们有没有……（拉长音）

生（全体）：有点。

师：有点经验了。（GK–F–1–T）

课堂片段 7 中教师 F 通过让学生举手的方法，统计学生对于"经验"这个生词的掌握情况，教师看大多数学生没有举手，重新对"经验"进行了讲解，可见教师 F 根据学生对生词的掌握程度，重新调整了教学内容和进度。教师为了加深学生对"经验"的理解，结合学生刚来中国时从不了解汉语的学习方法，到通过一段时间学习后掌握了一些汉语学习的方法进行举例，以此加深学生对"经验"理解，说明教师 F 对语言形式的讲授是结合真实情景完成的。

课堂片段 8

师：我们来学两个词，如果你想让别人明白你说的，首先要说清楚"说话的人"和"听话的人"，比如上课的时候谁是说话的人？

生（全体）：老师。

师：那老师是说话的人，谁是听话的人？

生（全体）：我们。

师：很好，比如说现在教室里面只有生 1 和老师，你们都在食堂吃饭。我问生1，他们在哪啊？他们……给我句子。

生（全体）：他们在食堂吃饭。

师：好，那老师说，咱们也去食堂吃饭吧。可不可以？

生（全体）：可以。

师：因为说话的人和听话的人一起去，这个时候我们用什么？

生（全体）：咱们！

师：对，说话的人和听话的人一起，用"咱们"。那第二个例子，现在下课了，老师问，下课以后你们做什么啊？

生（全体）：回宿舍。

师：对啊，你们说回宿舍、写作业、去吃饭。那这个时候有老师吗？这个时候老师并不去，所以用"你们"。（GK–F–3–T）

课堂片段8中教师F对语言形式的讲解先是营造贴近学生生活的真实情景，再在情景中完成学生对生词的理解。从课堂片段7和课堂片段8可以看出，教师F根据学情调整教学内容，并结合现实场景进行语言教学，体现了她以学生为中心的教学观。

根据表5-3-6，个人活动是教师F每节课都会出现的项目，通过课堂观察发现，教师F课堂中的个人活动多是在教师要求下的学生个人发言，虽然答案并不固定，但学生自由表达和意义协商的机会不多。从个人活动性质来看，教师F设计个人活动的教学目的并非为了促进意义协商，而是为了保障学生更好地掌握知识点。

课堂片段9

师：现在打开书，看第十七课的练习，选词填空，谁能告诉老师"我们"和"咱们"有什么不一样的地方？

生1：嗯，嗯，"咱们"和"我们"的不一样的地方。嗯，老师说，嗯，如果有老师说，咱们可以去食堂，有老师的话，可以用"咱们"。如果没有老师，可以说我们去食堂。

（班级响起掌声）

师：还有谁不明白？谁来提问？

生 2：我不明白。

师：那你问生 1 吧。

生 2：几个人是我们？

生 1：一个人不是我们，两个、三个是我们。

学 3：一定是老师吗？说"咱们"的时候一定是老师吗？

生 1：我们说"我们"是，比如，说"我们"是说的人在这，用"我们"，用"咱们"是和说话的人一起。

师：谁来能解释一下"我们"和"咱们"？

生 4：我。

师：好的，加油。

生 4：我们说"我们"，那应该不是一个人，是不包括听话的人。如果说"咱们"，嗯，嗯，是包括说话的人。

师：听话的人。

生 4：对，听话的人。

师：谁能给老师分别说个句子？

生 5：我可以！比如说，我在教室里写作业，你们在食堂吃饭，然后老师问我，他们在哪里？我说，老师，他们在食堂吃饭，咱们也一起去吃饭。对吗？

师：对的。（GK–F–3–T）

课堂片段 9 中教师 F 让学生总结"我们"和"咱们"的区别，并讲给所有的学生听，既考察了学生对生词的理解程度，又锻炼了学生语言表达能力。在课堂片段 9 中，学生虽获得了语言输出的机会，但这类活动以教师控制内容为主，学生的答案较为固定，属于学生具有一定发挥空间的半机械式操练。

2. 课堂话语内容控制

教师 F 的课堂以教师控制课堂话语和师生共同控制课堂话语为主，教师控制课堂话语主要产生于听写、没有学生参与的语言形式讲解、课堂管理和布置作业。学生控制课堂话语主要产生于学生没听懂教师讲授内容引发的提问，多是简短地表达疑问。课堂中师生共同控制课堂话语的时间几乎为课堂总时长的一半，这是由于课堂中教师经常会与学生就所学的内容进行问答式互动，以此练习目标生词和语法。师生共同控制课堂话语时间较长，说明学生在课堂上语言输出的机会较多。但课堂观察发现，学生语言输出多以回答教师的提问为主，缺乏较长的语言表达机会，体现了教师 F 以教师为中心的教学观。

表 5-3-7 教师 F 课堂话语控制时间分配表

日期	教师控制	学生控制	师生共同控制
9 月 28 日	35 分 28 秒	20 分 4 秒	34 分 28 秒
10 月 13 日	34 分 11 秒	10 分 26 秒	45 分 23 秒
10 月 20 日	37 分 16 秒	18 分 5 秒	54 分 39 秒

课堂片段 10

师：生 1，读一下课文中的这句话。

生 1：酸菜鱼是这家饭店的特色菜。

师：嗯，好的。你知道什么是酸菜鱼吗？

生 1：嗯，就是鱼？

师：它是一种什么？

生 1：一种食物？

师：有什么？

生 1：有鱼。

师：好的，生 2。（示意让生 2 继续读课文）

生 2：再来个辣子鸡怎么样？

师：看到这个菜名，你觉得菜是什么味道的？

生2：辣的！（GK-F-2-T）

在课程讲解的过程中，教师F经常根据教材中的内容向学生提问，以问题推进教学，如课堂片段10中出现的"酸菜鱼"是中国重庆地区的典型菜品，很多留学生并没有吃过这道菜。教师F没有直接向学生介绍酸菜鱼，而是通过提问的方式建构起学生对酸菜鱼的理解。还通过"辣子鸡"的菜名，让学生判断这道菜的口味。教师F以问题引导学生自主发现中国菜名的特点，体现了教师F发现式教学的观念。

3. 课堂话语引发

教师F课堂中教师引发的课堂话语数量高于学生引发的话语数量。学生引发话语以被动引发话语为主，学生主动引发话语的次数较少，说明课堂话语多由教师控制，学生在课堂中多是被动回答问题的状态。学生被动引发的话语主要以回答教师提问为主，学生主动引发话语多产生于学生对教学内容的疑问。课堂中教师引发话语多是为了引导学生进行发现式学习。

表5-3-8　教师F课堂话语引发统计表

日期	教师引发（次）	学生引发（次）	
		主动	被动
9月28日	80	5	65
10月13日	85	14	50
10月20日	93	8	93

课堂实录11

师：我们看课文，第一个句子，来，生1，读一下。

生1：这家饭店你来过吗？有什么特色菜？

师：好，这个句子中的语法有哪些？

生1："过"，还有"来"。

师：是"来过"。"来"是语法，还是"过"是语法？

生1："过"。

师：这个语法我们可以说，你来中国以后，你什么过饺子？

生（全体）：吃过。

生（全体）：包过。

师：吃过、包过都可以。在这个句子里的语法谁是动词？后面有个"过"，它的意思是什么？（一边说一边写板书）

生（全体）：以前做的。

师：这个说得很好，是什么时间做的？以前做的。这个现在做没做完？

生（全体）：没有！

师："过"的时候一定是完了，做完了我们才用"过"。生2（示意继续读课文）

生2：我刚听说过，但是从来没吃过。

师：好，告诉老师，这个句子中有几个语法？

生（全体）：有三个语法。

师：好，有三个语法，都是什么？生3。

生3：第一个是，嗯，嗯，我听说过。

师：嗯，"听说过"是动词后面有一个"过"。第二个语法是什么？

生3：第二个是，嗯，但是，从来。

师：是"但是"，还是"从来"。

生3：从来。

师：嗯，第三个是什么？

生3：它们三个在一起。

师：为什么它们三个在一起是一个语法？

生3：它们组成一起可以说"是酸的吗？是的"。

师：谁有不同的看法。

生4：有三个语法，第一个是"听说"，第二是"从来"，第三个我觉得是"是的"。

师：为什么"听说"是一个语法？

生 4：原来老师说过的，如果你没做过一件事情，你可以说，嗯，我听说什么了。

师：嗯，生 4 帮我们解释了"听说"这个词的意思和用法。那第二个呢，为什么"从来"是个语法？

生 4：因为我们可以说"从来没"和"从来不"，一个是以前没做过，现在也没做过，你可以说"从来不"；如果以前你没做过，以后可能会做，可以说"从来没"。

师：反了吧？哈哈，以前、过去和现在是"从来……（拉长音）不"。所以你反过来就对了。那为什么"是的"也是一个语法？

生 4：因为"是什么的"，表示强调。

师：有没有同学觉得我们学过的"是的"和他说的"是的"不一样？

生 5：如果你已经知道了答案，你说出答案，他说"是的"。这个不是表示时间、地方、怎么样的"是的"。

师：好，来，孩子们，这里面有一个很有意思的语法，我们要注意一下。"菜"是什么词？

生（全体）：名词。

师：那"道"是什么词？

生（全体）：量词。

师："道"是一般的量词还是特别的量词？

生（全体）：特别的。

师：特别的量词，所以我们在课文中，"这道菜"，"菜"的量词是什么？

生（全体）：道！

师：菜的量词是"道"，那我们还可以说这道什么？

生 1：这道题。

师：所以大家注意，这里边其实有一个最容易的语法，就是"名词的量词"是谁？

生（全体）：道！

师："道"可以是菜的量词，也可以是其他名词的量词。我们第二十课最重要的语法就是我们要学习"过"，它的前面是动词。然后还有就是"听说"，它是什么词？

生（全体）：动词！

师：对，它读"听说"，但是它是动词。这是我们第二十课最重要的语法。（GK-F-3-T）

课堂片段 11 中教师在课文讲解完后，叫学生总结课文中出现的语法点。教师 F 在为学生提供语言输出机会的同时，加强了学生对语法点的理解。课堂中教师 F 鼓励学生提出不同的看法，在整个互动过程中教师并未说出答案，而是根据学生的答案不断抛出问题，引导学生对所学内容进行总结与归纳，体现了教师 F 以学生为中心的教学观。

（三）关于国际中文教育的学习信念

1. 课堂话语互动信息差

教师 F 的课堂中虚假信息数量高于真实信息数量，说明教师提出的问题多是参考性问题，并不适合真实的语言交际，教师通过向学生提出虚假信息控制教学节奏，学生获得意义协商的机会较少。表 5-3-9 中 9 月 28 日的课程真实信息高于其他两节课，这是因为本节课中教师让学生将习题答案写在黑板上，并进行讲解。讲解前教师会问："这是谁写的？"因此产生了较多的真实信息。不可预测信息多产生于学生没听懂教师讲解而进行的提问。可预测信息是在课堂提问环节学生回答不了或者回答较慢的情况下，教师直接给出答案时产生。

表 5-3-9　教师 F 课堂信息差统计表

日期	给出信息		请求信息	
	可预测信息（次）	不可预测信息（次）	虚假信息（次）	真实信息（次）
9 月 28 日	39	1	75	12
10 月 13 日	45	3	80	3
10 月 20 日	51	3	88	2

课堂片段 12（虚假信息）

师：昨天我们上课的时候，老师讲没讲句子和句子的关系啊？

生：讲过了。

师：所以老师想问大家，上节课我们讲了句子和句子之间关系的三个问题，第一个是……（拉长音）

生：前面和后面的句子是什么关系。

师：是的，"因为和所以"和"虽然和但是"他们关系是一样的吗？

生：完全不一样。

师：第一个是要想前面句子和后面句子的关系，那第二个问题我们要想什么？

生：subject！

师：对，第二个才是要想 subject。昨天老师在黑板上写了两个词，哪个词是一样？

生：相同！

师：那哪个词是不一样？

生：不同。

师：好，那什么时候 subject 相同？什么时候 subject 不同？

生：相同的时候，在前面。

师：对！以后我们学的时候，如果句子中前面的 subject 和后面的 subject 一样，那么我们可以干什么？前面的不说，说……（拉长音）

生：后面的。

师：对，那第三个问题我们想什么？老师说把谁……（拉长音）

生：连词还是副词。

师：对，连词还是副词？看看你的笔记本上有没有，如果没有记下去。（GK-F-1-S）

课堂片段12中教师以提问的方式为学生提供了参与课堂的机会，但教师给出的虚假信息不是为了提高学生的交际能力，教师提问的关注点也并非语言意义，课堂中虚假信息的主要目的是为了进行知识点的复习，体现了行为主义学习观。此外，教师F的学习观在可预测信息中也有所体现，用课堂片段13呈现。

课堂片段13（可预测信息）

师：我们学过"过"在动词的后边。"我去过北京""我没去过北京"有问题吗？

（没等学生回答继续说）

师：这些都没有问题，问题是后面的"了"，大家都知道"没"和"了"可以在一起吗？

（学生没回答）

师：比如说我吃饭了，你可以说"我没吃饭了"吗？

生：嗯？

师："没"和"了"这两个不可以在一个句子里边，所以"我没吃饭了"这种表述对吗？但是，为什么有人觉得这句话是对的呢，因为你们会听过中国人说，"我没吃饭呢"，"没"可以和"呢"在一起，但是不能和"了"在一起。"我从来没感过冒了"这句话对吗？

生：不对。

师：很好，这句不对。大家记住了吗？（GK-F-1-S）

教师F给出的问题可以分为三种类型：第一种是需要学生回答的问题，

如这个字念什么。第二种是不需要学生回答的问题，即教师在提出问题后并未给学生任何回答的时间，直接给出答案。第三种是通过拉长音表示需要学生回答的问题，这种问题的答案往往由教师和学生一起说出。教师 F 课堂中的师生互动是为了保障语言形式的讲解，课堂缺乏学生自主建构语言知识的空间。

2. 课堂话题分配

教师 F 的课堂话题大概可以分为三类：第一类是与中国文化或日常生活相关的话题。这类话题在每节课中都会出现，如教师 F 讲到东北的冬天很多家庭喜欢囤积白菜。课堂中与中国文化或日常生活相关的话题多在一个话轮内结束，以教师引发—教师讲解—教师结束的顺序展开，在这个过程中没有学生的参与。可见，教师 F 引发中国文化或日常生活相关话题以传播文化为主，并非为了讨论。第二类话题是与学生生活相关的话题。这类话题多产生在知识点讲授过程中，主要作用是通过情景创设加强学生对知识点的掌握。第三类话题是与 HSK 或 YKK 考试相关的话题，这类话题属于课堂高频话题，教师 F 经常在课堂上向学生介绍考试的相关内容。无论哪一种类型的课堂话题，只要讨论时间稍长，教师马上会将话题拉回语言形式的讲解，整个课堂以语言形式教学为主，体现了教师 F 的语言本体观和行为主义学习观。

表 5-3-10　教师 F 课堂话题时间分配表

日期	宽话题	窄话题
9 月 28 日	0	7 分 41 秒
10 月 13 日	1 分 33 秒	3 分 18 秒
10 月 20 日	1 分 12 秒	9 分 49 秒

3. 教学材料的使用

教师 F 的教学材料以教材、PPT 和板书为主，课堂观察期间未发现教师使用实物、挂图等教学材料。教师 F 对黑板的利用率较高，经常会将课文中的重点语法、易错汉字、例句等写在黑板上，偶尔也会叫学生在黑板上默写生词，或者让学生根据 PPT 中的拼音在黑板上写出汉字。

表 5-3-11 教师 F 教学材料使用时间分配表

日期	纸质材料	PPT	板书	实物	挂图
9 月 28 日	69 分 35 秒	69 分 35 秒	11 分 19 秒	0	0
10 月 13 日	51 分 40 秒	51 分 40 秒	27 分 53 秒	0	0
10 月 20 日	62 分 9 秒	62 分 9 秒	17 分 31 秒	0	0

课堂上教师 F 经常拿着教鞭，指着 PPT 上的内容进行讲解，PPT 与教材中的内容完全一致。除了听写和学生活动环节以外，教师 F 基本是站在 PPT 前面讲课，讲到重点内容时会用教鞭进行指示。如下图。

图 5-3-3 学生在黑板写汉字（V-F-20200928）

图 5-3-4 教师 F 板书和 PPT 的使用（V-F-20201020）

通过对教师 F 的课堂活动特征进行整理，可以推断出她的使用信念有：语言本体观、语言传播观、以教师为中心的教学观、以学生为中心的教学观、行为主义学习观和建构主义学习观。具体见表 5-3-12。

表 5-3-12　教师 F 使用的信念及取向

信念维度	使用信念的表征	取向
关于学科信念	· 以划分语言结构的方式加深学生对句子的理解（1.1） · 课堂以生词、课文讲授为主（1.2） · 课堂中教师向学生介绍中国文化和日常生活（1.3）	语言本体观 语言传播观
关于教学信念	· 课堂以全班活动为主，没有小组活动（2.1） · 学生在课堂中的发言以被动回答问题为主（2.2） · 教师根据学情调整授课内容（2.3）	以教师为中心的教学观 以学生为中心的教学观
关于学习信念	· 教师要求学生将错题和教学重点记录在笔记本上（3.1） · 以提问的方式引导学生发现、归纳语言规律（3.2） · 积极传授学生学习的方法，鼓励学生主动学习（3.3）	行为主义学习观 建构主义学习观

教师 F 的宣称信念有语言本体观、语言传播观、以学生为中心的教学观、行为主义学习观、建构主义学习观。这些宣称信念之间联系较为松散，其中语言本体观与行为主义学习观之间具有相关性，以学生为中心的教学观与建构主义学习观之间具有相关性。但这两组相关的信念之间有矛盾，并且这两组信念均没有在宣称信念系统中形成稳定的三角连接，说明各要素以零散的状态停留在教师 F 的宣称信念中。在教学实践中，教师 F 受到没有被宣称的以教师为中心的教学观影响，使用信念中出现两套不同价值取向的信念，并在使用信念内部形成了稳定的三角连接，各要素之间相互支撑，具体呈现见图（图 5-3-5）。

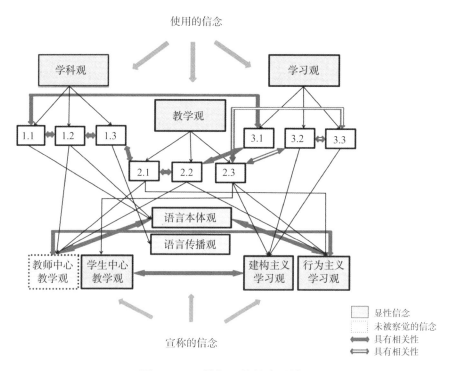

图 5-3-5　教师 F 的信念系统图

本章小结

本章以访谈和课堂观察的方式对 C、H、F 三名教师的学科观、教学观、学习观进行了详细分析，通过探究宣称信念和使用信念之间的关系，将三名教师的信念系统归为无意识操控型。

教师 C 在访谈中宣称的信念有：语言意义功能观、以学生为中心的教学观和建构主义学习观。课堂观察发现，教师 C 在教学实践中激发出的是语言意义功能观、以教师为中心的教学观、以学生为中心的教学观及建构主义学习观。教师 C 的信念系统中存在未被宣称的以教师为中心的教学观，她的教学受到两种相矛盾的教学观影响，这也导致课堂中出现了相矛盾的教学行为。

　　教师 H 在访谈中宣称的信念有：语言意义功能观、以学生为中心的教学观、建构主义学习观和行为主义学习观。课堂观察发现，教师 H 在教学实践中激发出的是语言本体观、语言意义功能观、以学生为中心的教学观和以教师为中心的教学观、建构主义学习观和行为主义学习观。教师 H 在教学实践中受到未被察觉到的、以教师为中心的教学观和语言本体观的影响。可见，教师 H 的信念系统中存在两种不同价值取向的信念。

　　教师 F 在访谈中宣称的信念有：语言本体观、语言传播观、以学生为中心的教学观、建构主义学习观、行为主义学习观。课堂观察发现，教师 F 在教学实践中激发出的是语言本体观、语言传播观、以学生为中心的教学观、以教师为中心的教学观、行为主义学习观和建构主义学习观。教师 F 在教学实践中出现了未被宣称的以教师为中心的教学观。可见教师 F 的信念系统结构较为松散，受到两种价值取向相悖的信念影响。

　　三名教师的信念系统虽各具特点，但均表现出无意识操控型特征，具体表现为三个方面：第一个方面是宣称信念与使用信念具有相关性；第二个方面是教师在教学实践中受到未被察觉的信念的影响；第三个方面是使用信念呈现两种范式，导致教师在教学中遵循两套行为准则。

第六章　求生存的健谈者——局部互动型

本章为实证的最后一个部分，以 G、Q 两名教师为案例，按照宣称信念和使用信念的互动关系，将其归纳为国际中文教师信念系统的第四种类型——局部互动型。局部互动型主要特征为宣称信念和使用信念不完全对应。该类型教师具体表现为：教师将学徒经历、接触到的理论均囊括于宣称信念，但教学中会摒弃大部分理论，选择最易解决问题的教学行为。

第一节　教师 G：言教胜于身教

一、教师 G 的基本情况

（一）经历介绍

教师 G 是 X 大学国际汉学院研二的学生，以讲课大赛的形式择优选为 X 大学预科部的代课教师。在此次研究开展时，是教师 G 任职的第二个学期，属于新手阶段。教师 G 本科毕业于某省属高校的汉语言文学专业，在校期间曾多次获得国家励志奖学金和校级一等、二等奖学金。教师 G 属于跨专业考研，他说："报考前就了解过这个专业，报考汉语国际教育的研究生主要是想出国。在报考前也会有一些担忧，因为这个专业属于教育类，

我有点担心教育类不如别的专业好找工作，但是考虑到可以获得海外教学经历，就报考了。"（FT-G-1-LO）

（二）执教中的关键事件

"印象比较深的就是第一次走上讲台，记得是在研一的时候，老师让我们轮流上台试讲，当时我特别紧张，需要讲的语言点是'早上好'，但是我实在太紧张了，导致语速特别快，很快就被老师叫停了。从那以后我意识到，给外国人讲课和给中小学生讲课是不同的。原来我以为教外国人是件挺简单的事，经过这次的事我体会到，给外国人讲课需要一些特定的技巧、方法，而且还需要控制语速。"（FT-G-1-LO）教师 G 属于学生代课，兼顾教师和学生双重身份，如果说试讲加强了他对国际中文教学的理解，那么教师身份则让他有机会近距离看到国际中文教师的日常工作状态。"代课的这一年让我明白了怎么样当一个好老师，尤其是在预科部集体备课的经历让我印象很深。我看到大家工作都特别认真，对学生非常负责，不仅关心学生的日常生活，而且课堂上对语言点的讲解也非常清楚。尤其是两位班主任对我的触动很大，他们下课后都会回到办公室批改作业，有时候下班后还在忙手头的工作。我当时就在想，如果以后我成为老师的话，我也要像刘老师和孙老师那样负责。"（FT-G-1-LO）刚接触教学时，教师 G 没有意识到国际中文教育的特殊性。通过专业课程的学习，教师 G 对学科有了重新的认识。代课的经历让他有机会以同事的视角看到教师们认真、负责的工作状态，加深了他的职业认知。

（三）专业发展现状

教师 G 认为自己的教学风格比较严肃，很像传统的中国教师。在谈及好课的标准时，教师 G 认为："有轻松的课堂氛围，让学生喜欢，才是一堂好的语言课。语言课目的性太强的话，反倒会给学生很大的压力。我觉得还是要调动学生的积极性，从而让学生的语言能力得到发展。"（FT-G-1-LO）教师 G 认为好的语言课是轻松幽默的，但他在总结自己的教学风格时认为是严肃型的。对此，教师 G 是这样解释的："可能我还是受到传统教育的影响吧，我觉得老师应该有威严，所以我觉得自己应该严厉一些。但是我又认为语言教学应该幽默一些，可能是我在自身观念和实践教学之间的转变做得不是很好吧！其实我也挺希望课堂轻松幽默的，但感觉自己放不开，有点羞涩，可能还是新手教师的原因吧。"（FT-G-1-LO）

教师 G 谈到教学风格时，形容自己像中国传统教师。可见在他的认知中，中国教师的形象多是严厉的，这与他研究生期间所接触的教育理念并不相符。教师 G 的学徒经历与在第二语言教学中提倡的以学生为中心的教学观念是相悖的，这导致他的教学认知和期待中的课堂发生了冲突。在访谈中可以看出，教师 G 的教学从自身经验出发，没有将理论转化为实践，处于自身认知与理论的矛盾期。

在访谈中教师 G 多次表达了对未来的迷茫。"下半年就要面临找工作了，以前挺想读博的，但是感觉到各方面的压力都挺大的，想着还是先找工作吧，希望能找个满意的工作……也不知道未来会从事什么岗位，而且因为疫情的原因也不敢出国，之前有去西班牙教学的机会，但家人不放心也就放弃了。虽然一直从事国际中文教学工作，但是也不知道未来能不能从事这个行业，感觉很迷茫……其实我特别希望未来能在大学从事国际中文教育相关工作，但是以研究生的学历去实现这个梦想也不太现实。唉，自己各个方面还不太够。"（FT-G-2-LO）

教师 G 处于临近毕业的焦虑期。教师 G 跨专业考研的主要目的是为了获得海外教学经历，因为疫情原因无法实现去海外教学的梦想，并且在国内所学的专业又非常受限，这让教师 G 感到压力非常大。大多数学生在临近毕业时都会经历一段迷茫甚至焦虑的时期，教师 G 的迷茫与焦虑折射出汉语国际教育专业的毕业生存在的就业难问题。如果以志愿者身份去海外教学，虽然服务期间工资待遇优于国内，但 1～2 年的服务期满后仍面临回国找工作的问题。而且汉语国际教育作为专业硕士属于教育学相关领域[1]，

---

[1]　崔希亮 . 关于国际汉语教育的学科定位问题 [J]. 世界汉语教学 . 2015，29（3）：405-411.

很多学生想从事教师行业，但凭借研究生学历进入高校存在困难，进入中小学又面临着专业不对口的尴尬局面。

二、教师 G 宣称的信念

（一）关于国际中文教育的学科信念

1. 语言是交流的工具

"语言是交流的工具。对于外国留学生来说，最基本的还是让他能够先交流，至于说得地不地道，以后可以提升，主要还是先处理最基本的沟通问题。"（FT-G-1-LO）教师 G 认为，对于留学生来说，语言得体不是最重要的，最重要的是学生可以通过语言交流解决基本的生存问题。教师 G 将交流看作语言最重要的功能，这种观点属于语言意义功能观。

2. 语言是一种能力

在谈及"语言教学应该教什么"这一问题时教师 G 表示，语言是一种能力，语言教学最主要的是发展学生的语言能力。"就是学生听、说、读、写的能力，要让学生去说，与此同时读和写的能力也要跟上。"（FT-G-1-LO）教师 G 认为语言教学的目的是为了提高学生听、说、读、写的能力，不仅要让学生学会表达，读和写的能力也要跟上。听、说、读、写是语言的四项基本技能，教师 G 倡导的语言教学要以提高学生语言技能为主，属于语言本体观。

3. 国际中文教育的本质是教外国人汉语和传播中国文化

教师 G 认为国际中文教育的学科本质是教外国人汉语和传播中国文化。"学科本质是给外国人讲授汉语的语言点，还有就是培养汉语教师和传播中国文化。"（FT-G-1-LO）教师 G 将国际中文教学内容归为语言点教学，体现了语言本体观。此外，教师 G 认为国际中文教育的本质是传播中国文化，体现了语言传播观。教师 G 宣称的学科信念有语言意义功能观、语言本体观、语言传播观，这些学科信念之间并未形成联系。教师 G 将学徒经验和作为代课教师所看到的、学到的、听到的内容，全部融入宣称信念，实际上未形成真正的学科信念，教师 G 宣称的学科观体现了新手教师在自我认知、理论知识、教学实践三者之间关系上的混沌状态。

（二）关于国际中文教育的教学信念

1. 国际中文教师要担负起中国文化传播的责任

教师 G 认为，国际中文教师在课堂上的主要职责是提升学生汉语水平和传播中国文化。"教师主要的工作是帮助学生提升汉语水平，这需要教师控制课堂的进度和教学内容。还有国际中文教师也要担负起中国文化传播的责任，我觉得很多老师忽略了文化传播。目前，很多外国学生对中国还有一些误解，所以国际中文教师还是要向他们介绍一个真实的中国。"（FT-G-1-LO）在教师 G 看来，教师需要通过控制课堂进度、教学内容以达到提升学生汉语水平的目标，这一观点体现了以教师为中心的教学观。教师 G 提到的国际中文教师要担负起中国文化传播的责任的观点，属于语言传播观。

2. 学生说好才是真正的好课

在教师 G 看来，学生说好才是真正的好课。"好的语言课是轻松的，得学生说好才是好课！现在有的语言课教学目的太强了，让学生感到很大的压力，这样即使学生的语言水平得到了提升，也不能算得上是一节好的语言课。"（FT-G-1-LO）教师 G 认为语言教学要在轻松的氛围中进行，课堂的质量需要学生去评判，只有学生说好才是真正的好课。如果学生在课堂上感到压力，即使语言能力得到提升也不能算一堂好课。这段访谈体现了教师 G 重视学生主体地位的观点。这与其提到的"教师控制课堂进度和教学内容"的说法相矛盾，可见在教师 G 宣称的教学信念中，同时出现了以教师为中心和以学生为中心的两种相互矛盾的教学观。

3. 任务型教学法更有利于汉语教学

"我认为在课堂上需要为学生提供一些实际的任务，这样可以激发出学生的自主性，实现学以致用的目的。"（FT-G-2-LO）任务型教学法是基于二语习得展开的教学方法，其核心内容是促使学生主动用所学语言去做事，并在此过程中发展语言能力。相对于语言形式结构，任务型教学法更侧重于语言的内容、含义，因此课堂语言活动更接近自然习得。在任务型教学法中，教师是课堂的参与者，而并非权威讲授者。这体现了教师 G 以学生为中心的教学观和重视交流的语言意义功能观。

（三）关于国际中文教育的学习信念

1. 根据学情恰当使用教材

"我觉得很多教材出版时间比较长了，不太符合现在人说话习惯，而且有的教材内容过于死板，不具有实用性。所以我觉得教师在使用教材的过程中要结合学生的实际情况灵活地使用教材，把不太实用的内容剔除，根据学生的知识结构和能力恰当地使用教材。"（FT-G-1-LO）教师 G 认为，教师要根据学生需求和学情合理地使用教材，剔除实用性低、不符合学生需求的内容，重视学生需求的观点体现了以学生为中心的教学观。教师 G 提到的根据学生知识结构恰当地使用教材，以学生旧知作为新知识传授的生长点的观点，属于建构主义学习观。

2. 以学促教

"教师授课的对象是学生，教师教得好不好的标准也应该从学生的学习效果这个角度评价，教师的教学进度应该根据学生的学习程度来安排。"（FT-G-1-LO）教师 G 提倡以学生为主体的教育理念，他认为学期初制定的教学进度表只能作为教学参考，真正决定教学进度的应该是学生的学习效果，教师的教是为了学生的学。教师 G 的观点体现了以学生为中心的教学观。

3. 预习和复习很重要

教师 G 提到的"根据学生认知结构使用教材"和"教学进度要根据学情来安排"的观点，体现了建构主义学习观。在问及学生应该如何学习语言时，教师 G 表示："想要学好汉语，我觉得预习和复习是非常重要的。"（FT-G-1-LO）预习和复习属于通过反复练习达到学习效果的行为主义学习观。由此可见，在教师 G 宣称的学习观中同时存在着建构主义和行为主义两种相互矛盾的观念。

　　教师 G 宣称的信念多而杂乱，有语言意义功能观、语言本体观、语言传播观、以教师为中心的教学观、以学生为中心的教学观、建构主义学习观、行为主义学习观。教师 G 所宣称的信念囊括了他的所见所闻，这些宣称信念以拼盘的方式呈现，彼此相互独立并未产生联系，下面用表 6-1-1 呈现教师 G 宣称信念的基本内容。

表 6-1-1　教师 G 宣称的信念及取向

信念维度	宣称的信念	取向
关于学科信念	①语言是交流的工具。 ②国际中文教育是为了发展学生的汉语听、说、读、写的能力。 ③国际中文教师要担负起中国文化传播的职责。	语言意义功能观 语言本体观 语言传播观
关于教学信念	①教师要控制课堂的进度和教学内容。 ②教学要以学生为主体，学生说好才是真正的好课。 ③教学要激发学生的自主性，做到学以致用。	以教师为中心的教学观 以学生为中心的教学观
关于学习信念	①学习以旧知识作为新知识的生长点。 ②教材有些内容过于死板，教师要结合学生实际情况灵活地使用教材。 ③想要学好语言，预习和复习非常重要。	建构主义学习观 行为主义学习观

三、教师 G 使用的信念

　　教师 G 的使用信念收集主要通过课堂观察辅以课后访谈推断得出。在资料收集时，对教师 G 进行了九次课堂观察，其中三节课进行了正式录像，由于受篇幅所限，教师 G 的使用信念呈现资料为三节正式录像课（表 6-1-2），其余六次课作为辅助资料。

表 6-1-2　教师 G 的课堂观察内容

教学内容	课程类型	教学时间
《请问这件深蓝的大衣多少钱》	新授课	90 分钟
《我想买一件羽绒服》	新授课	90 分钟
《他要飞一趟上海》	新授课	90 分钟

（一）关于国际中文教育的学科信念

1. 课堂活动项目

教师 G 课堂活动类型单一，课堂仅有复习和语言点讲练两个活动项目，没有表达互动。教师 G 的教学按照"复习环节—生词—课文讲授"的顺序进行，每节课复习时间为 20 ～ 40 分钟，复习内容以学生读课文为主。在生词、课文讲授环节以教师语言输出为主，教师讲解完后随机叫学生读课文。

表 6-1-3　教师 G 课堂活动时间分配表

课堂项目 ＼ 日期	5 月 31 日	6 月 7 日	6 月 21 日
课前汇报 ①角色扮演 ②口头报告 ③个人展示	0	0	0
复习 ①做教材中的练习 ②读生词、语法及其他相关句子 ③按照课文进行复习 ④通过讲解作业进行复习	③ 19 分 52 秒	③ 40 分 43 秒	③ 25 分 39 秒
导入 ①用图片（视频）或者问题引导学生说出相关话题 ②用动作引导学生说出课文相关词汇 ③用任务引导学生说和课文相关的话题 ④直接向学生介绍课文内容	0	0	0

（续表）

课堂项目 ＼ 日期	5 月 31 日	6 月 7 日	6 月 21 日
生词、语法和句型、课文讲练 ①生词讲练 ②语法和句型讲练 ③课文讲练	① 52 分 1 秒 ③ 13 分 45 秒	③ 15 分 17 秒 ① 28 分 50 秒	③ 39 分 21 秒 ① 24 分
①课堂表达练习 ②课堂任务活动 ③教材课后题练习	0	0	0
课堂游戏	0	0	0
其他（点名、总结等）	0	0	0

教师 G 的复习方法是让学生照着 PPT 读句子（有拼音注释），学生读完后，教师将拼音去掉，找另一位学生复读（没有拼音注释）。生词讲练环节也采用了同样的方法，教师将生词呈现在 PPT 上，随机叫学生读生词。教师在学生读完后给予反馈，反馈的内容多以纠正学生发音为主。

课堂片段 1

师：……刚才讲的这些就是我们这节课的生词。下面找同学来读一读，生 1。

生 1：读……

师：这个是三声，以后在读的过程中注意一下三声，广（guǎng）告，讲（jiǎng）价。生 2，继续读。

生 2：读……

师：好，不错！生 3。

生 3：读……

师：泰（tài）国，整体不错啊，是泰（tài）国。生 4，来读一读。

生 4：读……

师：最低价格（gé），是"gé"，这个大家经常会读错，大家一定要练一练。而这个词呢，破（pò）例，一会儿我们还会见到这个词，记得是读破（pò）例。好，下面老师带着大家一起读。（GK-G-2-L）

教师 G 注重学生的发音，课堂片段 1 中教师讲解生词的含义后，未对学生的理解程度和运用能力进行检验，而是将教学重点放在纠正学生的发音上。教师 G 在课文的讲授过程中，也将重点放在学生读课文上，未对语言点进行讲授，课文按照"教师读课文—学生读课文—教师纠正学生发音"的顺序进行。

教师 G 的课堂以复习和语言形式讲解为主。课堂观察期间，没有发现教师 G 督促学生预习或带领学生预习的行为，这与其宣称的"语言学习需要预习"不符。课后访谈中教师 G 表示，预习很重要的观点是听办公室老师说的。"有一次他们在谈及学生回去没有好好预习，导致课堂跟不上，我就有了要让学生预习的概念。"（FT-G-1-LN）教师 G"预习和复习很重要"的观念源于外界直接输入，这说明在新手阶段，教师宣称的信念不一定源于思考后产生的认知，他们会将从权威处得到的信息不加思考地纳入宣称信念。同样的事情还体现在教师 G 宣称的"好的语言课堂要让学生感到轻松、幽默"上，但在总结自身教学风格时，他认为自己是个严肃的教师。教师 G 将所见所闻未经过滤直接纳入信念系统，导致其信念系统元素杂乱甚至相互矛盾。

2. 课堂话语内容

教师 G 的课堂管理话语用时不到一分钟，主要产生于布置作业。整个课堂以语言形式教学为主，鲜有话题讨论。课堂中的语言形式产生于词汇和课文讲练环节。其语言形式占时较多的课堂常常配有大量的教师语言输出，学生获得意义协商的机会不多。教师 G 在实践中激发出的是以生词、课文教学为主的语言本体观和以教师为中心的教学观。

表 6-1-4　教师 G 课堂话语内容时间分配表

日期	管理内容		语言内容			其他
	程序性	纪律性	形式	功能	语篇	话题
5 月 31 日	24 秒	0	88 分 5 秒	0	0	1 分 33 秒
6 月 7 日	31 秒	0	89 分 26 秒	0	0	0
6 月 21 日	40 秒	0	89 分 20 秒	0	0	0

3. 课堂语言模态分配

在教师 G 的课堂中学生用到了听、说、读三种语言模态。其中"听"的语言模态用时最多，主要产生于听教师讲授知识点。"说"的语言模态基本在三分钟以内，主要产生于学生没有听懂教师的话语而引发的疑问，或是教师讲授完某个知识点后主动问学生是否还有不懂的问题。课堂中学生"说"的语言模态主要是为了完成知识点讲授，而并非为了锻炼学生的语言交际能力。教师 G 在每个教学环节都设计了学生"读"的活动，对于学生的发音错误，教师 G 基本上有错必纠。

表 6-1-5　教师 G 课堂语言模态时间分配表

日期	听	说	读	写
5 月 31 日	60 分 1 秒	1 分 17 秒	28 分 42 秒	0
6 月 7 日	61 分 37 秒	35 秒	27 分 48 秒	0
6 月 21 日	54 分 17 秒	2 分 43 秒	33 分	0

课堂片段 2

师：同学们对于课文还有没有不明白的地方啊？有的话可以提出来。

生：老师！

师：嗯？

生："别处"是什么意思啊？

师：别处呢，这个"处"指的是地方，意思就是"别的地方"。明白了吗？

生：明白了！

课堂片段3

师：生1，你来读一下这段课文。

生：读……

师：这位同学读的哪里有问题？生2。

生：对不起，老师，我不知道。

师：是羽（yǔ）绒服！三声，羽（yǔ）！来我们读一下，羽（yǔ）绒服。很好，生2，继续读下面的部分。

生：读……（GK-G-1-L）

教师G课堂中的师生互动主要是为了知识点教学，多以课堂片段2、3中的方式进行。课堂中学生"说"的语言模态用时较短，但学生在课堂中的开口率较高，原因是每节课教师G都会以点名的方式叫学生读生词、课文，反映出教师G重视语言形式教学的语言本体观。

（二）关于国际中文教育的教学信念

1. 课堂组织形式

教师G的课堂组织形式以师生活动为主，主要产生方式为教师讲授知识点。表6-1-6显示，课堂中的个人活动在三十分钟左右，约占课堂总时长的三分之一。在第二语言教学中，个人活动和小组活动被认为是提供给学生更多发言机会的课堂活动。但在教师G的课堂中，个人活动基本上以学生读课文、读生词的机械性练习为主，学生难以获得意义协商的机会。由此可见，教师G在教学实践中激发出的是以教师为中心的教学观。

表 6-1-6　教师 G 课堂组织形式时间分配表

日期	全班活动时间			小组活动时间		个人活动时间	
	师生活动	生生活动	全班活动	相同任务	不同任务	相同任务	不同任务
5 月 31 日	45 分 22 秒	0	14 分 39 秒	0	0	29 分 59 秒	0
6 月 7 日	46 分 52 秒	0	14 分 45 秒	0	0	28 分 23 秒	0
6 月 21 日	43 分 7 秒	0	16 分 38 秒	0	0	30 分 15 秒	0

2. 课堂话语内容控制

教师 G 的课堂中教师控制课堂话语、学生控制课堂话语、师生共同控制课堂话语的时间较为接近。教师控制课堂话语主要产生于教师对生词的讲解和纠正学生发音。学生控制课堂话语较为单一，以各种形式的朗读为主，如读带有拼音的生词、去掉拼音读生词等。师生共同控制的课堂话语与教师 G 的授课风格有关，教师习惯在生词讲授环节前给学生 3～5 分钟的时间熟悉生词，随后教师带领学生一起读生词，课堂中师生共同控制课堂话语多产生于教师带领学生读课文的形式。

表 6-1-7　教师 G 课堂控制时间分配表

日期	教师控制	学生控制	师生共同控制
5 月 31 日	29 分 52 秒	29 分 59 秒	20 分 9 秒
6 月 7 日	30 分 59 秒	28 分 23 秒	28 分 38 秒
6 月 21 日	22 分 54 秒	35 分 43 秒	31 分 19 秒

课堂片段 4

师：生 1，读一下。

生 1：……

师：总体上读得很好，但是有几个字的发音还需要注意一下。几（jǐ）点起床，六点（diǎn）起床。生 2，你来读一下。

生 2：六点就起床，太早了！那你几点吃早餐呢？

师：六点就起床，太早了！（语气强调）总体来说我们的流利程度都不错，主要还是存在声调的问题。生3，你来读一下。

生3：我一般六点半到七点吃早饭，你呢？

师（配有手势纠正发音）：六点（diǎn）半（bàn）。（GK-G-3-T）

虽然教师G对学生的发音有错必纠，但纠错仅限于更正学生的发音问题。教师在示范正确的读音后并未对学生是否掌握了正确发音进行检验，而是直接进入下一项教学活动。由此可以看出，教师G的课堂以教师控制话语内容为主，学生处于被动听讲状态，课堂缺少交际性活动和学生自主的语言输出练习，体现了其以教师为中心的教学观。

3. 课堂话语引发

教师G的课堂中教师引发话语数量高于学生引发话语数量，见表6-1-8。学生引发的话语多是按照教师要求读生词或课文。教师引发话语除了知识点讲授外，还有一种情况是抢占学生的课堂话语，下面用课堂片段5来呈现。

表 6-1-8　教师 G 课堂话题引发统计表

日期	教师引发（次）	学生引发（次）	
		主动	被动
5月31日	48	6	27
6月7日	42	0	27
6月21日	51	1	30

课堂片段5

师：这部分的课文就讲完了，同学们如果有问题可以提出来。

生：老师，"仓库"是什么意思？还有……

师：还有什么？

生：嗯……

师：没事啊，你慢慢找，"仓库"就是东西生产出来了，把没有卖完的东西放在一个地方，这个地方就叫"仓库"，明白了吗？还有一个词叫"库存"，仓库里边还有多少东西，它就叫"库存"。仓库里还有一千件衣服，那么库存就是一千件，"仓库"和"库存"明白了吗？还有什么？

生：我找到了，还有"零部件"是什么意思？

师：生产一个东西需要很多的组成部分。比如我们以汽车为例，一辆完整的汽车呢，由很多小的东西组成，比如说轮胎啊、发动机啊，尤其是发动机里边有很多小的东西。组成这个东西的小的部分就是它的零部件，明白了吗？

生：明白了，谢谢。（GK-G-3-T）

课堂片段 5 中学生想问两个问题，一个是"仓库"的含义，另一个问题教师没有让学生表述完整，而是让学生慢慢找，并立即向学生解释"仓库"的含义。从对话上看，学生引发话语后没有表述完整，而教师直接进行了回答。按照话轮划分，学生提出疑问—教师回答问题，但教师在向学生解释完"仓库"的含义后，并未等学生提出第二个问题，而是直接引发了新的话轮，即主动解释学生没有问到的"库存"。课堂上本应由学生引发话语，再一次变成教师引发话语。此外，在课堂中，教师 G 还存在师生感知失配的情况，下面用课堂片段 6 呈现。

课堂片段 6

生（读课文）：你的建议是合理的，我喜欢这个。

师：这样，我们把最后两句也读一读。

（等待约十秒钟没反应）

生（指着自己问）：我吗，老师？

师：对的，是。（GK-G-1-T）

在课堂片段 6 中教师让学生读课文，学生读完后教师想让他继续把课文的后两句也读一下，教师没有采用明确点名或者眼神示意的方式，导致师生感知失配。教师以为学生正在准备读，过了约十秒钟学生才反应过来，原来教师 G 是想让他继续把课文读完。感知失配是指在学习的内容或机会上，师生之间存在差异，往往出现在教师所理解的教学与学生所能接受的教学之间产生差异时。① 教师 G 课堂中感知失配产生的主要原因是：每次教师都会采用点名的方式让学生回答问题，整个课堂节奏由教师控制，学生缺少主动参与课堂的机会，如果课堂中一旦教师指令不明确，就会产生师生感知失配的现象。这说明在教师 G 的课堂中，学生被动地按照教师的指令进行课堂活动，很少有机会发挥主观能动性。

（三）关于国际中文教育的学习信念

1. 课堂话语互动信息差

教师 G 课堂产生的给出信息和请求信息均在十次以内，说明课堂缺少师生互动。其课堂中可预测信息产生于教师以自问自答的方式进行生词讲解。教师 G 讲授生词是从第一个生词讲到最后一个生词，讲完后统一询问学生是否有不理解的生词，全程很少与学生进行互动。课堂中教师引发的请求信息主要产生于生词环节，目的是为了完成语言形式的讲解，具体用课堂片段 7 来呈现。

表 6-1-9　教师 G 课堂信息差统计表

日期	给出信息		请求信息	
	可预测信息（次）	不可预测信息（次）	虚假信息（次）	真实信息（次）
5 月 31 日	6	0	5	5
6 月 7 日	6	0	1	4
6 月 21 日	5	0	3	5

---

① 库玛 . 超越教学法语言教学的宏观策略 [M]. 陶健敏，译 . 北京：北京大学出版社，2013：57–59.

课堂片段 7

师：这个词"费用"，费用我们都知道，有很多词是什么什么费，表示花什么钱，比如我们要去另一个地方，我们需要坐飞机、坐车，这叫什么费呢？生 1。

（学生沉默大约三秒钟）

师：有没有同学知道的？

师（继续说道）：我们把这个叫"路费"，用在交通方面的费用我们叫"路费"。再比如我们要用一些钱吃饭，我们称为"伙食费"。

（GK–G–2–S）

课堂片段 7 中教师提出问题，指定学生回答，学生沉默后教师没有等待太久，继续向别的学生提问，见无人回答，直接解释路费、伙食费的含义。这说明课堂产生的请求信息是为了完成语言形式的教学，并不是为了帮助学生进行知识建构。课堂上教师提出的问题较少，并且未给予学生充分的思考时间，只要学生有短暂的迟疑，教师就会直接进行生词讲解，整个课堂以教师讲授为主。

2. 课堂话题分配

教师 G 的课堂大部分时间以教师讲授知识点为主，只有一节课产生了窄话题，窄话题用时较短，以教师语言输出为主，下面以课堂片段 8 呈现。

表 6–1–10　教师 G 课堂话题时间分配表

日期	宽话题	窄话题
5 月 31 日	0	1 分 33 秒
6 月 7 日	0	0
6 月 21 日	0	0

课堂片段 8

师：现在中国比较火的一个 app 叫支付宝。现在很多中国人付款都不用现金，一般都通过支付宝或者是微信扫一扫付款，中国比较流行在线上支付，大家身上很少带现金。（之后继续讲下一个生词，GK-G-3-T）

教师 G 由"支付"这个生词引出中国流行的支付方式，但向学生介绍完以后直接进入下一个生词的讲解，全程没有学生的参与。由此可见，教师引发话题的目的是为了加深学生对生词的理解，并非为学生提供语言交流的机会。

3. 教学材料的使用

教师 G 的教学内容全部源于教材，他对教材中每个部分的讲解较为平均，没有明显的取舍痕迹。在教学材料使用类型方面，教师 G 用到了教材、PPT 和黑板，教师将教材中的内容投放在 PPT 上，学生基本上都是看着 PPT 听教师讲解，偶尔在教材中画些重点。教师 G 的课堂有少量的板书，板书的内容多随机产生，教师 G 习惯一边纠正学生发音，一边在黑板上标注声调。在课堂中，为了沟通，教师 G 也会写板书，目的是用文字的形式来确认学生话语的含义。下面用课堂片段 9 来呈现。

表 6-1-11　教师 G 教学材料使用时间分配表

日期	纸质材料	PPT	板书	实物	挂图
5 月 31 日	86 分 19 秒	86 分 19 秒	3 分 41 秒	0	0
6 月 7 日	88 分 3 秒	88 分 3 秒	1 分 57 秒	0	0
6 月 21 日	88 分	88 分	2 分	0	0

课堂片段 9

师："惯例"就是通常的做法和规矩。生 1，你觉得惯例可不可以不遵守？我们可不可以不按照惯例去做呢？生 1。

生 1：我不知道。

师：不知道。一般情况下，我们都是按照惯例和规矩去做事的，但是有的时候呢，我们也可以不按照惯例去做。所以这就是上节课我们学的生词"破例"。

生 1：老师，我有一个问题。

师：你说。

生 1：我想知道，"惯例"和"练习"的区别。

师："惯例"和什么？"区别"？

生 1：练习！

师："练习"还是"联系"？

生 1：练习！

师：练习？惯例和练习？联系？

生 1：什么联系？

师（一边说一边在黑板上写"联系"）：老师没听清"惯例"后面是什么，"惯例"和什么？是老师写的这个吗？（指着黑板上写的"联系"）

生 1：啊，不是，是"练习"。

师（在黑板上写着练习）：是这个词吗？

生 1：对对对。（GK–G–1–S）

在课堂片段 9 中，教师 G 解释完"惯例"的含义后向学生提问，显然学生没理解"惯例"的含义，教师 G 并未进行任何引导以加深学生对生词的理解，而是直接告知学生答案。教师 G 的行为并没有帮助学生理解"惯例"的含义，因此引发了后面"惯例"和"联系"的对话。教师 G 没有想到学生会把"惯例"和"练习"联系在一起，因此在对话中产生了信息差，最后在黑板上写出了"练习"，问学生是不是这个词。从课堂片段 9 中可以看出，教师 G 对黑板的使用较为随机，板书的主要目的是为了加深学生对语言形式的理解（如在黑板上标出音调），以及利用文字消除沟通障碍。从教师 G 对教学材料的总体使用情况来看，教学内容全部源于教材，未进行任何知识扩展，教学材料使用类型单一，体现了行为主义学习观。

综上可见，通过教师 G 的课堂活动特征可以推断出他在教学实践中激发出的信念有语言本体观、以教师为中心的教学观和行为主义学习观，具体内容见表 6-1-12。

表 6-1-12　教师 G 使用的信念及取向

信念维度	使用信念的表征	取向
关于学科信念	·课堂以教师讲授知识点为主（1.1） ·课堂缺少师生互动（1.2） ·课堂以机械性练习为主（1.3）	语言本体观
关于教学信念	·教师纠错后，未对学生的掌握程度进行检验（2.1） ·课堂话语以教师引发为主，学生缺少主动引发话语的机会（2.2） ·教师控制课堂话语内容，学生缺少参与课堂互动的机会（2.3）	以教师为中心的教学观
关于学习信念	·教师提出问题后，并未给予学生宽松的回答时间，学生主观能动性难以发挥（3.1） ·语言学习以语言输入为主，学生开口率低（3.2） ·学习内容全部源于教材（3.3）	行为主义学习观

教师 G 宣称的信念杂乱且相互矛盾，共有七种，分别为语言本体观、语言意义功能观、语言传播观、以教师为中心的教学观、以学生为中心的教学观、建构主义学习观、行为主义学习观。矛盾体现为宣称的信念呈现出两种价值取向：第一种是语言本体观、以教师为中心的教学观、建构主义学习观，三者组成以教师为中心的价值取向；第二种为语言意义功能观、以学生为中心的教学观、建构主义学习观，三者组成以学生为中心的价值取向。在教师 G 的教学实践中激发出的信念有语言本体观、以教师为中心的教学观和行为主义学习观，其宣称的语言意义功能观、以学生为中心的教学观和建构主义学习观虽然在教学实践中没有相应的教学行为，但在宣称信念系统中形成了稳定的三角互动关系。在访谈中可以发现，教师 G 的信念系统囊括了学徒经验和代课教师经验。通过对教师 G 的信念系统进行整理，笔者发现，他在实践教学中激发出的信念受学徒经历影响较大，其研究生期间所接触的教育理念仅停留在宣称信念层面，并未转化成相应的

教学行为，具体以图 6-1-1 呈现。

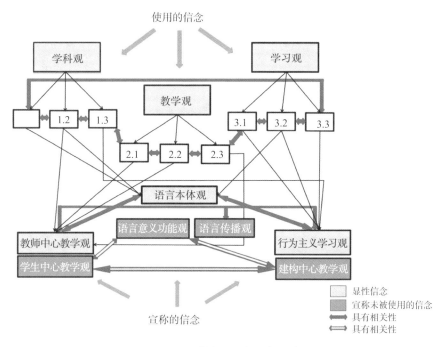

图 6-1-1　教师 G 的信念系统图

第二节　教师 Q：敏于思而慎于行

一、教师 Q 的基本情况

（一）经历介绍

教师 Q 是 X 大学国际中文教育专业的研二学生，已在 X 大学代课两个学期。教师 Q 本科毕业于 X 大学的管理学专业（中外合作办学）。本科期间教师 Q 的室友在孔子学院做过志愿者，经常跟教师 Q 分享在孔子学院的趣事，慢慢地教师 Q 产生了想报考国际中文教育硕士的想法。"我本科的所有专业课都是由美国教师全英授课，所以我觉得自己英语挺好的，再加上本科一直受到西方文化的影响，我也想向外国人讲讲中国的故事。"（FT-Q-1-LO）

（二）执教中的关键事件

教师Q在谈到关键事件时，说到动情之处眼泛泪光。"由于疫情的原因，留学生没办法回到自己的国家，都留在了中国。有一次上完课我给学生布置作业，等我检查他们作业时，很多学生在作业中额外夹了一张纸条，上面用中文写着：'无论中国怎么样，我都不会离开中国。加油！'当时是中国疫情最严重的时候，我看到他们写的字条，眼泪一下子就流下来了。我也不知道是不是他们商量好的，因为不止一个学生的作业中夹着这样的纸条，而且每个人都写了不同鼓励的话，这一张张纸条表达了他们对中国的情感。当时我就觉得自己做的这个事（汉语教学）很有意义。从那一刻起，我更加坚定了从事国际中文教育的信念。"（FT-Q-1-LO）除此之外，教师Q还讲到了两件让她印象很深刻的事情。"我第一天走上讲台，想着先给同学们做个自我介绍吧。自我介绍完了以后，有个同学跟我说，老师你说得太快了，我没听懂。我才意识到我在语速上要调整一下，不能像平时说话一样。"（FT-Q-1-LO）教师Q没走上讲台前，对教外国人汉语充满了信心，她认为自己本科期间打下了良好的语言基础，平时常与外教接触，和外国人沟通基本上没有障碍。但第一次走上讲台的经历让她意识到，教外国人汉语光靠这些是不够的，"那个时候开始，我意识到教外国人不是会讲汉语或者英语好就行，还要随时检验自己的语速和词汇。"（FT-Q-1-LO）教师Q刚开始代课时压力很大，只能通过充分备课缓解压力。"最开始我备课特别特别慢，我想让自己把每一节课上说的每一句话都背下来，哪里应该说哪句话都恨不得背下来。现在回想起刚代课的那段时间，还是能想起来备课的感觉。现在好多了，可能是上课时间久了，自己没那么紧张了。"（FT-Q-1-LO）

留学生留纸条加深了教师Q的职业认知，坚定了她的从业信念。第一次走上讲台的经历让她意识到教外国人没有想象中的那么简单。入职初期，一节课教师Q需要准备好几天，但课堂效果不好，这让她很崩溃，甚至开始怀疑自己的专业基础。"我时常觉得要加强专业功底，总担心自己的专业不如别人扎实。"（FT-Q-1-LO）后来，随着教学经验的积累，教师Q的这一状况有所改善。

（三）专业发展现状

"现在很迷茫，感觉已经有了自己的教学方法和模式，但是这样的方法和模式有些固化，感觉每节课都是这样的套路，但是我又不知道怎么去解决。"（FT-Q-1-LO）教师Q曾尝试过用图片来吸引学生的注意力，也将授课内容与学生的实际生活联系起来，但效果并不明显。"我看自己的课堂和熟手教师的课堂还是有很大差别的，但是我也不知道该怎么办。"（FT-Q-2-LO）教师Q逐渐在实践中摸索出一些教学模式，但这些模式并非基于课型或学情，而是基于经验所形成的固定教学模式，教师Q尚缺乏理论转化成实践的能力。虽然教师Q已经意识到这一问题，但她依然不知道该怎么做。

二、教师Q宣称的信念

（一）关于国际中文教育的学科信念

1.语言是互相沟通和交流的信号

"语言是我们互相沟通和交流的信号，想要表达最直接的方式就是语言。我们需要用语言来表达一些想法、观念，达到沟通和交流的作用。"（FT-Q-2-LO）教师Q强调语言的信息功能，她认为语言是传情达意的载体，人们通过语言进行信息交换，以达到沟通与交流的目的。教师Q对语言本质的看法属于语言意义功能观。

2.语法是国际中文教学的重点

教师Q认为语法是国际中文教学中最重要的部分，但在学生学习语法的基础上，还需教会学生学习语言的方法。"我指的方法就是在授课过程中，通过让学生做一些联想，不一定要教师讲解，但是学生自己可以明白的方法。比如，学生遇到陌生的词语或者汉字，他们可以在语境中通过平时学过的知识来联想这个生词或者汉字的含义。"（FT-Q-1-LO）教师Q认为语法是语言教学的重点，这种观点属于语言本体观。与此同时，教师Q反对教师机械性地讲授，她认为机械性讲授也许有助于提高学生的考试成绩，但对语言应用能力的提升并不明显，教师要教会学生根据原有的知识结构对生词进行联想。这种观点属于建构主义学习观。

3. 文化传播要渗透在语言教学中

"我认为学科本质还是应该偏向教授语言吧，但传播文化也是国际中文教育非常重要的部分，我觉得文化传播要在学习语言的基础上进行。"（FT-Q-1-LO）教师Q认为国际中文教育的学科本质是语言本体教学，文化传播是国际中文教育的重要组成部分，文化传播要渗透在语言教学当中。教师Q的观点体现了语言本体观和语言传播观。

（二）关于国际中文教育的教学信念

1. 教师和学生是相互学习

"传统意义上大家都会觉得教师是传授者，但是我觉得教学过程还是一个互相学习、互相进步的过程吧。在我的课堂上教师并不是传统意义上的传授者，因为在教学过程中学生也会问我一些问题，而这些问题可能需要我经过仔细地思考后才能给出答案，其实这也是促使我进步的一个很重要的方式。"（FT-Q-1-LO）教师Q对于教师角色的认知源于真实教学，她认为学生提出的问题能够促使她进步，因此师生之间是相互学习、相互进步的关系。教师Q的观点体现了以学生为中心的教学观。

2. 课堂要多说、多写、多读、多练

"好的语言课一定是在教师的带领下多说、多写、多读、多练。"（FT-Q-1-LO）教师Q提倡的是通过反复练习强化学习效果的教学，这种观点属于行为主义学习观。此外，教师Q认为，学生的语言练习需要在教师的

带领下进行，这种观点忽略了学生的主观能动性，属于以教师为中心的教学观。

3.任务型教学更有利于汉语学习

"语言教学主要是让学生根据自己的原有认知掌握交际能力，任务型教学的方法和目标与汉语学习的终极目标是比较吻合的。"（FT-Q-1-LO）教师Q认为汉语学习的目标是为了提高学生的交际能力，她对国际中文教学本质的认识属于语言意义功能观。此外，交际能力泛指说话者在社会交往的各种环境中运用语言的能力。教师Q认为教学要在学生原有认知的基础上进行，培养学生运用语言的能力，体现了建构主义学习观。

（三）关于国际中文教育的学习信念

1.学生是课堂的中心

教师Q认为教师的主要作用是帮助学生学习，学生是课堂的中心。"在教学中起决定性作用的一定是学生的学，如果学生不想学好，那肯定学不好。"（FT-Q-1-LO）教师Q充分肯定了学生的主观能动性，认为学好语言的决定性因素是学生的学，体现了教师Q以学生为中心的观念。

2.反复练习很重要

在问及学生应该怎么样学习汉语时，教师Q再一次提到练习的重要性。"我认为想要学好语言，多说、多练是最重要的。"（FT-Q-1-LO）在教师Q看来，练习对于语言学习者来说尤为重要，这与其宣称的"一堂好课要让学生多说、多写、多读、多练"相一致，体现了教师Q的行为主义学习观。

3.成绩能反映出学生的学习状态

教师Q认为，学生的学习状态可以通过考试成绩和学生的汉语使用程度来评价。"评价学生肯定是通过考试成绩。看一个学生的语言水平我们会先通过他的HSK等级，然后是他对于汉语的使用程度。"（FT-Q-1-LO）教师Q评价学生采用注重结果准确性的行为主义和建构主义方式。通过访谈发现，教师Q经常在行为主义学习观和建构主义学习观之间游离。例如，在谈及语言应该教什么的问题时，教师Q认为语法和学习方法是教学中最重要的部分，其中语法教学需要通过教师讲授的方式达到教学的目的，学习方法指的是基于学生原有的认知来判断新知识的方法。由此可见，教师 Q 的宣称信念受到了两种相矛盾的学习观的影响。

4. 我希望桌椅摆放的方式是圆桌式

教师 Q 本科学习时的桌椅都是按圆桌式摆放的，她觉得这种方式方便学生进行讨论，师生之间没有距离感。"其实我经常想给班级里的桌椅动一下，但是我又觉得不太好，我是代课老师，感觉学校都已经那样摆了。如果我可以决定的话，我希望桌椅摆放是圆桌式的。现在这种传统的桌椅摆放方法不太适合语言课，更像是高中班级。"（FT-Q-1-LN）教师 Q 虽然认为班级的桌椅摆放不合理，但碍于自己的身份，一直保持着教室原有的桌椅摆放方式。教师 Q 在访谈中提到，对于教学她有很多想法，但是碍于代课教师的身份，不太敢轻易改变，只能保持现状。

通过对教师 Q 的宣称信念整理发现，各宣称信念之间存在矛盾。其宣称的信念有：语言本体观、语言意义功能观、语言传播观、以学生为中心的教学观、以教师为中心的教学观、行为主义学习观和建构主义学习观。矛盾信念的存在导致教师 Q 在访谈中经常呈现相悖的观点，下面用表 6-2-1 呈现教师 Q 宣称信念的基本内容。

表 6-2-1 教师 Q 宣称的信念及取向

信念维度	宣称的信念	取向
关于学科信念	①语言是沟通和交流的工具。 ②语法是国际中文教学的重点。 ③文化传播是国际中文教师的重要职责。	语言意义功能观 语言本体观 语言传播观
关于教学信念	①教师和学生需要相互学习。 ②学生是课堂的中心，教师的主要作用是帮助学生完成学习。 ③学生需要在教师的带领下学习。	以学生为中心的教学观 以教师为中心的教学观
关于学习信念	①教师要教会学生学习的方法。 ②学习的目的是为了用中文进行交际。 ③学习语要多说、多写、多读、多练。 ④HSK 成绩是评价学生语言水平的标准。	建构主义学习观 行为主义学习观

三、教师 Q 使用的信念

教师 Q 的使用信念主要通过课堂观察、课后访谈的分析获得。在资料收集时，进行了九次课堂观察，其中四节课进行了正式录像，由于受篇幅所限，教师 Q 的使用信念呈现资料为四节正式录像课，其余五节课作为辅助资料。教师 Q 习惯将教材中的一篇课文分成两节课进行讲解。具体内容见表 6-2-2。

表 6-2-2　教师 Q 的课堂观察内容

教学内容	课程类型	教学时间
《你唱歌唱得挺好听的》第一节	新授课	90 分钟
《你唱歌唱得挺好听的》第二节	新授课	90 分钟
《你是什么时候买的》第一节	新授课	90 分钟
《你是什么时候买的》第二节	新授课	90 分钟

（一）关于国际中文教育的学科信念

1. 课堂活动项目

教师 Q 几乎将全部课堂时间用于知识点讲授，教学按照"学生读课文—教师讲生词—学生读例句"的顺序进行。教师在教学进度上将教材中的一课分为两次常规课讲授，第一次处理课文和生词，第二次全部用于讲授生词。课堂的教学环节呈现顺序与教材编排顺序无异，因此出现了表6-2-3 中 3 月 11 日和 3 月 18 日整节课都在讲授生词的现象。

表 6-2-3　教师 Q 课堂活动时间分配表

日期 课堂项目	3 月 8 日	3 月 11 日	3 月 15 日	3 月 18 日
课前汇报 ①角色扮演 ②口头报告 ③个人展示	0	0	0	0

（续表）

日期 课堂项目	3月8日	3月11日	3月15日	3月18日
复习 ①做教材中的练习 ②读生词、语法及其他相关句子 ③按照课文进行复习 ④通过讲解作业进行复习	0	0	0	0
导入 ①用图片（视频）或者问题引导学生说出相关话题 ②用动作引导学生说出课文相关词汇 ③用任务引导学生说和课文相关的话题 ④直接向学生介绍课文内容	0	0	0	0
生词、语法和句型、课文讲练 ①生词讲练 ②语法和句型讲练 ③课文讲练	③ 22 分 10 秒 ① 62 分 56 秒	① 90 分	① 57 分 09 秒 ③ 32 分 51 秒	① 90 分
①课堂表达练习 ②课堂任务活动 ③教材课后题练习	0	0	0	0
课堂游戏	0	0	0	0
其他（点名、总结等）	0	0	0	0

教师 Q 将教学重点放在生词讲授部分，对课文的处理较为简单。课文部分没有任何的导入和课文介绍，而是采用直接让学生分角色朗读课文的方式，学生读完后直接进入生词讲解环节。在生词讲解环节，教师先让学生猜测生词的含义，随后进行生词讲解。生词讲解完以后，教师让学生读 PPT 上的例句（并非书上的原句，如图 6-2-1），读完后再让学生用生词造句，这样就完成了生词的讲解。课堂中学生表达主要集中在生词讲解环节的读例句和猜生词。

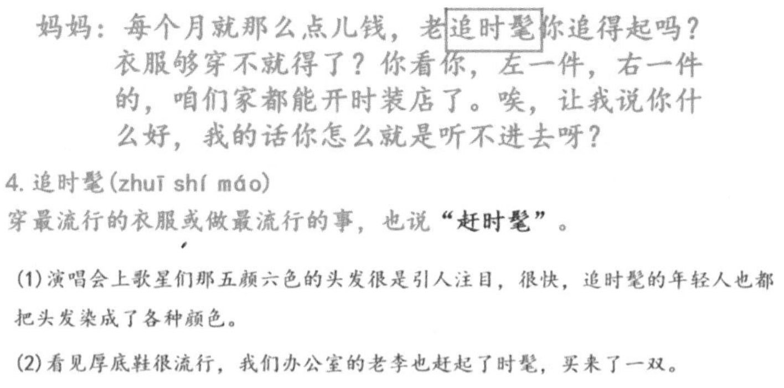

妈妈：每个月就那么点儿钱，老┃追时髦┃你追得起吗？衣服够穿不就得了？你看你，左一件，右一件的，咱们家都能开时装店了。唉，让我说你什么好，我的话你怎么就是听不进去呀？

4.追时髦(zhuī shí máo)
穿最流行的衣服或做最流行的事，也说"**赶时髦**"。

(1)演唱会上歌星们那五颜六色的头发很是引人注目，很快，追时髦的年轻人也都把头发染成了各种颜色。

(2)看见厚底鞋很流行，我们办公室的老李也赶起了时髦，买来了一双。

图 6-2-1　生词环节的课件截图

课堂中师生互动较少，只有在课文朗读、生词例句朗读、生词造句的环节，教师才会与学生进行互动。课堂中学生以机械性练习为主，没有任何交际性练习。在教师 Q 的 PPT 中，每个生词后面都带有例句，主要作用是加深学生对生词的理解与运用。虽然在生词讲授环节体现了教师 Q 的语用意识，但仅限于让学生照着 PPT 读例句或用限定的生词造句，缺乏交际性练习。教师 Q 在实践教学中激发出的是语言本体观。

2.课堂话语内容

教师 Q 很少对学生进行课堂管理，只有 3 月 8 日的课程出现了纪律性话语，这节课是新学期的第一节课，教师向学生介绍本学期课堂要求及考试形式，产生了两分钟左右的纪律性话语。表 6-2-4 显示，教师 Q 的课堂话题时间均在十分钟以内，说明学生在课堂中获得意义协商的机会不多。

表 6-2-4　教师 Q 课堂话语内容时间分配表

日期	管理内容		语言内容			其他
	程序性	纪律性	形式	功能	语篇	话题
3 月 8 日	1 分 47 秒	2 分 30 秒	80 分 13 秒	2 分 30 秒	0	6 分 33 秒
3 月 11 日	1 分 30 秒	0	75 分 41 秒	5 分 10 秒	0	7 分 39 秒
3 月 15 日	1 分 20 秒	0	79 分 15 秒	3 分 10 秒	0	6 分 15 秒
3 月 18 日	1 分 52 秒	0	77 分 58 秒	3 分	0	7 分 10 秒

　　课堂中语言形式的讲解以生词为主，教师将课文中的句子融入生词讲解环节。在访谈中，教师 Q 表示："将课文中的句子融入生词讲解，主要出于两点考虑：第一点是学生读了一遍课文以后，把课文内容融入词汇，可以加深学生对于生词的理解和提升学生运用生词的能力；第二点就是这样设计的话，课堂环节比较简洁，学生能够一下子明白需要掌握的内容。"（FT-Q-2-LN）教师 Q 希望通过加强生词复现率，提升生词的教学效果。她将整个课堂划分为生词环节和课文环节，她认为简洁的课堂环节有助于学生精准地把握本节课的教学重点，这说明教师 Q 的教学是以学生掌握生词为导向进行的。下面用课堂片段 1 呈现完整的生词教学环节。

课堂片段 1

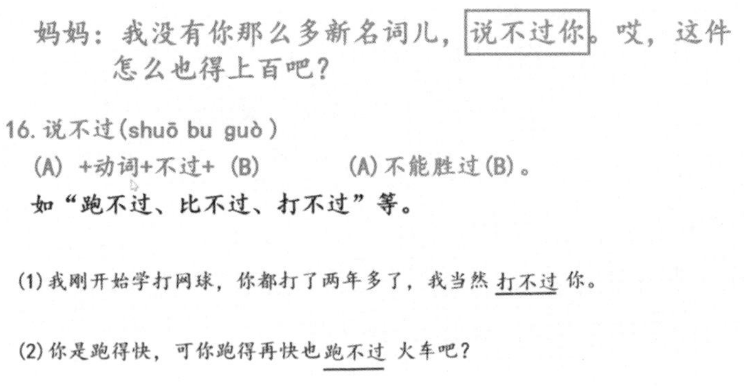

　　妈妈：我没有你那么多新名词儿，说不过你。哎，这件
　　　　　怎么也得上百吧？

16. 说不过（shuō bu guò）
　　（A）+动词+不过+（B）　　　　（A）不能胜过（B）。
　　如"跑不过、比不过、打不过"等。

　　（1）我刚开始学打网球，你都打了两年多了，我当然打不过你。

　　（2）你是跑得快，可你跑得再快也跑不过火车吧？

图 6-2-2　教师 Q 的课件截图

　　师：妈妈跟他说："我没有你那么多新名词儿，说不过你。""说不过"非常好理解，就是说话太厉害了，有"比不过"的意思。我们看一下"动词＋不过"，我们说"A 不能胜过 B，A 没有 B 厉害"这个动词除了有"说"，还可以有"跑""比""打"。我们看一下例句，可以怎么说呢？

　　生：打不过。

　　师：对，我刚开始学打网球，你都打了两年多了，我当然打不过你。那下一个可以怎么说呢?

生:跑不过。你是跑得快,可你跑得再快也跑不过火车吧?

师:非常好,我们看"动词+不过"除了"跑""比""打",只要是可以用来比较的动词都可以用,大家想一下,还有没有句子啊?

生2:老师生气地告诉我,你再不好好学习,说不过,说不过了,你再不好好学习,可就说不过去了。

师:"说不过去"是可以。"说不过去"是我们经常用的,但是它和"A+动词+不过+B"是不一样的,这里边"A"是名词,"说不过去"中的"去"不是名词吧?这里边的意思是"作比较",是不是只有两个名词可以进行比较啊?

生2:我还是不太明白。

师:你刚才说的"说不过去"是我们经常说的一句话,这句话的意思是,你这样做我觉得不好。你再不努力学习,就有点说不过去了。意思是,你应该努力学习,对不对?

生2:对!

师:今天我们学习的"说不过"是另一个意思,他们两个没有关系,意思是"我没有你厉害"。

生2:我再好好想一想吧。

师:谁还想说一说?

生3:我的哥哥会说英文,教了我五个月,说不过你,不太好。

师:你应该说,我说不过哥哥。还有谁想说?

生4:我的姐姐跳舞跳得很棒,我说不过她。

师:跳舞跳得很棒,那动词应该用什么啊?

生4:说不过她。

师:跳舞还是"说不过"吗?这个动词是什么?

生4:哎,我再想一想。

师:没关系,跳舞的动词是"跳"啊,所以应该是"我跳不过她",明白了吗?

生 4：明白了，可是说句子的时候就出错了，为什么？

师：你就记住前面的动词就行。（GK–Q–3–L）

从课堂片段 1 中可以看出，教师让学生用"说不过"填写例句时，学生的掌握程度较高。但是延伸到"A+ 动词 + 不过 +B"语法后，显然学生没有掌握语言点的用法。教师让学生看例句，简单介绍了"说不过"中的"说"可以替换成任何可以比较的动词，然后让学生以"A+ 动词 + 不过 +B"的语法进行造句，从而出现了课堂片段 1 中学生错误的句子。教师 Q 在教学中既缺少系统性的知识点讲授，又未设计促使学生语言习得的活动，从而导致师生感知失配现象。

3. 学生语言模态分配

在教师 Q 的课堂中，学生用到了听、说、读三种话语模态，其中"听"的语言模态用时最多，说明课堂中学生多处于被动听讲的状态。"说"的语言模态主要产生于生词教学环节，在生词教学环节以学生猜生词的含义为主，因此产生了学生"说"的语言模态。"读"的语言模态主要产生于课文教学环节，课文教学环节以学生分角色朗读课文为主，因此，产生了大量的"读"的语言模态。课堂以教师的语言输出为主，学生的语言输出较少。具体用课堂片段 2 呈现。

课堂片段 2

师：大家觉得几十元钱是不是非常少啊？

（学生集体沉默）

师（继续说）：是不是我们一天就能花完几十元人民币啊？

生：是。

师：所以说，他们非常的贫苦，一个月只有几十元工资，怎么可能够用啊！（GK–Q–1–L）

课堂片段 2 中的授课对象为刚来中国一年左右的留学生，他们对于汇率换算并不十分了解，所以都沉默不语。教师 Q 并未意识到，继续追问："是不是我们一天就能花完几十元人民币啊？"并以 X 大学的留学生实际生活为例，如果留学生不出校在食堂吃饭的话，一天是不需要几十元钱的，尤其是班级中还有一些来自相对贫困的国家的学生。可见教师的举例并不能引起学生的共鸣，导致无效信息的产生。此外，教师 Q 非常重视学生读的流利程度，只要不影响流利程度，教师很少对学生的发音进行纠错。

课堂片段 3

生（读）：演唱（máo）会上，歌星们染五颜六色的头发很是，很是……

师：引，吸引的引。

生：很是引人注目，很快年轻人也将头发染成了各种颜色。（GK-Q-4-L）

课堂片段 3 中学生将"演唱会"读成了"演唱（máo）会"，教师并未进行纠正。后面学生由于不认识"引"字，影响了读的流利程度，教师马上进行提醒，到最后教师 Q 也并未对"演唱会"的发音进行纠正。

从表 6-2-5 可以看出，教师 Q 的课堂以语言形式教学为主，学生没有任何交际性活动，课堂中的大部分时间教师以"独角戏"的方式进行授课，学生处于被动听讲的状态，这体现了教师 Q 以教师为中心的教学观和重视语言形式教学的语言本体观。

表 6-2-5　教师 Q 课堂语言模态时间分配表

日期	听	说	读	写
3 月 8 日	59 分 11 秒	11 分 53 秒	18 分 48 秒	0
3 月 11 日	62 分 52 秒	17 分 18 秒	9 分 50 秒	0
3 月 15 日	58 分 24 秒	14 分 5 秒	17 分 31 秒	0
3 月 18 日	60 分 42 秒	19 分 9 秒	10 分 9 秒	0

（二）关于国际中文教育的教学信念

1. 课堂组织形式

教师 Q 的课堂以全班活动和个人活动为主，没有小组活动。表 6-2-6 显示，每节课会产生一定比例的个人活动时间，其中相同任务产生于让学生读课文、读例句，不同任务产生于学生猜生词和造句。课堂观察发现，学生难以在课堂中获得意义协商的机会，如教师设计了根据角色朗读课文的活动，但在读的过程中学生之间没有任何互动，以完成读的任务为主。

表 6-2-6　教师 Q 课堂组织形式时间分配表

日期	全班活动时间			小组活动时间		个人活动时间	
	师生活动	生生活动	全班活动	相同任务	不同任务	相同任务	不同任务
3 月 8 日	69 分 19 秒	0	0	0	0	20 分 41 秒	0
3 月 11 日	72 分 52 秒	0	0	0	0	4 分 50 秒	12 分 18 秒
3 月 15 日	68 分 24 秒	0	0	0	0	12 分 31 秒	9 分 5 秒
3 月 18 日	69 分 12 秒	0	0	0	0	10 分	10 分 48 秒

课堂片段 4

生：老师，我这里有一个好的句子："这是一件很让人伤脑筋的事情，所以我们要换换脑筋了。"

师：你说的这个"换脑筋"是我们马上要学的词，这里指的是"改变旧的观点"。但是你刚才说的是"要改变一下你思考的内容"，和这个不是一个意思。明白了吗？

生：明白了。

师："换脑筋"一共有两个意思：一个是改变一下旧的思想和观点，另一个是改变一下思考的内容。

课堂片段 5

师：生 1，你来造个句子吧。

生 1：你看你，就知道追时髦。一看到新衣服就手痒痒的，你的房间里左一件右一件的，你还不满意。

师：可以，非常好。这个时候我们不说"手痒痒"，我想要买很多衣服，想要的时候是"心里痒痒"，对不对？

生 1：沉默……

师：看到这么多衣服的时候，你就心里痒痒。

生 1：嗯。（GK-Q-2-T）

课堂中教师 Q 经常通过让学生造句来检验他们对生词的掌握程度。课堂片段 4 中教师对学生引出的生词进行了讲解，但讲解后学生都是以简短的回复为主，如"嗯""明白了"。课堂片段 5 中教师并未检验学生是否理解了生词的含义，只是又重复了一遍生词的含义。由此可见，虽然课堂中产生了个人活动时间，但活动范围仅限于学生回答问题和进行机械性操练，课堂仍以教师讲授为主，并且缺乏对学生理解程度的检验。

2. 课堂话语内容控制

教师 Q 的课堂以教师控制课堂话语为主，学生控制课堂话语为辅。课堂中教师提出问题后由学生自愿回答，表 6-2-7 显示学生控制的课堂话语以学生自主语言输出居多。课堂中学生自愿回答问题的方式存在一些问题，如几个学生同时发言、学生集体沉默，如课堂片段 6 中的情况。

表 6-2-7　教师 Q 课堂话语控制时间分配表

日期	教师控制	学生控制	师生共同控制
3 月 8 日	46 分 59 秒	25 分 41 秒	17 分 12 秒
3 月 11 日	54 分 27 秒	22 分 8 秒	13 分 25 秒
3 月 15 日	56 分 42 秒	26 分 36 秒	6 分 52 秒
3 分 18 日	50 分 28 秒	24 分 7 秒	15 分 25 秒

课堂片段 6

师：谁能来说一下这个。

生1、生2、生3（几乎同时说出）：每个月……

生1：你来说吧。

生2：让他说吧。

生3：每个月就那点工资，还总买衣服。

师：很好，还有谁来说一下。

（学生集体沉默）

师：生1，刚才你想说什么？

生1：算了，不说了。（GK–Q–1–T）

教师 Q 在本科期间受到西方教育理念影响，提倡学生自主发言，在教学中教师 Q 提出问题后，由学生自愿回答。通过课堂观察发现，这样做的优点是学生在课堂中较为放松，但也存在一些问题。教师 Q 在教学中只是提出问题，没有引导学生进行思考或者鼓励学生发言。因此，课堂中经常发言的学生较为固定，有的学生连续几节课都没有任何的发言，并且课堂中经常出现几个学生同时回答问题的现象。

课堂片段 7

师：谁可以用"没面子"说个句子呢？

（学生集体沉默）

师：谁能试着说一说？

（学生依旧集体沉默）

师：你在生活中遇到了什么事会让你觉得没面子，或者你觉得别人遇到了什么事情会没面子啊？

生1：我去买东西，我的微信没钱，我会觉得没面子。

生2：我在咖啡店喝咖啡的时候，咖啡洒到了裤子上。

生3：在家学习很忙，没有时间做家务，那个时候朋友来了，那个时候真的没面子。

生 4：说汉语的时候说错了，这个时候不要怕丢面子。（GK-Q-4-T）

教师 Q 的课堂提问以半封闭式问题和让学生用固定词语造句为主，学生用简短的词语回复或保持沉默。在课堂片段 7 中，教师最开始采用的是让学生用固定词语造句，学生的兴趣并不高，导致课堂集体沉默。随后，教师将造句改为开放式话题"生活中让你丢面子的事情"，学生顿时变得活跃起来。在课堂观察期间，教师 Q 将造句改为开放式话题的次数并不多，因此学生在课堂的语言输出多以回答教师的半封闭式问题为主。

3. 课堂话语引发

课堂中教师引发话语的数量与学生引发话语的数量较为相近，学生的话语引发分为主动引发和被动引发，其中主动引发多产生于学生向教师请教问题时，被动引发多在回答教师提问时产生。

表 6-2-8 教师 Q 课堂话语引发统计表

日期	教师引发（次）	学生引发（次）	
		主动	被动
3 月 8 日	50	4	45
3 月 11 日	62	6	57
3 月 15 日	60	3	51
3 月 18 日	65	5	53

教师 Q 的课堂以语言形式讲授为主，没有任何小组活动，个人活动以被动回答教师提问为主。教师控制着教学内容和课堂话语，学生的语言输出多是用固定词语进行造句。由此可见，教师 Q 在教学中激发出的是以教师为中心的教学观。

（三）关于国际中文教育的学习信念

1. 课堂话语互动信息差

很多学者提倡第二语言课堂话语要接近真实生活，因此真实信息和不可预测信息被看作交际性课堂的重要指标之一。教师 Q 的课堂虚假信息高于真实信息，主要是教师以提问的方式检验学生的学习情况。在真实语言情景中，真实信息更符合人们谈话的规则，人们很少问到已知的问题。教师 Q 在课堂中所提出的真实交际性问题较少，如"谁能来说一下这个题""还有谁想读吗"。这类问题虽然具有信息差，但并不能引发师生或生生之间的讨论。课堂中可预测信息主要产生于生词环节，以教师自问自答的方式产生，这与她宣称的"喜欢向学生提问"相一致。不可预测信息的产生具有随机性，主要产生于学生向教师请教问题。

通过观察发现，课堂中教师 Q 设计的问题多为虚假信息，具有信息差的对话多为随机产生。在第二语言教学中教师向学生提供具有信息差的话语，可以增进学生的语言习得。教师 Q 的课堂以虚假信息为主，具有信息差的对话较少，显然不能为学生提供语言习得的环境。

表 6-2-9　教师 Q 课堂信息差统计表

日期	给出信息		请求信息	
	可预测信息（次）	不可预测信息（次）	虚假信息（次）	真实信息（次）
3 月 8 日	5	1	20	8
3 月 11 日	0	1	30	7
3 月 15 日	2	2	24	8
3 月 18 日	3	1	26	6

2. 课堂话题分配

教师 Q 的课堂以生词讲授和读课文为主，课堂话题数量较少，并且每个话题讨论的时间较短。这是因为教师提供的话题全部源于教材，未能引发学生的讨论，话题以 IRF 话语结构为主，即教师引发话题—学生回应—教师总结。

表 6-2-10　教师 Q 课堂话题时间分配表

日期	宽话题	窄话题
3 月 8 日	0	2 分 26 秒
3 月 11 日	0	2 分 39 秒
3 月 15 日	0	1 分 15 秒
3 月 18 日	0	2 分 10 秒

表 6-2-10 显示，课堂话题用时在三分钟以内，主要原因是课堂话题以教师控制为主，常以问答制的对话方式进行。话题讨论多出现在生词讲解环节中教师的提问，课堂中教师始终控制着话题的内容和走向，这种问答制的对话方式难以引发学生对话题的讨论。

课堂片段 8

师：在你们国家会邀请很多人来参加婚礼吗？

生：在俄罗斯不是这样的。

师：那你们国家举办婚礼是什么样子呢？

生：嗯，每家决定自己的事，如果你想要请少的客人也可以。

师：就是客人来得多或者来得少，都可以是吧？

生：是的。

师：不同的国家有不同的风俗。好，我们看下一个。（GK-Q-2-S）

课堂片段 9

师：大家有没有去听过演唱会啊？

生：人太多。

师：嗯？

生：演唱会的人太多了，我不喜欢。

师：啊，演唱会的人太多了，有点挤是吧。（GK-Q-3-S）

在课堂片段 8 和课堂片段 9 中，教师引出话题，学生表达之后，教师没有进一步展开讨论，而是简单总结话题后直接进入下一个教学环节。从课堂片段 8、9 可以看出，教师有意将语言形式教学延伸到话题讨论，引发话题的主要目的是为了加深学生对生词的理解。因此，教师 G 在教学实践中激发出的是以语言形式讲授为主的行为主义学习观。

3. 教学材料的使用

教师 Q 使用的教学材料类型较为单一，仅用到教材和 PPT。教学材料来源以教材为主，教师将教材中的内容呈现在 PPT 上。在表 6-2-11 中纸质教材与 PPT 的用时一样，原因是 PPT 的内容除了例句外，全部源于教材。课堂教学环节按照教材编排顺序进行，并未发现教师对教材进行整合。

表 6-2-11　教师 Q 教学材料使用时间分配表

日期	纸质材料	PPT	板书	实物	挂图
3 月 8 日	90 分	90 分	0	0	0
3 月 11 日	90 分	90 分	0	0	0
3 月 15 日	90 分	90 分	0	0	0
3 月 18 日	90 分	90 分	0	0	0

通过教师 Q 的课堂活动特征可以推断出她的使用信念，主要包括：以生词教学为主的语言本体观、以教师为中心的教学观、课堂中没有任何交际性练习的行为主义学习观。下面用表 6-2-12 呈现教师 Q 使用信念的基本内容。

表 6-2-12　教师 Q 使用的信念及取向

信念维度	使用信念的表征	取向
关于学科信念	·课堂以生词、课文教学为主（1.1） ·生词教学是每节课的重点（1.2） ·教师引导学生用固定词语进行机械性、半机械性练习（1.3）	语言本体观
关于教学信念	·教师控制课堂话语和教学进度（2.1） ·课堂以师生活动为主，没有小组活动（2.2） ·学生在课堂中的发言以被动回答问题为主（2.3）	以教师为中心的教学观

（续表）

信念维度	使用信念的表征	取向
关于学习信念	·课堂缺乏交际性练习（3.1） ·语言学习以听教师讲授为主（3.2） ·学习内容全部来源于教材，没有课外扩展（3.3）	行为主义学习观

　　教师 Q 宣称的各种信念之间存在矛盾，其宣称的信念有：语言本体观、语言意义功能观、语言传播观、以教师为中心的教学观、以学生为中心的教学观、行为主义学习观、建构主义学习观。教师 Q 将学徒经历、接触到的理论均囊括于宣称信念，导致了其宣称的信念杂乱且相互矛盾。教师 Q 在教学实践中激发出的是语言本体观、以教师为中心的教学观、行为主义学习观。宣称的语言意义功能观、语言传播观、以学生为中心的教学观、建构主义学习观并未在实践中发现相应的教学行为。具体以图 6-2-3 呈现教师 Q 的信念系统。

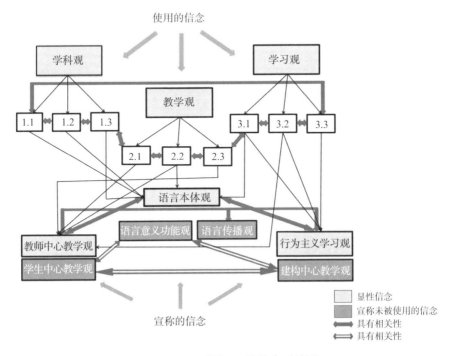

图 6-2-3　教师 Q 的信念系统图

本章小结

　　本章以访谈和课堂观察的方式对 G、Q 两名教师的学科观、教学观、学习观进行了描述，通过分析宣称信念和使用信念之间的关系，将其归纳为局部互动型信念系统。

　　G 和 Q 两名教师宣称的信念多而杂乱，几乎将学徒经历和接触到的理念均囊括于宣称信念之中。在两名教师的宣称信念中，存在着两种不同教育理念范式下的信念要素，并且各要素之间形成了自给自足的闭环。两名教师在教学实践中所激发出的信念主要以学徒经历为依托，根据不同情景选择最易解决问题的教学行为。此外，两名教师研究生期间接触到的教育理念仅停留在宣称信念系统中，并未转化成相应的教学行为，整个信念系统呈现出局部互动的特征。

第七章　教师信念系统运转机理分析

通过第三章至第六章的实证研究可以得出，国际中文教师信念系统有四种类型。这一研究引发了笔者的思考，不同类型的信念是如何转化成教学行为的？教师在成长为"教师"的过程中经历了什么？他们是如何成长为不同类型的教师的？也许弄清了这些问题就可以试图回答，为什么相同教育背景下培养出的教师水平有所差异？为什么教学会出现理论与实践"两张皮"的情况？本章将对第三章至第六章的研究结果进行分析和讨论，进一步揭示信念向行为转化的路径及不同信念类型的生成机制。

第一节　教师信念向教学行为转化的路径

一、局部互动型

本研究发现，具有局部互动型信念特征的个案教师均为新手教师，该类型的教师将接触到的教学理念和学徒经历全部纳入宣称信念，导致宣称信念多而相互矛盾。如教师 G 和教师 D 在访谈中将近些年较为流行的任务型教学法和学徒经历中的讲授法融在宣称信念中。

两名呈现出局部互动型特征的教师均在访谈中侃侃而谈，将所见所闻囊括于宣称信念，但在使用信念中会摒弃理论，留下与学徒经历正相关的部分。这是由于新手教师缺乏对新信息的辨别能力，对输入信息常常未经过滤直接纳入宣称信念系统，宣称信念中与自身实践性知识正相关的信念会进入使用信念，相悖的信念会继续留存于宣称信念，既不会被剔除，也不会进入使用信念，从而导致该类型宣称信念较多，教学行为具有同质性。这也说明新手教师在处理课堂问题时，仅在使用信念系统中调取教学行为，与行动科学理论中的第一模型路径①相一致。下面用图 7-1-1 来说明局部互动型信念系统转化路径。

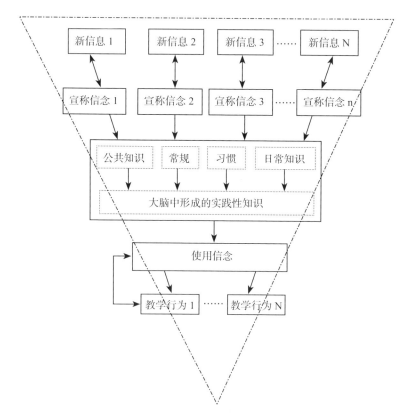

图 7-1-1　局部互动型信念系统转化路径

① ［美］克里斯·阿基里斯，罗伯特·帕特南，戴安娜·麦克莱恩·史密斯. 行动科学探究与介入的概念、方法与技能 [M]. 夏林清，译. 北京：教育科学出版社，2012：61-64.

如图 7-1-1 所示，新手教师对教学行为的反思只停留在使用信念层面，教师在选择教学行为时，往往倾向于简单、易于解决课堂问题的行为。如果教学行为 1 出现了问题，教师会直接返回使用信念层面继续调取教学行为 2。新手教师的实践性知识是使用信念的主要来源，而实践性知识主要从学徒经历、教育实习等经验中获得，以零散的状态分布在信念系统中，尚未形成模块化知识结构。因此，一旦教学出现不明确的问题，很有可能出现调取知识失败的情况，这就是为什么很多新手教师在遇到问题时会出现大脑一片空白的原因。下面用教师 G 的课堂片段来进行说明。

课堂片段 1

PPT 上显示：

考砸了（kao za le）

（动词 + 砸了）某事没做好或者失败

如：考砸了、唱砸了、演砸了

1. 他想，这次的课和往常不一样，如果_____，会让人笑话的。

2. 我十几年没唱歌了，万一_____，可怎么办呢？

师：好，大家读完了生词以后，我们先来看这个知识点"考砸了"。"考砸了"就是考得不好。我们就说"考砸了"，那么"砸了"的前面我们还可以加动词，"砸了"就是说这件事情没有做好，"唱砸了"就是这首歌没有唱好，"演砸了"就是演戏没有演好。那我们看一下这个句子，生 1，你来做一下这道题。（指着 PPT 上的题）

生 1：嗯，他想，这次的课和往常不一样，如果砸了会让人笑话的。

师：他说得对吗？有没有哪个同学可以告诉他应该怎么改？生 2。

生 2：这次的课和往常不一样，如果考砸了会让人笑话的。

师：对，"砸了"前面要根据不同的情景添加不同的动词，一般课都是"讲"的，所以我们会说"讲砸了"，明白了吗？

生 1：嗯。

师：好，那我们继续看下一道题。（指着 PPT 上的题）谁来做下第二道题？

（学生集体沉默）

师：那我们看一下啊，我十几年没有唱歌了，万一（拉长音）唱砸了，该怎么办呢？万一没唱好该怎么办啊？因为是唱歌，所以"砸了"前面需要加动词"唱"，明白了吗？

（学生集体沉默，GK-G-3-T）

课堂片段 1 中教师在讲授语言点"动词＋砸了"的时候采用的是讲授法。首先由教师讲解语言点的用法（教学行为 1），再叫学生做题，第一位学生回答错误后，教师并没有选择继续讲授（教学行为 1），而是让其他学生说出正确答案（教学行为 2）。虽然教师根据教学情景选择了不同的教学行为，但从行为本质来看，教学行为 1 和教学行为 2 都是用讲授的方法加深学生的理解。当教师采用教学行为 1 遇到问题时，返回使用信念中获取最容易解决问题的教学行为 2。使用信念的形成与经验、认知有关，与经验、认知不一致的信息无法进入使用信念，这导致了教学行为的同质性。虽然教师 G 根据教学情景调整了教学行为，但调整后的教学行为只是形式上发生了改变，本质上并未改变。下课以后，笔者对教师 G 的行为变化进行了访谈。

研：刚才课堂上，讲到"动词＋砸了"这个语言点时，全班没有主动回答的同学，您看到这个情况，没有选择等待或继续叫学生来回答，而是选择自己回答这个问题，为什么会有这样的教学行为？

教师 G：当时也没想那么多，就是看没人愿意回答，而且前面耽误的时间太多了，这节课要讲解的知识点也挺多的，所以就自己讲了。

研：您的教学顺序往往是先领读生词，然后讲解生词，最后练习习题，很少有小组活动或交际性练习，这样设计的原因是什么呢？

教师 G：我之前也在课堂上进行过小组活动，但是效果非常一般。学生经常用自己的母语聊天，而且教学进度特别慢，学习效果也不好，所以

索性就把小组活动取消了。（FT-G-3-LN）

　　教师 G 是 X 大学研究生二年级的学生，在校期间成绩优异，多次获得奖学金。在 X 大学的汉语国际教育专业硕士培养计划中，教学活动设计、汉语作为第二语言教学法、教育理论与实践等课程是必修课，任务型教学法、语境化语言输入、意义协商互动、最少化感知失配等理论对于汉语国际教育专业硕士生来说并不陌生，但在实践教学中教师 G 采用的是传统讲授法，研究生期间所接触的任务型教学法、意义协商互动等方法均没有出现在课堂，这说明这些理论并未与教师 G 的实践性知识形成关联，其教学理念仅停留在宣称信念层面。在课后访谈中，教师 G 表示课堂中也尝试过分组活动，但由于教学效果不明显，甚至在分组活动时出现学生用母语聊天的情况，所以很少进行分组活动。由此可见，教师 G 由于缺乏教学经验，因此其宣称信念在实际运用中以失败告终，继续停留在宣称信念层面。

　　新手教师从教时间较短，缺乏教学经验，往往期待快速达到外界的要求。为了实现良好的教学效果，教师会激发出与学徒经历一致的教学行为。多数新手教师缺乏对理论与实践关系的思考，经过一段时间后，这种教学行为会强化原有实践性知识，使大部分新理念难以进入使用信念，最终在教师信念系统中形成宣称信念与使用信念局部互动的运行路径。

二、整体互动型

　　许多学者认为，宣称信念与使用信念一致是一种比较理想的状态，这种状态多出现在专家型教师的信念系统中。与以往的研究不同，本研究中呈现出整体互动型信念特征的两名教师为熟手教师。这两名教师的宣称信念与使用信念较为一致，基本做到了"言行一致"，形成了较为封闭的信念系统。本研究进一步分析发现，整体互动型信念系统的行为转化分为自上而下和自下而上两种路径。

（一）自上而下的转化路径

呈现整体互动型信念特征的 A、J 两名教师，其使用信念为行为主义学习观和以教师为中心的教学观，这与当下提倡的教育理念不符。两位教师的信念源于教学实践、学徒经历等实践性知识，这也说明新信息进入整体互动型信念系统后会经过教师原实践性知识的过滤，与原实践性知识相一致的信息经过同化后进入信念系统，最后形成相应的教学行为；与原实践性知识不一致的信息则被剔除信念系统。下面用图 7-1-2 说明整体互动型信念系统自上而下的转化路径。

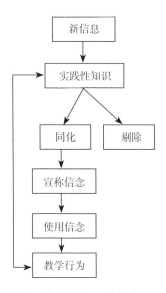

图 7-1-2　整体互动型信念系统自上而下的转化路径

实践性知识在整体互动型和局部互动型信念系统中均起到了过滤作用，不同的是整体互动型信念系统在新信息进入时会先经过实践性知识的过滤，该类型的教师具有一定的教学经验，对外部输入信息有鉴别能力。如图 7-1-2 所示，该类型教师所获得的教学经验会反馈到原实践性知识层面，使整个信念系统形成完整的闭环。而在新手教师的局部互动型信念系统中，理论与实践以零散的状态分布，尚未形成模块化知识结构，教师对输入的新信息往往不加判断，直接纳入宣称信念，宣称信念需要通过实践性知识过滤才会转化为使用信念，这也导致了新手教师在教学中会出现理论与教学"两张皮"的情况。如果出现了教学行为与教学情景不符的情况，新手教师也只是返回到使用信念系统调取同质性行为。

下面以教师 J 的例子说明自上而下的转化路径。教师 J 是一名海归博士，在国际汉学院算是跨专业教学，主要负责院里的日本语教学和留学生的初级汉语教学。在第三章中，教师 J 谈到的关键事件是没有回答出学生提出的词语辨析类问题，以致于在很长一段时间内对词语辨析类问题产生了恐惧，并泛化出自己专业不对口、缺乏理论知识等一系列不自信的认知。"最初的时候挺不自信的，但是也不能一直这样下去啊，得解决啊！我几乎把全院教师的课都听了个遍，最后选定几位优秀教师。只要我一有空就去听他们的课，并记录下来回去琢磨。我也会在网络上购买语言本体的课程，弥补自己本体知识不足的问题。"（FT-J-3-LN）教师 J 通过听同事的课和网上购课来提升自己，这形成了她对好课标准的认知。教师 J 试图通过模仿优秀教师以尽快提升教学。教师的实践性知识直接会影响理论能否被纳入信念系统。从教师 J 的信念系统来看，她将新信息与认识中的优秀课进行对比，保留较为一致的信息，剔除不一致的信息，最终形成了教学经验与实践性知识相互转化的闭环。

（二）自下而上的转化路径

整体互动型信念系统摄取新信息的方式除了自上而下的路径外，还会从实践教学中摄取信息，也就是自下而上的路径。教师在教学实践中获得的经验会与原实践性知识进行同化并逐渐顺应。与原实践性知识一致的部分会以同化的方式纳入原实践性知识，不一致部分会通过改变原实践性知识的方式顺应新信息，使信念系统达到新的平衡，再通过教学反思实现教学经验与理论的相互转换，使整个信念系统形成完整的闭环。具体呈现见图 7-1-3。

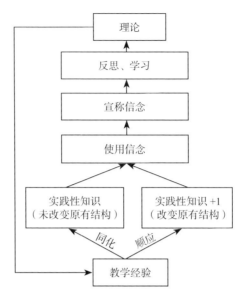

图 7-1-3　整体互动型信念系统自下而上的转化路径

前文提到的自上而下的转化路径仅用到了同化的方式，这说明与教师原实践性知识不一致的部分无法进入其信念系统。在自下而上的信息转化路径中，用到了同化和顺应，说明教学所产生的信息即便与原实践性知识不一致，也会通过顺应的方式进入信念系统。这是因为持有整体互动型信念系统的教师对自身的教学经验有着超强的确信度，如教师 A 认为学院领导对她的教学能力比较放心，基本很少来听她的课；教师 J 源于模仿的教学方法让她顺利完成教学任务。外部反馈助推了该类型的教师对自身教学经验的信念，这种信念使教学经验以扩充实践性知识的方式进入信念系统。下面以教师 J 的课堂片段具体呈现自下而上的转化路径。

课堂片段 2

师：下面我们来看课文。生 1，你来读一下。

生 1：花园里，开着许多漂亮的花。一个小女孩儿摘下一朵花，夹进了一本旧书里，一只小蚂蚁正在那朵花里睡觉呢。当它醒过来的时候，好像听到谁在说话。"喂，你好！你也是字吗？""是谁在说话？""我们是字，我们很小，小得像蚂蚁。"那个声音回答，"我就是蚂蚁，可是现在我也变成了一个字。"

师：好的，非常好！第一个问题，小女孩在花园里做了什么？当时那只小蚂蚁正在做什么？生2，你来回答一下。

生2：小女孩在花园里摘下了一朵小花，夹进了一本旧书里，小蚂蚁正在睡觉。

师：非常好！小蚂蚁正在小花里睡觉。第二个问题，小蚂蚁醒来的时候听到了什么？生3。

生3：它醒来的时候听见了有人在和它说话。

师：非常好。小蚂蚁和小花一起被夹进了书里，那小蚂蚁变成了什么了？生4。

生4：它变成了一个字。

师：非常好。那我们看一下小蚂蚁变成的字和书本里的字有什么不一样？生4，你来接着读一下。

生4：……（GL-J-2-T）

教师J在课文教学环节经常采用课堂片段2中的方式进行教学，先由学生读课文，然后教师提问，最后学生回答。为了探究教师J的教学行为，笔者对其进行了课后访谈。教师J表示，这样设计教学的目的一是有助于提高学生的开口率，锻炼他们的发音；二是可以反映出学生对课文的理解程度。教师J表示这种教学方法源于教师I的启发。"最开始我是通篇给学生读完或者让学生读，然后通过习题来加强学生对课文的理解。但在我入职的第二年吧，我听了教师I的课，他的课堂上学生很活跃，很放松，学生开口率很高。然后回去我就在想，怎么样能让学生的开口率提高呢？我就想出了与现在提倡的建构主义一致的以问题推进教学的方式，这样既提高了学生的开口率，又能将学生的理解程度及时反馈给我。"（FT-J-3-LN）

从访谈中可以看出，教师J通过听同事的课形成了"优秀的语言课要求开口率"的认知，并在教学中逐渐转化为使用信念。教师J的使用信念受到了教师 I 的影响，并在实践教学中逐步清晰，最终形成了"这种教学方法符合建构主义学习观"的认知。在教师 J 的信念系统中，教学经验逐步实现了理论化，并在系统内部形成了理论与实践相互转化的闭环。

在不同教学情景下，教师 J 激发出了自上而下和自下而上的两种转化方式，这两种转化方式是不同信息源、同一类型信念系统中的两种转化路径。从两种转化路径可以看出，自上而下的信息转化仅用到了同化，自下而上的信息转化用到了同化和顺应。对该类型的教师来说，在教学经验中获取的信息比从理论中获取的信息更容易进入教师信念系统。

三、无意识操控型

在本研究中呈现出无意识操控型信念特征的是三名具有较高理论素养的经验型教师。研究发现，当新信息进入无意识操控型信念系统后，会经过原实践性知识的过滤，一致的信息以同化的方式进入信念系统，与原实践性知识相悖的信息会经过二次过滤，如教师 H 受到关键事件影响，逐渐形成了以学生为中心的教学观，但在教学中又激发出了以教师为中心的教学观。由此可见，在其信念系统中，存在着与实践性知识相悖的信息，与实践性知识不一致的部分并未被完全剔除出信念系统。从教师 H 的经历来看，以教师为中心的使用信念主要源于校园文化和教学经验，因此在二次过滤中教学经验及校园文化等因素都会影响过滤标准。

持无意识操控型信念系统的教师在教学中会出现相矛盾的教学行为，这源于他们的信念系统中存在两套相悖的子系统：一套是基于原实践性知识的信念系统；另一套是与原实践性知识相悖，通过二次过滤后保留下的新信息系统。因此，无意识操控型教师产生未被察觉的信念主要来源于两个部分：第一个部分为原实践性知识中的隐性知识；第二个部分是未被教师察觉的二次过滤标准，如校园文化、教学经验。下面用图 7-1-4 呈现无意识操控型信念系统的转化路径。

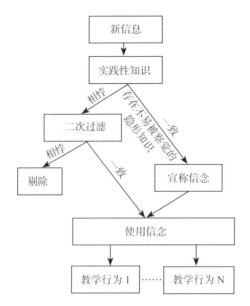

图 7-1-4　无意识操控型信念系统转化路径

　　下面用教师 H 的例子具体说明无意识操控型信念的转化路径。教师 H
研二时来到 X 大学的预科部[①]任教，认为对自己影响较深的教学实践是工
作第二年有机会在教学中实施任务型教学法，那个时候没有 YKK（预科结
业考试）和 HSK（汉语水平考试）压力，她给学生布置的作业为拍摄广告、
话剧表演等，让学生以多元的形式学习语言。任务型教学法作为一个新的
使用理念，进入了教师 H 的信念系统，并形成了相应的教学行为。但在教
师 H 的信念系统中，还存在着未被察觉的、与任务型教学法理念相悖的行
为主义学习观，如叮嘱学生将所学的内容记录在笔记本上、强调纪律等行
为。在课后访谈时教师 H 表示，叮嘱学生记录的目的是方便他们复习。"好
记性不如烂笔头，有时候学生上课时学会了，但是过了几天一复习就忘了。
所以我让他们将重点记在本子上，这样方便复习。"（FT-H-3-LN）此外，
在谈及课堂纪律时教师 H 表示："有时候学生讨论得特别热烈或者学生心不
在焉时我都会指出来。他们就在这里（预科部学习）一年，而且还需要通

[①]　X 大学预科部的学生平均周课时约为三十课时，主要以强化语言学习为主。

过 HSK 考试，所以课堂上必须高效地完成教学任务。"（FT-H-3-LN）

  X 大学预科部与本部的校园文化有所差异，预科部是高密度集中的语言培训学习，主要目的是为了提高学生的中文水平，以保证学生进入中国的普通高校后，可以听懂教师的授课内容。并且预科生是享受国家奖学金的学历生，X 大学作为国内少数具有招收预科生资格的院校，为提高预科生的语言水平采取了一系列措施，X 大学承诺预科生通过六个月的学习即可达到 HSK4 级水平。此外，预科生在结业前需通过 YKK 考试，还有的高校要求预科生在进入学校前通过 HSK 考试，因此高效通过考试是预科部的校园文化。从教师 H 的表述中可以看出，在没有考试压力时，她采用的是任务型教学法。近些年在 YKK 和 HSK 考试压力下，她形成了未被察觉的、以通过考试为目标的教学信念，这种信念直接引发了教师的无意识行为。

课堂片段 3

师（指着黑板上的生词）：谁知道这个词的意思？

生 1：好像在哪看过。

师：怎么读？

生 1：曾经。

生 2：什么意思？

师：有谁可以解释一下这个词是什么意思？

生 3：就是，如果，如果你……吃过的话，你，你可能会有些熟悉。

师：嗯？

生 3（转过头问生 1）：懂了吗？

生 1：我知道了。

生 3：那就好。

师：还有谁知道"曾经"是什么意思？

生 4：嗯，就是你对一件事，嗯，嗯，感觉很熟悉。

生 5：原来就发生过。

师：对，原来发生过。还有谁知道吗？

生 6：以前做过这件事，或者，嗯，发生过。

师："曾经"就是原来有过某种行为或情况。来，找出你的笔记本，把它写上啊。这个是考试中比较重点的生词啊，它是一个时间名词。看一下"曾"怎么写，它上面有两个点。我曾经也很瘦。

生 1：啊哈？

师：不相信？

全体生：哈哈哈哈。

从课堂片段 3 中可以看出，教师 H 在讲授"曾经"时，并没有直接说出生词的含义，而是让学生解释词义，在学生回答的过程中即使某位学生已经给出了正确答案，教师 H 还是会继续询问其他学生，经过互动后，确保大家都理解了"曾经"的含义，才给出"曾经"的定义。由此可见，教师 H 在生词讲解环节不仅为学生创造了理解词义的机会，并且还为师生之间和生生之间的课堂互动提供了条件。教师 H 对生词的处理方式采用了最大化学习机会策略 ①，倾向于建构主义学习观。但随后教师 H 叮嘱学生将"曾经"的定义记录在笔记本上，并告知这个生词是考试的重点，还从语法的角度说明"曾经"是时间名词。由此可以看出，在教师 H 的信念系统中，存在着为学生创造最大化学习机会的建构主义学习观和以考试为目的行为主义学习观。其中，行为主义学习观未被宣称，属于无意识行为，源于预科部的校园文化。在教师 H 的信念系统中，预科部的校园文化成了新信息的过滤标准，符合高密度集中学习标准的行为主义学习观，经过二次过滤直接进入使用信念，最终形成未被察觉的教学行为。

① ［美］库玛.超越教学法：语法教学的宏观策略 [M].陶健敏，译.北京：北京大学出版社，2013：31-55.

四、矛盾冲突型

研究发现，不同的信息源进入矛盾冲突型信念系统后，呈现出不同的运行路径。教师的亲身经历、关键事件等直接经验所产生的信息会直接进入宣称信念。与教育环境（如课堂、校园文化、政策）相符的信息会进入使用信念，形成相应的教学行为；与教育环境不符的信息由于其深刻性不会被剔除出信念系统，而是会继续留在教师宣称的信念中。如教师 E 宣称的语言传播观是源于其海外教学的经历，这种信念与国内教育环境不符时，教师 E 将其保留在宣称信念中。间接经验作为新信息进入信念系统时转化路径与无意识操控型信念系统一致，这里不再赘述。下面用图 7-1-5 呈现矛盾冲突型信念系统的转化路径。

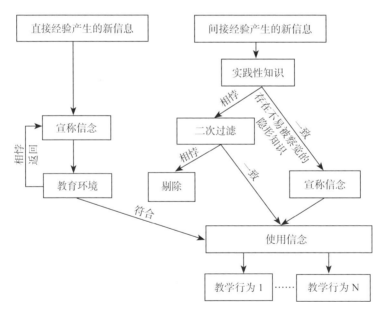

图 7-1-5　矛盾冲突型信念系统转化路径

下面用教师 E 的例子进一步说明矛盾冲突型信念系统的转化路径。教师 E 曾在 2008 年至 2010 年担任西班牙某孔子学院的中方管理者，在任职期间这所孔子学院连续两次被评为全球二十所优秀孔子学院之一。回国后教师 E 一直负责 X 大学与美国英语学会的合作项目。在访谈中教师 E 提到美国人灵活的教学方法、课堂活动设计等对他产生了较大的触动，至今他依然保留着很多美国本土教师的课堂录像。从教师 E 的信念系统可以看出（图 4-1-2），他在教学中受到了未被察觉的语言本体观和行为主义学习观的影响，其宣称的语言传播观和建构主义学习观并未形成相应的课堂行为。教师 E 的信念系统整体呈现出矛盾冲突的特征。

　　结合教师 E 的经历来看，他宣称的语言传播观和建构主义学习观源于亲身经历，教师 E 担任中方管理者的孔子学院素来以举办文化活动著称，经常举办"中国红"照片观赏展、中国戏曲艺术现场表演、书法和中国书籍展、中国小吃现场品评会等活动。教师 E 宣称的语言传播观主要源于孔子学院的经历，建构主义学习观主要源于对美国本土教师的课堂观察。那么，为何这两种源于亲身经历所产生的信念只停留在宣称信念，并未形成相应的教学行为呢？为了给教师 E 的行为溯源，笔者对其进行了访谈。"我在国内的教学很少拿出整块时间进行文化教学，因为学校有单独设置"文化概论"这门课，这门课也是我在教。如果你在语言教学中一直讲中国文化，有些留学生会有意见。他们认为自己是来学习语言的，你一直讲中国文化他会觉得具有侵略性。"问及海外孔子学院文化教学情况时，教师 E 表示："很多外国人对中国的了解并不多，所以我在西班牙孔子学院期间，基本上大大小小的活动从未间断过，我们会通过举办这些活动让外国学生对中国有一些了解。此外，课文中涉及的中国节日或者课文中与文化相关的内容，是必须进行讲解的。但对于国内的留学生来说，他们对课文中涉及的文化基本上都是了解的，而且留学生还有 HSK 考试的压力，所以我们很少举办文化活动。"（FT-E-3-LN）从访谈中可以看出，教师 E 对海外教学和国内教学所采取的文化教学态度及方式并不同。教师 E 作为孔子学院的中方管理者，经常提议举办文化活动，以此加深外国人对中国文化的了解。他认为国内留学生对中国文化已经有了一定的了解，还存在考试的压力，较为反感教师过多地谈及文化，所以在国内教学中，教师 E 很少进行单独的中国文化讲解，这意味着源于亲身经历的语言传播观与教学环境不符时，教师 E 并没有坚持语言传播观，而是根据教育环境激发出潜意识中的语言本体观。

教师 E 根据学情的变化，会选择不同的教学行为。在问及是否会将美国教师的教学方法延续在自己的课堂教学中时，教师 E 表示："美国本土教师的教学很具有借鉴意义，我也会经过思考应用于自己的课堂。举个例子吧，就拿任务教学法来说，这是美国本土教师比较常用的方法。他们非常善于在课堂上进行表演。我也会在时间充足的时候给学生布置一些任务，但多是面对高年级的（学生）。低年级（学生）你给他们布置任务，让他们去问路啊、表演啊，他们并不具备这个语言基础。而且低年级的学生往往需要通过 HSK 的等级考试，所以我很少对低年级进行任务型教学。相对来说，高年级学生拥有了一定的语言基础，基本上沟通是没有问题的，而且很多语言水平好的学生已经通过了 HSK 考试，（高年级）更具备进行任务教学的条件。"（FT-E-3-LN）受国内教学进度和考试的影响，教师 E 摒弃了任务型教学法，采用讲授法。虽然教师 E 在国内的教学实践中并未出现语言传播观和建构主义学习观的相应行为，但这两种信念源于亲身经历，由于其深刻性并没有被剔除出信念系统。从教师 E 的例子可以看出，源于亲身经历的信息会直接进入宣称信念，但并不一定会成为使用信念。这一论点在教师 D 这里得到了验证，教师 D 所宣称的是语言意义功能观，而在教学中应用的是语言本体观。教师 D 宣称的语言意义功能观源于刚入职时的关键事件，某位教师在听完教师 D 的课后告诉她："语言课堂对学生的开口率是有要求的，需要调动学生的积极性，让学生在交际中学习到语言。"但在教学实践中交际法不仅会占用课堂大量的时间，还需要教师精心设计，受考试文化、教学进度等要求的影响，教师 D 在常规教学中选择了更适合短期提高成绩的语言本体观。

通过对十名个案教师的研究发现，两名新手教师的信念系统呈现出局部互动的特征，两名熟手教师的信念系统呈现出整体互动的特征，教龄较长的教师反倒呈现出无意识操控和矛盾冲突的信念特征。这与人们的普遍认知存在一定的差异，人们普遍认为经验型教师的宣称信念和实际教学趋于一致，如汤普森的观点 ①。通过对文献进行整理和分析，笔者认为导致本研究结果与普遍认知存在差异的原因有两个：第一个是多数研究仅对教师宣称信念和实际教学进行了对比，没有呈现出教师信念系统整体的运行过程。如果单看四种类型中的宣称信念和使用信念的关系，本研究与汤普森等人的研究结论具有一定的相似性。如图 7-1-6 中的矛盾冲突型信念系统转化路径，从局部看宣称信念（X 部分）与使用信念（Y 部分）较为一致。而图 7-1-7 为新手教师的信念系统转化路径，其中宣称信念（X 部分）与使用信念（Y 部分）并非紧密相连，而是并不完全相同。如果深入分析教师信念系统转化路径的完整图，可以发现经验型教师的信念系统在处理新信息时是复杂的，并非普遍认知中的简单对应。第二个原因是国际中文教学具有特殊性，授课对象具有多元文化特点、海外教学和国内教学存在巨大差异、学科定位不明确导致教师缺乏上位概念指导等因素，均会导致国际中文教师与其他学科教师在信念系统上的差异性。

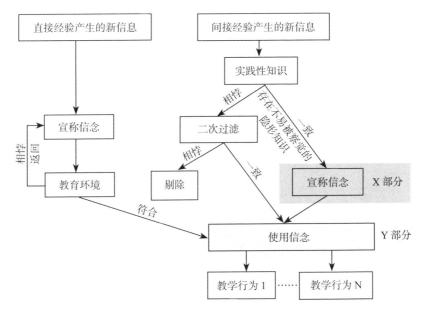

图 7-1-6　矛盾冲突型信念系统转化路径

---

① Thompson A G. The relationship of teachers' conceptions of mathematics and mathematics teaching to instructional practice[J]. Educational Studies in Mathematics，1984，25(15)：105-127.

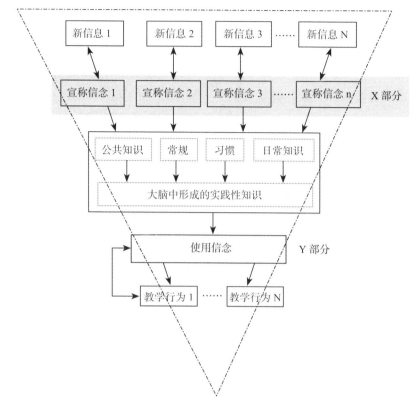

图 7-1-7　新手教师信念系统转化路径

第二节　教师信念类型生成的内隐机制

前文的研究将国际中文教师信念系统归纳为四种类型，并揭示了不同类型的信念向行为转化的路径，但仍不足以解释为何国际中文教师的信念会分化成不同的类型。想要探究冰山下的真相，还需深入到个案内部，对教师信念的发生和演变过程进行阐释。

本节以社会文化活动理论为分析框架，对国际中文教师信念生成机制进行探索，通过分析不同因素在教师信念系统生成过程中所发挥的作用，揭示影响信念系统走向的背后机制。具体研究将沿着"经历描述—生成机制—堵点分析"的逻辑展开，其中"经历描述"指的是影响教师职业生涯的主要事件，目的是凸显影响教师信念走向的因素；"生成机制"主要是借助社会文化活动理论，解释影响信念类型的内部要素及各要素之间的关系，以勾勒出不同信念类型的生成逻辑模型；"堵点分析"指的是在揭示不同信念类型生成的逻辑基础上，对教师信念类型存在的问题及问题起源进行分析，操作路径如下：教师从业后，遇到了……的问题，借助……，通过……，生成了信念类型，进而导致这种类型存在着……的问题。

一、向心式生成

持有局部互动型信念系统的 G 和 Q 两名教师均为 X 大学国际中文教育专业在读研究生，由于成绩优异被选为代课教师。由"国际中文教育专业的学生"成为"学生眼中的教师"，新环境往往会带给新手教师较大的冲击。新手教师除了要应对角色与身份的转换外，还要进行备课、教学、管理等一系列具体事项，极易产生不适应的现象。新手阶段也是教师所学理论与教学实践冲突、磨合的重要阶段，影响着教师日后的认知。G 和 Q 两名教师从事教学时间较短，因此本研究对其经历描述主要从教学中遇到的问题、教学转变、未来规划三个方面展开。

（一）经历描述

1. 教师 G

教师 G 是 X 大学预科部的代课教师，他在访谈中表示，虽然已经有了一个学期的代课经历，但在日常教学中还是会有一种放不开、不太敢讲的感觉，他认为这种"放不开"的感觉一是源于自身羞涩的性格，二是怕在课堂上讲错。教师 G 认为，与刚从事教学时相比，自己最满意的转变就是对突发情况的处理。"虽然现在遇到突发情况还是会发蒙，但是我知道怎么处理了。原来在语言点讲解的时候，学生要是不会，我会再讲一遍。但是从学生的眼神中我能看出来他们还是不会，但当时除了再讲一遍，我也不知道该怎么办。现在遇到这种情况，我还是有点发蒙，但是会处理了。首先我会加强备课，另外我也掌握了一些简单的处理方法，比如通过造句，让他们在语境中去理解这个语言点。"（FT-G-2-LN）入职初期教师 G 对学生提问采用的是重复讲授的方法，虽然他也意识到这种方法收益甚微，但处于新手阶段的他并没有更好的解决办法。随着教学经验的积累，他逐渐摸索出加强备课、让学生通过造句理解语言点的方法。

教师 G 将自己形容为传统的中国教师，看重教师的威严，授课以讲授为主。与此同时，他又表达了对任务型教学法的喜爱与认同，作为新手教师的他充满了矛盾与困惑。他认为这种矛盾产生的主要原因是没有从学生的角色中脱离出来，从而在教学中常常有"放不开"的感觉。教师 G 意识到自己在教学中存在问题，并且试图改变。"我感觉自己的课都比较模式化，创新点少，一直在讲啊，练啊……我也有试图在课件中增加一些趣味性的图片和动画，试着多和学生互动，但效果都不明显。我也想过让学生坐得紧密一些，围成一圈，这样应该互动也能多一些。但不是只有我一个老师用这个教室，来回挪太麻烦了，而且我也不太好意思去实施。"（FT-G-2-LN）教师 G 虽然试图解决问题，但受现实因素的影响，最后均以失败告终，目前仍持续着原有的教学模式。

在访谈阶段，教师 G 正面临着找工作的压力，他表示很喜欢国际中文教育这个专业，但国内对国际中文教师的需求大幅缩减，而他又不敢出国（当时受新冠疫情的影响）。教师 G 的理想职业是大学教师，他也曾想过攻读博士学位以实现自己的理想，但又不忍心一直用家里的钱，这让他感到很迷茫，不知道未来还能不能继续从事国际中文教师这个职业。教师 G 的教学经历反映了新手教师的理想与现实之间的张力，下面用图 7-2-1 呈现。

图 7-2-1　教师 G 的理想与现实对照图

2. 教师 Q

教师 Q 是 X 大学预科部的代课教师，本科就读于 X 大学的管理学专业，由于该专业是中外合作办学，专业课程全部由美国教师进行英文授课。教师 Q 在正式走上讲台前，对教外国人汉语充满了信心，她认为自己接触的外国人较多，口语表达能力强，加上研究生期间接受了汉语国际教育的系统训练，因此她的职业憧憬是向外国人讲述中国故事。但在教师 Q 第一次走上讲台进行自我介绍时，由于语速过快，外国学生当场就表示没有听懂，这让她意识到教外国人汉语和想象中的并不一样，这次尴尬的经历让她之后在面对学生时总是怕出错。教师 Q 在备课时恨不得将课堂中说几句话、哪里讲什么都机械性地背下来。"刚上班时，遇到的最大的问题就是一上讲台就紧张，和刚上班相比，我对自己最满意的转变就是不那么紧张了，可能是因为讲得多了，而且学生也愿意和我互动。现在我放松多了。"（FT-Q-1-LN）

经过一个学期的教学，教师 Q 总结出了一些小窍门，如通过提问的方式考查学生对语言点的掌握情况。她认为自己的教学存在教学方法单调、教学模式固化的问题，对此她试图通过增加课件中的趣味图片、展示与学生生活相关的例句等方法，激发学生的学习兴趣，但这些尝试均以失败告终，这让教师 Q 很迷茫。"我知道自己的方法和模式太固化了，但是不知道怎么解决，只能维持现状。"（FT-Q-1-LN）教师 Q 已察觉到自己的讲课方式有弊端，她期待中的课堂是师生一起讨论、学生轻松学习汉语，但又担心课堂纪律会失控。教师 Q 的思想冲突还体现在桌椅摆放上，"其实我有想过给桌椅动一下，但又觉得学校已经那么摆了，我是代课老师，随意挪动桌椅不太好。我本科的时候都是圆桌式，我觉得这便于讨论，师生间也没有那么大的距离感。"（FT-Q-1-LN）桌椅不同摆放方式的背后是不同教育理念的体现，由此可以看出教师 Q 比较认同以学生为中心的教育理念，但在教学实践中采用的是传统的讲授法，这种"说"与"做"的悖论，体现了"权威话语"和"内部说服性话语"[1] 的矛盾。预科部的教学模式更像"权力话语",教师 Q 渴望实现的教育理念是"内部说服性话语"。教师 Q 在报考国际中文教育硕士时,对职业的期望是通过国际中文教育专业向外国人讲授中国故事。当梦想照进现实,怀揣理想的新手教师变得手忙脚乱,在现实的冲击下逐渐放弃了"内部说服性话语",选择遵从"权威话语"。

教师 Q 的矛盾还体现在对未来的职业规划上,她多次表示非常喜欢国际中文教师这个职业,她深知在国内从事本专业的机会很受限,但她又担心当时的海外疫情不想出国。下面用图 7-2-2 呈现教师 Q 的理想与现实之间的矛盾。

图 7-2-2　教师 Q 的理想与现实对照图

(二)生成机制

G、Q 两名教师的经历具有一些共性:两人均为 X 大学国际中文教育专业在读研究生,以代课教师的身份进入 X 大学的预科部教学;在教学初期都经历了理论与实践之间的冲突,并逐渐形成了以传统讲授为主的教学模式。

两名教师任教的预科部与本部相比,在教学理念和课程设置上均有所不同,预科部有着明确的教学目标和要求,其隐性文化是通过短期、集中地学习,让学生的汉语水平迅速达到 HSK 4 ～ 6 级水平。笔者在第五章对 H、F 两名教师的描述中已经分析过,预科部的文化会使教师行为倾向于讲授法。预科部的文化环境与 G、Q 两名教师在研究生期间所接触的理论有所

---

① ［俄］巴赫金·陀思妥耶夫斯基.诗学问题:复调小说理论 [M].白春仁等,译.北京:生活·读书·新知三联书店,1988:54.

差异，他们都曾对自己的教学方法产生了质疑，意识到理论与教学实践之间有"中空层"。对此，两名教师试图做出改变，如在课件中增加吸引注意力的图片、改变桌椅的摆放方式（未实施）。两名教师面对"中空层"的态度主要表现在两个方面：一是不知道如何弥合"中空层"，如两名教师均采用了增加课件中的图片等方法，但均以失败告终；二是不敢放手去做，如两名教师都认为预科部的桌椅摆放方式不合理，但都没有真正做出改变。而且，教师 Q 希望加强课堂中的师生交流，但又担心课堂纪律失控。

新手教师的专业发展是一个内外相结合的过程，向外学习包括向同事、学生、书本、教师共同体等学习，向内学习是自我反思。正如杜威所说，经验是个体与社会的共同结果，具有连续性和交互性。连续性指的是人们当下的经验来自其他经验，而且会影响将来的经验；交互性指的是经验是个体和环境相互作用的结果。当我们去做一些事情时，如果不去反思前后经历的关联，只能是一种机械性的动作，并不能算作经验。① 杜威认为，人们在与外部互动的过程中产生了信息，但这种信息只有经过反思才能算作经验。两名新手教师虽积累了一些教学经验，但仍不知道应该如何弥合"中空层"。按照杜威的说法，其中主要原因是缺乏反思。但为何有的教师善于反思，有的教师不善于反思？带着这样的疑问，笔者对 G、Q 两名教师所处的教学环境、成长经历、教学经验进行分析，并发现三种因素具有正相关的特征。杜威认为，经验是外部因素和内在因素共同作用的结果，教学环境属于外部因素，成长经历属于内部因素。教学经验除了源于教学积累外，还产生于对同事的观察。预科部的教学环境与两名教师的学徒经历相似，G、Q 两名教师作为新手教师，缺乏教学经验，尚处于"求生存"阶段，易通过对同事的观察调整自己的教学行为。两名教师所处的教学环境、学徒经历、对同事的观察，一致指向了以教师为中心的传统教学法，三种因素相互交织形成了一个网，包裹了两名新手教师在教学实践中能接触到的全部内容，限制了他们对新信息的摄取。唯物辩证法认为，矛盾是事物

---

① ［美］杜威.我们怎样思维·经验与教育 [M].姜文闵，译.北京：人民教育出版社，1991：24.

发展的根源和动力，两名新手教师所接触的教学环境、成长经历、同行观察具有一致性，在没有明显矛盾张力的情况下，处于关注教学完成阶段的新手教师很难主动进行反思。

学校除了是学生学习的场域外，也是新手教师"做中学"的场域，他们处于教研室、办公室的有经验教师群体中，可以通过请教、观察、旁听、模仿等方式从其他教师那里获得教学经验。多项研究表明，教师共同体可以促进教师发展。G、Q 两名教师作为预科部教师共同体中的新来者，不可能一开始就完全参与其中，很难自然地加入共同体的话题，不能很好地利用其他教师信手拈来的资源等。[①] 莱夫（Lave）称新手教师为"合法性边缘参与"（Legitimate Peripheral Participation），边缘指的是新手教师在教师共同体中的活动参与程度及与核心成员之间的距离远近。[②] 虽然新手教师从进入工作岗位的那一刻起，就具备了参与教师共同体的资格，但 G、Q 两名教师的情况较为特殊，属于学生代课，不完全符合莱夫所指的"合法性边缘参与"。两者的主要差异在于合法性边缘参与者会逐渐向共同体的中心位移，这也是新手教师身份认同和学习的轨迹，但 G、Q 两名教师是代课老师，很难获得向中心位移的机会，所以预科部的共同体于两名教师而言更像"瞭望台"，即通过对共同体中的教师进行观察，更新自己的经验库（图7-2-3）。

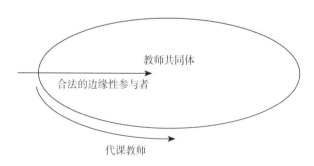

图 7-2-3　代课教师参与共同体路径

① 王红艳.新手教师在学校实践共同体中的学习 [M].重庆：重庆大学出版社，2012：102-103.

② ［美］J·莱夫，E·温格.情景学习：合法的边缘性参与 [M].王文静，译.上海：华东师范大学出版社，2004：76.

G、Q 两名教师缺乏深度反思，并且很难参与教师共同体的活动，加上新手教师缺乏教学经验，对教学的认知主要是源于学徒经历、教学环境、同行观察。在权威话语的影响下，学徒经历、教学环境、同行观察组成了新手教师的教学经验库。由于新手教师处于关注教学完成阶段，缺乏反思与教师共同体的支持，导致新信息难以进入经验库，最终形成了以学徒经历、教学环境、同行观察三者为核心的向心式生成机制。下面用图 7-2-4 呈现两名教师信念系统的向心式生成机制。

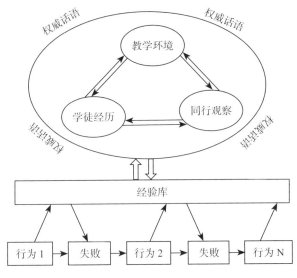

图 7-2-4　教师 G、Q 信念系统的向心式生成机制

（三）堵点分析

G、Q 两名教师的经历体现了新手教师在执教过程中遇到的三组矛盾：一是教学环境与教学理念之间的矛盾；二是教学所采用传统教学法与主流所提倡的教学理念之间的矛盾；三是教师自身的教学水平与教学理念之间的矛盾。在访谈中，两名教师意识到"说"与"做"之间存在"中空层"，但两名教师所处的教学环境、权威话语、同行观察三者之间均指向以教师为中心的教学观，加上新手教师处于关注教学完成阶段，他们在处理教学环境与教育理念之间的矛盾时，倾向于放弃大学期间接触到的教学理念，

并选择符合教学环境的行为。两名教师均意识到自身在教学中存在教学模式固化、缺乏创新的问题，却不知道如何改变。对待这一矛盾，两名教师首先试着向内寻找突破口，如增加课件的趣味性、加强课堂互动，但均以失败告终。两名教师在向外寻找突破口时，采取的是同行观察，这是由于两名新手教师已经意识到教学环境与理论之间存在差异，因此他们在解决具体问题时不再完全依附于理论，反而期待通过教师共同体获得解决方案。但两名新手教师处于"合法性边缘参与"的位置，只能通过观察其他教师获取经验，这种表面上的观察很难获得行为背后的意义。此外，两名新手教师缺乏教学经验，很难将书本中的理论和对同事的观察进行知识整合，只能在宣称信念层面将所见、所闻囊括在一起，并在教学实践中选择简单、易于解决问题的教学行为。

二、单线式生成

持有整体互动型信念系统的教师其信念与当下所提倡的教育理念有所差异。通过对 A、J 两名教师的经历进行梳理发现，他们的信念主要源于教学实践。下面分别对两名教师的信念生成机制进行分析。

（一）经历描述

1. 教师 A

在攻读硕士研究生期间，教师 A 由于在校成绩优异，毕业后留校任教。在执教的八年中，教师 A 经历的多是正面事件，如全院公认的"麻烦生"在回国前特意跑到办公室表达了对她的认可，以及海外任教期间虽被学生投诉，但投诉的原因是她不会讲西班牙语。从事件表面来看，被学生投诉属于不愉快的经历，但投诉的原因并未指向她的教学能力，而"优秀汉语教师志愿者"的荣誉称号增加了她对自己教学能力的肯定。一系列的正面事件让教师 A 对其教学经验产生了强烈的确信度，最终形成了教学经验反向修正信奉理论的特征（图 7-2-5）。

图 7-2-5 教师 A 的使用信念形成图

教师 A 的信念与当下倡导的第二语言教学理念不一致，出现这种结果有两种可能：第一种是教师 A 接触了先进的第二语言教学理念，但这种教学理念并不稳定，后来由于某些原因她将所接触的教学理念摒弃了；第二种是教师 A 从来没有接触过先进的第二语言教学理念和方法。从教育经历来看，教师 A 是 X 大学的国际中文教育专业硕士，由于在校期间成绩优异，毕业后直接留校。因此，第二种假设不成立，造成她持有信念与当下教学理念不符的原因属于第一种，即由于某些原因将倡导的理念摒弃。从执教经历来看，一系列正面事件和领导的正向反馈增加了她对个人经验的确信度。而她对个人经验的确信源于违背当下提倡的教学理念带来的"收益"，并形成了以个人实践经验为中心、反向修正宣称信念、强化原有教学行为的向心式互动系统（如图 7-2-6）。

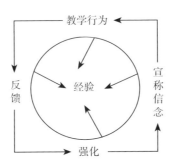

图 7-2-6 教师 A 信念系统的向心式互动系统

2. 教师 J

与教师 A 不同，教师 J 的执教经历并不顺利。第一次走上讲台未能回答学生的问题，以及对 X 大学科研任务有疲怠感，这让她泛化出了自己专业不对口、语言本体知识不扎实、属于学院"边缘人"的认知。为了解决"生存期"危机，教师 J 采用模仿优秀教师的方法，这种方法让她顺利完成了教学任务，带来了教学上的"舒适"，而这种"舒适"又强化了教师 J 的模仿行为。

"模仿"这个词总是带给人们一种不太好的感觉，人们都不愿意承认自己做某件事情是模仿别人而来，但事实上模仿是很多新手教师提升技能的办法之一，就像儿童通常会模仿其他人一样。① 模仿并非简单的复制，而是有着复杂的内部建构过程。因此，教师 J 难以通过优秀教师的教学获得行为背后的意义，其模仿很容易停留在行动表面，如果没有人告诉她行为背后的理念，她本人也不去反思，就会在理论与模仿行为之间产生"中空层"，而"中空层"正是教学精髓所在。对此，舍恩提出"反思性模仿"，即在模仿中察觉重要的东西，并在与内部调整匹配后，通过行为把自己的选择与整合表现出来。模仿是一个从模仿他人到超越模仿的过程。② 教师 J 已执教十多年，对高年级的教学仍是心有余而力不足，并将自己划为学院的"边缘人"。这说明教师 J 仍处于模仿的初级阶段，模仿行为虽达到了自动化和模式化的阶段，但并未透过"中空层"达到超越模仿的阶段。这是由于教师 J 通过模仿解决了"生存危机"，并带来了教学上的"舒适感"，她对"生存危机"和"专业不对口"的认知深度泛化，在模仿的过程中不敢也不愿意尝试改变，因此很难进行反思性模仿。下面用图 7-2-7 呈现教师 J 的行为变化所体现出的使用信念形式过程。

图 7-2-7　教师 J 的使用信念形成图

（二）生成机制

教师 A 的教学经历较为正向，她坚信个人实践经验。教师 J 的教学经

---

① 王红艳.新手教师在学校实践共同体中的学习 [M].重庆：重庆大学出版社，2012：116-117.

② ［美］舍恩.反映的实践者：专业工作者如何在行动中思考 [M].夏林清，译.北京：教育科学出版社，2007：78-82.

历较为被动，一系列事件让她泛化出不自信的认知，并加强了她对自己模仿行为的确信度。两名教师虽然教学经历差异较大，但都对个人实践经验高度确认，形成了使用信念反向修正宣称信念的特征。

在对教师教学经历分析时，笔者发现两名教师所处环境对个人实践经验的信奉起到了关键作用。根据布朗芬·布伦纳（Bronfen Brenner）的生态模式，人的生存环境可分为四个空间，分别是微观空间、中层空间、外部空间、宏观空间。微观空间包括教学信念、自我效能感、工作习性等；中层空间包括课堂实践、同事、校长等；外部空间包括学校系统、社会因素等；宏观空间主要指以上三个系统中的文化、亚文化和政策因素。两名教师在实践中形成的教学行为通过课堂实践（中层空间）的检验，得到了领导的积极反馈，顺利通过了学校层面（外部空间）的考核，并且学生HSK过级率较高（宏观空间），教师所处的中层空间、外部空间、宏观空间的一致性对教师信念（微观空间）具有推动作用。矛盾是事物发展的源泉和动力，当人们所处环境与其行为一致时，教师很难对教学行为进行反思。

教师从进入学校工作岗位的那一刻起，便有了成为教师共同体中的一名参与者的潜力，他们和学校其他教师一起承担教学的重任，有接触学校信息、资源和争取评比的机会。[①]虽然 A、J 两名教师未加入显性的教师共同体，但领导的肯定、年度考核结果等均可以看作教师共同体的反馈。教师共同体对教师 A 的反馈多为积极、正向的，而对教师 J 的反馈多为消极、负面的。斯纳金（Skinner）的强化理论认为，人为了达到某种目的，会采取一定的行为作用于环境。当这种行为的后果对他有利时，这种行为会在以后重复出现；对他不利时，这种行为会逐渐减弱或消失。斯纳金提出的强化理论分为两种类型，分别是正强化和负强化。所谓的正强化是通过积极的刺激增加其行为出现的概率，正如教师共同体给予教师 A 的积极反馈增加了她的某些教学行为出现的概率。负强化指的是撤销一个消极的刺激，从而增强其行为出现的概率，如教师 J 所采取的模仿行为使其顺利地解决了

---

① 王红艳 . 新手教师在学校实践共同体中的学习 [M]. 重庆：重庆大学出版社，2012：103–104.

当下的"困境"，相当于模仿行为使消极的刺激被撤销，这种经历强化了她模仿的教学行为。通过不断地强化，最终两名教师形成了对个人经验高度信奉的单向式信念系统生成机制。下面用图7-2-8呈现整体互动型信念系统的单线式生成机制。

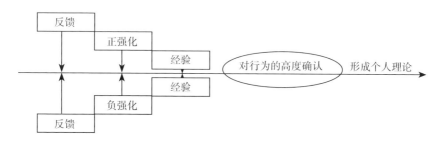

图7-2-8　整体互动型信念系统的单向式生成机制

（三）堵点分析

教师A和教师J的共同特点是通过外部反馈形成了对个人实践经验的高度信奉原则，她们凭借个人实践经验进行教学，新的信念难以进入其信念系统，这造成了从个人实践经验到认知的闭环，导致教学行为自动化、模式化。访谈中两名教师表现出对突破教学困境的期待，如教师A谈道："自从工作以后，我很少得到其他教师的建议，同事之间可能是不好意思，很少相互听课，只有督学和收集资料的老师来听我的课，其实我是很希望经验丰富的教师给我一些建议的……因为我在教学中没有遇到太多的困难，所以我不太了解自己哪里有不足。人不可能是完美的，我希望可以得到一些建议和指导。"（FT-A-2-LN）从谈话中可以看出，教师A意识到没有教学是完美的，希望得到建议和指导，但这并非基于教学反思的结果，而是源于经验型教师的直觉。根据伯利纳（Beliner）的观点，具有八年及以上教学经验的教师处于精熟期，他们能有效管理课堂，但由于缺乏专家的引领和指导，通常会进行大量的重复性劳动，授课缺乏创新性，如果不能获得及时帮助，他们可能停滞不前。从时间上来看，两名教师已进入精熟期，他们缺乏专家的指导和实践中的反思，对个人实践经验高度信奉，难以突破当前困境，只能在整体互动型的封闭系统中重复教学行为。

A、J 两名教师的行为属于行动科学理论中的单路径学习，即教师处于关注行为阶段，在行为未达到目标时，对行为进行重新检验，并出现另一个较为有效的行为。在单路径学习中，虽然教师会对其教学进行反思，但仅限于外显的行动策略，行动科学理论所提倡的双路径学习则将反思指向认知层面。A、J 两名教师的单路径学习属于"知其然"阶段，不想在学习知识与技能的过程中盲目模仿，也没有被某些教学困境和失败打击信心，需在反思时挖掘隐藏在教学经验之后的深层理解，而两人的反思需达到个人认知层面才有助于他们清晰地认识自己。

三、融合式生成

无意识操控型的特征表现为教师受到未被察觉的信念的影响，教学行为具有冲突性。在研究中，C、H、F 三名教师呈现出无意识操控型信念系统的特征，其中 H、F 两名教师为 X 大学预科部教师，教师 C 为 X 大学本部教师，下面分别对三名教师的经历进行描述。

（一）经历描述

1. 教师 C

教师 C 参加国际中文教师资格证考试时被她师父看中，推荐她兼职教留学生汉语。教师 C 属于跨专业兼职，通过不断努力考取了北京大学语言学及应用语言学的博士，博士毕业后受到师父的影响回到 X 大学工作。在教师 C 执教初期，她的师父给予了她很大的支持与帮助，她师父强调的"国际中文教师要有亲和力"和"国际中文教师板书要漂亮"一直被她视为教学中最重要的原则。

凭借较高的理论素养和丰富的教学实践经历，教师 C 正式入职后很快就成了 X 大学国际汉学院的骨干教师，她在完成教学任务的同时，经常参加国内外学术会议。这些经历提升了她的理论高度，使她在国际汉学院的教师团队中产生了引领示范作用。教师 C 在访谈中表示，她经常会对教学进行反思。"当年我们学习英语就是死记硬背，近十年一直是任务型教学法作为主导，大家都觉得任务型教学法成了一个潮流和趋势。但我觉得这里有一个问题，任务型教学法和语言知识本身的学习有时候很难融合，我们在完成了任务的同时，学生是不是能够借助这个任务，学到充分的词汇、语言结构。还有就是学生的反馈也很考验教师的功力，我觉得传统的语言教学不能完全放弃，学语言不付出努力肯定是不行的。"（FT-C-1-LO）从这段访谈可以看出，教师C以自身学习第二语言的经历为基础，对教学进行反思。她的信念系统同时受到学徒经历和入职后接触到的第二语言教学理念的影响。

2. 教师 H

对教师 H 影响最深的事件是工作第二年的办公室调整，通过试用期后教师 H 搬到了专职教师办公室，这让她在教师共同体中学到了更多与学生交流、带班及教学的方法，用教师 H 的话说就是"确实是和有经验的教师在一起会学到更多"。（FT-C-1-LO）随着身份的转变，教师 H 接触到的学生也有所不同，工作第二年她教的学生是庆华奖学金班级，这些学生可以用汉语进行简单的沟通，这为她实施任务型教学法提供了条件，那一年教师 H 将课程布置成任务，学生们的积极性和交际能力均得到了很大的提高。后来，随着预科部"考试文化"盛行，教师 H 的教学逐渐转为以讲授知识点为主。此外，教师 H 常年担任班主任①一职，这影响了她的学习观。"想要学好语言，首先得有个积极的学习态度……作息时间要合理，下课就开始睡觉，而晚上十一点钟熬夜写作业，这样学习肯定是无效或者打折扣的。"（FT-H-1-LO）工作环境塑造了教师 H 的汉语学习观，她认为学习态度及合理的时间安排是学好汉语的重要因素。教师 H 已在预科部从教十三年，不断重复的教学工作让她意识到自己身处教学瓶颈期，需要提升知识储备。

3. 教师 F

对教师 F 影响最大的事情是博士肄业，这让她的认知发生了变化。"从

---

① X 大学会为超过十人的班级配备班主任，班主任的主要工作是班级管理，为留学生的日常生活提供帮助，督促学生学习等。

事不适合、不喜欢的事情是一种煎熬，很难成功。我努力了八年，最后还是肄业。说不难过是假的。我想了很久，对我来说什么才是最重要的，我很喜欢国际中文教学，上课让我感觉到快乐，虽然我从事国际中文教学已经十多年了，但现在每天依然动力很足。"（FT-F-1-LO）这件事让教师F看清了自己的本心，更加坚定了从事喜爱的工作的决心。教师F认为预科部是一个大家庭，教师们经常在办公室共享信息，一起讨论如何提升学生的成绩，是这个集体陪伴她从缺乏实践经验的硕士研究生成长为成熟型教师。她认为经过十多年的教学，在教学技能方面自己算是成熟型教师，但还需多关注学生个体差异，教育学和心理学理论是她下一步将要学习的重点。

（二）生成机制

从C、H、F三名教师的经历来看，他们都在不同程度上受到了教师共同体的影响。教师C在入职初期，师父给予她很大的帮助和鼓励，受师父的影响教师C形成了轻松自然的教学风格；H、F两名教师所处的办公室为她们提供了学习和讨论的平台，预科部将教授同一班级的教师安排在一个办公室，教学的交叉性促使教师对学生的状态进行信息共享和讨论，他们在教学中遇到问题时可以通过相互讨论等途径获得帮助。

虽然持有整体互动型信念系统的教师和无意识操控型信念系统的教师都受到了教师共同体的影响，但两者存在一定的差异，在教师共同体中获取的信息有所不同。持整体互动型信念系统的教师在教师共同体中获得的信息主要以领导反馈为主，会根据反馈信息调整教学行为；持无意识操控型信念系统的教师在教师共同体中主要以获得知识与技能为主。因此，在自我认知和职业发展目标上，持无意识操控型信念系统的教师比持整体互动型信念系统的教师更加客观。持无意识操控型信念系统的教师在教师共同体的影响下，易激发出反思意识，但这种反思意识并非基于教学实践产生，反思内容多聚焦宏观的职业发展层面，因此该类型教师缺乏对具体教学行为的反思，难以察觉到教学中存在的无意识行为。

根据知识势能理论，在相同或相似的场域中，教师知识势能的差异会

推动教师知识转移。日本学者竹内弘高和野中次郎提出的知识转移 SECI
模型将知识转移分为隐性知识转移和显性知识转移。隐性知识指的是具有
缄默性、不容易被表达的知识，可以通过观察、模仿等行为获得；显性知
识指的是属于形式和系统的知识范畴、可以通过传统的教育培训等方式获
得。①办公室相当于持无意识操控型信念系统的教师的"知识库"，教师可
以通过请教等方式实现显性知识转移，也可通过办公室聊天、观察等方式
在无意中实现隐性知识转移。在办公室这个场域中，教师除了实现知识转
移外，场域规则还会潜移默化地对教师知识进行应用、生发、修正。在教
师知识势能由低向高转移的过程中，教学行为逐步接近场域规则。教师的
直接经验由于其深刻性会进入信念系统，而学徒经历和实践经验作为直接
经验中较为坚实的部分会直接进入信念系统。持无意识操控型信念系统的
教师虽在教师共同体的影响下易激发出反思行为，但由于反思并未指向具
体教学层面，因此该类型教师难以察觉受学徒经历和场域规则影响产生的
教学行为。该类型教师的教学行为分为显性行为和未被察觉的隐性行为，
两种行为在信念系统中相互融合。图 7-2-9 呈现了无意识操控型信念系统
的融合式生成机制。

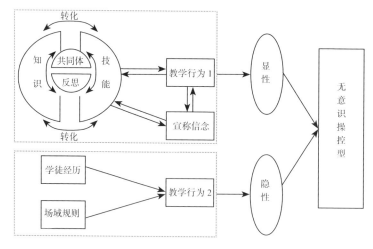

图 7-2-9　无意识操控型信念系统的融合式生成机制

---

① 陈向明.搭建实践与理论之桥：教师实践性知识研究 [M].北京：教育科学出版社，2011：226–227.

（三）堵点分析

C、H、F 三名教师均在执教中得到了教师共同体的支持，这使他们的教学水平得到了提升，他们也在教师共同体中找到了归属感，如教师 F 将预科部办公室比作"大家庭"。在预科部的办公室中，经验丰富的教师相当于新手教师的"镜子"，为他们提供反观自我的机会，使他们得到技能的提升。虽然 X 大学本部与预科部的办公室设置有所差异[①]，但教师 C 从入职开始便一直得到师父的帮助，现在她已是 X 大学国际汉学院的骨干教师，这为她参加更高起点的教师共同体提供了机会。在教师共同体的影响下，G、H、F 三名教师更易对课堂反馈信息进行反思，而且对自身教学评价相对客观，并不像 A、J 两名教师那样对教学经验的高度信奉。同时，由于三名在教师共同体的帮助下能够顺利地完成教学任务，因此该类型教师很少对具体的教学行为进行反思。正如格里菲斯（Griffiths）所说："教师必须对所有维度进行反思，太关注某一维度而忽视其他维度，反而会导致反思停留在表面层次上。"[②]三名教师反思的局限性导致他们无法察觉到在学徒经历和场域规则影响下产生的信念，因此产生了无意识行为。

四、嵌套式生成

矛盾冲突型的具体表现为教师宣称的信念未全部实施，并在教学实践中受到未被察觉的信念影响，宣称信念与教学行为之间存在冲突。

（一）经历描述

1. 教师 E

教师 E 是 X 大学国际汉学院教龄最长的教师，在 X 大学主要负责美国英语学会的教学工作，近两年开始转为教授汉语言专业本科生（留学生）。教师 E 在美国英语学会接触到的教学方式与他在学徒时期经历的传

---

① X 大学本部校区为两名专职教师一个办公室，预科部为六名专职教师一个办公室。
② 朱旭东.教师专业发展理论研究 [M].北京：北京师范大学出版社，2021：187.

统教学法区别较大，教师 E 本科期间学习语言采用的是背诵、反复练习的方式。

从教师 E 的工作轨迹来看，他与国外一线语言教师接触的机会较多，这也为他接触到更多西方教学理念创造了机会。"我选择研究生的标准首先是外语必须好，因为我带的研究生必须去西方国家实习，去实地多看、多做才能对第二语言教学有更深刻的认识。"（FT-E-1-LO）笔者从访谈中了解到，教师 E 大部分空闲时间都用来学习外语，精通英语、西班牙语、法语。在问如何学好第二语言时，教师 E 认为："想要学好语言，一是要对这门语言感兴趣，二是需要时间。我当初学习语言到什么程度呢，走路、睡觉都在学，嘴里一直在叨咕，反复地练啊！"（FT-E-1-LO）教师 E 的语言学习观主要受到学徒经历的影响，采用背单词、反复练习等机械性方法。而他的教学观主要受到美国英语学会的影响，提倡任务型教学法。近两年教师 E 教授汉语言专业本科生（留学生），这与美国英语学会的教学目的有所不用，汉语言专业本科生（留学生）要求 HSK 考试成绩，教师 E 在教学中激发了学徒经历，即通过反复练习等方法，达到短期提高学生考试成绩的目的。由此可见，教师 E 的信念系统受到学徒经历和工作经历的影响，存在两种理论范式。

2. 教师 D

教师 D 硕士研究生毕业后留校工作，工作之余继续攻读博士学位，为 X 大学中国语言文学博士后流动站在站博士后。刚入职时，有位教师听完她的课以后告诉她："语言课堂对学生的开口率是有要求的，需要调动学生的积极性，要让学生在交际中学习到语言，如果你上完课感觉到特别累，那教学方法一定是错误的。"教师 D 一直将这位教师的话视为教学原则，但在教学实践中交际法往往会占用大量的课堂时间，并且对课堂设计要求较高。"有时候教学方法也跟教师的状态有关，比如这堂课我的身体状态不太好的话，或者教学进度比较慢啊，距离考试比较近的时候，可能就不会引导学生展开那么多的活动，会挑重点讲。"（FT-D-2-LO）教师 D 刚入职时，倡导的是以学生为中心的教学方法。随着客观条件的变化，教师 D 在特定的条件下激发出了更适合短期提升成绩的讲授法。

3. 教师 B

让教师 B 印象最深的经历是刚入职时教第一个班级时的一件小事，当时她与学生相处融洽，授课非常认真，但在期末教学评估时，有学生在"迟到/早退"这一项给她打了低分。"我敢拍着我的胸脯来说，我绝对没有迟到或早退过！"（FT-B-1-LO）理想与现实的巨大反差促使教师 B 形成了自省的习惯。"这件事对我的触动很大，当时我觉得自己的课上得很成功，过高地评估了自己。实际上一个老师应该不停地自省，如果这不是学生的笔误，那我是不是在哪里存在问题？"（FT-B-1-LO）这段经历让教师 B 形成了时常反思的习惯，笔者观察到教师 B 下课后都会留在教室，根据课堂中学生的反应修改 PPT，记录教学中的不足并进行改进。

教师 B 做过两年公派教师，在她看来海外教学与国内教学有很大的区别。"海外和国内（学生）学习动机不太一样，所以总体来说，课堂上比较轻松一些。他们很多人都是轻松学一学就行，并不想学到什么级别或者得奖学金。"（FT-B-1-LO）访谈中教师 B 提到，海外教学并未严格要求教学进度，国内教学更加系统化，有明确的课时、教学进度的要求。教师 B 将两者的区别归为学生的学习目的不同。教师 B 所在的孔子学院素来以举办文化活动闻名，"有些海外学生希望通过参与活动加深对中国文化的了解，我们非常看重这些活动，从活动的设计到实施都会反复讨论。"（FT-B-1-LO）教师 B 在西班牙某孔子学院时，作为唯一的公派教师，很多活动设计、组织多是由她去落实的。

（二）生成机制

社会文化活动理论认为，矛盾是学习与行动发展的关键，是各种权力博弈所形成的力量场。本研究对矛盾冲突型信念系统生成机制的分析将聚焦教师成长过程中的矛盾，采用社会文化活动理论中拓展性学习循环圈描述该类型的生成机制。拓展性学习循环圈由恩格斯托姆提出，具体分为七个步骤、四级矛盾。循环圈中的七个步骤作为从抽象到具体的理想模型，分别是质疑（questioning）、分析（analyzing）、框定（modelling）、检验（examining）、实施（implementing）、反思（reflection）、固化（consolidating）。恩格斯托姆对四级矛盾进行了详细的论述，一级矛盾指的是活动系统中每个要素内部的矛盾，表现为要素本身的双重性；二级矛盾指的是活动系统内部要素之间的矛盾；三级矛盾指的是当前活动系统与新活动系统的矛盾；四级矛盾指的是各活动系统之间的矛盾，如主体所产生的行为之间的矛盾。矛盾冲突型信念系统分析以循环圈的四级矛盾作为支点，层层递进地分析该类型的生成机制。

1. 一级矛盾

一级矛盾也称首要矛盾，是矛盾冲突型信念系统生成的根基。具体表现为新要求与教师旧认知之间的矛盾。在对 E、B、D 三名教师教学经历进行整理时笔者发现，三名教师的一级矛盾主要为教学环境与教师持有信念之间的矛盾。

E、B 两名教师具有海外教学经历，他们在访谈中均提到了海外教学与国内教学的差异。"海外教学对象分为两个部分：一部分是成人，一部分是儿童或青少年。这一点和咱们大学里不太一样，海外的学生一般是对汉语比较感兴趣，然后过来听一下，一周可能就来一次，每次大约三小时。还有一些华裔，来到孔子学院主要是想了解一下自己的文化，他们很多人就是轻松学一学就行了，没有一定要学到什么级别或者是得奖学金。所以在教学中会降低难度，整体更加轻松，不一定必须完成今天的教学任务。例如，以前有学生想看《舌尖上的中国》，然后我们就马上看一下，比较随意一点，他们离中国太远了，所以特别想了解从中国来的教师带来的信息和本土教师有什么不一样。"（FT-B-1-LO）教师 B 在访谈中提到，海外教学与国内教学具有差异性。教师 E 在访谈中也提到了两者的区别。"我所在的孔子学院是以举办文化活动著称，基本上大大小小的活动从未间断过，但在国内如果频繁举办文化活动或者在课上较多地讲中国文化，学生会有意见的。"（FT-E-1-LO）两名教师认为海外教学经验并不一定适合国内教学，正如教师 B 所说，海外学生大多是对汉语感兴趣，或是想了解中国文化，没有任何考试压力，教学整体更轻松。而很多国内留学生将 HSK 考试作为学习目标，这导致海外教学与国内教学在培养方案、课程设计、教学方法、课时等方面都存在差异。

海外教学经历属于直接经验，直接经验由于其深刻性会直接进入教师信念系统，纳入宣称信念。这种源于海外教学形成的信念与国内教学环境不符时，会迫使教师激发出与教学环境一致的行为，进而促使相矛盾的信念进入信念系统。教师 D 虽然没有海外教学经历，但在访谈中提到教学与理论之间存在差异。教师 D 的观点源于她所持的教育理念与教学环境之间的冲突。教师 D 在访谈中多次提到，"语言教学应该以活泼幽默为主，要关注到所有学生，调动学生的积极性"。（FT-D-1-LO）在问及教师 D 如何评价学生的语言学习时，教师 D 认为："理论会指导实践，但在真实的教学中很多时候没有办法将理论落实，比如我们都知道评价学生不能仅看成绩，但到目前为止评价留学生中文水平公认的方式是 HSK 成绩。"（FT-D-1-LO）由此可见，三名教师的内部认知与教学环境之间存在矛盾，环境的改变对教师提出了新的要求，教师内部认知成为新要求实施的阻碍，同时认知与新要求之间的矛盾又是推动教师行为改变的第一步。

2. 二级矛盾

二级矛盾主要是要素之间的矛盾，具体表现为教师需要面对的现实矛盾，即相同的教学方法获得的收益不同。例如，相同的教学方法在海外和国内的课堂效果不同，并且在不同的环境下，教学单位对教师同一方法的反馈也不同，这构成了贝特森（Bateson）提出的"双重束缚"状态。"双重束缚"指的是主体在特定的情景中，遇到持续的外在压力无法做出选择时，可以认为行动者遇到了双重束缚。[①] E、B、D 三名教师的直接经验与环境之间的矛盾构成了双重束缚，教师的行为也从这一阶段开始被挑战和被重塑。

---

① Bateson G. Steps to an ecology of mind：Collected essays in anthropology，psychiatry，evolution and epistemology[M]. Chicago：University of Chicago Press，1972：279-308.

3. 三级矛盾

三级矛盾是来自优化后的目标与旧目标之间的冲突，如 B、E 两名教师已适应国外的工作状态，在回国后难以在短时间内改变已有的实践模式。三级矛盾具体表现为教师依据环境做出的新行为与原有信念之间的冲突，如教师 E 宣称的是语言传播观，而实践中激发出的却是符合教学环境的语言本体观等。

4. 四级矛盾

四级矛盾指的是系统内部形成的较为稳定的矛盾，表现为认知与行为逐渐融为一体。教师的亲身经历、关键事件等直接经验由于其深刻性会直接进入信念系统，而教师也会随着环境的改变而调整教学行为，使整体互动型信念系统中存在两套截然不同的活动系统，而最终以解决问题的一套活动系统为核心，如三名教师最终在实践中激发出的是适应教学环境的行为，实现了两个系统的互动与交叠，呈现出嵌套式特征。具体用图 7-2-10 呈现矛盾冲突型信念系统嵌套式生成机制。

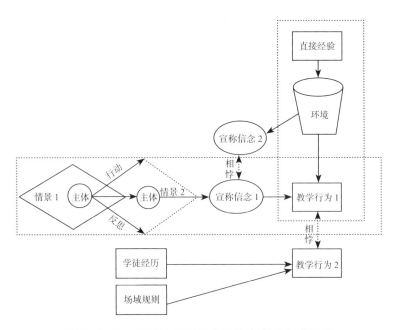

图 7-2-10　矛盾冲突型信念系统嵌套式生成机制

（三）堵点分析

呈现出矛盾冲突型信念特征的三名教师具有丰富的教学经验。经验的作用往往具有双重性，在教学中教师可以凭借丰富的教学经验做出相应的教学行为，但经验也会使教师形成固有的思维模式，当环境发生变化时会加深教师各种认知的矛盾冲突。三名教师丰富的教学经验与实践产生了三组矛盾：第一组矛盾为旧认知与新要求之间的矛盾，如海外授课与国内授课的差距，这一矛盾使教师很难在短时间内实现认知与新环境之间的转化。第二组矛盾是随着客观环境的变化，同一教学法所获得的收益不同。第二语言教学方法不断更迭，各种理念发生碰撞，三名教师的教龄分别为十六年、十七年、三十年。二十多年前，传统讲授法并未像今天这般饱受诟病，甚至年龄稍长的第二语言教师学习非母语时，采用的是背诵单词、反复练习的机械方法。教师在接触第二语言教学理念的过程中，并不会因为这些新理念是社会所倡导的、权威专家所解读的而不加思考地全盘接受，他们会根据自己的认知结构和实践经验对其进行分析、评价。[①] 这就引出了第三组矛盾，即教师的直接经验与客观环境之间的冲突。一旦直接经验与教学环境发生冲突，教师为了顺利完成教学工作，会激发出适应环境的行为。直接经验作为教师较为稳定的认知，具有深刻性，不会轻易被剔除出信念系统，这就导致教师认知与行为存在差异，最终形成直接经验与间接经验两个活动子系统，并根据三组矛盾的变化激发出相悖的教学行为。

第三节　影响教师信念类型生成的主要因素

研究发现，四种信念类型的生成机制存在耦合关系，耦合原本作为物理学概念，已在不同学科迁移和应用，耦合性常用来指代事物之间的关联

---

① 段作章.教学理念向教学行为转化的内隐机制 [J].教育研究，2013（8）：103–111.

程度。①社会文化活动理论认为，人类认知能力的发展必须借助"中介工具"将客体转化成结果。教师信念系统的生成受"中介工具"的影响，通过多方交互的过程最终生成不同的信念类型。根据研究结果，国际中文教师信念生成的"中介工具"包括反思能力、教师经历、共同体、规则、实践性知识、工具。②本研究以社会文化活动理论为基础，建构了国际中文教师信念类型生成模型（图 7-3-1）。

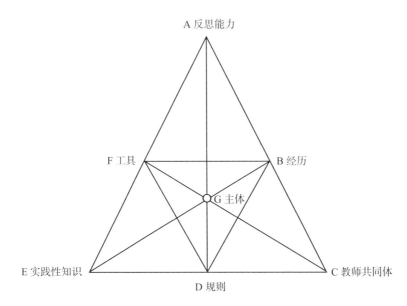

图 7-3-1　国际中文教师信念类型生成模型

为了更加清晰地呈现各信念类型在"中介工具"作用下的运作机制，在图 7-3-1 中，笔者将重要节点用大写英文字母进行标示。四种信念类型生成的影响因素分别为：局部互动型信念系统——GBCD，整体互动型信念系统——GFED，无意识操控型信念系统——AEDC，矛盾冲突型信念系统——ABDE。

局部互动型信念系统（GBCD）生成过程主要受到教师学徒经历、规

---

① 刘耀彬，李仁东，宋学锋.中国城市化与生态环境耦合度分析 [J].自然资源学报，2005，20（1）：573-576.

② 社会文化活动理论将工具定义为发挥中介作用的内部或外部的人工制品。

则、教师共同体的影响。这三个因素在该类型生成过程中均起到了"中介工具"的作用。学徒经历作为一种直接经验，深刻地存在于教师信念系统。由于该类型教师缺乏教学经验，在面对突发事件时，极易激发出与学徒经历相一致的行为，因此学徒经历是该类型教师所持经验库与教学行为之间转化的主要中介。规则包括学科定位、社会环境、校园文化、教学环境等公共认知。新手教师从教时间较短，尚未解决"生存期"危机，期待自己能快速符合外界要求，易迎合规则，因此规则是指导该类型教师行为准则的中介。教师共同体是该类型教师通过观察学习到的解决具体问题的中介，但新手教师很难完全参与教师共同体的活动，因此在该类型信念的生成过程中，教师共同体的主要作用是为教师提供观察、模仿的平台。根据图7-3-1，局部互动型信念系统（GBCD）与无意识操控型信念系统（AEDC）的耦合度较高，但两者最终生成了不同类型的主要原因有以下三点：一是无意识操控型教师的反思能力较强，对外部输入信息具有鉴别能力；二是局部互动型教师缺乏教学经验，教学行为以规则为准绳，虽然无意识操控型教师也会受到规则的影响，但这种影响并不是显性的，而是教学环境对教师潜移默化的隐性影响；三是无意识操控型和局部互动型在生成过程中虽然都受到教师共同体的影响，但局部互动型教师在教师共同体中属于"合法性边缘参与者"，无法直接参与教师共同体的活动。无意识操控型教师则可以直接参与教师共同体的活动，并在此过程中逐渐对自我能力、职业发展目标形成了清晰认知，易激发出反思行为。随着教学经验的积累，局部互动型信念系统极有可能发展成无意识操控型信念系统。

　　整体互动型信念系统（GFED）在生成过程中主要受教师实践性知识和工具的影响。在社会文化活动理论中，工具指的是发挥中介作用的内部或外部的人工制品。工具类似于规则的显性表达。如教师 A 得到领导的正向反馈（工具）后，强化了原有的教学行为；教师 J 感到自身语言本体知识不扎实后，通过模仿优秀教师获得了正面的反馈。[①] 从两名教师的经历可以

---

① 整体互动型教师并未在教师共同体中得到知识与技能的提升，他们根据共同体的反馈修正自己的教学行为，因此将影响因素归入工具。

看出，外部反馈（工具）在该类型信念的生成过程中起到了重要作用。此外，该类型信念的生成还受到实践性知识的影响，两名教师的实践性知识均受到外部反馈的修正，符合外部反馈的信息被纳入教师实践性知识，不符合外部反馈的信息直接被系统剔除。图 7-3-1 显示，整体互动型信念系统（GFED）与无意识操控型（AEDC）信念系统的耦合度较高。两者之所以会分化成不同的类型，主要是因为整体互动型教师缺乏反思能力，受规则影响较大。虽然无意识操控型信念系统在生成的过程中也受到规则的影响，但无意识操控型教师会在教师共同体影响下逐渐改变教学行为。而整体互动型教师得到外部反馈后，会将符合规则的教学行为反复强化，最终形成外部反馈修正宣称信念的特征。从发展路径来看，如果整体互动型教师获得了教师共同体的支持，可能发展成无意识操控型教师。

无意识操控型信念系统（AEDC）生成过程主要受教师反思能力、实践性知识、规则和教师共同体的影响。这与矛盾冲突型信念系统（ABDE）的生成影响因素较为相似，矛盾冲突型信念系统生成主要受到教师反思能力、经历、规则、实践性知识的影响。这两种信念系统之所以分化成不同类型主要在于矛盾冲突型教师的经历与规则发生了冲突，如 E、B 两名教师经历的国内外教学目的、方法等方面的差异，教师 D 所持的以学生为中心的教学观与教学实践之间的冲突等。该类型教师为适应教学环境会对自身的教学行为做出调整，但亲身经历由于其深刻性很难被系统剔除，因此教师在调整教学行为的过程中，会有意割裂经历与实践的关系，极有可能变成"说一套，做一套"，最终生成矛盾冲突型信念系统。而无意识操控型虽然在生成过程中也受到规则的影响，但该类型是在教师共同体场域规则隐性影响下的行为改变，并非意识到规则后有意将经历和规则进行了割裂。

由此可见，教师经历、反思能力、实践性知识、规则等因素均会影响国际中文教师信念的生成，这些因素交织在一起，共同作用于信念的产生。尽管如此，借助理论仍然可以辨别其中的内在逻辑，提取出主要因素。正如韦伯所说："为了透视真实的因果关系，我们建构非真实的因果关系，既不是科学，也不可能是真实的翻版，它只是零碎的知识所支撑起来的一个概念的结合体。"[1]通过在教师信念生成机制的基础上剥茧抽丝，本研究发现国际中文教师信念类型生成主要受两个维度的影响：第一个维度是教师所处的公共认知环境，即指导教师行为的准则，在四种信念类型生成的过程中，三种信念类型均受到规则的影响，结合第三章至第六章实证可以发现，学科定位在信念生成过程中起到了重要作用；第二个维度是个体层面，其中三种信念类型在生成的过程中均受到个人实践性知识、反思动力及来源的影响。

一、学科定位

本研究发现，教学经历和教育环境是教师建构学科观的重要影响因素。如教师 E 出生于 1966 年，在他成长过程中受到应试教育的影响，第二语言教学多以语言形式为主。工作后他对学科本质的看法逐渐从语言本体观转向语言意义功能观，后孔子学院中方管理者的经历又促使他的学科观转向语言传播观。多维的学科观在提供多重教育价值的同时，也带来了教学价值的分裂，易造成教师宣称信念与使用信念的差异，以及宣称信念内部的矛盾，并导致整个信念系统呈现不稳定的趋势。本研究中六名教师宣称的学科观与使用的学科观存在较大的差异，甚至 G 和 Q 两名新手教师受到了三种宣称学科观的影响，这与国际中文教育学科定位不明确有较大的关系。

中国对外汉语教学事业始于 1950 年，经过三十多年的努力，在 1983 年成立了全国性学术团体——中国教育学会对外汉语教学研究会，这标志着对外汉语教学学科的正式诞生。[2]但"对外汉语"这个称呼在提出时仅将在中国的外国人视为教学对象，并没有考虑到海外的汉语教学，因此后来又先后出现"汉语教学""汉语作为第二语言教学""国际汉语教学"等称呼。

---

[1] ［德］马克斯·韦伯.学术与政治 [M].钱永祥等，译.桂林：广西师范大学出版社，2008：81.
[2] 刘巍、张冬秀、孙熙春.对外汉语教学理论与实务 [M].北京：清华大学出版社，2017：4-6.

直至 2019 年"国际中文教育大会"成功举办，"国际中文教育"这一名称才开始普及。从"对外汉语"到"汉语国际教育"，再到"国际中文教育"，变化的不只是名称，学科内涵也在发生了变化，同时也暴露了国际中文教育在学科边界的界定和学科建设方面仍有待完善。

　　学界对国际中文教育学科本质属性的讨论可谓百家争鸣，大体可以归纳为以汉语教学为主的语言本体观[①]、语言是交流工具的语言意义功能观[②]、学科要担负传播中华文化的语言传播观[③]。此外，由于汉字属于汉藏语系，与其他语系存在较大的差距。[④]汉语是表意文字，具有集形象、声音、辞义为一体的特征，这一特征在世界文字中是独一无二的，因此学习者在学习汉字时都有难度。曾经有一段时间，学术界出现了废弃汉字改用拼音、以促进中国文化与世界接轨的声音。每一种观点在学科发展史上都能找到相应的价值观和代表人物，目前国际中文教育的学科定位依然是主流中夹杂着争议。

　　学科定位不仅关系到学科发展，而且是指引教学的最高层次"权威话语"[⑤]。在多种学科观及不同层次权威话语相互交锋、更迭的背景下，教师面临着比较与选择的处境，在思考多种"权威话语"孰优孰劣的过程中，教师将自身的教学经历和教育环境带入多种学科观的对比，更倾向于选择符合自身教学经历和教育环境的学科观。由此可见，在学科定位尚未形成定论的背景下，教师对学科观的选择并非源于对学科本质属性的思考与认知，这种根据教学经历、教育经验等因素生成的学科观犹如无根的浮萍，

---

① 吕必松. 汉语和汉语作为第二语言教学 [M]. 北京：北京大学出版社，2007：4-5.
② 胡范铸，刘毓民，胡玉华. 汉语国际教育的根本目标与核心理念——基于"情感地缘政治"和"国际理解教育"的重新分析 [J]. 华东师范大学学报（哲学社会科学版），2014（2）：145-156.
③ 宁继鸣，马晓乐. 传播的视角：国际汉语教育的社会价值探析 [J]. 国际汉语教育，2010（6）：28-35.
④ 目前，世界上有九大语系，包括汉藏语系、印欧语系、阿尔泰语系、闪—舍语系、乌拉尔语系、南岛语系、南亚语系、达罗毗荼语系、高加索语系。
⑤ "权威话语"一词源自巴赫金（1988），来自国家意识形态和社会主流文化，具有专制型、支配性和定调子的作用。

当教学环境等外在因素改变时，教师对学科本质的认识也会随之动摇。此外，在学科定位嬗变的过程中，教师缺乏上位概念指导，极易造成自我定位的迷失。

二、实践性知识

实践性知识主要通过在信念系统中所处的位置和实践性知识内容两个方面对信念类型的生成产生影响。本研究发现，实践性知识在不同类型的信念系统中所处的位置有所差异。在局部互动型信念系统中，实践性知识位于宣称信念与使用信念之间，主要作用是过滤。这种位置的优势使新信息可以直接进入宣称信念，教师能获得更多的将新信息纳入信念系统的机会。这种位置的弊端是宣称信念需要经过实践性知识过滤才有机会变成使用信念，宣称信念与使用信念的分离易导致言行不一致的现象。在整体互动型信念系统生成的过程中，实践性知识起到了决定性作用。实践性知识位于整个信念系统的顶部（图7-1-2），新信息想要进入信念系统需要经过实践性知识的过滤，与教师原有的实践性知识不一致的内容很难进入信念系统。这种位置的优势使新信息必须经过过滤才能进入宣称信念系统，因此宣称信念与使用信念一致性较强。弊端是与实践性知识不一致的新信息很难进入信念系统，这会影响教师对新信息的摄取能力。在无意识操控型信念系统和矛盾冲突型信念系统中，实践性知识所处的位置与整体互动型一致，但无意识操控型和矛盾冲突型教师具有反思性，新信息进入信念系统后，不一致的部分并不会被直接剔除，而是会经过二次过滤，保留与教育环境相匹配的部分。这说明无意识操控型和矛盾冲突型教师对新信息的摄取优于整体互动型和局部互动型教师。由此可见，实践性知识在信念生成的过程中，起到了优化信念结构、实现信息源转化的作用。

此外，实践性知识中教与学的经验对使用信念生成具有重要作用。A、J两名整体互动型教师出现了教学经验反向修正宣称信念的特征，这说明教学经验会直接影响并促使形成教师信念结构。无意识操控型H、F、C三名教师均受来自教学实践却未被察觉的信念的影响，教师 H 和教师 F 未被察觉的信念源于预科部的教学实践，即学生成绩强化了他们对教学实践经验的确认度，本部教师 C 的未被宣称的信念主要源于自身学习经验。

通过对比三名教师信念系统（教师 C 图 7-3-2，教师 F、H 图 7-3-3）中个人学习与教学经验所产生的使用信念，可以看出：个人学习与教学经验都会对教师信念生成产生影响，但受学习经验影响生成的信念在系统中的活跃度明显不如教学经验生成的信念。这说明学习经验和教学经验都会直接影响信念生成，并促使形成教师的信念结构，但教学经验的影响优于学习经验。

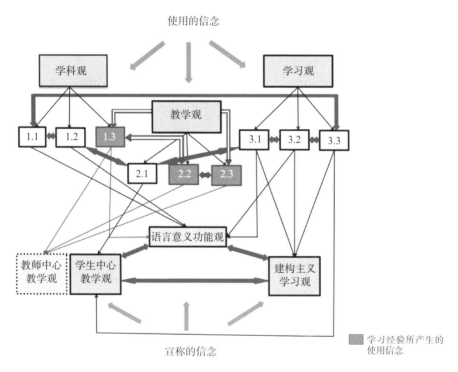

图 7-3-2　源于学习经验的信念互动图

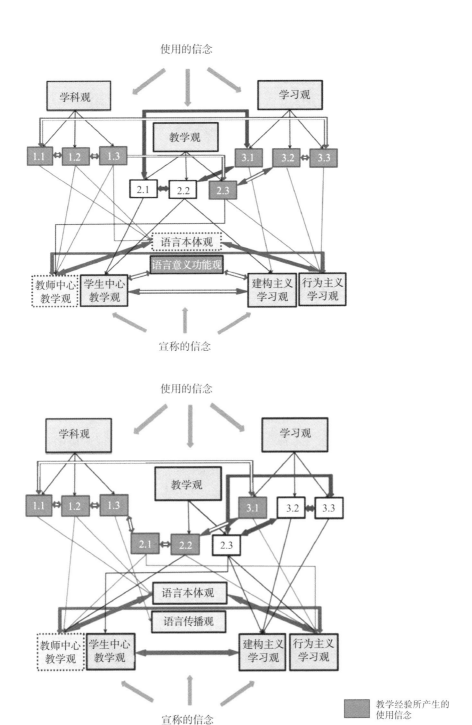

图 7-3-3　源于教学经验的信念互动图

三、反思动力及来源

本研究发现，教师的反思动力及反思行为来源皆会对信念类型产生影响。整体互动型 A、J 两名教师的教学得到了领导的正面反馈，促使更多符合正向反馈的教学行为产生，这也导致她们的教学行为与教学环境日趋一致，难以激发出反思的动力。无意识操控型与整体互动型教师教学能力得到了领导认可，但在无意识操控型信念系统生成的过程中，又受到教师共同体的影响，教师透过教师共同体这面"镜子"获得反观自我和教学情景的机会。但这种反思源于人际互动，而不是教学实践，因此该类型教师缺乏对具体教学行为的反思，难以察觉到使用信念，最终生成无意识操控型信念系统。局部互动型的两名新手教师意识到自身教学存在问题，但他们面对矛盾时不知道怎么解决，也不敢轻易做出改变，如果该类型教师一直踌躇不前，很难发展成其他信念类型的教师。矛盾冲突型的三名教师意识到海外教学与国内教学存在差异，并在反思后根据环境调整了教学行为，但 X 大学公派出国任教时间为两年，经过两年时间他们已经适应了新行为，回国后随着环境的改变，又需重新调整行为。在不断调整行为以适应环境的过程中，教师逐渐生成矛盾冲突型信念系统。下面用图 7-3-4 呈现反思动力与四种信念类型的生成关系。

图 7-3-4　反思动力及来源与信念类型生成模型

本章小结

本章在国际中文教师四种信念类型的基础上，深入每种信念类型内部，将信念向行为转化的路径外显化，并对信念类型的生成机制及影响因素进行了分析。

两名新手教师呈现出局部互动型信念特征，他们由于缺乏教学经验，新信息未经过滤直接进入宣称信念。该类型教师宣称信念较多，在使用信念时会摒弃大部分理论，选择最易于解决当下课堂问题的教学行为。在宣称信念向使用信念转变的过程中，局部互动型信念系统需要经过个人实践性知识的过滤，这导致大部分的理论无法进入使用信念。教师在教学行为受阻后，会继续从使用信念中调取新的教学行为，且不会返回到上位的理论层面。在该类型生成的过程中，主要受到教师学徒经历、规则、教师共同体的影响。

整体互动型信念是所有信念类型中最为封闭的类型，呈现出该信念特征的教师往往是缺乏反思的熟手教师。整体互动型信念运行机制分为自上而下和自下而上两种方式。当新信息进入信念系统时，会经过教师实践性知识的过滤，保留与其一致的部分，其余部分则被剔除。整体互动型信念系统还具有教学行为强化宣称信念的特征，而且生成过程中主要受到教师实践性知识和工具的影响。

无意识操控型信念系统表现为新信息在进入信念系统后会经过个人实践性知识的过滤，与其一致的部分直接进入使用信念。由于该类型教师具有较高的理论素养和反思能力，因此与实践性知识相悖的信息会经过二次过滤才会进入信念系统。该类型生成过程中主要受教师反思能力、实践性知识、规则和教师共同体的影响。

本研究中教龄较长的三名个案教师呈现出矛盾冲突型特征。通过对三名教师的观察，本研究发现不同的信息源进入信念系统的方式不同。当新信息源于亲身经历等直接经验时，新信息会直接进入宣称信念系统，符合教学情景的部分进入使用信念系统，不符合教学情景的部分由于其深刻性也不会被剔除。当新信息源于理论等间接经验时，新信息会经过个人实践性知识的过滤，一致的部分进入使用信念，不一致的部分被二次过滤。该类型的生成过程主要受教师反思能力、经历、规则、实践性知识的影响。

以往研究认为，熟手教师在宣称信念和使用信念上更趋于一致。本研究发现，呈现出无意识操控型和矛盾冲突型特征的教师往往是经验型教师，首先这与国际中文教育学科的特殊性具有一定的关系，学科定位、生源多元化、海内外教学环境差异等都会影响教师的使用信念，例如，因为多元文化对教师使用信念的影响，往往亚洲留学生更倾向讲授法，而同样的方法并不适合欧美留学生；其次本研究并非局限于教师言行的一致性，而是对教师信念的形成因素、信念系统的转化机制进行探讨。从教师宣称信念与使用信念局部关系来看，与以往研究的结论趋于一致。

此外本章还对学科定位、实践性知识、反思动力及来源这三个影响教师信念类型生成的主要因素进行了探究。在学科定位方面，国际中文教育尚属年轻学科，学科边界的界定和学科建设仍有待完善。缺乏学科上位概念的指导势必会导致教师在多种学科观中摇摆不定，从而影响信念系统的走向。个人实践性知识与反思动力及来源在教师信念系统中起到了优化信念结构的作用，其中实践性知识在信念系统中具有过滤的功能，反思具有影响教师摄取新信息能力的功能。

第八章　结论与建议

　　行文至此，本研究已经回应了最初提出的三个问题，用实证的方式呈现国际中文教师的四种信念类型、信念向行为转化的路径及信念类型的生成机制。"教学改革改到深处是课程，改到痛处是教师。"[①] 教师的专业发展越来越受到关注，但在我们高效提升教师能力的同时，需暂时停下前进的脚步，并且思考：教师是何以成为"教师"的？他们的教学行为是如何形成和发展的？在论述这些问题的过程中笔者发现，信念没有完美的类型，每位教师有不同的经历，他们在职业发展过程中自我探寻，不断寻求平衡，摸索出适切的发展路径。本章将对前面的研究进行总结，对国际中文教师的前景进行展望，具体以三个部分展开：第一个部分是对研究结论进行概述；第二个部分是对国际中文教师信念发展的启示与建议；第三部分是本研究存在的局限与研究展望。

---

① 吴岩.高校教学改革改到深处是课程，改到痛处是教师［N］.南方都市报，2021-02-23.

第一节　主要结论

一、国际中文教师信念的四种类型

本研究以行为科学为理论基础，以宣称信念和使用信念之间的互动关系为依据，将国际中文教师的信念归纳为四种类型。

（一）整体互动型

整体互动型是所有信念系统中最封闭的类型，主要特征为宣称信念与使用信念呈现出一致性。持有整体互动型信念的教师坚定地信奉个人实践经验，并形成了实践经验反向修正宣称信念的特点，对于新信息的摄取仅有实践经验、新信息与原实践性知识相一致两条路径。主要凭借自身的经验进行教学，新的观念很难进入其信念系统。基于上述特征，本研究建构了整体互动型信念系统结构模型（图 8-1-1）。

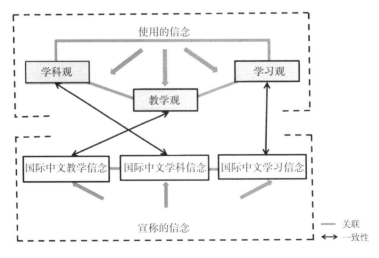

图 8-1-1　整体互动型信念系统结构模型

（二）局部互动型

本研究中两名新手教师呈现局部互动型特征，该类型的主要特征为宣称信念和使用信念不完全对应。具体表现为：教师宣称的信念多而杂乱，甚至宣称信念内部各要素之间也存在矛盾，教学中教师会摒弃大部分理论，选择最易解决问题的教学行为，当教学行为受阻后会返回使用信念层面，调取同质性的行为。该类型教师由于缺乏教学经验，教学行为受到原实践性知识的影响较大。他们对新信息的接受能力较强，但摄取能力较弱，只有与原实践性知识相一致的部分才能进入使用信念，形成相应的教学行为。基于上述特征，本研究建构了局部互动型信念系统结构模型（图8-1-2）。

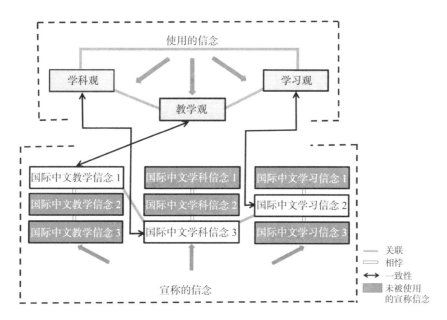

图 8-1-2 局部互动型信念系统结构模型

（三）无意识操控型

本研究中呈现出无意识操控型特征的三名教师均是具有较高理论素养的经验型教师，该类型的主要特征为宣称信念与使用信念趋于一致，信念系统中存在未被察觉的信念。持无意识操控型信念系统的教师具体表现为：

教师宣称的信念在教学实践中均有体现，同时教学受到未被察觉的信念的影响，教师在教学中遵循两套行为准则。本研究发现该类型信念系统中未被察觉的信念主要产生于两个部分：第一个部分是教师原实践性知识中的隐性知识；第二个部分是未被教师察觉的信息过滤标准。新信息进入该类型的信念系统后，先通过原实践性知识的过滤，与原实践性知识相一致的部分直接转换为教学行为，不一致的部分经过二次过滤转化为教学行为。基于上述特征，本研究建构了无意识操控型信念系统结构模型（图8-1-3）。

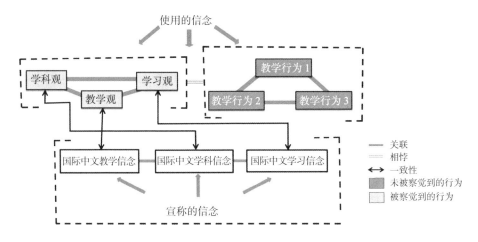

图 8-1-3　无意识操控型信念系统结构模型

（四）矛盾冲突型

矛盾冲突型信念系统的主要特征为宣称信念和使用信念存在冲突，以及宣称信念和使用信念内部各要素之间存在矛盾。该类型的主要特征具体表现为：言行不一致，教师在教学中会摒弃部分宣称信念，同时教学受到未被察觉的信念的影响，常出现宣称信念与使用信念不符的情况。本研究发现，不同信息源进入矛盾冲突型信念系统后会呈现出不同的运行路径，该类型的信念系统中存在两套相悖的运行系统：一套是源于亲身经历的直接经验，另一套是源于符合教学环境的间接经验。亲身经历会直接进入教师宣称信念，根据教学环境激发出相应的教学行为，这部分形成了宣称的却没有被使用的信念；间接经验受到实践性知识、校园文化、教育环境等因素的影响，形成了实践中未被察觉的信念。两套相悖的运行系统导致该类型教师言行不一致，以及教学行为之间存在矛盾。基于上述特征，本研究建构了矛盾冲突型信念系统结构模型（图 8-1-4）。

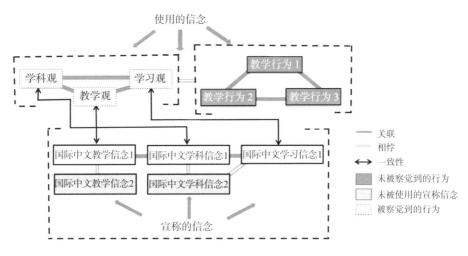

图 8-1-4　矛盾冲突型信念系统结构模型

二、国际中文教师信念呈现出松散性等特征

（一）学科信念是信念系统中的关键要素

本研究发现，信念系统中学科信念与其他各信念的互动最为密切，处于整个信念系统较为核心的位置。国际中文教师容易受多种学科信念的影响，经常在两种或三种学科信念之间摇摆不定，使整个信念系统呈现出松散性等特征。

语言本体观是国际中文教师接受程度最高的学科观。语言传播观和语言意义功能观也在不同程度上影响国际中文教师的信念，但多出现在宣称信念系统，很少出现在使用信念系统。这说明多数国际中文课堂仍以知识点讲授为主，教学处于《国际汉语教学通用课程大纲》[①] 课程目标结构关系图中语言知识上半部分（图 8-1-5），距离真正从观念上实现课程总目标仍有一段距离。

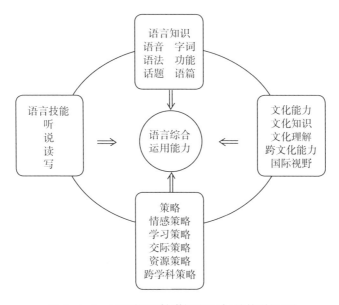

图 8-1-5 国际汉语教学课程目标结构关系图
（注：引自《国际汉语教学通用课程大纲》，2014，第 3 页）

（二）教师宣称信念呈现松散性

国际中文教师宣称信念的松散性体现在两个层面：第一个层面为同一内容构成要素之间存在矛盾，即教师受到多种学科观、教学观、学习观的影响，如局部互动型的 G、Q 两名教师的宣称信念中同时出现了以学生为中心和以教师为中心两组相矛盾的教学观，无意识操控型的 H、F 两名教师的宣称信念中同时出现了行为主义和建构主义两组相矛盾的学习观。第二个层面为构成内容之间的矛盾，即教师宣称的学科观、教学观、学习观自相矛盾，如矛盾冲突型的教师 D 宣称的学科信念是语言意义功能观，而宣称

---

① 孔子学院总部 / 国家汉办. 国际汉语教学通用课程大纲 [M]. 北京：北京语言大学出版社，2014：3.

的学习信念则是行为主义学习观，这说明国际中文教师在受到多种观点影响的同时，缺少系统性的知识结构，学科观、教学观和学习观以碎片化的形式呈现在信念系统中，信念系统中的各要素之间呈现出松散的特征。

（三）使用信念是宣称信念的降级

本研究发现，教师使用的教学信念和学习信念是其宣称信念的降级。这一现象在无意识操控型和矛盾冲突型中均有所体现，矛盾冲突型的C、H、F三名教师宣称的是以学生为中心的教学观，而使用信念是以教师为中心的教学观；矛盾冲突型的教师E宣称的是建构主义学习观，使用信念却是行为主义学习观。从教学改革的发展脉络来看，这种变化是教学的降级。

降级现象可分为被教师察觉到的降级行为和未被察觉到的降级行为。如教师C已经意识到课堂中以学生为中心的活动完成度不高，却不小心又把课堂互动变成了以教师为中心的教学活动。这说明教师C已经意识到了降级行为的存在，如果经常使用降级行为，会导致教师不再信奉其宣称信念，或有意识地割裂信念与实践的关系，从而演变成理论与行为"两张皮"。被察觉到的降级现象主要源于教师所宣称的理论与个人实践性知识之间的差距，教师缺少与信奉理论相匹配的实践能力，从而导致降级现象。因此，在研究中需要充分关注理论与教师实践性知识在信念系统中的互构。出现未被察觉的降级行为的主要原因是教学环境与教师实践性知识不匹配，如教师F和教师H信奉的是以学生为中心的教学观，但由于预科部高密度集中的学习环境，使两位教师激发出以教师为中心的教学观。要解决这一现象，需提升教师对不易被察觉的信念的关注。

三、不同类型的信念向行为转化时呈现差异性

（一）教师将新理论转化成教学行为的能力有所差异

持整体互动型信念的教师将新理论转化成教学行为的能力较弱，这是因为该类型的教师坚定地信奉个人实践经验，形成了实践经验反向修正宣

称信念的特点。因此，只有源于实践产生的直接经验，以及与原实践性知识相一致的新理论才能被其摄取并转化为教学行为。持局部互动型信念的教师对新理论接受能力较强，但转化能力较弱。该类型的教师由于缺乏教学经验，会将所见所闻未经过滤地直接纳入宣称信念，但只有与原实践性知识相一致的新理论才能被转化为教学行为。持无意识操控型和矛盾冲突型信念的教师将新理论转化成教学行为的能力较强，与原实践性知识相一致的新理论会被其直接转化为使用信念，不一致的新理论则会经过二次过滤后被其转化为教学行为。

（二）教师信念向行为转化的标准有所差异

整体互动型以个人实践经验为核心进行行为转化，该类型的教师主要凭借自身经验进行教学，只有符合个人实践经验的信念才能被转化成行为，不符合个人实践经验的信念会被剔除出信念系统，这也导致该类型教师的教学行为具有同质性。局部互动型以学徒经历为支点进行的行为转化，该类型的教师缺乏教学经验，为了实现良好的教学效果，常激发出与学徒经历一致的教学行为，教学行为多是源于学徒经历的同质性行为。无意识操控型和矛盾冲突型以环境和实践性知识双重标准进行行为的转化，该类型教师的信念系统中存在两套信念体系，分别受环境的影响和实践性知识的影响，当两者相矛盾时会导致该类型的教师出现相矛盾的教学行为。

（三）不同来源的信息向行为转化的路径有所差异

本研究发现，当新信息源于直接经验时，由于信息的深刻性会直接进入教师的宣称信念，与教学环境相匹配的部分直接转变为教学行为，不一致的部分继续保留在宣称信念中。当新信息源于间接经验时，新信息会通过教师原实践性知识的过滤，一致的部分进入宣称信念，不一致的部分根据教学环境、校园文化等因素进行二次过滤。这说明直接经验向行为转化的路径优于间接经验。此外，个人学习经验和教学经验虽然都会以直接经验的方式进入信念系统，但对信念结构产生的影响有所差异。源于个人学习经验产生的信念与其他信念之间的互动较少，而源于教学经验产生的信念与其他信念产生了较强的互动关系，这种不同会直接影响并塑造教师的信念结构。由此可见，学习经验和教学经验都会对教师信念结构产生影响，但教学经验的影响优于学习经验的影响。

四、不同类型的信念系统生成存在耦合关联

国际中文教师信念系统生成机制分为：向心式生成、单线式生成、融合式生成、嵌套式生成。四种信念系统的生成存在耦合关联，各影响因素之间具有交叉性。在影响因素改变的条件下，各类型之间可能实现转化。

局部互动型信念系统生成主要受学徒经历、规则、教师共同体的影响。由于该类型教师缺乏教学经验，常激发出与学徒经历相一致的行为。学徒经历反复被调取，逐渐固化成教学行为。此外，该类型教师从教时间较短，尚未解决"生存期"危机，内心期待快速符合外界要求，因此将规则视为行为准则。教师共同体是该类型教师向其他教师学习的主要平台。在多种因素的共同作用下，新手教师形成了以学徒经历、规则、教师共同体为核心的向心式生成机制。

整体互动型信念系统生成主要受教师实践性知识和工具的影响。在该类型生成的过程中，工具以外部反馈的方式促使教师的教学行为符合规则，并逐渐形成教学反向修正宣称信念的特点。由于该类型教师高度信奉其实践性知识，使实践性知识在信念系统生成的过程中起到了过滤的作用，因此最终形成了以个人实践为核心的单线式生成机制。

无意识操控型信念系统生成主要受教师反思能力、实践性知识、规则和教师共同体的影响。该类型与局部互动型的生成影响因素较为相似，但无意识操控型受到教师共同体的影响，更易激发出反思意识。因此，该类型的教师对自我能力、职业发展目标更为清晰，在多因素的影响下呈现出融合式生成特征。从信念生成过程来看，局部互动型教师在其发展过程中得到了教师共同体的帮助，反思能力得到了加强，极有可能发展、转变为

无意识操控型信念系统。

矛盾冲突型信念系统生成主要受教师反思能力、经历、规则、实践性知识的影响。该类型的生成机制与无意识操控型的融合式生成机制具有相似性，都受到未被察觉的信念的影响，但由于矛盾冲突型教师的经历与规则之间存在冲突，因此该类型教师在反复调整教学行为以适应教学环境的过程中，有意将经历与教学实践相割裂，进而演变成两套活动系统共存的嵌套式生成机制。无意识操控型在生成过程中没有出现明显的规则冲突，规则对无意识操控型的影响是隐性的，并未出现明显的宣称信念与使用信念断裂的情况，因此形成了隐性信念与显性信念共存的融合式生成机制。

通过对影响教师信念生成的因素进一步探究，本研究提取出以下三种影响国际中文教师信念生成的主要因素。

（一）学科定位

在国际中文教师信念系统中，学科信念与其他信念的互动最为频繁，是系统中的关键要素。在本研究中，多名教师受到多种学科观的影响，且呈现出宣称的学科信念与使用的学科信念不一致的现象。这与国际中文教育学科属性不明确、学科边界与外延模糊有关，多维的学科信念在提供多重教育价值的同时，也带来了教学价值的分裂。本研究发现，在学科定位不明确的背景下，教师的学科信念在生成的过程中更易受到教学环境和教学经历等因素的影响。当教学环境与教学经历发生冲突时，势必会使教师在多种学科观中摇摆不定，进而影响与学科信念互动密切的其他信念，致使整个信念系统呈现出不稳定的趋势。

（二）实践性知识

实践性知识对信念类型生成的影响主要体现为在信念系统中所处的位置和知识内容两个方面。在不同类型的信念系统中，实践性知识的位置有所差异：在局部互动型信念系统中，实践性知识处于宣称信念与使用信念之间，该类型教师对新理论接受度较高，但只有与实践性知识正相关的理论才能转化成教学行为。实践性知识处于其余三种信念系统的顶部，新信息经过实践性知识的过滤才会进入信念系统，与实践性知识一致的部分会转化为教学行为，不一致的部分是否被剔除出信念系统，取决于教师的反思能力。此外，无意识操控型和矛盾冲突型信念系统均受到未被察觉的信念的影响，这些信念产生于教师实践性知识中的教学经验和学习经验。本研究通过进一步对比发现，教学经验与学习经验均会影响并优化信念结构，并且教学经验对信念结构的影响优于学习经验。

（三）反思动力与来源

本研究发现，教师的反思动力和反思来源起到了优化信念系统的作用。当教师所处的教学环境与教学行呈现为正相关，且缺少外在力量影响时，教师难以激发出反思的动力。虽然外在力量有助于教师反思，但这种非原发性反思的内容往往较为宏观，缺少对具体教学行为的洞察，教学受到无意识行为的影响。源于教师自我实践获得的反思，其内容易指向教学，有利于促进教学行为改变。在四种信念类型中，整体互动型的教师缺乏反思动力，其教学行为在这四种类型中最难改变；无意识操控型教师的反思源于外在力量，难以察觉到教学存在的具体问题；局部互动型和矛盾冲突型教师的反思源于自我实践，其教学行为最易发生改变。

第二节　研究建议

一、开展差异化的教师培训

目前，大部分教师培训多强调理论、技能的"给予"[1]，这种培训模式

---

[1] Jeffrey A，Stanley J，Ellen Kottler. On being a teacher：The human dimension[M]. Thousand Oaks，CA：Corwin Press，2005：5.

将教师群体视为同质体，强调书本、理论知识的传授。教师培训的目的在于是否促成了教师学习的发生和实践的改变。[①] 本研究证实，国际中文教师群体内部存在异质性，并且新理论在不同信念类型中的转化路径有所差异。因此，"均码式"的培训方式很难获得理想的培训效果，关注教师群体内部的丰富性和差异性是精准培训的前提及保障。

目前，国际中文教育的教师培训（包括职前培训、职中培训和教育部中外语言交流合作中心外派的汉语教师和志愿者培训）多以"均码式"的短期培训为主，这与国际中文教师信念特征相悖，不利于教师学习行为的发生。每个教师都是鲜活的个体，无差别的培训方式很难适用于所有类型的教师，需针对不同类型的"病因"设计差异化的培养方案，以提升教师培训的效果。

针对不同类型的信念系统运行机制，本研究提出了不同的培训建议。

局部互动型信念系统的特点主要表现为教师的宣称信念多而杂乱，在使用信念方面往往会摒弃理论，选择简单且能够解决课堂问题的教学行为。本研究发现，持局部互动型信念系统的教师通常为缺乏教学经验的新手教师，他们尚未形成模块化的知识结构，缺乏知识之间的关联，在教学决策上依赖于学徒经历。这是由于教师在教学中更习惯于调取信念系统中最熟悉和坚信的部分，学徒经历与教学实践作为第一手理论，是教师最坚信和熟悉的，新手教师缺乏教学实践，学徒经历是他们的首选。基于以上分析，对于该类型教师，培训重点是将理论转化为具体的教学情景，直观地呈现出理论向实践转化的途径，为教师提供可操作、可模仿的课堂行为，帮助教师建立知识的系统性图谱，弥合理论与实践的鸿沟。

整体互动型信念系统的特点主要表现为言行高度一致，信念系统形成了完整的闭环，与原有信念相悖的信息很难进入信念系统。行动科学理论认为，学习分为单路径学习和双路径学习（图8-2-1），行动者根据自身期望设计行为，如果行为与期待的结果不匹配，其第一反应是寻找另一个行

---

① 汪明帅. 教师专业发展中的"诱变事件"[J]. 教师教育研究，2012，24（6）：1-6.

为来取代前面的行为。虽然行为上有所改变，但新行为依然源于先前的主导变量（信念），因此新行为并不能从根本上解决问题，这就是单路径学习理论。例如，教师 J 讲完知识点"变成"后，让学生根据知识点做题，第一个学生不会时，教师并没有重新讲授，而是让其他学生进行讲解。因此，即使教师 J 及时调整了教学行为，但在做第二道题时，班里大多数学生依旧没有掌握知识点。教师 J 通过转变教学行为让学生记住知识点，这是行为主义学习观作为主导变量的单路径学习方式，此时想要使教学从根本上得以改变，需要进行双路径学习。双路径学习不仅可以打破原有教育观、学习观和价值观，而且还可以进行第二序的改变，即系统结果的改变。[1] 根据双路径学习理论，面对教学问题，如果只改变教学行为，是无法从根本上解决问题的。想要解决问题，需要进行相关信念的改变，因此，对该类型的教师进行培训主要是让主导信念有所变化。

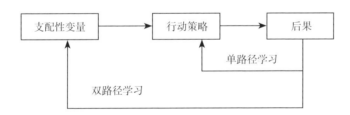

图 8-2-1 单路径与双路径学习理论

整体互动型信念系统的运行分为自上而下和自下而上两种方式，由于该类型封闭性较强，想要自上而下地改变教师信念，需彻底颠覆教师的认知，这一难度较大。自下而上的运行方式主要是实践影响认知的路径，根据自下而上的运行特征，教师培训可从微观的教学实践切入，培训项目要基于真实的教学场景，可通过"同课异构"的对比方式，向教师展示新理论带给课堂的切实效果，让教师感受到改变的力量，激发教师内在动机，从而形成实践影响认知的培训效果。

---

[1] 李莉春."信奉理论"与"使用理论"之辩及其教育实践的意义 [J]. 外国教育研究，2010，37（1）：12-18.

无意识操控型信念系统的主要特点是教师受到未被察觉的信念的影响，针对该类型的教师培训主要是为其提供反思的机会。改变信念从引导教师发觉信念开始，当隐性矛盾被揭示出来时，才有可能引发认知主体对自身矛盾结构现状的反思和主动性的否定，并使主体的认知结构在外力的推动下发生变化。[①] 针对该类型的教师，培训可采用"以人为镜"的方式，促使教师向"内"进行反思。具体以"实践—对比—反思"的情景式培训路线展开，首先观摩其他教师的常规教学录像，其次由录像中的教师进行说课，然后由参加培训的教师从教学理念、教学方法、教学机制、教学评价等方面进行评课。在这个过程中，引导教师将评课聚焦于课堂实践与说课之间的异同，关注从未察觉的教学细节，洞察理论与实践之间的差异，促使教师对自身教学进行反思。

本研究发现，不同信息源进入信念系统的路径存在差异，源于亲身经历的信息由于其深刻性会直接进入宣称信念，更易产生相应的教学行为。此外，如果教师缺少与其宣称信念匹配的实践能力，会导致宣称信念在使用中出现降级现象。由此可见，教师实践能力对教师的"知行合一"起到了重要的作用。以往研究表明，教师信念按照情景的方式以"簇"的形式储存，因此教师培训要以参与情景式为原则，在提升教师实践能力的同时，促使教师将培训内容储存在信念系统中。下面用表 8-2-1 来呈现不同信念类型教师的特点及培训建议。

表 8-2-1　差异化的教师培训

信念类型	类型特点	原因分析	培训建议
局部互动型	宣称信念较多，在使用信念中会摒弃理论，选择最易解决问题的教学行为。	缺乏教学经验，知识以碎片化形式储存。	帮助教师建立知识系统图谱，弥合理论与实践的鸿沟。

[①] 段作章. 教学理念向教学行为转化的内隐机制 [J]. 教育研究，2013（8）：103—111.

（续表）

信念类型	类型特点	原因分析	培训建议
整体互动型	言行高度一致，整个信念系统较为封闭，新信息难以进入信念系统。	外部原因强化了固有认知，导致教师对个人实践经验高度信奉。	从微观的教学实践入手，让教师直观感受到新理论带来的课堂效果，以此激发出教师内在改变的动机，自下而上地改变教师信念。
无意识操控型	受到未被察觉的信念的影响，教学中出现两套行为准则。	缺乏对教学实践的反思，无法察觉到受校园文化、学徒经历、关键事件等因素影响，产生隐性信念。	通过"以人为镜"的方式呈现个案教师的知与行，为教师提供察觉、反思自身信念的机会。
矛盾冲突型	言行不一致	拥有两套信念运行机制，不同信息源的信息在信念系统中运行机制不同，直接经验更容易产生相应的教学行为。	在具体情境中展开培训，培训以教师参与和营造情景为原则，加深培训信息源的深刻性。

二、借助教师共同体反映教师信念

　　信念发展的前提是教师察觉到个人信念并对其进行反思。[①] 国际中文教师信念系统中存在着没有被教师察觉的信念，信念的内隐性使教师很难察觉到个人信念。本研究发现，未被察觉的信念往往处于信念系统中较为核心的位置，这对信念发展和信念改进是不利的。以往研究表明，一线教师可以从同行观察中获益[②]，因此笔者以教师共同体促使教师发现自我信念为逻辑起点，结合西蒙·博格（Simon Borg）提出的教师发展过程[③]，设计教师

[①] 脱中菲 . 小学数学教师信念结构及特征的个案研究 [D]：［博士学位论文］. 长春：东北师范大学教育学部，2014：130.

[②] Crookes G A. Practicum in TESOL[M]. Cambridge：Cambridge University Press，2009：77–83.

[③] ［英］西蒙·博格 . 教师发展与国际汉语教学 [M]. 和静等，译 . 北京：外语教学与研究出版社，2018：24–31.

共同体反映教师信念路径[①]（图8-2-2），以期为国际中文教师信念改进提供可操作的实践路径。

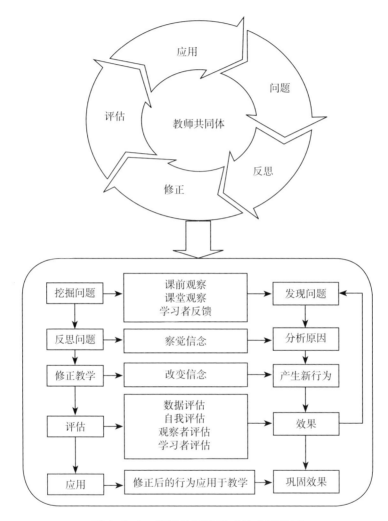

图 8-2-2　教师共同体反映信念路径图

---

① "反映"一词源于舍恩（Schon，D. A）《*The Reflective Practitioner：How Professionals Think in Action*》一书的翻译。译者在"译者序"中进行了解释，通过分析汉语中"反思"与"反映"的词义，认为"反思"主要是思考过去的事情，从中总结经验教训；而"反映"有映照的意思，如同一面镜子，映照出自我。本文采用"反映"一词，主要是期待教师可以通过教师共同体这面镜子察觉个人信念。

　　教师信念改变路径是一个系统性的循环。第一阶段主要是挖掘问题，主要通过教师共同体的课前观察、课堂观察、课后观察三个方面实现。课前观察主要是教师对观察者描述课程目标，以及实现教学目标所采用的手段等；在课堂观察阶段，观察者在课堂观察的同时进行录像，并对课堂的重要环节进行记录，以便课后与教师讨论；课后教师观看课堂录像，与观察者进一步讨论，并选取一组学生询问其对本次教学的看法。教师将自我、观察者、学习者三方的观点进行汇总，从而发现问题。此过程也是教师对自我信念的挖掘过程。

　　第二阶段是反思问题。此阶段在对问题进行分析的同时，还需对问题追本溯源。对溯源的分析为教师反思、察觉个人信念、梳理冲突信念提供了机会。信念以"簇"的形式存在，并具有稳固的联系网络，在不改变其他信念的前提下，单个信念很难被改变。因此，在反思问题的过程中需从学科属性、教学、学习三个层面进行。

　　第三阶段是修正教学。对问题进行反思后，会得出相应的解决办法以修正教学。在修正教学的过程中，分为课前修正、课堂修正两个层面。课前修正主要是教师对观察者再次描述课堂目标、实现教学目标预采取的教学手段和上次课堂中发现的问题。课堂修正过程依然由观察者对教学进行录像和记录，这些录像可以作为评估修正教学效果的依据，并防止陷入主观断定的境地。

　　第四阶段是评估。评估主要源于数据分析（课堂录像、学生作业等），以及教师自身、观察者和学习者三方的反馈。直观的评估效果为是否解答了第一步中提出的问题。

　　第五阶段是应用。这一阶段主要是将修正教学后的行为应用到下一次教学中。本研究表明，在实践中反复被激发出的信念往往处于信念系统的核心位置，因此在教学中反复应用修正后的教学行为会促使教师信念系统结构的改变。

三、优化教师学科信念

笔者搜索到的最早研究学科信念的学者是格罗斯曼和舒尔曼（Shulman），他们认为教师所持的学科信念会影响教师的行为。[1] 欧内斯特（Ernest）在研究中进一步表明，学科信念决定了教师的教学信念和学习信念。[2] 本研究发现，国际中文教师的学科信念与其他信念之间的互动性较强，是信念系统中的关键要素。学科定位是教师形成学科观的重要依据，国际中文教育作为新兴学科，学科归属尚存在分歧，这种分歧制约着学科建设的顶层设计、理论建构、人才培养、事业发展等诸多方面。[3] 根据 2020 年教育部发布的《普通高等学校专业目录》，国际中文教育本科阶段归属文学门类下属的中国语言文学类，硕士研究生阶段归属教育学门类，博士研究生阶段归属汉语国际教育专业的教育博士（专业学位）。专业归属模糊造成了国际中文教师的多元化教育背景。本研究中的十名个案教师的教育背景以语言学、教育学居多，没有本科、硕士、博士专业均为同一专业出身的教师。

笔者也对其他高校近两年国际中文教师招聘要求进行了查询，并发现高校招聘公告中对教师专业要求较为多元，其中以汉语言文学类、教育学类、汉语国际教育专业为主，学科归属的部门不尽相同。

表 8-2-2　高校招聘国际中文教师信息
（以下资料来源于高校招聘网）

学校	部门	人数	学历、专业、职称等要求
高校 1	留学生教育学院	2	博士（年龄要求 35 周岁以内），语言学与应用语言学或与之相近专业

---

[1] Grossman R L，Wilson S M，Shulman L S. Teachers of substance：Subject matter knowledge for teaching[M]. New York：Pergamon Press，1989：245-265.

[2] Ernest P. The impact of beliefs on the teaching of mathematics[C]//Ernest P. Mathematics teaching：The state of the art. London：Falmer Press. 1989.

[3] 吴应辉，梁宇 . 交叉学科视域下国际中文教育学科理论体系与知识体系建构 [J]. 教育研究，2020（12）：121-128.

（续表）

学校	部门	人数	学历、专业、职称等要求
高校 2	文学院	4	博士（35 周岁以下，副高 40 周岁及以下，正高 45 周岁及以下），中国语言文字学（语言学及应用语言学、汉语言文字学、中国现当代文学、中国少数民族语言文学、比较文学与世界文学）、教育学（汉语国际教育、课程与教学论（汉语方向）、新闻传播学（新闻学）、语言文学类（语言教育、跨文化交际方向）
高校 3	文学院、职教部汉语国际教育专业教师	1	40 周岁以下，博士研究生学位，语言学及应用语言学专业
高校 4	未知	3	博士（年龄要求 35 周岁以内），汉语国际教育专业、古代文学 / 古代汉语、古代文化（国学类）
高校 5	国际教育中心	1	汉语国际教育、中国语言文学类、语言及应用语言学、汉语言文学类、中国古典文献学、中国古代文学、中国现当代文学、中国少数民族语言文学、比较文学与世界文学

　　国际中文教师的学科信念与其教育背景有着千丝万缕的关系，国家从 2007 年以后开始大批培养国际中文教师，在此之前大部分的国际中文教师为汉语言文学专业的毕业生。[①]汉语言文学专业与国际中文教育的课程设置存在差异，跨专业教学的师资情况并非 X 大学所独有，全国的国际中文教育师资具有同质性，即国际中文教师非专业出身较多，年龄较长的教师从 2007 年开始承担国际中文专业课程，且多是其他学科背景，对国际中文教育学科知识了解不够系统，再加上学科归属存有争议，教师学科信念较为混乱。

　　教学、科研和社会服务是高校教师的三大职能，如果缺乏学科元认知，教师多元化教育背景将会成为建构学科观的障碍，从而影响教师学科知识体系的发展及教学实践与科研成果的相互转化。此外，学科信念在教师学

---

① 李云霞．对外汉语口语课堂话语互动研究 [D]：[博士学位论文]．长春：东北师范大学教育学部，2017：7.

习中具有过滤器的作用 ①，教师对学科的认知决定了哪些内容可以被纳入知识体系，进而影响教师的知识结构。

本研究提出采用外部与内部相结合的方式优化教师学科信念，从外部厘清国际中文教育学科定位，从内部突破多元教育背景带来的碎片化知识结构束缚，构建全面、统一的学科元认知。在外部优化方面，首先要厘清学科定位与归属，为学科建设提供明确的上位概念。国际中文教育交叉学科的特点决定了学科知识体系的复杂性，学科定位需要先阐明国际中文教育与其他相关学科的理论交叉点，这也是学科的理论源头和学科理论体系的合理性所在。其次需厘清学科边界，国际中文教育跨学科的特征容易导致学科边界模糊不清。从教育部发布的《普通高等学校专业目录》和近两年高校招聘国际中文教师的专业要求可以看出，中国语言文学类与教育学是国际中文教育的两个主要交叉学科，因此需深入研究国际中文教育与两大交叉学科交集的部分，明确国际中文教育的学科主体，通过考察国际中文教育与交叉学科的区别，厘清学科边界。

本研究发现，国际中文教师受到多种学科观的影响，并且宣称的学科观、教学观、学习观三者自相矛盾。阿基里斯认为，人们宣称的信念一定是能够察觉到的信念，宣称信念自相矛盾说明教师对学科认知混乱，体现了教师对学科缺乏整体认识和统筹规划。② 因此，如果要在内部优化教师学科信念，应从教师学科元认知层面进行。内部优化具体以"吸收—升华"的路径展开，其中吸收包括三个方面：第一个方面是教师要充分吸收、借鉴学科发展过程中的理论沉淀和优秀传统；③ 第二个方面指的是教师要吸收英语学科等相关学科成熟的理论与方法；第三个方面是教师要吸收教育学等交叉学科的研究成果。升华指的是教师结合自身教育背景、教学经历等

---

① 李晓.中学英语教师学科知识结构：模型建构与现状探察 [D]：［博士学位论文］.长春：东北师范大学，2019：135-136.

② ［美］克里斯·阿基里斯，罗伯特·帕特南，戴安娜·麦克莱恩·史密斯.行动科学探究与介入的概念、方法与技能 [M].北京：教育科学出版社，2012：59-60.

③ 刘利，赵金铭，李宇明等.汉语国际教育知识体系的特色与构建——"汉语国际教育知识体系的特色与构建研讨会"观点汇辑 [J].世界汉语教学，2019，33（2）：147-165.

因素，以国际中文教育学科理论为核心，以自身专业背景、教学经历为外延，结合自身优势最大限度地利用两个学科甚至多学科的合力，实现自我认知升华，最大限度地推动自我职业发展。此外，国际中文教育学科具有"事业"属性，易受到国际关系、语言生态、经济贸易等因素的影响，这就需要教师在建构内在学科知识体系时，处理好现象与本质、局部与整体的关系。

第三节　研究局限与展望

一、研究局限

本研究的局限来自样本、研究时间、访谈对象、资料分析四个方面。

首先，本研究的样本只是基于一所国内大学的案例，但国际中文教师既包括国内教授留学生汉语的教师，也包括海外教授外国人汉语的教师。受现实因素的制约，笔者很难对海外授课教师展开研究。但笔者深知，如果有机会深入海外大学，或在多所国内院校进行调研，就目的语环境下和非目的语环境下的教师信念进行对比，本研究将更加深入。此外，本研究以十名国际中文教师的宣称信念和使用信念之间的关系为依据进行教师信念类型划分，对于是否有四种类型以外的信念系统还需更多样本的调研支持。

其次，由于受到时间及人力的限制，本研究的资料收集并没有采用殷提出的"个案独立"到"跨个案综合"的路径，即收集、分析完第一名教师的所有资料后再收集下一名教师的资料，而是采用了先收集十名教师的访谈资料，然后收集课堂观察资料的路径。由于资料数据巨大，从收集资料的第一天开始，笔者每天都在转写、分析资料，因此对于教师使用信念的收集仅限于课堂观察和实物观察，并未跟随被研究者参与他们的课内外活动。如果条件允许的话，笔者认为增加对教师的非正规课堂时间观察，更有利于提高研究资料的质量。

再次，就访谈对象而言，本研究以教师视角进行，并从访谈、课堂观察、实物分析三个方面分析其信念。在今后的研究中，如果能从学生、领导、教学管理人员等多视角进行相关资料收集、分析和互证，研究资料会更加生动、丰富。

最后，在资料分析方面，本研究在对现有资料进行整理的基础上，从学科观、教学观、学习观三个维度对国际中文教师的信念进行探析，对于是否有游离于这三个维度之外的国际中文教师信念构成，还需进一步补充。

二、研究展望

教师信念影响着教学质量，目前对于国际中文教师信念的研究仍有待丰富。写作是一个不断思考、分析的过程，笔者认为在写作过程中会察觉到一些有待发现的问题。结合本研究，笔者认为有以下几个值得关注的议题：

第一，内外景观对国际中文教师信念变化的影响。内部景观分为教师持有的多元化教育背景和不同课型对教师信念的影响；外部景观指海外教学和国内教学对教师信念的影响。笔者在研究过程中发现，海外教学经历对教师信念的影响较大，如教师 E 担任孔子学院管理者的经历形成了他的学科观，但回国后的学校文化、学情等客观条件又促使教师 E 形成了矛盾冲突型的信念系统。由于其特殊性，国际中文教师遍布全球，不同地域的国际中文教师是否具有同质性？受到研究目的和笔者精力的限制，本研究并未对国外授课与国内授课之间的张力展开进一步研究，笔者认为这将是一个值得关注的议题。

第二，对国际中文教师的信念进行长期的、深入的跟踪研究。本研究的目的是探析教师信念的类型，因此对所有个案教师的访谈和课堂观察几乎同时展开，并没有对个案教师信念进行追踪研究。卡根指出，信念是一个不断变化的过程，但对教师自然的、追踪的研究很少。^① 目前，对国际中文教师的信念演变路径的研究仍不够丰富，需通过长期跟踪研究，揭示教师信念的演变过程，挖掘出更多教师信念形成及转变的线索。

第三，增加研究中的变量。教师信念的构成要素很多，其中学科观、教学科、学习观固然是最重要的因素，但在未来的研究中，如有条件实施更大规模的调查，融入更多的信念构成要素，进行教师信念系统的多重探讨，虽然研究的情形会更复杂，但或许能捕捉到更多的国际中文教师信念系统的独特之处。

---

① Kagan D M. Implications of research on teacher belief[J]. Educational Psychologist, 1992, 54(27): 65–90.

参考文献

一、著作

1. 外文类

［1］Thompson A G. Teachers' beliefs and conceptions：A synthesis of the research[M]// Grouws D A. Handbook of research on mathematics learning and teaching. New York：Macmillan Publishers Limited，1992.

［2］Green T. The activities of teaching[M]. New York：McGraw-Hill，1971.

［3］Rokeach M. Beliefs，attitudes and values[M]. San Francisco：Jossey-Bass，1968.

［4］Leder G C，Pehkonen E，Torner G. Measuring mathematical beliefs and their impact on the learning of mathematics：A new approach beliefs：A hidden variable in mathematics education[M]. Norwell：Kluwer Academic Publishers，2002.

［5］Bem D J. Beliefs，attitudes and human affairs[M]. Belmont：Brooks Cole，1970.

［6］Fishbein M，Ajzen I. Belief，attitude，intention and behavior：An introduction to theory and research [M]. Massachusetts：Addison-Wesley，1975.

［7］Richardson V. The role of attitudes and beliefs in learning to teach[M]//Sikula J，Buttery T，Guyton E. Handbook of research on teacher education. London：Prentice Hall，1996.

［8］Lortie D C. Schoolteacher：A sociological study[M]. Chicago：University of Chicago Press，1975.

［9］Richards J C，Lockhart C. Reflective teaching in second language classroom [M]. Cambridge：Cambridge University Press，1996.

［10］Borg S. Teacher cognition and language education：Research and practice [M]. London：Continuum，2006.

［11］Williams P，Burden R. Psychology for language teachers[M]. Beijing：Foreign Language Teaching and Research Press，2000.

［12］Richards J，Lockhart C. Reflective teaching in second language classrooms[M]. Beijing：People's Education Press，2000.

［13］Smith D. Teacher decision-making in the adult ESL classroom[M]//Freeman D，Richards J. Teacher learning in language teaching. New York：Cambridge University Press，1996.

［14］Williams M，Burden L R. Psychology for language teachers：A social constructivist approach[M]. Cambridge University Press，1997.

［15］Ernest P. The philosophy of mathematics education [M]. London：Falmer Press，1991.

［16］Strauss A，Corbin J. Basics of qualitative research：Grounded theory procedures and techniques[M]. Newbury Park，Calif：Sage Publications，1990.

［17］Stake R E. The art of case study research[M]. Thousand Oaks：SAGE Publications，1995.

［18］Merriam S B. Qualitative research：A guide to design and implementation[M]. Calif：Jossey-Bass，2009.

［19］David Nunan，Kathleen M Bailey. Exploring second language classroom research：A comprehensive guide[M]. Beijing：Foreign Language Teaching and Research Press，2009.

［20］Long M H，Sato C J. Classroom foreigner talk discourse：Forms and functions of teachers' questions[M]. Beijing：Foreign Language Teaching and Research Pressa，1998.

［21］Calderhead J，Gates P. Conceptualizing reflection in teacher development[M]. Bristol：The Falmer Press，1993.

［22］Jeffrey A，Stanley J，Ellen Kottler. On being a teacher：The human dimension[M]. Thousand Oaks，CA：Corwin Press，2005.

［23］Untun A，Turner H E. Supervision for change and innovation[M]. Boston：Houghton Mifflolin，1970：56.

［24］Battin M P，Fisher J，Amoore R，Silvers A. Puzzles about art：An aex thetics casebook[M]. New York：St. Martin's Press，1989：7.

2. 中文类

［1］联合国教科文组织总部 . 教育——财富蕴藏其中 [M]. 北京：教育科学出版社，1996.

［2］吴康宁 . 课堂教学社会学 [M]. 南京：南京师范大学出版社，1999.

［3］教育大辞典编纂委员会 . 教育大辞典（增订合编本）[M]. 上海：上海教育出版社，1998.

［4］张春兴 . 张氏心理学辞典 [M]. 台北：东华书局，1989.

［5］贾群生 . 教师行为研究的新视野——教学观念实在论 [M]. 上海：华东师范大学出版社，2016.

［6］［美］克里斯·阿基里斯，罗伯特·帕特南，戴安娜·麦克莱恩·史密斯 . 行动科学探究与介入的概念、方法与技能 [M]. 夏林清，译 . 北京：教育科学出版社，2012.

［7］魏戈 . 教师实践性知识的生成 [M]. 北京：教育科学出版社，2021.

［8］陈向明 . 质的研究方法与社会科学研究 [M]. 北京：教育科学出版社，2000.

［9］［美］罗伯特·K. 殷 . 案例研究方法的应用 [M]. 周海涛，夏欢欢，译 . 重庆：重庆大学出版社，2014.

［10］刘巍，张冬秀，孙熙春 . 对外汉语教学理论与实务 [M]. 北京：清华大学出版社，2017.

［11］林进材 . 教师教学思考：理论、研究与应用 [M]. 高雄：高雄复文图书出版社，1997.

［12］陈向明 . 教师如何作质的研究 [M]. 北京：教育科学出版社，2001.

［13］［英］威多逊 . 心理语言学 [M]. 上海：上海外语教育出版社，2002.

［14］刘虹 . 会话结构分析 [M]. 北京：北京大学出版社，2004.

［15］［美］库玛 . 超越教学法：语言教学的宏观策略 [M]. 陶健敏，译 . 北京：北京大学出版社，2103.

［16］朱旭东 . 教师专业发展理论研究 [M]. 北京：北京师范大学出版社，2021.

［17］［新西兰］罗德·埃利斯 . 任务型教学法新理念与国际汉语教学 [M]. 北京：外语教学与研究出版社，2016.

［18］张大均 . 教育心理学（第三版）[M]. 北京：人民教育出版社，2015.

［19］［俄］巴赫金 . 陀思妥耶夫斯基诗学问题：复调小说理论 [M]. 白春仁等，译 . 北京：生活·读书·新知三联书店，1988.

［20］［美］杜威 . 我们怎样思维·经验与教育 [M]. 姜文闵，译 . 北京：人民教育

出版社，1991.

［21］李柏令.新思域下汉语课堂："以学生为中心"的对外汉语教学探索 [M]．上海：上海交通大学出版社，2010.

［22］王红艳.新手教师在学校实践共同体中的学习 [M]．重庆：重庆大学出版社，2012.

［23］[美] J·莱夫，E·温格.情景学习：合法的边缘性参与 [M]．王文静，译.上海：华东师范大学出版社，2004.

［24］马莹.当代教师信念问题研究 [M]．北京：中国社会科学出版社，2013.

［25］[美] 舍恩.反映的实践者：专业工作者如何在行动中思考 [M]．夏林清，译.北京：教育科学出版社，2007.

［26］陈向明.搭建实践与理论之桥：教师实践性知识研究 [M]．北京：教育科学出版社，2011.

［27］王东芳.学科文化视角下的博士培养 [M]．北京：教育科学出版社，2009.

［28］[德] 马克斯·韦伯.学术与政治 [M]．钱永详等，译.桂林：广西师范大学出版社，2008.

［29］赵明仁.教师反思与教师专业发展 [M]．北京：北京师范大学出版社，2009.

［30］[美] 库玛.全球社会中的语言教师教育"知""析""识""行"和"察"的模块模型 [M]．赵杨，付玲毓，译.北京：北京大学出版社，2014.

［31］吕必松.汉语和汉语作为第二语言教学 [M]．北京：北京大学出版社，2007.

［32］孔子学院总部/国家汉办.国际汉语教学通用课程大纲 [M]．北京：北京语言大学出版社，2014.

［33］[英] 西蒙·博格.教师发展与国际汉语教学 [M]．和静等，译.北京：外语教学与研究出版社，2018.

二、期刊论文

1. 外文类

［1］Carr W. Theories of theory and practice[J]. Journal of Philosophy of Education，1988，12(2)：45–58.

［2］Pajares M F. Teachers' beliefs and educational research：Cleaning up a messy construct[J]. Review of Educational Research，1992，62(3)：307–332.

［3］Lacorte M. Teachers' knowledge and experience in the discourse of foreign-language classrooms[J]. language Teaching Research，2005，3(6)：67–80.

［4］Connelly F M，Clandinin D J，He M F. Teacher's personal practical knowledge on the professional knowledge landscape[J]. Teaching and Teacher Education，1997，23(2)：95–107.

［5］Southerland S A，Sinatra G M，Matthews M R. Belief，knowledge and science edcation[J]. Educational Psychology Review，2001，25(4)：325–351.

［6］Ernest P. The knowledge，beliefs and attitudes of mathematics：A model[J]. Journal of Education for Teachers，1989，15(1)：13–33.

［7］Brown C T，Cooney T. Research on teacher education：A philosophical orientation[J]. Journal of Research and Development in Education，1982，10(6)：56–75.

［8］Nespor J. The role of beliefs in the practice of teaching[J]. Journal of Curriculum Studies，1987，19(4)：317–328.

［9］Calderhead J M，Robson. Images of teaching：Student teacher' early conceptions of classroom practice[J]. Teaching and Teacher Education，1991，20(3)：53–65.

［10］Kagan D M. Implications of research on teacher beliefs[J]. Educational Psychologist，1992，27(1)：65–90.

［11］Peterson P L，Fennema E，Carpenter T P，Loef M. Teachers' pedagogical content beliefs in mathematics[J]. Cognition and Instruction，1989，21(6)：1–40.

［12］Borg M. Teachers' beliefs[J]. ELT Journals，2001，19(3)：36–42.

［13］Richardson V，Anders P，Tidwell D，Lloyd C. The relationship between teachers' beliefs and practices in reading comprehension instruction[J]. American Educational Research Journal，1991，36(28)：559– 586.

［14］Johnson K E. The relationship between teachers' beliefs and practices during instruction for non-native speakers of English[J]. Journal of Literacy Research，1992，23(24)：83–108.

［15］Sahin C，Bullock K，Stables A. Teachers' beliefs and practices in relation to their beliefs about questioning at key stage 2[J]. Educational Studies，2002，45(4)：59–67.

［16］Thompson A G. The relationship of teachers' conceptions of mathematics and mathematics teaching to instructional practice[J]. Educational Studies in Mathematics，1984，32(15)：105–127.

［17］Raymond A. Inconsistencies between a beginning elementary teacher's mathematics beliefs and teaching practice[J]. Journal for Research in Mathematics Education，1997，14(16)：142–173.

［18］Dufy G L，Anderson. Teachers' theoretical orientations and the classrooM[J]. Reading Psychology，1984，2(1)：51–70.

［19］Stofflett R T. The accommodation of science pedagogical knowledge：The application of conceptual change constructs to teacher education[J]. Journal of Research in Science Teachering，1994，26(31)：787–810.

［20］Haney J，McArthur J. Four case studies of prospective science teachers' beliefs concerning constructivist teaching practices[J]. Science Education，2002，52(86)：783–802.

［21］Zhang F，Liu Y. A study of secondary school English teachers' beliefs in the context of curriculum reform in China[J]. Language Teaching Research，2014，18(2)：187–204.

［22］Burns A. Teacher beliefs and their influence on classroom practice[J]. Prospect，1992，7(3)：56–66.

［23］Hoffman J V，Kugle C L. A study of the theoretical orientation to reading and its relationship to teacher verbal feedback during reading instruction[J]. Journal of Classroom Interaction，1982，51(2)：317–321.

［24］Duffy G，Anderson L. Teachers' theoretical orientations and the real classroom[J]. Reading Psychology，1986，36(5)：163–180.

［25］Cabaroglu N，Roberts J. Development in student teachers' pre-existing beliefs during a 1-year PGCE programme[J]. System，2000，28(3)：387–402.

［26］Borg S. The impact of in-service teacher education on language teachers' beliefs[J]. System，2011，39(3)：370–380.

［27］Guskey T R. Staff development and teacher change[J]. Educational Leadership，1985，42(1)：57–60.

［28］Lyster R，Ranta L. Corrective feedback and learner uptake：Negotiation of form in communicative classrooms[J]. Studies in Second Language Acquisition，1997，36(19)：37–66.

［29］Pultorak E. Following the developmental process of reflection in novice teachers：Three years of investigation[J]. Journal of Teacher Education，1996，47(6)：283–298.

2. 中文类

［1］刘晓雨 . 对对外汉语教师业务培训的思考 [J]. 北京大学学报（哲学社会科学

版），1999，36（4）：140–146.

［2］陆俭明 . 增强学科意识，发展对外汉语教学 [J]. 世界汉语教学，2004（3）：5–10.

［3］刘珣 . 也论对外汉语教学的学科体系及其科学定位 [J]. 语言教学与研究，1999（1）：17–29.

［4］陆俭明 . 汉语国际教育专业的定位问题 [J]. 语言教学与研究，2014（2）：11–16.

［5］胡范铸，刘毓民，胡玉华 . 汉语国际教育的根本目标与核心理念——基于"情感地缘政治"和"国际理解教育"的重新分析 [J]. 华东师范大学学报（哲学社会科学版），2014（2）：145–156.

［6］宁继鸣 . 汉语国际教育："事业"与"学科"双重属性的反思 [J]. 语言战略研究，2018（6）：7–16.

［7］张立忠，熊梅 . 论教师实践性知识的内涵与结构 [J]. 课程·教材·教法，2010，30（4）：89–95.

［8］段作章 . 教学理念向教学行为转化的内隐机制 [J]. 教育研究，2013（8）：103–111.

［9］陈向明 . 实践性知识：教师专业发展的知识基础 [J]. 北京大学教育评论，2003，1（1）：104–112.

［10］邬志辉 . 教师教育理念的现代化及其转化中介 [J]. 东北师大学报，2000（3）：80–86.

［11］高潇怡，庞丽娟 . 论教师教育观念的本质与结构 [J]. 社会科学战线，2009（3）：250–253.

［12］辛涛，申继亮 . 论教师的教育观念 [J]. 北京师范大学学报（社会科学版），1999（1）：14–19.

［13］俞国良，辛自强 . 教师信念及其对教师培养的意义 [J]. 教育研究，2000（5）：16–20.

［14］赵昌木 . 论教师信念 [J]. 当代教育科学，2004（9）：11–14.

［15］林一钢 . 教师信念研究述评 [J]. 浙江师范大学学报（社会科学版），2008，33（3）：79–84.

［16］赵燕刚 . 教育观念与教学行为差异的心理源分析与对策 [J]. 教学研究，2004：27.

［17］易凌云，庞丽娟 . 教师教育观念：内涵、结构与特征的思考 [J]. 教师教育研

究，2004，16（3）：6–11.

［18］庞丽娟，叶子 . 论教师教育观念与教育行为的关系 [J]. 教育研究，2000（7）：47–50.

［19］项茂英，郑新民，邬易平 . 国外语言教师信念研究回顾与反思——基于对 6 种应用语言学期刊的统计分析 (1990—2014)[J]. 外语界，2016（1）：79–95.

［20］刘桦 . 论英语教师信念体系 [J]. 西南交通大学学报（社会科学版），2004，5（3）：93–98.

［21］郑新民，蒋群英 . 大学英语教学改革中"教师信念"问题的研究 [J]. 外语界，2005（6）：16–22.

［22］郭晓娜 . 教师教学信念研究的现状、意义及趋势 [J]. 外国教育研究，2008，35（10）：92–96.

［23］徐翠 . 英语教师教学信念——关于三本院校的个案研究 [J]. 中国外语，2009，6（6）：93–96.

［24］崔永华 . 语言课的课堂教学意识略说 [J]. 世界汉语教学，1990（3）：173–177.

［25］赵金铭 . 对外汉语教学理念管见 [J]. 语言文字应用，2007（3）：13–18.

［26］赵秀菊 . 国际汉语教师信念维度研究 [C]. 第十三届国际汉语教学研讨会论文选，2018（11）：137–142.

［27］朱世芳 . 对外汉语教师信念系统的模型构建及量表编制 [J]. 国际汉语教学研究，2019（3）：89–96.

［28］刘弘 . 国际汉语教师信念研究现状及展望 [C]. 第十一届国际汉语教学研讨会论文集，2012（8）：181–185.

［29］魏戈 . 文化—历史活动理论视角下的教师实践性知识研究 [J]. 教师发展研究，2018，1（2）：90–96.

［30］刘正光 . 认知语言学的语言习得观 [J]. 外语教学与研究，2009（1）：46–54.

［31］崔希亮 . 关于国际汉语教育的学科定位问题 [J]. 世界汉语教学，2015，29（3）：405–411.

［32］陆俭明 . 汉语国际教育与中华文化国际传播 [J]. 同济大学学报（社会科学版），2015，26（2）：79–83.

［33］宁继鸣，马晓乐 . 传播的视角：国际汉语教育的社会价值探析 [J]. 国际汉语教育，2010（6）：28–35.

［34］亓华 . 汉语国际推广与文化观念的转型 [J]. 北京师范大学学报（社会科学

版），2007（4）：118-125.

［35］汪明帅.教师专业发展中的"诱变事件"[J].教师教育研究，2012，24（6）：1-6.

［36］李莉春."信奉理论"与"使用理论"之辩及其对教育实践的意义[J].外国教育研究，2010，37（1）：12-18.

［37］吴应辉，梁宇.交叉学科视域下国际中文教育学科理论体系与知识体系构建[J].教育研究，2020（12）.121-128.

［38］刘利，赵金铭，李宇明等.汉语国际教育知识体系的特色与构建——"汉语国际教育知识体系的特色与构建研讨会"观点汇辑[J].世界汉语教学，2019，33（2）：147-165.

三、学位论文

［1］谢翌.教师信念：学校教育的"幽灵"——一所普通中学的个案研究[D]：［博士学位论文］.长春：东北师范大学教育学部，2006.

［2］徐泉.高校英语教师信念影响因素研究[D]：［博士学位论文］.武汉：华中师范大学英语语言文学，2011.

［3］吕国光.教师信念及其影响因素研究[D]：［博士学位论文］.兰州：西北师范大学教育科学学院，2004.

［4］陈颖.新课程背景下高中化学老师教学观念向教学行为转化的机制及策略研究[D]：［博士学位论文］.北京：北京师范大学教育学部，2009.

［5］黄越.国际汉语教师与学习者语言学习观念对比研究——以匈牙利孔子学院为例[D]：［硕士学位论文］.北京：北京外国语大学，2016.

［6］施瑞婷.卢旺达孔子学院汉语教师语法教学信念及形成因素调查与研究[D]：［硕士学位论文］.锦州：渤海大学文学院，2019.

［7］水易.新手汉语教师词汇教学信念研究[D]：［硕士学位论文］.上海：华东师范大学国际汉语文化学院，2016.

［8］苏子.香港幼儿教师的教学信念：个案研究[D]：［博士学位论文］.香港：香港中文大学课程与教学系，2004.

［9］李云霞.对外汉语口语课堂话语互动研究[D]：［博士学位论文］.长春：东北师范大学教育学部，2017.

［10］脱中菲. 小学数学教师信念结构及特征的个案研究 [D]:［博士学位论文］. 长春：东北师范大学教育学部，2014.

［11］李晓. 中学英语教师学科知识结构：模型建构与现状探察 [D]:［博士学位论文］. 长春：东北师范大学，2019.

［12］谭彩凤. 中文教师的教学信念及其对课程实施的影响 [D]:［博士学位论文］. 香港：香港中文大学教育课程，2005.

附 录

附录 1：COLT 量表

COLT A 部分

时间	活动类型	参与者的组织形式						话语内容							
		全班活动		小组活动		个体活动		课堂管理		教学语言				其他话题		
		师生活动	生生活动	不同任务	相同任务	不同	相同	课堂陈述性指示	课堂纪律性陈述	社会语言学	语言形式	功能语	话语篇章	社会话题	窄话题	宽话题

话语内容控制			学生语言模态					教学材料						
								类型			来源			
教师控制话语	教师学生共同控制话语	学生控制话语	听	说	读	写	其他	教材		音频材料	视频材料	专门为第二语言学习者设计的材料	专为母语者提供的母语材料	标有注释的目的语材料	学生自创
								书面教材	扩展教材						

COLT B 部分

教师交际互动量表

目的语使用		信息差				话语持续		对形式或者语篇的反应		与前一话语的合并							对语言形式的相关限制		
第一语言	第二语言	已有信息		请求信息		小型会话	持续会话	话语内容的反应	对话语意义的反应	纠错	重复	解释	评论	扩展	澄清问题	细化问题	相关限制	受限制	不受限
		预测	不可预测	假的	真的														

学生交际互动量表

目的语使用		信息差				话语持续			对形式或者语篇的反应		与前一话语的合并							话语引发		对语言形式的相关限制		
第一语言	第二语言	已有信息		请求信息		超小型会话	小型会话	持续会话	话语内容的反应	对话语意义的反应	纠错	重复	解释	评论	扩展	澄清问题	细化问题	教师引发（次）	学生引发（次）	相关限制	受限制	不受限
		预测	不可预测	假的	真的																	

附录 2：课堂观察记录表

一、学科观记录表

（一）教师课堂活动时间分配表

课堂项目 日期			
课前汇报 ①角色扮演 ②口头报告 ③个人展示			
复习 ①做教材中的练习 ②读生词、语法及其他相关句子 ③按照课文进行复习 ④通过讲解作业进行复习 ⑤课前听写			
导入 ①用图片（视频）或者问题引导学生说出相关话题 ②用动作引导学生说出课文相关词汇 ③用任务引导学生说和课文相关的话题 ④直接向学生介绍课文内容			
生词、语法和句型、课文讲练 ①生词讲练 ②语法和句型讲练 ③课文讲练			
①课堂表达练习 ②课堂任务活动 ③教材课后题练习			
课堂游戏			
其他（点名、总结等）			

（二）教师课堂话语内容时间分配表

日期	管理内容		语言内容			
	程序性	纪律性	形式	功能	语篇	社会语言学

（三）课堂语言模态时间分配表

日期	听	说	读	写

二、教学观记录表：

（一）课堂组织形式时间分配表

日期	全班活动时间			小组活动时间		个人活动时间	
	师生活动	生生活动	全班活动	相同任务	不同任务	相同任务	不同任务

（二）课堂话语控制时间分配表

日期	内容控制		
	教师控制	学生控制	师生共同控制

（三）课堂话语引发统计表

日期	教师引发（次）	学生引发（次）	
		主动	被动

三、学习观记录表：

（一）课堂信息差统计表

日期	给出信息		请求信息	
	可预测信息（次）	不可预测信息（次）	虚假信息（次）	真实信息（次）

（二）课堂话题时间分配表

日期	宽话题	窄话题

（三）教学材料使用时间分配表

日期	纸质材料	PPT	板书	实物	挂图

附录3：课前半结构式访谈提纲

1. 教师基本信息

1.1. 请问您是哪一年入职的？
1.2. 请介绍一下您的学历和专业情况。
1.3. 您是否有海外教学经历？
1.4. 是否获得过荣誉？有哪些？
1.5. 请描述一下您的教学风格和特点。
1.6. 在教学生涯中，哪些事或者哪个人让您记忆深刻？
1.7. 目前您在职业生涯中处于什么样的发展阶段？
1.8. 您给自己在学校中的定位是什么？

2. 教师宣称的学科观

2.1. 您认为语言是什么？
2.2. 您认为国际中文教育的学科本质是什么？
2.3. 您认为国际中文教育学科的价值是什么？
2.4. 国际中文教育学科要实现学生哪些发展？
2.5. 您认为国际中文教育应该怎么教？

3. 教师宣称的教学观

3.1. 您认为教师在教学过程中扮演着什么样的角色？
3.2. 您认为什么是好的语言课？
3.3. 您希望学生在课堂中学到什么？
3.4. 常用的教学方法中，您最喜欢哪一种？为什么？
3.5. 您是否给学生布置课后作业？布置作业的原则是什么？

4. 教师宣称的学习观

4.1. 您认为学生在课堂教学中扮演着什么样的角色？
4.2. 您认为学生应该怎么样学习语言？
4.3. 您认为能够促使学生学好汉语最重要的因素是什么？
4.4. 您认为应该如何评价学生的语言学习？您都是怎么做的？
4.5. 您是如何看待教材的？